权威·前沿·原创

皮书系列为
"十二五""十三五"国家重点图书出版规划项目

BLUE BOOK

智库成果出版与传播平台

医疗器械蓝皮书

BLUE BOOK OF
MEDICAL DEVICE INDUSTRY

中国医疗器械行业发展报告（2020）

ANNUAL REPORT ON THE DEVELOPMENT OF MEDICAL DEVICE INDUSTRY IN CHINA (2020)

中国药品监督管理研究会/研 创
主 编/王宝亭 耿鸿武
副主编/于清明 蒋海洪 李 强

社会科学文献出版社
SOCIAL SCIENCES ACADEMIC PRESS (CHINA)

图书在版编目(CIP)数据

中国医疗器械行业发展报告.2020/王宝亭，耿鸿武主编．－－北京：社会科学文献出版社，2020.10
（医疗器械蓝皮书）
ISBN 978－7－5201－7333－9

Ⅰ.①中… Ⅱ.①王…②耿… Ⅲ.①医疗器械－制造工业－经济发展－研究报告－中国－2020 Ⅳ.
①F426.7

中国版本图书馆 CIP 数据核字（2020）第180476号

医疗器械蓝皮书
中国医疗器械行业发展报告（2020）

主　　编／王宝亭　耿鸿武
副 主 编／于清明　蒋海洪　李　强

出 版 人／谢寿光
组稿编辑／任文武
责任编辑／张丽丽

出　　版／社会科学文献出版社·城市和绿色发展分社（010）59367143
　　　　　 地址：北京市北三环中路甲29号院华龙大厦　邮编：100029
　　　　　 网址：www.ssap.com.cn

发　　行／市场营销中心（010）59367081　59367083
印　　装／天津千鹤文化传播有限公司

规　　格／开　本：787mm×1092mm　1/16
　　　　　 印　张：27　字　数：445千字
版　　次／2020年10月第1版　2020年10月第1次印刷
书　　号／ISBN 978－7－5201－7333－9
定　　价／128.00元

本书如有印装质量问题，请与读者服务中心（010－59367028）联系

▲ 版权所有 翻印必究

这是一本写给医疗器械人"自己"的书。

这也是一本写给关心医疗器械行业"大家"的书。

——《医疗器械蓝皮书》编委会

《医疗器械蓝皮书》编委会

编委会顾问　邵明立　中国药品监督管理研究会会长
　　　　　　　张兴栋　中国工程院院士 四川大学教授
　　　　　　　戴尅戎　中国工程院院士 上海交通大学医学院附属第九人民医院主任医师

主　　编　王宝亭　中国药品监督管理研究会副秘书长 中国药品监督管理研究会医疗器械监管研究专业委员会主任委员
　　　　　　　耿鸿武　清华大学老科协医疗健康研究中心执行副主任、九州通医药集团营销总顾问

副 主 编　于清明　国药控股股份有限公司党委书记、中国医疗器械有限公司董事长
　　　　　　　蒋海洪　上海健康医学院医疗产品管理专业主任
　　　　　　　李　强　广州博济医药生物技术股份有限公司首席科学官（医疗器械方向）

编委会成员　（按姓氏拼音首字母排序，共46名）
　　　　　　　蔡翘梧　深圳市医疗器械行业协会执行副会长兼秘书长
　　　　　　　蔡天智　中国医药保健品进出口商会副秘书长
　　　　　　　常　佳　北京国医械华光认证有限公司技术开发部

陈静陶	安达保险有限公司特殊行业风险总监
崔　辉	奥美医疗用品股份有限公司国内经营体总经理
戴　斌	江苏华招网信息技术有限公司总经理
董斌哲	迈迪思创（北京）科技发展有限公司董事长
樊瑜波	北京航空航天大学医工交叉创新研究院院长、国家康复辅具研究中心主任
巩振立	国药集团云南医疗器械有限公司副董事长
谷林生	内蒙古医疗器械商会会长
韩志富	航天泰心科技有限公司总经理
贺菊颖	中信建投证券医药行业首席分析师
胡　骏	上海市食品药品监督管理局科技情报研究所副所长
黄狄文	广州保瑞医疗技术有限公司总工程师
黄　勤	国家药品监督管理局医疗器械监督管理司综合处处长
康可人	广州万孚生物技术股份有限公司高级副总裁
蓝翁驰	国家药品监督管理局医疗器械技术审评中心办公室主任
李　浩	清华大学老科协医疗健康研究中心特聘专家
李静莉	中国食品药品检定研究院医疗器械检定所所长

李　强	中国科学院近代物理研究所生物医学中心主任
李志勇	中国医学装备协会秘书长
林　峰	上海市药品监督管理局医疗器械注册处稽查专员
林　强	福建省立医院基本外科主任、设备处处长、主任医师
刘　洋	北京医链互通供应链管理有限公司董事长
毛志平	江西三鑫医疗科技股份有限公司董事总经理
孟　岩	北京先锋寰宇电子商务有限责任公司董事长
莫晓龙	诺尔医疗（深圳）有限公司首席科学家、联合创始人
任　涛	合肥中科普瑞昇生物医药科技有限公司总经理、中科院合肥技术创新院精准靶向药物工程中心副主任
阮成民	广东脉搏医疗科技有限公司总经理
宋成利	上海理工大学医疗器械与食品学院教授、教育部"现代微创医疗器械及技术"工程研究中心常务副主任
王成勇	广东工业大学副校长、教授
王国梁	国药集团融资租赁有限公司总裁
王　越	江苏省药品监督管理局局长
王泽议	《中国医药报》专题中心主任编辑

吴　韬	上海交通大学医学院党委副书记、副院长
许书富	北京纳通科技集团有限公司正天事业部总经理
袁　鹏	国家药品监督管理局医疗器械注册管理司注册一处处长
岳相辉	国家药品监督管理局器械监管司监测抽验处三级调研员
昝　鹏	西安大医集团股份有限公司产品临床总监
翟嘉洁	广东佳悦美视生物科技有限公司总经理
张　锋	广东省药品监督管理局医疗器械监督管理处处长
张　华	国家药品监督管理局医疗器械注册管理司综合处处长
张　洁	国药集团联合医疗器械有限公司总经理
张　黎	海军军医大学第一附属医院药物临床试验机构办公室主任
赵　彬	国家药品监督管理局医疗器械监督管理司综合处三级调研员
赵自林	中国医学装备协会理事长

参与撰写者（按姓氏拼音首字母排序，共93名）

蔡翘梧　蔡天智　常　佳　常晓鑫　陈　程
陈静陶　陈　维　崔　辉　戴　斌　董斌哲
杜　宇　房良辰　耿鸿武　巩振立　谷林生

顾海明	韩志富	何书宇	胡　骏	黄　超
黄　勤	黄　涛	蒋海洪	康可人	蓝翁驰
李静莉	李海宁	李　剑	李俊耀	李鹏英
李　强	李仁耀	林　峰	林　强	刘炳荣
刘臣斌	刘　辉	刘　明	刘　强	刘舜莉
刘志华	骆　毅	马艳红	毛志平	孟　岩
莫晓龙	莫亚勤	彭　玲	任　涛	阮成民
邵明立	沈晓洁	史伟云	宋成利	王宝亭
王成勇	王国梁	王美英	王双军	王焱辉
王　越	王泽议	王在存	魏少帅	吴　韬
肖　珏	许书富	许晓聪	杨　奇	杨小康
杨依晗	应　乐	叶小芳	余益新	于清明
袁　鹏	苑富强	岳相辉	昝　鹏	翟嘉洁
张　锋	张福泉	张　华	张　皓	张　洁
张　黎	张学典	张晓华	张　扬	赵　彬
赵丽娜	钟　蔚	邹燕琴		

主要编撰者简介

王宝亭 现任中国药品监督管理研究会副秘书长、医疗器械监管研究专业委员会主任委员、《医疗器械蓝皮书》主编。此前曾先后担任山东肥城矿务局中心医院党委书记、山东省卫生厅副厅长、国家食品药品监督管理局国家食品安全监察专员、国家食品药品监督管理局医疗器械监管司司长、国家食品药品监督管理总局医疗器械监管司巡视员。2008年至2011年曾兼任亚洲医疗器械法规协调组织主席。

耿鸿武 清华大学老科协医疗健康研究中心执行副主任、九州通医药集团营销总顾问（原业务总裁）、《医疗器械蓝皮书》主编、《输血服务蓝皮书》执行主编、北大继教《医疗渠道管理》授课老师、中国药招联盟发起人，广州2017国际康复论坛特约专家，中药协会药物经济学评审委员会委员。著作有《渠道管理就这么简单》《新电商：做剩下的3%》；主编2016~2019年《中国输血行业发展报告》、2017~2019年《中国医疗器械行业发展报告》。

摘 要

2019年，我国医疗器械行业在监管政策不断完善、市场竞争更加激烈、集中招标采购规模逐步扩大、国际市场复杂多变的情况下，继续保持了良好的发展势头，生产企业数量、主营业务收入、研发投入、进出口贸易等继续增长。全国药品监督管理部门深入推进医疗器械审评审批制度改革，持续加强医疗器械全生命周期严格监管，不断强化法规标准基础建设，各项工作取得新成效，有力地推动了我国医疗器械行业的健康快速发展。

本书从多角度论述了2019年影响医疗器械行业发展的政策变化态势。审批制度改革方面，提出要不断健全医疗器械标准管理体系、加强医疗器械分类管理与医疗器械检验检查能力等；医疗器械上市后监管方面，建议加快推进法规制度建设、全面推进风险会商、加强疫情防控医疗器械质量监管等；对2019年不良事件监测数据进行了分析与解释，并提出应通过对不良事件报告的积极收集、分析，有针对性地采取风险控制措施，降低产品风险；为更好地应对突发公共卫生事件，对我国医疗器械应急审批程序和相关法律要求进行了总结；审评制度改革方面，建议积极推进智慧审评、提高审评科研水平、有效运行审评科学管理体系等；在总结2019年典型省（区、市）、地市耗材集中采购特点的基础上，提出2020年国家集中采购将常态化，各省（区、市）将会利用省级集中采购平台广泛地进行带量采购；2019年医疗器械注册人制度试点范围进一步扩大，产业创新活力得到激发。

行业整体层面，提出2019年我国医疗器械对外贸易继续保持上升态势，全年进出口总额突破500亿美元，预计2020年将继续保持两位数的增长态势；剖析了医疗器械合规性、检验检测体系建设、临床试验质量等方面存在的问题，为行业健康发展提供了方向。行业细分层面，以医疗机器人、伴随诊断、骨科植入物行业为代表，理清了行业发展热点问题，对它们的未来发展趋势进行了预测。市场层面，对我国医用防护性物资、外科吻合器、左心耳封堵器、

颅内脑电采集器械、眼前段手术植入器械的市场应用现状及前沿技术开发情况进行了总结，并对其未来发展路径进行了思考。区域层面，以北京、上海、广东、江苏、湖北、云南、内蒙古七个省（区、市）为代表，分析了省级层面医疗器械行业发展相关数据与政策，概括了不同地区医疗器械、临床设备配置的情况。实践层面，展现了深圳、邯郸促进医疗器械产业健康发展的创新实践，医疗器械注册人制度实际实施中企业所面临的责任风险与注册人的十大认知误区，医疗器械产业园综合实力评估办法，医疗器械CDMO新业态下第三方机构的参与机制等。

最后，在新冠肺炎疫情暴发背景下，本书对我国医疗器械供给保障制度和机制、应急医用物资保障体系进行了探讨，对即时检测（POCT）技术应用、医疗器械产品上市审批、ECMO应用等进展进行了思考。

关键词： 医疗器械　应急审批　行业监管

目 录

序 言 …………………………………………………… 邵明立 / 001
前 言 …………………………………………… 王宝亭 耿鸿武 / 003

Ⅰ 总报告

B.1 2019年我国医疗器械行业形势分析及2020年展望
　　　……………………………………………… 王宝亭 耿鸿武 / 001
　　一 2019年我国医疗器械行业形势分析……………………… / 002
　　二 2019年我国医疗器械行业监管情况……………………… / 010
　　三 2019年我国医疗器械监管体制改革和法规建设情况……… / 014
　　四 未来我国医疗器械行业发展面临的环境及前景展望……… / 016

Ⅱ 政策篇

B.2 2019年我国医疗器械审批制度改革分析报告………… 张 华 / 018
B.3 2019年我国医疗器械上市后监管改革报告
　　　……………………………………… 黄 勤 赵 彬 许晓聪 / 026
B.4 2019年我国医疗器械不良事件监测报告………… 岳相辉 / 032
B.5 2019年我国医疗器械应急审批报告……………… 袁 鹏 / 042

B.6　2019年医疗器械审评制度改革报告 …………… 蓝翁驰　贾　静 / 049
B.7　2019年我国医用耗材集中采购状况及展望
　　　………………………………… 耿鸿武　叶小芳　戴　斌 / 060
B.8　2019年我国医疗器械行业政策分析报告 …… 刘　强　王泽议 / 073
B.9　2019年我国医疗器械注册人制度试点实施报告 ……… 林　峰 / 083

Ⅲ　行业篇

B.10　2019年我国医疗器械对外贸易状况和发展趋势
　　　………………………………………………… 蔡天智　杜　宇 / 094
B.11　2019年我国医疗器械标记合规性问题分析报告
　　　………………………………………………… 常　佳　王美英 / 105
B.12　2019年我国医疗器械检验检测能力分析与展望
　　　………………………………… 李静莉　李海宁　苑富强 / 114
B.13　2019年我国医疗器械临床试验质量问题分析
　　　………………………………… 张　黎　李　剑　邹燕琴 / 125
B.14　2019年我国医疗机器人行业发展报告
　　　………………………………… 吴　韬　杨小康　张学典 / 133
B.15　2019年我国伴随诊断产业发展状况及趋势分析
　　　………………………………… 任　涛　陈　程　黄　涛 / 141
B.16　2019年我国骨科植入物行业状况和发展趋势分析
　　　………………………………………………… 许书富　李仁耀 / 152

Ⅳ　市场篇

B.17　2019年我国医用防护性物资使用情况与发展趋势分析
　　　………………………………… 林　强　余益新　刘臣斌 / 160

B.18　2019年我国外科吻合器行业发展状况和发展趋势 ……… 宋成利 / 169

B.19　2019年我国数字化技术在口腔医疗器械领域
　　　应用分析报告 …………………… 王成勇　刘志华　王焱辉 / 176

B.20　2019年我国左心耳封堵器市场状况及发展趋势
　　　………………………………… 陈　维　阮成民　常晓鑫 / 184

B.21　2019年我国颅内脑电采集器械行业发展状况与趋势分析
　　　……………………………………………………… 莫晓龙 / 192

B.22　2019年我国眼前段植入式器械的应用状况与展望
　　　……………………………………………… 史伟云　翟嘉洁 / 200

Ⅴ　区域篇

B.23　2019年北京市医疗器械行业发展状况与展望 …………… 张　洁 / 207

B.24　2019年上海市医疗器械行业发展状况与展望
　　　……………………………………………… 杨依晗　胡　骏 / 215

B.25　2019年广东省医疗器械行业发展状况与展望
　　　………………………………… 张　锋　张　扬　刘舜莉 / 227

B.26　2019年江苏省医疗器械行业发展状况及展望
　　　……………………… 王　越　沈晓洁　顾海明　杨　奇 / 237

B.27　2019年湖北省医疗器械行业发展状况与展望
　　　……………………………………………… 崔　辉　肖　珏 / 247

B.28　2019年云南省医疗器械行业发展状况与展望 …………… 巩振立 / 256

B.29　2019年内蒙古自治区医疗器械行业发展状况与展望
　　　……………………………………………… 谷林生　李鹏英 / 263

Ⅵ　实践篇

B.30　对深圳市医疗器械产业韧性的思考
　　　………………………………… 蔡翘梧　钟　蔚　张晓华 / 273

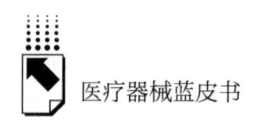

B.31 邯郸市医保耗材带量采购模式探讨
　　……………………………………… 孟　岩　魏少帅　王双军 / 281
B.32 对医疗器械注册人制度下责任风险及认知误区的思考…… 陈静陶 / 288
B.33 我国碳离子治疗系统的研发和上市应用 ………………… 李　强 / 298
B.34 我国医疗器械产业园现状与综合实力评估
　　…………………………………… 王国梁　刘　辉　骆　毅 / 306
B.35 多模式一体化放疗设备的发展现状与展望
　　…………………………… 张福泉　赵丽娜　李俊耀　昝　鹏 / 316
B.36 医疗器械CDMO新业态下第三方机构的参与机制分析
　　…………………………………………………………… 董斌哲 / 322

Ⅶ　热点篇

B.37 对突发事件下我国医疗器械供给保障制度和机制的探讨
　　…………………………………………………………… 蒋海洪 / 328
B.38 对我国应急医用物资保障体系建设的思考与建议
　　…………………………………… 于清明　马艳红　黄　超 / 335
B.39 即时检测在应对突发传染病疫情中的实践和思考
　　…………………………………… 应　乐　何书宇　康可人 / 343
B.40 新冠肺炎疫情下我国医疗器械产品上市审批情况分析
　　…………………………………… 毛志平　彭　玲　刘炳荣 / 351
B.41 我国新冠肺炎防治中ECMO的应用进展
　　…………………………………… 韩志富　张　皓　莫亚勤 / 358

B.42 后　记 ……………………………………………………………… / 366

B.43 《中国医疗器械行业发展报告（2021）》征稿函 …………… / 368

目 录

Abstract …………………………………………………………… / 370
Contents …………………………………………………………… / 372

皮书数据库阅读**使用指南**

序　言

中国药品监督管理研究会组织研创的《中国医疗器械行业发展报告（2020）》与大家见面了。这是继《医疗器械蓝皮书》2017版、2018版、2019版之后的第四版。《医疗器械蓝皮书》自出版发行以来，得到了国家药品监督管理局领导的充分肯定和鼓励，以及医疗器械监管人员、医疗器械行业界朋友的交口赞誉。面对突发的新冠肺炎疫情，国内外有些读者担心新版《医疗器械蓝皮书》不能如期编辑出版，来信或来电询问其何时出版发行，这是对本书编委和作者的极大鞭策与鼓舞，也增强了我们做好本书编辑出版工作的决心和信心。从2019年10月开始，编委会就启动了《中国医疗器械行业发展报告（2020）》的规划编辑工作，并根据编辑工作需要调整了编委会人员，按照报告规划题目在全国范围内定向邀请了110多位专家学者参与报告的编写审稿工作。尽管遇到了突如其来的新冠肺炎疫情，各位作者与审稿专家编辑本书的热情与进度却并未受影响。截至2020年6月底，该书41篇研究报告已经通过编委会审改和社会科学文献出版社的初步审核，即将出版发行。

《中国医疗器械行业发展报告（2020）》客观总结了2019年以来我国医疗器械行业发展的概况，比较翔实地报告了我国医疗器械监管情况、法规政策调整情况、审评审批制度改革进展、市场变化情况、部分省（区、市）医疗器械行业发展情况、新冠肺炎疫情防控相关器械审批监管情况，概括分析了我国医疗器械行业发展面临的形势和主要问题，并对未来发展做出了预测，提出了建议。这对我国医疗器械行业健康发展具有重要的参考价值！

2019年，在国家一系列改革政策引领下，我国医疗器械行业保持了健康发展的良好势头。创新医疗器械产品加速涌现，正电子发射断层扫描及磁共振成像系统（PET-CT）、生物可吸收冠状动脉雷帕霉素洗脱支架系统等19个创新医疗器械获得批准注册；面对突然暴发的新冠肺炎疫情，国家药品监督管理局及时启动了医疗器械应急审批程序，应急审批了43种诊断试剂盒和一大批

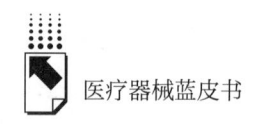

疫情防控所需医疗器械，有力地满足了新冠肺炎疫情防控需要；全国医疗器械主营业务收入达到7200多亿元，同比增长12%；医疗器械出口总额达到287.02亿美元，同比增长21.46%，而且出口医疗器械产品中高端产品比重进一步增加。我国医疗器械行业的健康发展不仅较好地保障了我国广大人民群众用械安全有效，而且持续推动着中国制造的优质医疗器械走向全球，为全世界公众用械安全有效做出积极贡献。我国医疗器械行业的健康发展为本书的编辑出版提供了坚实的实践基础。

展望未来，我国医疗器械行业发展前景仍十分广阔。在习近平新时代中国特色社会主义思想正确指引下，在各级党委政府的大力支持下，伴随着我国全面建成小康社会目标的实现和社会医保水平的逐年提高，我国医疗器械市场规模必将继续扩大，我国医疗器械行业的发展将继续处于"黄金时期"。

中国药品监督管理研究会十分感谢国家药品监督管理局领导对《医疗器械蓝皮书》的关心指导和鼓励，十分感谢编委会全体同志和作者们所付出的辛勤劳动。我们将一如既往高度重视、全力支持本书的编辑出版工作。我们真诚欢迎更多业内专家学者积极参与《医疗器械蓝皮书》的课题研究和编审工作，真诚欢迎广大读者对本书提出宝贵意见，以便把这本医疗器械行业"大家"的书编写得更好！

中国药品监督管理研究会会长

2020年6月30日

前　言

2020年已是我们编撰《医疗器械蓝皮书》的第四个年头，但我们心中的压力却一年比一年大。2019年底，蓝皮书的主编和副主编几次碰头针对2020版皮书的编撰思路、方向、标准等提出要求，并开始酝酿2020版皮书的主题。我们希望每年的蓝皮书都能够在之前的基础上有所提高，真正地成为大家的参考书和工具书。

2019年7月31日，中央深改委第八次会议审议通过的《治理高值医用耗材改革方案》正式下发，该文件对医疗器械行业后续的改革措施进行了明确，对行业的监管、生产、经营等新生态的形成将发挥巨大的作用；2019年8月26日，新修订的《中华人民共和国药品管理法》（下文简称《药品法》）经十三届全国人大常委会第十二次会议表决通过，并于2019年12月1日起施行，成为2020年行业发展和监管的指南。

医疗器械行业何去何从？此问题始终是《医疗器械蓝皮书》关注和研究的主要问题，如《药品法》中上市许可人制度的法治化会加速医疗器械注册人制度的实施；审评审批制度写入《药品法》，也会使得医疗器械的审评体系不断完善和提高；医保制度的变革和新方向、带量集中采购的全面实施等对生产、经营、研发等企业和机构既是机遇也是挑战。在2020年的报告中，我们在之前《医疗器械蓝皮书》总报告、政策篇、行业篇、市场篇、区域篇、实践篇、附录的整体结构基础上做了如下调整：一是，选题上增加了对于一些热点问题的讨论；二是，面对突如其来的疫情，对医疗器械行业所发挥的保障作用，从政策、产品、物流、管理等方面进行了总结和探讨，特意增加"热点篇"；三是，总的报告篇数要比往年有所增加，我们扩大了约稿范围和数量，最后精选了41篇报告。

在2020版《医疗器械蓝皮书》的编撰过程中，我们再次得到了国家药品监督管理局焦红局长、徐景和副局长和有关司局领导的大力支持与指导；得到

了中国药品监督管理研究会邵明立会长给予的支持和鼓励；本书的顾问中国工程院张兴栋院士、戴尅戎院士为本书提供了很好的建议。每一位作者都付出了辛勤劳动。在这里我们对大家一并表示深切的谢意。

我们将持之以恒地坚持《医疗器械蓝皮书》的编撰初衷和原则，希望本书能够对行业监管、产业升级、企业发展起到指引作用，成为行业真实的记录者。

王宝亭　耿鸿武

2020年5月20日于北京

总 报 告

General Report

B.1
2019年我国医疗器械行业形势分析及2020年展望

王宝亭　耿鸿武*

摘　要： 2019年，我国医疗器械行业在国家一系列法规政策指导下健康发展。医疗器械行业生产企业数量、经营企业数量均有所增加，医疗器械进出口贸易连续11年保持增长势头，研发总投入已经占同年营业收入的7.41%，正在逐步接近跨国医疗器械公司的研发投入水平。2019年全国药品监督管理部门深入推进医疗器械审评审批制度改革，持续加强医疗器械全生命周期监管，不断强化法规标准基础建设，有力地推动了我国医疗器械行业的健康快速发展。2019年，虽然面临诸多不确定因素，但我国良好的政治环境与经济环境、扶贫政策和医疗保障政策调

---

* 王宝亭，中国药品监督管理研究会副秘书长、医疗器械监管研究专业委员会主任委员；耿鸿武，清华大学老科协医疗健康研究中心执行副主任、九州通医药集团营销总顾问（原业务总裁）。

整、多项鼓励科技创新政策的实施都为医疗器械行业的健康发展提供了有利条件。2020年初，新冠肺炎疫情突如其来。党中央国务院果断决策，迅速组织动员全国人民开展了抗击新冠肺炎的伟大斗争，经过几个月的时间即取得了重大战略成果。目前，我国新冠肺炎防控已经进入常态化防控阶段，社会经济生活已恢复常态。综合分析，我们认为：未来一年我国医疗器械行业仍将处于"黄金发展期"。

关键词： 医疗器械　监管改革　审评审批制度

2019年是我国医疗器械监督管理体制改革深化之年，也是广大医疗器械生产经营企业深化内部管理改革、加强产品创新研发、不断提高产品质量和档次、积极参与市场竞争之年。国家药品监督管理局认真贯彻落实党中央国务院重大决策部署，全面落实"四个最严"要求，坚持"保安全底线、推质量高线"两大目标，围绕"创新、质量、效率、体系、能力"五大主题，深入推进审评审批制度改革，持续加强医疗器械全生命周期监管，不断强化法规标准基础建设，有力地促进了我国医疗器械行业快速健康发展。

一　2019年我国医疗器械行业形势分析

2019年，我国医疗器械行业在监管政策不断完善、市场竞争更加激烈、集中招标采购规模逐步扩大、国际市场复杂多变的情况下，继续保持了良好的发展势头，生产企业数量、主营业务收入、研发投入、进出口贸易等继续增长。

（一）生产企业情况

根据国家药品监督管理局信息中心统计数据，我国医疗器械生产企业数量自2015年以来，保持逐年增加趋势，截至2019年底达到18070家，比上一年增加了834家（见图1）。2019年我国医疗器械生产企业各省（区、市）和新疆生产建设兵团分布数量情况见图2。其中，能够生产一类医疗器械的企业数量为8232家；能够生产二类医疗器械的企业数量为10033家；能够生产三类医疗器械的企业数量为1977家。

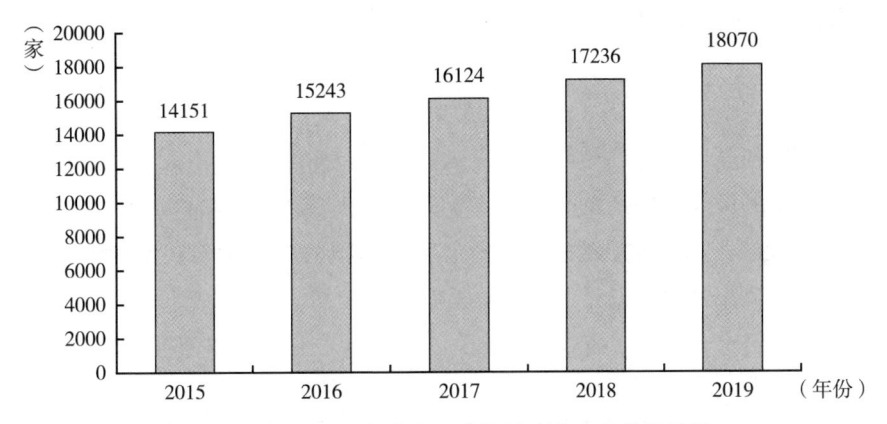

图1　2015~2019年我国医疗器械生产企业数量统计

资料来源：国家药品监督管理局。

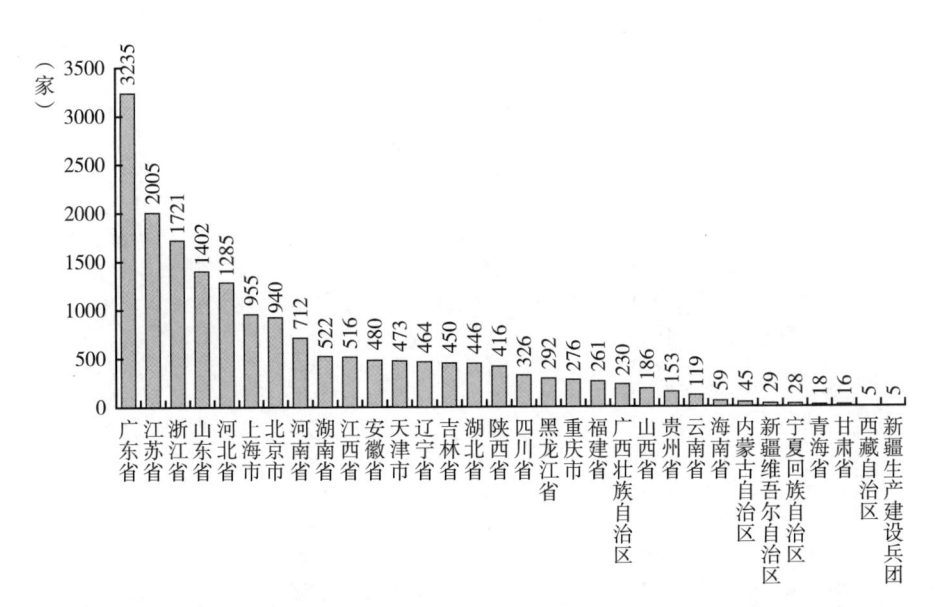

图2　2019年我国医疗器械生产企业各省（区、市）和新疆生产建设兵团分布数量统计

资料来源：国家药品监督管理局。

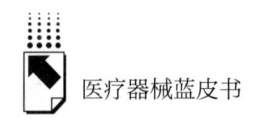

据中国药品监督管理研究会对广东省、江苏省、山东省、上海市、河南省等省市医疗器械行业的调查，我们推算2019年全国医疗器械主营业务收入在7200多亿元。据亿欧网数据，2019年前三季度61家A股上市医疗器械公司中，除了4家没有披露信息的公司之外，其他57家公司销售收入平均增长19.84%。

（二）经营企业情况

据国家药品监督管理局信息中心统计数据，截至2019年底，全国合法注册或者备案的医疗器械经营企业有593491家，比上一年增加82491家（见图3）；其中仅经营二类医疗器械产品的企业347419家，经营三类医疗器械产品的企业68617家，同时经营二、三类医疗器械产品的企业177455家。2019年我国医疗器械经营企业各省（区、市）和新疆生产建设兵团分布情况见表1。

表1　2019年我国医疗器械经营企业各省（区、市）和新疆生产建设兵团分布数量统计

单位：家

地区	经营二类企业	经营三类企业	同时经营二、三类企业	经营企业总数
广东省	54249	4286	12814	71349
山东省	24987	10647	13746	49380
浙江省	27588	4849	4225	36662
四川省	26772	3006	5226	35004
江苏省	22559	3936	6745	33240
河北省	23612	1611	5009	30232
上海市	13292	4702	10781	28775
辽宁省	12154	1363	13075	26592
广西壮族自治区	20291	1672	3254	25217
北京市	11853	4367	8494	24714
安徽省	14220	2073	5688	21981
江西省	7466	2845	10368	20697
吉林省	5541	5394	9251	20186
黑龙江省	2862	705	15503	19070
河南省	10630	1863	5604	18097
重庆市	9173	1841	2911	13889
贵州省	9399	1427	2653	13479
内蒙古自治区	3754	1321	7189	12264
湖北省	5680	2242	3695	11617
山西省	2850	1321	6010	11360
湖南省	6783	630	3634	11047

续表

地区	经营二类企业	经营三类企业	同时经营二、三类企业	经营企业总数
云南省	3598	860	5911	10369
福建省	5600	1442	2505	9547
陕西省	4613	1128	3446	9187
天津市	2994	654	3665	7313
新疆维吾尔自治区	2770	870	2818	6458
甘肃省	4337	823	973	6133
宁夏回族自治区	4678	330	809	5817
海南省	2036	214	619	2869
新疆生产建设兵团	360	66	528	954
西藏自治区	211	85	297	593
青海省	507	44	9	560

资料来源：国家药品监督管理局。

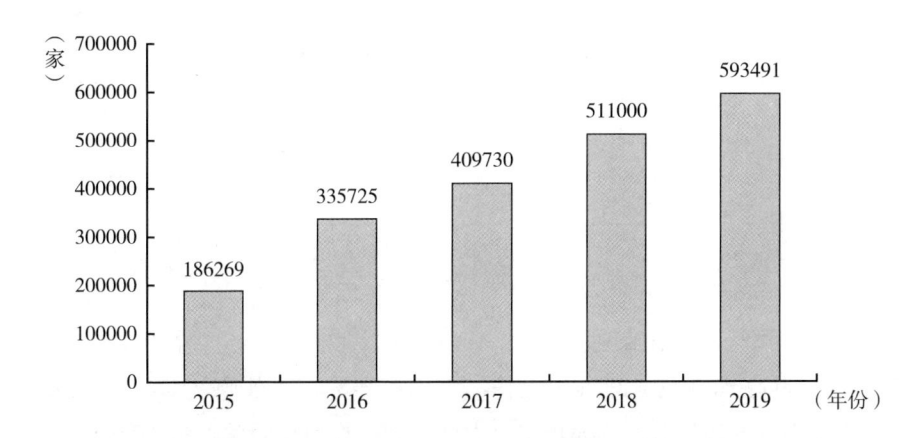

图3 2015~2019年我国医疗器械经营企业数量统计

资料来源：国家药品监督管理局。

（三）进出口情况

据中国医保商会统计资料，我国医疗器械进出口贸易保持11年持续增长势头（见表2）。2019年我国医疗器械进出口总额为554.87亿美元，较上年增长21.16%。其中，进口额267.85亿美元，同比增长20.84%；出口额287.02亿美元，同比增长21.46%。总体上看，我国医疗器械对外贸易结构继续优化，高端医疗器械产品所占比重有所增加，质量效益持续改善，比较好地适应

了国际市场的需求和复杂变化，经受住了不断加剧的贸易摩擦考验。在我国对外贸易总体环境复杂多变的大形势下，我国医疗器械产品对外贸易取得这样的成绩实属不易。这得益于国家有关政策的支持，更得益于医疗器械行业的不断创新、众多医疗器械企业的开拓进取。

表2　2008～2019年我国医疗器械进出口贸易情况

单位：亿美元

年份	进出口总额	进口总额	出口总额	贸易顺差
2019	554.87	267.85	287.02	19.17
2018	457.96	221.65	236.30	14.65
2017	420.63	203.60	217.03	13.43
2016	389.10	184.05	205.05	21.00
2015	384.89	173.19	211.70	38.51
2014	357.94	157.71	200.23	42.52
2013	343.10	149.75	193.35	43.60
2012	300.62	124.72	175.90	51.18
2011	265.98	108.87	157.11	48.24
2010	226.56	79.57	146.99	67.42
2009	183.50	61.05	122.45	61.40
2008	162.83	52.16	110.67	58.51

资料来源：中国医保商会。

但是，我们也应清晰地认识到：在高端医疗器械领域，国外产品如高端X光CT、磁共振诊断仪、纤维内窥镜、手术机器人、体外膜肺氧合（ECMO）等还占据我国三级医院的主要市场，有些高端医疗器械的核心部件国内还不能生产，需要依赖进口。我国的医疗器械研发、生产企业需要在这些方面加大创新研发力度，尽快赶超国际先进水平。

（四）研发投入与创新产品审批情况

我国医疗器械行业研发投入继续大幅增长，创新能力不断提高。据Wind数据库申万医疗器械行业分类（剔除辰欣药业），2019年我国65家A股上市医疗器械公司研发总投入86.94亿元，比2018年增加15.13亿元，增幅21.07%，研发总投入已经占同年营业收入的7.41%，正在逐步接近跨国医疗器械公司的研发投入水平（见表3）。这表明我国上市医疗器械公司越来越重视研发投入,高度重视医疗器械产品创新研发工作。研发投入力度的加大给我国医疗器械行业的创新发展提供了强大推动力。

表3 2017~2019年我国65家A股上市医疗器械公司研发投入情况

证券简称	营业收入(亿元)			研发投入(亿元)			研发投入总额占营业收入比例(%)		
	2017年	2018年	2019年	2017年	2018年	2019年	2017年	2018年	2019年
赛诺医疗	3.22	3.8	4.36	1.02	1.3	1.93	31.68	34.21	44.27
心脉医疗	1.65	2.31	3.34	0.45	0.48	0.61	27.27	20.78	18.26
理邦仪器	8.43	9.93	11.36	1.77	1.78	1.95	21.00	17.93	17.17
九安医疗	5.98	5.64	7.1	1.23	1.37	0.8	20.57	24.29	11.27
普门科技	2.51	3.23	4.23	0.5	0.67	0.78	19.92	20.74	18.44
开立医疗	9.89	12.27	12.54	1.77	2.33	2.55	17.90	18.99	20.33
万泰生物	9.5	9.83	11.84	1.59	1.38	1.66	16.74	14.04	14.02
明德生物	1.65	1.76	1.81	0.26	0.27	0.37	15.76	15.34	20.44
艾德生物	3.3	4.39	5.78	0.51	0.78	0.94	15.45	17.77	16.26
海尔生物	6.21	8.42	10.13	0.83	0.9	1.21	13.37	10.69	11.94
博晖创新	4.44	6.22	6.28	0.59	0.75	0.79	13.29	12.06	12.58
佰仁医疗	0.92	1.11	1.46	0.12	0.13	0.15	13.04	11.71	10.27
祥生医疗	2.72	3.27	3.7	0.33	0.41	0.52	12.13	12.54	14.05
迪瑞医疗	8.68	9.33	10.09	1.03	1.25	1.25	11.87	13.40	12.39
硕世生物	1.87	2.31	2.89	0.21	0.26	0.39	11.23	11.26	13.49
基蛋生物	4.89	6.86	9.68	0.54	0.81	1.06	11.04	11.81	10.95
热景生物	1.42	1.87	2.1	0.16	0.18	0.29	11.27	9.63	13.81
楚天科技	12.8	16.32	19.16	1.38	1.89	1.82	10.78	11.58	9.50
达安基因	15.42	14.79	10.98	1.65	1.23	1.44	10.70	8.32	13.11
安图生物	14	19.3	26.79	1.48	2.17	3.12	10.57	11.24	11.65
福瑞股份	8.5	8.67	8.32	0.86	1.05	1.03	10.12	12.11	12.38
迈瑞医疗	111.74	137.53	165.56	11.32	14.2	16.49	10.13	10.33	9.96
透景生命	3.03	3.65	4.41	0.3	0.4	0.52	9.90	10.96	11.79
万孚生物	11.45	16.5	20.72	1.06	1.51	1.9	9.26	9.15	9.17
三友医疗	1.4	2.22	3.54	0.13	0.13	0.18	9.29	5.86	5.08
大博医疗	5.94	7.72	12.57	0.54	0.65	1	9.09	8.42	7.96
正海生物	1.83	2.16	2.8	0.16	0.17	0.21	8.74	7.87	7.50
华大基因	20.96	25.36	28	1.74	2.65	3.34	8.30	10.45	11.93
爱朋医疗	2.47	2.98	3.8	0.2	0.21	0.25	8.10	7.05	6.58
凯普生物	4.79	5.8	7.29	0.38	0.5	0.62	7.93	8.62	8.50
九强生物	6.94	7.74	8.41	0.53	0.61	0.7	7.64	7.88	8.32
乐心医疗	8.67	7.75	8.84	0.66	0.56	0.71	7.61	7.23	8.03
冠昊生物	4.5	4.58	4.38	0.34	0.66	0.44	7.56	14.41	10.05

007

续表

证券简称	营业收入（亿元）			研发投入（亿元）			研发投入总额占营业收入比例（%）		
	2017年	2018年	2019年	2017年	2018年	2019年	2017年	2018年	2019年
三诺生物	10.33	15.51	17.78	0.74	1.61	1.61	7.16	10.38	9.06
万东医疗	8.84	9.55	9.82	0.6	0.7	0.94	6.79	7.33	9.57
阳普医疗	5.5	5.5	5.75	0.37	0.44	0.38	6.73	8.00	6.61
和佳医疗	11.12	11.96	12.18	0.72	0.76	0.6	6.47	6.35	4.93
凯利泰	8.02	9.31	12.22	0.51	0.56	0.56	6.36	6.02	4.58
乐普医疗	45.38	63.56	77.96	2.89	4.72	6.31	6.37	7.43	8.09
戴维医疗	3.04	3	3.56	0.18	0.28	0.4	5.92	9.33	11.24
南微医学	6.41	9.22	13.07	0.38	0.49	0.7	5.93	5.31	5.36
昊海生科	13.54	15.58	16.04	0.76	0.95	1.16	5.61	6.10	7.23
迈克生物	19.7	26.85	32.23	1.09	1.63	1.89	5.53	6.07	5.86
东方生物	2.24	2.86	3.67	0.12	0.19	0.32	5.36	6.64	8.72
宝莱特	7.11	8.13	8.26	0.38	0.47	0.52	5.34	5.78	6.30
美康生物	18.05	31.35	31.33	0.93	1.1	1.28	5.15	3.51	4.09
新产业	11.41	13.84	16.82	0.57	0.84	1.2	5.00	6.07	7.13
正川股份	5.09	5.96	5.21	0.24	0.31	0.26	4.72	5.20	4.99
科华生物	15.94	19.9	24.14	0.69	0.9	1.24	4.33	4.52	5.14
康德莱	12.56	14.5	18.17	0.53	0.74	0.89	4.22	5.10	4.90
南卫股份	4.89	4.8	4.92	0.2	0.2	0.22	4.09	4.17	4.47
维力医疗	6.3	7.46	9.94	0.26	0.3	0.42	4.13	4.02	4.23
健帆生物	7.18	10.17	14.32	0.27	0.46	0.68	3.76	4.52	4.75
三鑫医疗	4.04	5.31	7.22	0.15	0.21	0.31	3.71	3.95	4.29
鱼跃医疗	35.42	41.83	46.36	1.26	1.52	2.35	3.56	3.63	5.07
贝瑞基因	11.71	14.4	16.18	0.4	0.93	1.24	3.42	6.46	7.66
奥美医疗	17.11	20.28	23.52	0.45	0.5	0.6	2.63	2.47	2.55
振德医疗	13.06	14.29	18.68	0.44	0.57	0.51	3.37	3.99	2.73
欧普康视	3.12	4.58	6.47	0.1	0.13	0.16	3.21	2.84	2.47
英科医疗	17.5	18.93	20.83	0.57	0.63	0.68	3.26	3.33	3.26
蓝帆医疗	15.76	26.53	34.76	0.5	1.83	2.97	3.17	6.90	8.54
山东药玻	23.3	25.85	29.92	0.73	0.8	1.27	3.13	3.09	4.24
迪安诊断	50.04	69.67	84.53	1.34	1.69	2.13	2.68	2.43	2.52
尚荣医疗	20.06	16.3	15.31	0.51	0.46	0.48	2.54	2.82	3.14
新华医疗	99.83	102.84	87.67	1.71	1.25	1.64	1.71	1.22	1.87
总计	845.32	1025.44	1173.1	56.23	71.81	86.94	6.65	7.00	7.41

资料来源：Wind数据库申万医疗器械行业分类（剔除辰欣药业）。

据国家药品监督管理局有关资料，自2014年开始实施《创新医疗器械特别审批程序》以来，至2019年底，我国共批准注册创新医疗器械73件（见图4）。其中2019年国家药品监督管理局共收到创新医疗器械特别审批申请179件，36项获准进入特别审查程序，19项创新医疗器械获得注册批准（见表4）。

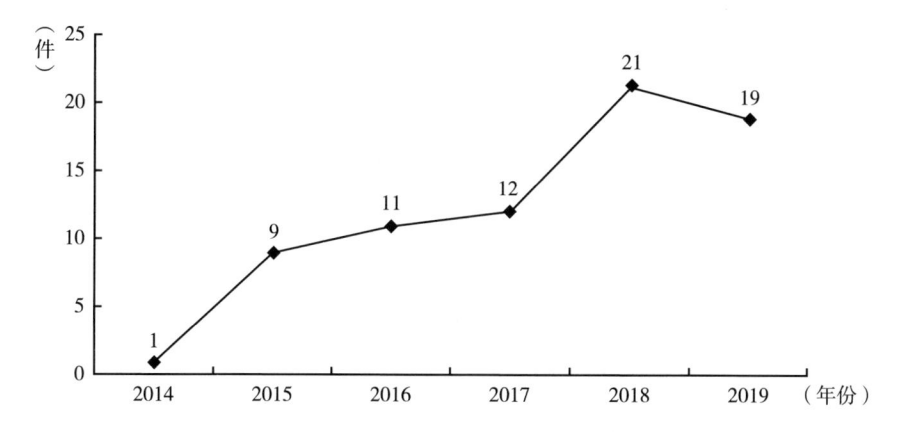

图4 2014~2019年国家药品监督管理局批准注册创新医疗器械数量

资料来源：国家药品监督管理局。

表4 2019年国家药品监督管理局批准注册的创新医疗器械名单

序号	产品	申报单位	批准日期	省份	批准文号
1	多孔钽骨填充材料	重庆润泽医药有限公司	2019年1月7日	重庆	国械注准20193130001
2	生物可吸收冠状动脉雷帕霉素洗脱支架系统	乐普（北京）医疗器械股份有限公司	2019年2月22日	北京	国械注准20193130093
3	病人监护仪	深圳迈瑞生物医疗电子股份有限公司	2019年3月12日	广东	国械注准20193070154
4	腹主动脉覆膜支架及输送系统	微创心脉医疗科技（上海）有限公司	2019年3月19日	上海	国械注准20193130182
5	左心耳闭合系统	北京迈迪顶峰医疗科技有限公司	2019年4月30日	北京	国械注准20193130278
6	左心耳封堵器系统	上海普实医疗器械科技有限公司	2019年5月5日	上海	国械注准20193130279
7	调强放射治疗计划系统软件	中科超精（安徽）科技有限公司	2019年5月6日	安徽	国械注准20193210281

续表

序号	产品	申报单位	批准日期	省份	批准文号
8	数字乳腺X射线摄影系统	上海联影医疗科技有限公司	2019年5月6日	上海	国械注准20193060280
9	正电子发射及X射线计算机断层成像扫描系统	湖北锐世数字医学影像科技有限公司	2019年5月31日	湖北	国械注准20193060364
10	经导管植入式无导线起搏系统	美敦力公司	2019年6月11日	美国	国械注进20193120297
11	经导管主动脉瓣膜系统	上海微创心通医疗科技有限公司	2019年7月10日	上海	国械注准20193130494
12	一次性使用血管内成像导管	南京沃福曼医疗科技有限公司	2019年8月19日	江苏	国械注准20193060601
13	无创血糖仪	博邦芳舟医疗科技（北京）有限公司	2019年8月26日	北京	国械注准20193070602
14	植入式左心室辅助系统	重庆永仁心医疗器械有限公司	2019年8月26日	重庆	国械注准20193120603
15	脱细胞角膜植片	青岛中皓生物工程有限公司	2019年9月12日	山东	国械注准20193160679
16	冠状动脉造影血流储备分数测量系统	苏州润迈德医疗科技有限公司	2019年12月9日	苏州	国械注准20193070969
17	一次性使用有创压力传感器	苏州润迈德医疗科技有限公司	2019年12月9日	苏州	国械注准20193070970
18	正电子发射及X射线计算机断层成像扫描系统	上海联影医疗科技有限公司	2019年12月17日	上海	国械注准20193060998
19	核酸扩增检测分析仪	杭州优思达生物技术有限公司	2019年12月23日	杭州	国械注准20193061026

资料来源：国家药品监督管理局。

二 2019年我国医疗器械行业监管情况

2019年全国药品监督管理部门认真贯彻落实党中央国务院重大决策部署，全面落实"四个最严"要求，按照国家药品监督管理局的统一安排，坚持保安全底线、推质量高线两大目标，围绕"创新、质量、效率、体系、能力"

五大主题，深入推进医疗器械审评审批制度改革，持续加强医疗器械全生命周期监管，不断强化法规标准基础建设，各项工作取得新成效，有力地推动了我国医疗器械行业健康快速发展。

（一）医疗器械上市前监管情况

国家药品监督管理局加快创新产品审批，助力产业高质量发展。全年有36个创新产品、12个优先审批产品进入"绿色通道"，19个创新产品和10个临床急需的优先审批产品获批上市。完成国产碳离子治疗系统、生物可吸收支架系统等拥有先进核心技术的产品审评，鼓励民族高端产品赶超国际先进水平。2019年创新产品申报质量显著提高、批准率显著提高、科技含量显著提高。

实施注册电子申报，注册效率显著提高。国家药品监督管理局创新管理方式，建立电子申报信息系统，实现注册申报网上办理，显著提高申报效率；采用与国际接轨的申报资料结构与目录，大幅度提高产品研发水平和申报资料质量。医疗器械技术审评中心建成了新的审评系统，实现审评项目智能分配，简单项目和复杂项目分级审评，首次注册、复杂变更和临床试验审批立卷审查，以临床为导向的分段审评制度和复杂项目管理人制度逐步建立，科学化管理水平进一步提升。启动以流程为导向的审评审批质量管理体系建设，优化了审评审批流程。2019年全国医疗器械产品注册25488项，其中国家药品监督管理局审批国产三类医疗器械注册3179项，进口三类医疗器械和二类医疗器械注册5292项，各省级药品监督管理局审批国产二类医疗器械注册17017项。全国一类医疗器械备案18137项。

国家药品监督管理局扩大了医疗器械注册人制度试点，强化主体责任落实。发布了《关于扩大医疗器械注册人制度试点工作的通知》，试点范围扩大到21个省（区、市），推进企业加快管理创新，强化医疗器械全生命周期质量管理。

国家药品监督管理局改革了医疗器械临床试验管理制度，激励企业研发创新。将临床试验机构管理由审批制改为备案制，已有834家医疗机构完成备案。发布了新修订的免于进行临床试验医疗器械目录，共有1003种医疗器械和416种体外诊断试剂免于进行临床试验。全年开展了2批20个临床试验项

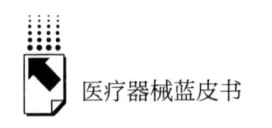

目监督抽查，对16个项目开展临床试验样本真实性延伸核查，严厉打击临床试验数据和样本造假行为。

根据新冠肺炎诊断治疗需要，及时启动医疗器械应急审批程序。截至2020年6月30日，在遵循安全有效原则的前提下，国家药品监督管理局先后审评审批新冠肺炎诊断试剂盒43个，其中用于病毒核酸检测的试剂盒22个，用于相关抗体检测的试剂盒21个；有关新冠肺炎疫情防控的医疗器械15个。各省（区、市）药监部门按照应急审批程序批准有关新冠肺炎疫情防控医疗器械首次注册3941个。这有力地保障了新冠肺炎疫情防治工作需要。

（二）医疗器械上市后监管工作

国家药品监督管理局坚持预防为主，问题导向，建立并推进了医疗器械风险会商制度。邀请有关专家和有关单位、部门人员定期召开风险会商会议，查找当前存在的主要问题、风险较大的企业和产品，综合分析风险状况，提出防控措施，对问题企业实行"销号"管理，确保处置到位。印发了年度质量安全形势分析报告，从质量管理体系、监督抽检等方面对质量安全形势进行评估。这一措施增强了监管工作的针对性，提高了监管工作效率，努力做到防患于未然。

2019年，国家药品监督管理局强化对医疗器械生产经营企业的日常监管。组织开展了无菌和植入性产品监督检查和"清网"行动，累计检查生产企业2278家、经营企业13万多家、使用单位20万多家；责令改正的生产企业有846家、经营企业有16141家、使用单位有19394家；立案查处生产企业79家、经营企业1931家、使用单位2499家；吊销经营许可证99件，移送公安机关15件，罚没款合计11576万元。"清网"行动培训第三方平台、网络销售企业21189家次，移送违法线索641条，检查23180家次，责令改正2517家，立案查处429家，警告259家，罚没款合计970余万元。此外，还选取安全风险程度较高、日常消费量大、易受环境影响的59种4467批次产品开展国家抽检，发现不合格产品212批次，强化跟踪督导检查，使全部问题产品整改到位。

国家药品监督管理局突出企业主体责任，强化不良事件监测。认真贯彻实施《医疗器械不良事件监测和再评价管理办法》，上线新版不良事件监测信息系统。截至2019年底，生产企业注册用户19662家，各地上报不良事件约40

万份，企业不良事件监测主体责任意识进一步提升。加强风险处置力度，强化风险信号的闭环式管理，共提出 39 个风险信号，并全部进行了安全处理。

国家药品监督管理局切实加强进口医疗器械监督管理，全年共派出 14 个检查组对 10 个国家、22 家进口医疗器械生产企业、30 个高风险品种开展了境外现场检查，发现生产管理、文件管理、质量控制和厂房设施方面缺陷 86 条，并要求企业全面整改。

（三）开展科学监管研究，不断提高监管工作水平

为进一步增强监管工作的前瞻性、不断提高监管工作水平，国家药品监督管理局启动中国药品监管科学行动计划，会同四川大学、华南理工大学建立医疗器械监管科学研究基地，遴选人工智能等 4 个项目开展研究，推动四川大学申请亚太经合组织医疗器械监管科学卓越中心。完成首批重点实验室评审认定工作，认定首批 8 家医疗器械重点实验室。组织 14 家国家级技术机构发起组建人工智能医疗器械创新合作平台。

国家药品监督管理局积极参与国际医疗器械监管机构论坛（IMDRF）和亚洲医疗器械法规协调组织活动，扩大中国医疗器械监管国际话语权和影响力，加入了 IMDRF 国家监管机构不良事件报告信息交换机制。我国牵头编制的《临床证据——关键定义和概念》等 3 份技术指南，已经 IMDRF 管委会批准发布；牵头编写的"更新 IMDRF 成员认可国际标准清单"也已经 IMDRF 管委会一致同意正式发布。

（四）及时启动应急审批程序，全力做好疫情防控工作

面对年初突如其来的新冠肺炎疫情，国家药品监督管理局于 2020 年 1 月 22 日启动应急审批程序，当天即确定将 8 个新冠肺炎诊断试剂申报产品纳入应急审批，经过 4 天的紧张工作，批准了 4 个新冠病毒核酸检测试剂产品上市。截至 2020 年 8 月底，国家药品监督管理局已先后应急审批了 44 个新冠病毒检测试剂产品上市，还应急审批了新冠病毒基因测序仪、核酸检测仪、呼吸机、血液净化装置等多种新冠肺炎防控产品注册。此外，国家药监局还积极督促指导各省级药品监管部门，开展二类新冠肺炎疫情防控产品的应急审批工作。这有力地支持了全国新冠肺炎防控工作，得到了国务院领导的充分肯定。

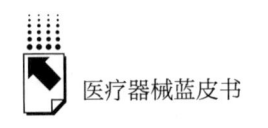

三 2019年我国医疗器械监管体制改革和法规建设情况

(一) 医疗器械监管体制改革不断深化

国家药品监督管理局和各省（区、市）深入贯彻落实《中共中央关于深化党和国家机构改革的决定》《深化党和国家机构改革方案》要求，结合药品医疗器械监管工作实际情况，不断深化监管体制机制改革，顺利完成了转隶组建、"三定"落实、直属单位划转等相关工作。

国家药品监督管理局进一步完善了内部管理体制，理顺了运行机制，强化了药品、医疗器械和化妆品研制、生产、流通、使用各环节的监督管理，特别是提高了药品医疗器械审评审批质量与效率，正确把握了保障公众用药用械安全有效与促进医药行业健康发展之间的关系。2020年初，根据突发新冠肺炎疫情防治工作需要，及时启动了药品医疗器械应急审评审批程序，加快审评审批新冠肺炎防治急需的药品医疗器械，得到了国务院领导的充分肯定和社会的广泛好评。

各省（区、市）结合本地医药行业发展情况以及监管工作实际需要，不断深化药品医疗器械监管体制机制改革，切实提高监管能力和效率。据不完全统计，截至2019年底，全国已经有16个省（区、市）药品监督管理局根据本地实际情况，设置了派出机构，增加了监管人员编制，由其承担药品医疗器械生产与批发环节许可、零售连锁总部和互联网销售第三方平台监管等职责（见表5）。

表5 有关省（区、市）药品监督管理局设置派出机构情况

序号	省（自治区、直辖市）	派出机构数	派出机构编制数
1	北京	5	126
2	内蒙古	5	55
3	天津	5	750
4	辽宁	14	180
5	吉林	9	136
6	江苏	13	118
7	福建	3	42
8	江西	6	135
9	山东	6	148

续表

序号	省（自治区、直辖市）	派出机构数	派出机构编制数
10	河南	9	180
11	湖北	14	99
12	广东	5	85
13	广西	14	60
14	重庆	4	218
15	四川	5	37
16	湖南	1	30

资料来源：根据公开资料整理。

（二）加快医疗器械监管法规体系建设

国家药品监督管理局配合司法部积极推动《医疗器械监督管理条例》修订，同步开展与该条例配套的有关规章和规范性文件修订工作；联合国家卫健委印发《定制式医疗器械监督管理规定（试行）》，以满足临床罕见个性化需求；出台了《医疗器械生产质量管理规范附录独立软件》，明确软件质量管理体系要求；发布了《医疗器械附条件批准上市指导原则》等57项指导原则，强化对医疗器械研发的指导。

（三）进一步健全医疗器械标准体系

国家药品监督管理局针对医疗器械前沿领域和创新产品发展，批准成立"人工智能""医用增材制造技术""医用电声设备"3个标准化技术归口单位，调整完善了新领域医疗器械标准体系。下达108项标准制修订项目，其中国家标准15项、行业标准93项。发布行业标准72项。截至2019年底，我国有效医疗器械标准共1696项，其中国家标准223项，行业标准1473项。我国医疗器械标准与国际标准一致性程度已达90.4%。

（四）启动了医疗器械唯一标识系统

国家药品监督管理局会同国家卫健委印发《医疗器械唯一标识系统试点工作方案》，联合开展试点，发布了第一批9大类64个品种实施通告，唯一标识工作迈出重要步伐。印发《医疗器械唯一标识系统规则》和相关标准，完成唯一标识数据库一期工程建设。

（五）推进医疗器械分类界定

国家药品监督管理局发布《关于调整药械组合产品属性界定有关事项的通告》。制定分类目录动态调整工作程序。分3批公布1073个分类界定结果，指导各方精准分类。发布医疗器械通用名称命名指导原则，规范医疗器械通用名称。

四 未来我国医疗器械行业发展面临的环境及前景展望

（一）面临的环境

1. 政治环境有利于我国医疗器械行业健康发展

在习近平新时代中国特色社会主义思想指引下，党中央、国务院高度重视医疗器械产业发展，不断深化有关改革措施，先后出台有关政策，鼓励支持高端医疗器械发展。当前我国社会政治稳定，经济发展，人民群众生活水平持续提高，全面建成小康社会目标将如期实现，医疗保障水平也将逐年提高。2020年初以来，为了防控新冠肺炎疫情，国家出台了新一轮减税降费等促进企业发展的政策。这些都为我国医疗器械行业健康快速发展提供了良好的社会政治环境。

2. 经济环境有利于我国医疗器械行业健康发展

2019年，我国经济继续健康发展，国民经济增速保持在6%左右。许多地方政府出台优惠政策支持医疗器械产业发展，有的地方不仅给予医疗器械生产企业税费减免优惠政策，还给予医疗器械产品注册奖励、产品创新奖励、生产厂房房租补助等。从整个经济环境来看，这些优惠政策有利于我国医疗器械行业的健康发展。

3. 国家扶贫政策和医疗保障政策调整有利于医疗器械产业发展

为了实现2020年脱贫攻坚的宏伟目标，在党中央、国务院扶贫政策推动下，许多地方政府出台特殊补助政策，如大病医疗费二次报销、提高贫困人口医疗费用报销比例等。全国医疗卫生机构门诊人次、住院人次持续增加，推动了全社会医疗器械需求不断增长。

4. 随着国家多项鼓励科技创新政策的实施，医疗器械创新发展呈现加速之势

随着国家各项鼓励科技创新政策的实施，医疗器械研发机构，特别是医疗器械生产企业创新研发内在动力将大增，全社会医疗器械总的研发投入将连年大幅增长，创新医疗器械申报数量将连年增加，创新医疗器械产品将加速涌现。

5. 国内外医疗器械市场的不确定因素增多

首先，国家实行医疗器械集中带量招标采购、重点产品监控、取消加成、鼓励实行"两票制"、医用耗材医保准入机制等政策必然会影响医疗器械市场价格，这对医疗器械销售规模的影响存在着不确定性；其次，国际贸易保护主义抬头，特别是中美贸易摩擦必将影响我国医疗器械出口增速；再次，为了适应带量招标采购的价格竞争，可能有的医疗器械生产企业为了降低产品成本会降低产品质量，这有可能增加医疗器械不合格风险。

（二）前景展望

综合分析我国医疗器械行业面临的形势，我们认为：我国医疗器械行业虽然面临诸多方面的挑战，但是依然表现出旺盛发展活力，发展前景广阔；国家医疗器械监管法规政策将继续完善，审评审批制度改革将继续深化，上市后监管力度将进一步加大；创新医疗器械将加速涌现，将有更多创新医疗器械特别是防治新冠肺炎的医疗器械获准注册上市；我国医疗器械行业将继续保持健康发展的良好势头，但增长幅度可能会减小；医疗器械进出口贸易总额将继续增长，但增长幅度很可能会有所下降。总之，未来一年我国医疗器械行业仍将处于"黄金发展期"。

政策篇

Topics in Policies and Regulations

B.2
2019年我国医疗器械审批制度改革分析报告

张 华[*]

摘 要： 2019年，国家药品监督管理局贯彻落实《医疗器械监督管理条例》，以深化医疗器械审评审批制度改革为主线，加强医疗器械法规体系、注册管理基础和技术支撑体系建设，加快创新、临床急需的医疗器械审评审批，医疗器械注册管理工作取得新成效。本文介绍了2019年我国医疗器械审批制度改革所取得的成效，如医疗器械注册管理法规体系、医疗器械标准管理体系、医疗器械分类管理体系不断完善，命名编码技术研究有序推进，医疗器械临床试验监管加强，注册电子申报全面实施，国际交流合作取得实质性进展等；建议加快推进监管法治体系和能力、社会共治体系和能力、标准体系建

[*] 张华，国家药品监督管理局医疗器械注册管理司综合处处长。

设,加强医疗器械分类和编码工作,完善临床试验管理和加快提升检验检测能力等。

关键词: 医疗器械　审批制度改革　分类管理

2019年,国家药品监督管理局(下文简称"国家药监局")贯彻落实中办、国办《关于深化审评审批制度改革鼓励药品医疗器械创新的意见》和《国务院关于改革药品医疗器械审评审批制度的意见》,加快推进医疗器械审评审批改革,鼓励医疗器械创新发展,优化临床试验管理,加强医疗器械法规体系、注册管理基础和技术支撑体系建设。本文介绍了2019年医疗器械审批制度改革状况及取得的成效,并对未来进一步深化改革提出了相关建议。

一　2019年医疗器械审批制度改革状况及取得的成效

2019年,我国新一轮机构改革逐步到位。这是推进国家治理体系和治理能力现代化的一场深刻变革。2019年初国家药监局召开了全国医疗器械监督管理工作会议,总结了2018年我国医疗器械监督管理工作所取得的成绩和存在的问题,研究部署了2019年医疗器械监督管理工作。2019年,国家药监局按照工作计划,全力推进医疗器械注册管理各项工作,使得我国医疗器械审批制度改革取得了新的成就。

(一)医疗器械注册管理法规体系逐步完善

国家药监局结合《深化党和国家机构改革方案》对《医疗器械监督管理条例修正案(草案送审稿)》进行了相应修改,并于2018年5月将其报送司法部。2018年6月,司法部就《医疗器械监督管理条例修正案(草案送审稿)》公开征求意见。2019年以来,国家药监局积极配合司法部开展条例修订工作,包括参与调研、提供修改意见、组织专家论证条例实施时间和预评估条例实施效果。同时,结合条例修订的内容,开展《医疗器械注册管理办法》《体外诊断试剂注册管理办法》以及注册申报资料要求等条例配套规章和规范

性文件的制修订工作。

推进医疗器械技术审查指导原则的制修订相关工作。发布《医疗器械注册技术审查指导原则制修订管理规范》，进一步规范技术审查指导原则的制修订工作。2019年发布《有源医疗器械使用期限注册技术审查指导原则》等50项注册技术审查指导原则。现有医疗器械技术审查指导原则有300余项，提升和统一了各级药品监管部门的审查水平、尺度。

（二）医疗器械标准管理体系不断健全

按照"十三五"国家药品安全规划，国家药监局每年组织制修订100项左右医疗器械标准，对重大基础性标准、高风险产品标准、战略性新兴产业相关领域标准及采用国际标准的项目优先立项，提高通用基础标准、方法标准、管理标准、推荐性标准的制修订比例。2019年，下达108项医疗器械标准制修订项目计划，其中有15项国家标准和93项行业标准，审核发布72项医疗器械行业标准和3项标准修改单。截至2019年底，我国医疗器械标准共计1696项，其中，国家标准223项（强制性标准88项，推荐性标准135项），行业标准1473项（强制性标准307项，推荐性标准1166项），我国标准与国际标准的一致性程度达到90.4%，标准体系的系统性、科学性不断完善，基本覆盖了医疗器械产品各技术领域。开展强制性标准整合精简，对不适宜作为强制性标准的40项方法标准等按程序转为推荐性标准。组织修订《医疗器械标准验证工作规范》，进一步完善标准验证工作。开展了24项强制性标准实施评价工作，对标准的适用性、先进性、协调性进行综合评估。

（三）医疗器械分类管理进一步完善

继续推进《医疗器械分类目录》实施工作，确保平稳有序实施《医疗器械分类目录》，净化医疗器械市场秩序。研究制定《医疗器械分类目录动态调整机制》，实现基于医疗器械风险程度变化情况，动态调整医疗器械分类目录，提升分类目录的覆盖性和合理性。组织开展医疗器械管理类别研究工作，提出关于关节镜等32种产品降低管理类别的意见，合理设置医疗器械管理类别，有效配置行政监管资源，为宽严有别开展医疗器械监管提供重要基础性保障。组织开展抗菌医疗产品属性界定研究工作，明确该类产品属性界定原则。

为进一步规范药械组合产品属性界定工作，国家药监局发布《关于调整药械组合产品属性界定有关事项的通告》，自 2019 年 6 月 1 日起实施。国家药监局医疗器械标准管理中心负责组织开展药械组合产品属性界定工作。申请人通过药械组合产品属性界定信息系统向标准管理中心提交药械组合产品属性界定申请。标准管理中心对申请材料组织审查，在 20 个工作日内提出属性界定的意见，并告知申请人。此外，标准管理中心还会及时在其网站对外公布药械组合产品属性界定的结果。

（四）命名编码技术研究工作开始有序推进

研究医疗器械命名的通用技术要求，制定指导各专业领域通用名称命名术语指南的编制通则。制定医用成像器械、有源植入器械和口腔科器械领域的通用名称命名术语指南，明确不同专业领域产品通用名称命名的核心词、特征词术语集，逐步规范相关产品的通用名称。起草无源手术器械、无源植入器械、呼吸、麻醉和急救器械等 11 个专业领域的医疗器械通用名称命名术语指南，推动医疗器械产品命名工作有序开展，逐步实现医疗器械产品命名的规范化管理。

国家药监局发布《医疗器械唯一标识系统规则》，明确唯一标识系统建设的有关要求。医疗器械唯一标识系统，由医疗器械唯一标识、唯一标识数据载体和唯一标识数据库三部分组成。医疗器械唯一标识，是指在医疗器械产品或者包装上附载的，由数字、字母或者符号组成的代码，用于对医疗器械产品进行唯一性识别。国家药监局负责制定医疗器械唯一标识系统制度，提出医疗器械唯一标识系统建设的规划，推动各相关方积极应用医疗器械唯一标识，促进医疗器械产品全生命周期的管理。注册人/备案人负责创建和维护医疗器械唯一标识，在产品或者包装上赋予医疗器械唯一标识数据载体，上传相关数据，利用医疗器械唯一标识加强产品全过程管理。国家药监局发布了《医疗器械唯一标识系统基础术语》《医疗器械唯一标识通用要求》。组织开展唯一标识数据库填报等相关信息化标准的制定工作，完成数据库一期工程建设，已汇聚3.7 万余条数据并推动了数据共享。国家药监局与国家卫健委联合印发《医疗器械唯一标识系统试点工作方案》，开展医疗器械唯一标识在供应链各环节的试点应用，对 9 大类 64 个医疗器械品种第一批实施医疗器械唯一标识，逐步实现医疗器械注册、生产、流通、使用、医保结算一码联通，助力三医联动。

（五）医疗器械临床试验监管得到强化

发布《关于调整医疗器械临床试验审批程序的公告》，进一步优化临床试验审批程序，调整医疗器械临床试验审批程序。自提出临床试验审批申请并完成缴费之日起60个工作日内，申请人在预留联系方式、邮寄地址有效的前提下，未收到国家药监局医疗器械技术审评中心意见的，可以开展临床试验。对于同意开展临床试验的，医疗器械技术审评中心将在其网站上公布并告知申请人，不再发放医疗器械临床试验批件。发布《关于公布新增和修订的免于进行临床试验医疗器械目录的通告》，其中免于进行临床试验目录涉及医疗器械产品196个，体外诊断试剂27个。目前，共计1419类产品免于进行临床试验。按照《医疗器械临床试验机构条件和备案管理办法》，对医疗器械临床试验机构的资质认定改为备案管理，截至2019年底814家医疗机构完成医疗器械临床试验备案，初步解决了医疗器械临床试验资源不足的问题。国家药监局持续开展医疗器械临床试验监督抽查，保持对临床造假行为的高压态势。对尚未完成审评的、在境内通过开展临床试验获取临床评价数据的首次注册的第三类医疗器械和进口医疗器械，综合考虑产品风险程度、投诉举报、技术审评、注册申请人、临床试验机构规模、地域以及承担数量等情况，2019年抽取了20个注册项目开展了临床试验现场监督检查，对其中的16个国产医疗器械注册申请项目开展了临床试验样本真实性延伸核查，强化了震慑作用。

（六）医疗器械检验检查能力建设得以加强

加强医疗器械检验能力建设，国家药监局制定发布了《医疗器械检验工作规范》。组织开展了2019年度检验检测机构监督抽查，其中抽取50%的医疗器械检验检测机构进行检查，并将有关结果向社会予以公布。加强医疗器械质量管理体系检查能力建设，持续推进国家级医疗器械检查员队伍建设，指导地方加强专职检查员队伍建设。加快出台《关于建立职业化专业化药品检查员队伍的意见》。国家药监局结合机构改革后自身药品监管新的职责定位，研究制定《关于建立职业化专业化药品检查员队伍的意见》，明确检查员资格标准、工作职责、培训管理、考核评价、职业发展等内容。

（七）医疗器械注册人制度试点得到推进

《医疗器械监督管理条例（修订草案）（公开征求意见稿）》规定医疗器械注册人、备案人应当保证医疗器械安全有效，对研制、生产、经营和使用全过程中医疗器械的安全性、有效性依法承担责任。医疗器械注册人、备案人应当建立与产品相适应的质量管理体系并保持其有效运行，制定上市后研究和风险管控计划并保证其有效实施，依法开展医疗器械不良事件监测和再评价工作，建立产品追溯和召回制度。根据国务院全面深化自由贸易试验区改革开放方案的意见，2018年在上海市、广东省、天津市自贸区开展医疗器械注册人制度试点基础上，2019年国家药监局发布了《关于扩大医疗器械注册人制度试点工作的通知》，将医疗器械注册人制度试点扩大到河北等21个省、自治区、直辖市。通过试点，探索建立医疗器械委托生产监管制度，优化企业资源配置，落实企业主体责任，建立更加完善的注册人医疗器械质量管理体系，创新医疗器械监管方式方法，释放医疗器械注册人制度红利，鼓励医疗器械产品创新，推动医疗器械产业高质量发展。截至2019年底，已有22家企业的93个产品获批上市，部分产品实现了跨省、市试点，为医疗器械注册人制度全面实施积累了经验，奠定了实践基础。

（八）注册电子申报全面实施

结合国际医疗器械监管机构论坛（IMDRF）的法规产品申报（RPS）实测工作情况和国际相关注册电子申报要求，国家药监局制定发布《医疗器械注册申请电子提交技术指南（试行）》。2019年5月起，国家药监局医疗器械技术审评中心向医疗器械注册申请人、注册人发放eRPS系统配套使用的数字认证证书（Certificate Authority，CA）。国家药监局发布了《关于实施医疗器械注册电子申报的公告》。国家药监局医疗器械注册电子申报于2019年6月24日开始实施。截至2019年底，企业已经通过系统线上递交资料7512件，注册申报线上提交占比达81.24%。注册电子申报的实施，有利于提高"互联网+医疗器械政务服务"信息化水平，减少医疗器械注册资料流转时间，减轻医疗器械注册人负担，提升申报的质量。

（九）监管科学行动计划初见成效

开展医疗器械监管科学研究。国家药监局会同四川大学建立了国家药监局首个医疗器械监管科学研究基地，组织召开了医疗器械监管科学研讨会。推动和支持四川大学（医疗器械监管科学研究基地）申请亚太经合组织（APEC）生命科学创新论坛（LSIF）监管协调指导委员会（RHSC）医疗器械监管科学卓越中心，并开展试点培训项目。遴选真实世界数据等4个医疗器械监管科学项目开展研究。加强与有关高校、科研机构的沟通，摸清医疗器械监管科学研究资源。推动临床真实世界数据在海南应用试点，发布《临床急需进口医疗器械临床使用数据收集初步方案》，研究确定试点品种，印发《临床真实世界数据应用试点下一步工作计划》。组织开展《海南博鳌乐城国际医疗旅游先行区临床急需进口医疗器械管理暂行规定》实施情况评估，并对后续修订工作进行指导。

（十）国际交流合作取得实质性进展

由我国牵头组织编制的《临床评价》《临床研究》《临床证据——关键定义和概念》三份技术指南已经IMDRF管理委员会批准发布，同时，临床评价工作组的1项新的扩展项目"上市后随访研究"获得立项，由我国牵头编写的"更新IMDRF成员认可国际标准清单"经IMDRF管理委员会一致同意通过，为全球医疗器械监管贡献了更多的中国智慧。同时，积极研究转化成果，完善我国医疗器械注册管理要求。参加亚洲法规协调组织（AHWP），充分发挥我国在亚洲医疗器械法规协调中的重要作用。进一步加强了中美、中欧、中日等双边医疗器械监管交流，持续扩大我国医疗器械监管在国际上的影响力。

2019年医疗器械注册审批情况：国家药监局批准境内第三类医疗器械产品注册3179项，进口医疗器械产品注册5292项。其中，首次注册1726项，延续注册4504项，许可事项变更注册2241项。各省级药品监管部门共批准境内第二类医疗器械产品注册17017项。其中，首次注册6211项，延续注册7153项，许可事项变更注册3653项。从注册情况看，北京、河北、上海、江苏、浙江、山东、河南、广东、湖南、重庆10个省市注册的境内第二类医疗器械产品数量较多。国家药监局共办理进口第一类医疗器械备案数量1383项。全国设区的市级药品监管部门办理境内第一类医疗器械产品备案共16754项。

二 进一步促进医疗器械注册管理改革的政策建议

一是加快推进监管法治体系和能力建设。加快推进新修订的《医疗器械监督管理条例》早日出台，加大对新法规制度的宣贯力度。加快推进《医疗器械注册管理办法》《体外诊断试剂注册管理办法》等配套规章和规范性文件的修订。

二是加快推进标准体系建设。出台有关加强医疗器械标准制修订工作意见，研究梳理标准制修订工作中存在的突出问题，进一步完善标准体系和运行机制。国家药监局应积极推动强制性标准整合精简工作，优化标准制修订程序。

三是加强医疗器械分类和编码工作。根据产品风险和监管需求，动态调整医疗器械分类目录，完成部分品种的降类工作。加快建立技术指导原则体系，按照审评审批需求统筹推进指导原则制修订。及时总结医疗器械唯一标识试点工作，加快完善唯一标识数据库功能。

四是加快推进审评审批体系和能力建设。加快医疗器械创新产品审评审批，继续完善创新和优先医疗器械审评审批程序。完善对创新产品申请人早期介入和指导的工作机制，加速创新产品、临床急需产品审评审批。扎实推进注册人制度，研究完成注册人和受托人之间的权利义务划分以及异地委托生产时不同监管部门之间的权力责任划分。

五是完善临床试验管理。对临床试验的真实性和规范性进行检查，严厉打击造假行为。加强拓展性临床试验。推进同情用械。探索将真实世界数据用于注册和监管决策。

六是加快提升检验检测能力。加快完善以中国食品药品检定研究院等十大中心为龙头，省级检测机构为骨干，其他检测机构为补充的医疗器械检测体系，加强检验机构能力验证和实验室比对工作。

七是加快推进社会共治体系和能力建设。推进企业主体责任落实，强化质量管理体系建设，推进企业持续加强质量管理体系建设。充分发挥医疗器械行业协会的"桥梁""纽带"作用，提升行业诚信自律意识，发挥示范引领作用。

B.3
2019年我国医疗器械上市后监管改革报告

黄勤 赵彬 许晓聪*

摘 要： 2019年，国家药品监督管理局持续推进《医疗器械监督管理条例》修订工作，推进法规制度建设，定期开展由多部门参与的医疗器械上市后监管风险会商，强化高风险产品监管，综合运用不良事件监测和监督抽检、飞行检查等多种手段，切实防控医疗器械质量安全风险，强化医疗器械上市后产品质量监管。2020年为进一步提升医疗器械上市后监管能力，建议加快推进法规制度建设、探索建立风险会商工作机制、深化医疗器械专项整治、加强疫情防控医疗器械质量监管、优化抽检工作程序、推进完善不良事件监测体系等。

关键词： 医疗器械 上市后监管 风险会商

2019年，国家药品监督管理部门认真贯彻党中央国务院的重大决策部署，认真落实"四个最严"要求，围绕"保医疗器械质量安全的底线、推医疗器械产业高质量发展的高线"两大目标，毫不动摇强化医疗器械全生命周期管理，坚决推进医疗器械监管法规制度建设，综合运用医疗器械不良事件监测和

---

* 黄勤，国家药品监督管理局医疗器械监督管理司综合处处长；赵彬，国家药品监督管理局医疗器械监督管理司综合处三级调研员；许晓聪，国家药品监督管理局医疗器械监督管理司综合处主任科员。

监督抽检、飞行检查等多种手段，切实防控医疗器械质量安全风险，医疗器械监管体系不断完善，上市后监管能力稳步提升。

一 2019年医疗器械上市后监管改革重点

（一）推进法规制度建设，完善法规体系

持续推进《医疗器械监督管理条例》修订工作，深化审评审批制度改革。结合条例拟修订内容和注册人制度的试点实施工作情况，启动《医疗器械生产监督管理办法》《医疗器械经营监督管理办法》《医疗器械使用质量监督管理办法》等配套规章的修订工作。组织编写并发布《医疗器械生产质量管理规范附录独立软件》，在已出台的无菌医疗器械、植入性医疗器械、体外诊断试剂和定制式义齿4个附录的基础上，进一步完善了生产质量管理规范的技术文件体系。

（二）坚持问题导向，推进风险会商

创新医疗器械监管理念，探索建立并且在监管工作中不断完善医疗器械上市后监管的风险会商机制，综合运用医疗器械监督检查、监督抽检、医疗器械不良事件监测等数据，综合分析全国范围内医疗器械质量安全的总体形势和产品的总体风险情况。定期开展由多部门参与的医疗器械上市后监管风险会商，会商重点聚焦企业、聚焦产品、聚焦风险，综合分析医疗产品质量安全风险状况，研究提出风险防控措施，对问题实行"销号"处理，确保处置到位，多措并举统筹加强医疗器械上市后监管。印发年度医疗器械质量安全形势分析报告，从质量管理体系、监督抽检、不良事件监测、投诉举报等方面对医疗器械上市后质量安全形势进行评估并提出相关建议。改进优化创新产品事中事后监管，加强对创新产品的风险会商，分析评估研判"正电子发射断层扫描及磁共振成像系统"等创新产品的风险点，提出针对性的监管措施。

（三）保持高压态势，强化高风险产品监管

组织开展无菌植入性医疗器械监督检查专项工作，切实加强高风险重点产品监管，全面推进落实医疗器械企业主体责任。突出问题导向，全面系统梳理

医疗器械生产、经营和使用环节的质量安全关键问题，专项整治医疗器械高风险重点品种，加强生产环节监管，督促指导经营使用环节监督检查，对无证经营群众关注度高、使用量大的医疗器械和经营无证医疗器械等违法行为进行重点检查。监督检查生产企业2000余家、经营企业13万余家、使用单位20万余家；对检查发现的问题，责令改正的生产企业846家、经营企业16141家、使用单位19394家，立案查处生产企业79家、经营企业1931家、使用单位2499家。各地针对检查中发现的问题，加强监管，及时采取处置措施，促进了企业提升质量安全管理水平和风险管理意识，使得产品质量安全得到更有效的保障。

（四）开展监督检查，强化生产环节监管

开展飞行检查，突出对问题产品、问题企业的监督检查，检查内容既包括企业守法守规、执行标准情况等，也包括省局监管工作开展情况、企业整改跟踪落实情况。组织对80家医疗器械生产企业进行了飞行检查，涉及无菌医疗器械、植入性医疗器械、体外诊断试剂、有源产品、义齿等领域，共发现628项缺陷。开展境外检查，全年共派出14个检查组对10个国家、22家企业、30个品种开展了境外检查，发现生产管理、文件管理、质量控制和厂房设施方面的缺陷86条。

（五）开展"清网"行动，规范网络交易

聚焦医疗器械网络销售中的重点问题，部署开展医疗器械"清网"行动。各地按照工作部署安排，积极推进专项行动各项工作，重点清理未履行法定义务的第三方平台、违法违规网络销售企业，打击利用网络销售非法产品、违法违规发布网络销售信息等行为。"清网"行动期间，各地督促第三方平台和网络销售企业按照相关法规开展全面自查，完善内部管理制度，加强内部培训，全面落实主体责任。对一百余家医疗器械网络交易服务第三方平台进行了全覆盖检查，检查医疗器械网络销售企业两万余家。加强网络交易信息监测，及时处置相关线索信息。"清网"行动严厉打击了互联网医疗器械网络销售违法违规行为，规范了医疗器械网络交易行为。

（六）聚焦突出问题，加强监督抽检

组织开展2019年国家医疗器械监督抽检工作，对安全风险程度高、日常

消费量大、易受环境影响和需要一定保存条件等的 59 个品种 4467 批次产品开展了国家监督抽检。发布质量通告 7 期，及时公告抽检结果。加强对问题产品的处置，强化跟踪督导检查，确保问题产品整改到位。强化抽检结果风险运用，将国家监督抽检发现的风险点和工作建议等及时通报各省局，有针对性地指导各省局开展后续监管。组织对国家监督抽检结果开展产品风险点分析，从质量体系、技术要求、标准等方面对监督检查、监测研究中发现的可能影响产品安全性、有效性的风险因素进行汇总分析，供有关部门根据监管实际参考使用。

（七）突出企业主体责任，强化不良事件监测

为推进《医疗器械不良事件监测和再评价管理办法》实施，组织开展宣贯培训，并指导各地对省市级监管人员、监测技术机构人员和重点生产经营企业、使用单位数千人进行培训。上线新版不良事件监测信息系统，督促辖区内生产企业注册为系统用户，落实企业主体责任。推动"十三五"重点监测工作，督促相关省局完成好其所承担品种的监测工作，对 30 个省（区、市）、100 个品种重点监测工作进行督查。强化对日常发现的监测风险信号的分析和管控，加强风险处置力度，对风险信号进行闭环管理。

（八）加强能力建设，强化社会共治

加强信息化建设。完善医疗器械生产监管平台系统建设，完善基础数据，优化系统功能。推进医疗器械网络销售和交易监测平台三期建设，优化监测处置流程，继续扩大监测范围。加强培训指导。印发《医疗器械经营和使用环节监管工作指导手册》，指导加强经营使用环节监管工作。推进检查员制度建设。加强检查员培训，强化实践和"实战"，组织开展检查员实地培训。强化社会公治。组织行业协会开展全国百家企业生产质量管理规范经验交流，推动行业加强质量管理体系建设。

二 2020年进一步提升医疗器械上市后监管能力政策建议

2020 年医疗器械监督管理工作要以坚持习近平总书记关于药品安全"四

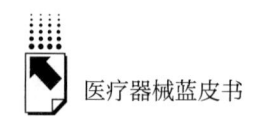

个最严"的要求为根本导向,完善法规,优化机制,充实力量,创新方式,切实保障医疗器械质量安全有效,维护人民群众健康权益。

(一)加快推进法规制度建设

加快推进新《医疗器械监督管理条例》早日出台。加强宣传培训,加大宣贯力度,将监管执法人员和重点企业法定代表人全部纳入培训范围。加快推进医疗器械生产等配套规章的制修订。各省级药监局按照国家药监局统一部署,积极组织参与规章制修订,按时完成相关工作。

(二)全面推进风险会商

进一步提升风险会商工作的及时性、针对性和实效性,探索建立风险会商工作机制。国家药监局组织召开风险会商会,研究制定风险会商的指导意见。各省级药监局积极开展风险会商工作,对所发现的风险隐患进行多角度研判、评估,并制定风险防控措施。通过开展风险会商工作,加强构建风险识别、风险评估及风险管控相结合的风险管理体系,提升医疗器械上市后监管的靶向性和有效性。

(三)深化医疗器械专项整治

一是开展无菌和植入性医疗器械监督检查。持续加强无菌和植入性医疗器械(含高值医用耗材)的监督检查,全面推进落实医疗器械企业主体责任,保障医疗器械安全有效。加强对重点品种、重点企业和重点环节的监督检查,全面加强风险防控和质量管理,督促医疗器械企业严格依照医疗器械法规和标准从事生产经营活动,不断提升企业法治意识、责任意识、风险意识、质量意识、自律意识、诚信意识,保障医疗器械质量安全。二是深化"清网"行动。强化落实医疗器械网络交易服务第三方平台管理责任,强化落实医疗器械网络销售相关企业的主体责任,强化落实各级医疗器械监管部门属地监管责任,坚持信息与产品相结合、"线上"与"线下"联动的原则,加大医疗器械网络交易监测力度,严厉打击违法违规行为。

(四)加强疫情防控医疗器械质量监管

切实加强新冠病毒检测试剂、医用防护口罩、呼吸机、医用外科口罩、医用防护服、一次性使用医用口罩和红外体温计等医疗器械质量监管。组织建立出口医疗器械企业清单，监督指导出口企业完善出口产品档案，加大监督检查和抽检力度，规范出口销售证明管理。完善监督机制，督促企业主体责任和地方属地管理责任落实。加大案件查办力度，强化案件行刑衔接，加大信息公开和舆情监测力度，形成高压态势。

（五）优化医疗器械监督抽检工作

优化抽检工作程序。认真落实新修订的《药品质量抽查检验管理办法》，组织开展医疗器械国家监督抽检，做好抽样、检验、报告送达、核查处置、信息上报等工作。强化抽检结果运用，及时通报抽检中发现的问题，切实对不合格产品进行控制，对违法违规行为进行查处，督促企业认真做好整改和产品召回工作。

（六）稳步推进不良事件监测

完善监测体系，认真落实"一体两翼"布局建设要求，加快构建职责清晰、分工明确、系统完善的不良事件监测体系。健全信息系统，完善预警信号规则，进一步提高风险发现、风险分析、风险预警和风险处置能力。全面完成"十三五"药品安全规划100个品种重点监测任务。落实报告责任，完善监测哨点，加强主动监测，督促医疗器械注册人落实报告责任。强化监测处置，对监测发现的不良事件进一步加大处置力度，及时化解风险。

（七）严惩违法犯罪行为

落实违法行为处罚到人的要求。对违法企业进行处罚的同时，对医疗器械企业法定代表人、主要负责人、管理者代表以及直接负责的主管人员和其他相关责任人依法进行处罚。落实行业禁业的规定。对有严重违法行为的，实行严格的行业准入限制。加强行刑衔接。强化行政执法与刑事司法的衔接，坚决捣毁医疗器械非法生产窝点，摧毁非法经营销售的链条，形成医疗器械违法违规行为打击合力，严肃惩处违法犯罪分子。进一步加强部门联动和区域协作，对跨区域跨部门的案件，要协调合作依法查办。强化案件挂牌督办。对重大违法违规案件实行挂牌督办，从严从重从快查处。

B.4
2019年我国医疗器械不良事件监测报告

岳相辉[*]

摘　要： 2019年新版《医疗器械不良事件监测和再评价管理办法》正式实施，各级药品监管部门积极推动法规宣贯培训工作，促进各方对该办法的学习和理解，同时不断提高各方对不良事件监测工作的认识，提高监测工作信息化水平，为我国医疗器械不良事件监测的推进奠定了基础。2019年，全国收集可疑医疗器械不良事件报告40.27万份，剔除错误报告后，有效可疑医疗器械不良事件报告为39.63万份，其中，江苏、山东、北京等18个省（自治区、直辖市）的不良事件报告县级覆盖率达到100%。我们应该认识到，不良事件报告数量较多的产品不一定风险高，应该通过对不良事件报告的收集、分析，评价一段时间内产品的风险水平，得出产品风险的发展趋势，发现和确认存在的产品风险，有针对性地采取风险控制措施，达到风险管理的效果。

关键词： 医疗器械　不良事件　风险管理

2019年1月1日，由国家市场监督管理总局、国家卫生健康委员会联合印发的新版《医疗器械不良事件监测和再评价管理办法》（下文简称《办法》）正式实施，新的医疗器械不良事件监测信息系统投入运行，各级药监部门、医疗器械不良事件监测技术机构、生产企业、流通企业和使用单位按照新《办

---

[*] 岳相辉，国家药品监督管理局医疗器械监督管理司监测抽验处三级调研员，外科学博士。

法》的要求，开展不良事件监测工作。许多单位和个人充分发挥主观能动性，创造性地开展工作，取得了很好的成效，为今后一个时期医疗器械不良事件监测工作的深入开展打下了坚实的基础。可以说，2019年医疗器械不良事件监测工作承上启下，是医疗器械不良事件监测工作进程中一个阶段性的分水岭。

一 2019年不良事件监测推进基础

各级药品监管部门积极推动法规宣贯培训工作。随着机构改革的推进，各地机构调整相继完成，医疗器械监管和不良事件监测人员变化较大，新力量的加入既为不良事件监测工作提供了新的动力，也带来一些问题，如部分人员对于不良事件监测工作的理解不一致不深入。同时，新《办法》调整了工作思路，重新设计了工作流程，行政相对人——特别是医疗器械生产企业对此存在一定的不了解、不适应的情况。为使相关人员能尽快熟悉工作，进入状态，各级药监部门开展了大量的培训工作。国家药监局组织举办了2期培训班，对各省监管人员及省级监测机构骨干人员近300人进行了培训；国家药品评价中心和高研院开展多期培训班，对省、市级监管人员及监测技术机构人员和重点生产经营企业、使用单位数千人进行了培训；各省在辖区内开展新《办法》宣贯培训活动，对省以下监管人员、监测技术人员，辖区内生产经营企业、使用单位进行了培训。通过广泛的宣传培训，促进了各方对新《办法》的学习和理解，提高了各方对不良事件监测工作的认识。

随着医疗器械不良事件监测工作的推进，可疑医疗器械不良事件报告已从最初的每年几百份增长到每年40余万份。传统的人工处理方式已经不能满足海量数据快速处理的需要，信息化成为不良事件监测工作开展的必然要求。目前，发达国家已基本淘汰纸质报告的信息收集方式，而采用网络直报和可疑不良事件的信息化处理方式。在新《办法》框架下，为方便落后地区报告不良事件，我们仍然保留了提交纸质报告的上报方式，但我国不良事件监测工作主体已经实现信息化、网络化，可疑不良事件报告的上报收集、流转、审核、评价、反馈等工作均可通过不良事件监测信息系统在线开展。提高监测工作信息化水平，提高信息系统使用效率成为监测工作的重点基础性工作。新《办法》要求注册人"应当注册为国家医疗器械不良事件监测信息系统用户，主动维护其用户信息，报告医疗器械不良事件"，这是注册人、备案人承担医疗器械不良事件监测主体责任的前提。为落实这一要求，国家和省级监测机构开展了专项工作，督促注册人在系统注册并维护产品信息。截至2019年12月31日，在国家医疗器械不良事件监测信息系统中，基层用户已注册318986家，比上年增长15.69%。其中注册人和备案人19662家，经营企业178295家，使用单位121029家，分别占注册基层用户总数的6.16%、55.89%、37.94%（见图1）。特别是注册人和备案人比上年增长41.92%，基本上达到了生产企业全部注册为不良事件监测信息系统用户的目标。经营企业和使用单位的注册基层用户分别比上年增长24.22%和2.28%。医疗机构是可疑医疗器械不良事件发生的主要场所和不良事件报告的主要来源，更是不良事件监测工作中的重要环节，保持医疗机构在不良事件监测信息系统中的稳定数量和工作状态是监测工作的重要内容。目前，我国拥有各类医疗机构约100万家，其中约85%是个体诊所，而我国不良事件监测信息系统中的医疗机构用户已超过12万家，这意味着绝大多数具备一定规模的医疗机构已经被纳入我国的医疗器械不良事件监测工作体系。

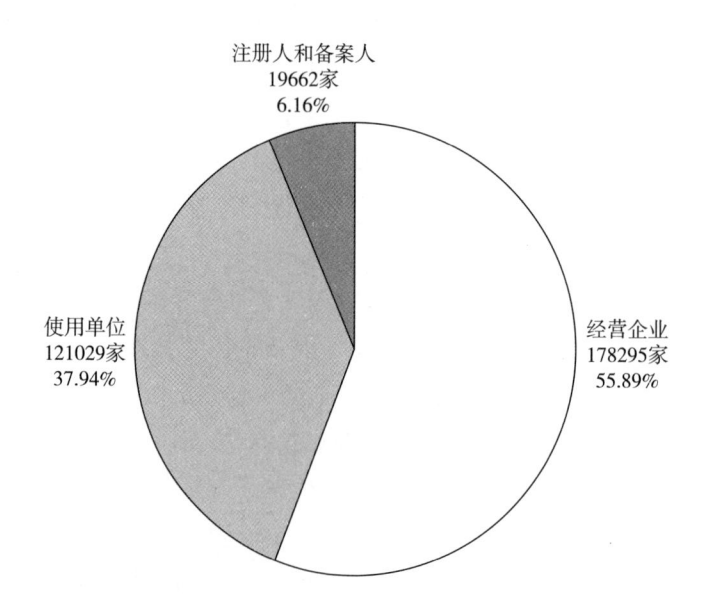

图1　2019年全国注册基层用户情况

资料来源：国家医疗器械不良事件监测信息系统。

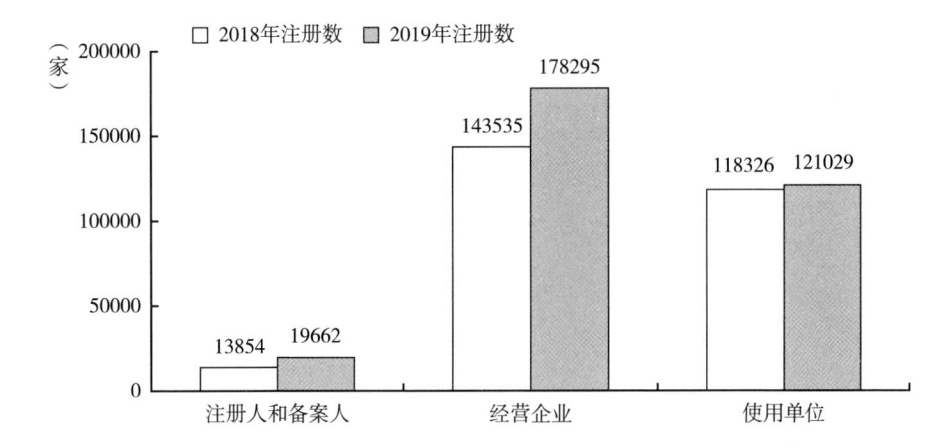

图 2 2018 年和 2019 年全国注册基层用户分类比较情况

资料来源：国家医疗器械不良事件监测信息系统。

二 2019年医疗器械不良事件监测数据

2019 年全国收集可疑医疗器械不良事件报告为 40.27 万份，经核实，剔除错误报告后，有效可疑医疗器械不良事件报告为 39.63 万份，其中可疑严重伤害不良事件报告 26723 份，可疑死亡不良事件报告 213 份，每百万人口平均不良事件报告为 297 份，不良事件报告县级覆盖率为 96.70%，比上年增加 0.80 个百分点。其中，江苏、山东、北京等 18 个省（自治区、直辖市）的县级覆盖率达到 100%。

表 1 2019 年医疗器械不良事件报告总数情况

单位：份，%

序号	地区	报告总数 2019 年	2018 年	增长率
1	北京	8059	6840	17.82
2	天津	2562	2620	-2.21
3	河北	11827	11892	-0.55
4	山西	9853	9962	-1.09
5	内蒙古	7445	6290	18.36

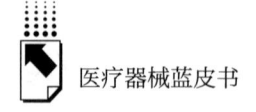

续表

序号	地区	报告总数 2019年	报告总数 2018年	增长率
6	辽宁	9047	10620	-14.81
7	吉林	3284	4328	-24.12
8	黑龙江	9250	10311	-10.29
9	上海	9552	9603	-0.53
10	江苏	30745	44761	-31.31
11	浙江	14799	13256	11.64
12	安徽	15910	17331	-8.20
13	福建	8655	8703	-0.55
14	江西	14405	13202	9.11
15	山东	44822	52526	-14.67
16	河南	30582	26806	14.09
17	湖北	17601	16930	3.96
18	湖南	16424	16585	-0.97
19	广东	33858	32775	3.30
20	广西	10025	8664	15.71
21	海南	3084	2682	14.99
22	重庆	10386	9863	5.30
23	四川	21633	19573	10.52
24	贵州	11723	10739	9.16
25	云南	10411	11191	-6.97
26	西藏	250	293	-14.68
27	陕西	13760	12247	12.35
28	甘肃	6724	7150	-5.96
29	青海	1149	1074	6.98
30	宁夏	1785	1774	0.62
31	新疆	6322	5929	6.63
32	新疆生产建设兵团	413	454	-9.03
合计		396345	406974	-2.61

资料来源：国家药品监督管理局器械监管司监测抽验处。

医疗器械不良事件报告中，使用单位上报357799份，占报告总数的90.27%；注册人和备案人上报8600份，占报告总数的2.17%；经营企业上报29833份，占报告总数的7.53%；其他来源的报告113份，占报告总数的0.03%（见图3）。

2019年我国医疗器械不良事件监测报告

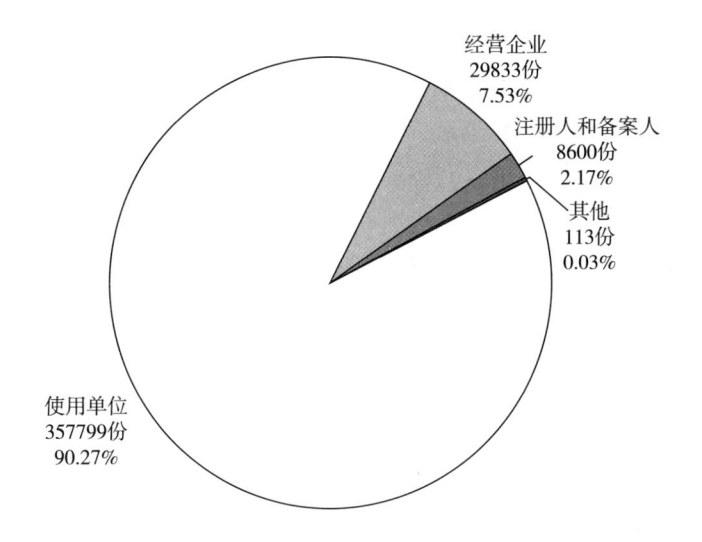

图3　2019年医疗器械不良事件报告来源分析

资料来源：国家药品监督管理局器械监管司监测抽验处。

伤害程度为死亡的报告213份，为严重伤害的报告26723份，分别占报告总数的0.05%和6.74%；伤害程度为其他的报告369409份，占比93.20%。对于事件伤害程度为死亡的可疑医疗器械不良事件报告，国家药品不良反应监测中心均及时进行了处置，督促注册人开展调查、评价。经调查核实，收集到的可疑死亡医疗器械不良事件均为个例报告，无群发性情形；经分析评价，其中绝大多数与医疗器械的使用无明确关系，仅1.41%的事件与涉及的医疗器械有关联性。在后续监测中，未发现上述事件涉及医疗器械有风险异常增高情况。

涉及三类医疗器械的报告146172份、二类医疗器械的报告168864份、一类医疗器械的报告23334份，分别占报告总数的36.88%、42.61%和5.89%（注：57975份未填写类别，占14.63%）。

涉及无源医疗器械的报告251465份，占报告总数的63.45%；涉及有源医疗器械的报告83954份，占报告总数的21.18%；涉及体外诊断试剂的报告2935份，占报告总数的0.74%（注：57991份未填写类别，占14.63%）。不良事件报告中，使用场所为"医疗机构"的报告360166份，占报告总数的90.87%；使用场所为"家庭"的报告28092份，占报告总数的7.09%；使用场所为"其他"的报告8086份，占报告总数的2.04%。

037

2019年，国家医疗器械不良事件监测信息系统收到的可疑医疗器械不良事件报告涉及了医疗器械分类目录中的所有类别。数量排名前五位的类别分别为：14-注输、护理和防护器械，07-医用诊察和监护器械，09-物理治疗器械，22-临床检验器械，08-呼吸、麻醉和急救器械（见表2）。

表2 2019年可疑医疗器械不良事件报告涉及医疗器械分类目录情况

单位：份，%

医疗器械分类目录	报告数	占比
01 有源手术器械	3598	0.91
02 无源手术器械	10154	2.56
03 神经和心血管手术器械	2349	0.59
04 骨科手术器械	717	0.18
05 放射治疗器械	606	0.15
06 医用成像器械	8787	2.22
07 医用诊察和监护器械	35169	8.87
08 呼吸、麻醉和急救器械	18226	4.60
09 物理治疗器械	23181	5.85
10 输血、透析和体外循环器械	10889	2.75
11 消毒灭菌器械	1912	0.48
12 有源植入器械	583	0.15
13 无源植入器械	3313	0.84
14 注输、护理和防护器械	166734	42.07
15 患者承载器械	1468	0.37
16 眼科器械	5743	1.45
17 口腔科器械	4394	1.11
18 妇产科、辅助生殖和避孕器械	12971	3.27
19 医用康复器械	816	0.21
20 中医器械	4179	1.05
21 医用软件	72	0.02
22 临床检验器械	19725	4.98
23 体外诊断试剂	2935	0.74
不详	57824	14.59
合计	396345	

注：医疗器械产品信息未录入信息系统，或录入后未填写医疗器械分类目录信息的，统计为"不详"。

资料来源：国家医疗器械不良事件监测信息系统。

三 对监测数据的正确理解

医疗器械不良事件是指已上市医疗器械，在正常使用情况下发生的，导致或可能导致人体伤害的各种有害事件。医疗器械不良事件报告遵循可疑即报原则，即只要怀疑某事件为医疗器械不良事件，就可以报告。因此，不良事件监测技术机构收集到的报告均为可疑医疗器械不良事件报告，并不能说明伤害与所使用医疗器械之间存在必然因果关系。医疗器械不良事件的发生也不代表所涉及的医疗器械产品存在质量问题。同时，不同种类医疗器械的可疑不良事件报告数量也不具备直接的可比性。使用量大的医疗器械，其所报告的可疑不良事件也往往比较多；同理，在相同的发生概率下，使用量较少的医疗器械，其发生不良事件的数量也相应地要少得多。而一些结构比较简单、操作较为方便、公众比较熟悉的产品在使用过程中发生伤害事件时，更容易被识别出，而导致可疑不良事件的报告也较多；反之，结构复杂、功能较多、专业要求较高、公众不熟悉的产品发生不良事件时，往往难以发现和识别，其发生不良事件时容易出现漏报。

除以上客观因素外，主观因素对不良事件报告的数量也有较大影响。医疗器械不良事件与药品不良反应较为类似，均属于产品的固有属性，往往是产品的固有风险的反映。我国公众对医疗器械不良事件的认知程度有一定的差别，有的地区科普宣传开展得好，公众认知程度高，对不良事件了解较为清晰，监测工作推进力度较大，其不良事件报告数量就较多，这代表该地区不良事件监测工作的水平较高。反之，收集到的不良事件较少，代表该地区不良事件监测工作水平有待提高。

由此可见，医疗器械不良事件报告数量并不能直接反映不同种类医疗器械不良事件发生情况，也不能直接反映产品风险。简单地说，就是产品不良事件报告数量较多，并不代表其风险高，也可能是使用量较大引起的；产品不良事件发生少也不意味着其风险低。一般来说，医疗器械不良事件监测工作更像大数据分析，通过对不良事件报告的收集、分析，可以评价一段时间内产品的风险水平，得出风险的发展趋势，分析出产品的风险总体状况，并提示风险信号，通过对这些风险信号进行调查、分析、评价，可以发现和确认存在的产品

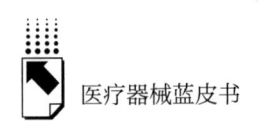

风险，有针对性地采取风险控制措施，从而有效地降低产品风险，达到风险管理的效果。不仅是我国，世界主要发达国家的医疗器械不良事件监测工作也是这样开展的。

事实上医疗器械不良事件的发生原因非常复杂，一般来说主要有以下几种：产品固有风险、设计缺陷、质量问题、使用操作不当等。不良事件的报告也往往受到报告人认识和理解的影响而出现偏差。而确认一起可疑不良事件属于医疗器械不良事件，并准确确定发生原因和问题所在往往也是比较困难的。这首先是由于医疗器械产品的特殊性，由于产品直接或间接作用于人体，受客观条件变化、伦理要求、患者隐私、对健康的保护等条件制约，对可疑伤害事件个例调查时往往难以准确还原事件发生时的情景，也难以准确查明原因，因此，不良事件个例报告往往难以提供准确信息。例如，对2019年收集到的所有后果为死亡的可疑不良事件进行调查后发现，绝大多数不良事件报告中患者的死亡与医疗器械的使用并无明确关联，评价结果为"与产品有关"的仅有3份。

新《办法》对医疗器械不良事件的定义、报告范围、审核流程等进行了较大修改，重新设计了不良事件报告处理流程，使之更加科学，对风险的发现、评价和控制更加灵敏有效。监管人员、监测人员、医疗器械生产经营企业和医务人员都需要一个学习、理解、适应的过程，这在短时间内也会对不良事件报告的数量有一定影响。因此，2019年医疗器械不良事件报告数量没有延续以往的快速增长趋势，而是与2018年持平；另外，在新法规、新报告系统和新流程的支持下，报告的质量明显提高，各报告主体对风险的及时发现、识别、处理、控制能力较以往有了明显的提升，不良事件监测工作向纵深发展，精准化程度得以提高。

四 不良事件监测未来趋势

医疗器械不良事件监测是强化医疗器械全生命周期监管、严防严控医疗器械上市后风险的重要举措，也是医疗器械监管的重要环节。对于医疗器械生产企业，不良事件监测既是法规要求，也是质量管理体系的重要组成部分，更是一个企业能够健康生存发展的内在需要。医疗器械被批准上市，说明经过设计、开发、确认、验证、动物实验、临床试验/评价等过程，以及技术审评，和已知收益相比产品的已知风险较低，产品是一个风险可接受产品。但由于产品上市前的研究和临床试验/评价的局限性，这只是一个阶段性结果判断。产品上市后大规模使用的实际风险情况往往与上市前研究的结果有一定差别，部分产品除了表现出已知风险之外，还可能出现非预期风险或者出现已知风险的非预期增大情况，只有对上市后的医疗器械开展广泛的、全面的监测才能够有效地发现、识别、控制这些额外的风险，保障医疗器械使用者、患者的健康和安全。

新《办法》是由国家市场监督管理总局、国家卫生健康委员会联合发布的，其对医疗器械不良事件的定义为"已上市的医疗器械，在正常使用情况下发生的，导致或者可能导致人体伤害的各种有害事件"。对严重伤害情形的定义，新《办法》与2008版相比未做改动。对比两版《办法》，可以看出新《办法》删除了关于质量合格的要求，大大扩展了医疗器械不良事件的内涵，将2008版办法中的医疗器械质量事故也包含于不良事件监测工作中。

医疗器械不良事件内涵的扩大反映了医疗器械不良事件监测工作在监管工作中的地位不断提高，作用越来越显著，对风险的发现和控制能力越来越强，也与国际上医疗器械不良事件监测工作由监测向警戒发展的趋势相一致。2019年8月26日第十三届全国人民代表大会常务委员会第十二次会议审议通过的《中华人民共和国药品管理法（2019修订版）》第十二条规定"国家建立药物警诫制度，对药品不良反应及其他与用药有关的有害反应进行监测、识别、评估和控制"，从既往的药品不良反应报告制度到药物警诫制度，这一转变具有里程碑意义，是我国药品监督管理制度的重大进步。医疗器械不良事件监测内涵的扩展正是监管在这一背景下的新探索、新发展，必将为我国医疗器械监管事业的跨越式发展提供强有力的支撑。

B.5
2019年我国医疗器械应急审批报告

袁 鹏*

摘　要： 近年来，国家药监局为应对突发公共卫生事件，多次启动医疗器械应急审批工作，各级药品监督管理部门应急审批通过了体外诊断试剂、防护服、医用口罩等多种疫情防控产品，有力地支持了疫情防控工作的开展。本文详细分析了《医疗器械应急审批程序》对医疗器械应急审批的相关规定，同时概括了《医疗器械监督管理条例》《关于深化审评审批制度改革鼓励药品医疗器械创新的意见》《医疗器械附条件批准上市指导原则》等其他法律法规对医疗器械应急审批的相关要求。新冠肺炎疫情暴发后，我国医疗器械应急审批的积极开展极大地提升了医用防护产品供应水平，保障了疫情防控和救治的紧急需要。最后，本文总结了美国、日本和欧盟医疗器械应急审批的相关要求，并对我国更好地应对突发公共卫生事件、进一步满足突发情况紧急需要提出了相关建议。

关键词： 医疗器械　应急审批　公共卫生事件

在疫情防控工作中，对于传染性疾病早发现、早诊断，做好防护成为重要内容。相应地用于传染病诊断、防护、治疗的新的体外诊断试剂，或者虽然有注册但是临床需求量大，供应无法满足需求的医疗器械，如何在突发公共卫生事件来临时，及早上市投入使用，成为较为关键的问题。此外，在部分自然灾

---

* 袁鹏，国家药品监督管理局医疗器械注册管理司注册一处处长。

害出现时，让救灾急需而市场上缺少的医疗器械尽快注册上市，也是救灾救治的关键。2003~2009年，由传染性疾病带来的重大突发公共卫生事件较少，在2008年四川汶川发生特大地震灾害后，原国家食品药品监督管理总局曾对部分救灾救治所需输注器具等开通绿色通道，加快审评审批速度，满足抗震救灾需要。

但为了更好地规范相应工作，2009年，国家食品药品监督管理总局印发了《医疗器械应急审批程序》（国食药监械〔2009〕565号），明确了在相关特殊情况下医疗器械应急审批工作的要求。此后，在2009年H1N1病毒、2013年禽流感（H7N9）病毒、2014年埃博拉（Ebola）病毒和登革热病毒、2015年中东呼吸综合征冠状病毒、2016年寨卡（Zika）病毒以及2020年新型冠状病毒引发的相应疫情中，国家药品监督管理部门和各省级药品监督管理部门严格按照程序要求，及时启动医疗器械应急审批程序，快速批准了用于病毒检测的体外诊断试剂产品以及救治和防护产品，为疫情有效防控，避免疫情快速扩散、蔓延，起到了较为突出的作用。

一 我国医疗器械应急审批程序

《医疗器械应急审批程序》（国食药监械〔2009〕565号）的制定依据是国务院《突发公共卫生事件应急条例》《医疗器械监督管理条例》《医疗器械注册管理办法》等法规和规章，该文件的出台，对于规范应急审批工作具有重要意义。

该文件共14条，对启动条件、审批原则、纳入要求、审评审批程序进行了详细的规定。从启动条件和审批原则看，该文件明确，在存在突发公共卫生事件威胁以及突发公共卫生事件来临时，食品药品监督管理部门应按照统一指挥、早期介入、快速高效、科学审批的原则，对突发公共卫生事件应急处理所需的医疗器械实施应急审批。程序的终止和启动，由国家药品监督管理部门根据突发公共卫生事件的情形和发展情况来决定根据近些年相应应急审批工作情况，国家启动突发公共卫生事件应急响应工作后，国家药品监督管理部门和各省级药品监督管理部门一般就会同步启动医疗器械应急审批工作。

根据应急审批程序要求，对于突发公共卫生事件所需，且在我国境内尚无同类产品上市，或虽在我国境内已有同类产品上市，但产品供应不能满足突发公

共卫生事件应急处理需要，并经国家药品监督管理部门确认的医疗器械可以列入应急审批。这里强调了两类产品，一类产品在我国境内无上市同类产品。一般来说，在一种传染病疫情出现后，对该疾病进行检测的试剂，往往都是无同类产品上市的，因为虽然检测方法较为成熟，但针对特定病原体的试剂需要根据传染性疾病病原体特点去设计，所以检测产品一般是无上市同类产品。另一类产品虽有同类产品上市，但供应不能满足需要，一般来说这类产品往往是防护用品，如防护服、医用口罩、呼吸机等防护、救治类产品。在新冠肺炎疫情发生前，由于其他疫情持续的时间较短、救治工作量较小，已注册的防护用品等产品已能满足需要，所以此前多次应急审批中，此类产品应急审批数量较少。

根据程序要求，对于申请应急审批的第三类医疗器械，申请人应当向国家药品监督管理部门先行提交综述资料及相关说明。国家药品监督管理部门应设立特别专家组，对申请应急审批的医疗器械进行评估和审核。所以，这里需要注意的是，不是申请人递交资料，国家药品监管部门就按照应急审批程序来审查，而是需要先由专家组对产品是否可被纳入医疗器械应急审批进行评估和审核，只有经评估和审核通过的，国家药品监督管理部门才会按照统一指挥、早期介入、快速高效、科学审批的原则予以加快办理。

此外，《医疗器械应急审批程序》第5条明确提出，拟申请医疗器械应急审批的，申请人应当将产品应急所需的情况及产品研发情况事先告知相应的药品监督管理部门。各级药品监督管理部门也应当及时了解相关医疗器械研制情况，必要时采取早期介入的方式，对拟申报产品进行技术评估，及时指导生产企业开展相关申报工作。也就是说，即使是由国家药品监督管理部门审批的产品，各省级药品监督管理部门也有责任和义务，早期介入，做好指导工作，这也体现了统一指挥的要求。

对于经国家药品监督管理部门确认可进行应急审批的医疗器械，相关工作都会以最快的速度开展，比如医疗器械检测机构在接收样品后24小时内就会组织开展医疗器械注册检测，而相应的省级药品监督管理部门在接到生产企业质量管理体系考核申请后，2日内就会组织开展现场考核工作。国家药品监督管理部门要求对第三类医疗器械在10日内完成技术审评，对第二类医疗器械在5日内完成技术审评、3日内完成行政审批，这里所说的时间都是自然日而非工作日，一切都在与时间赛跑，为疫情防控服务。

二 我国医疗器械应急审批其他法律要求

面对突发公共卫生事件，由于时间紧迫，企业对产品的临床前评价和临床评价往往难以像普通注册产品那样有充分的时间进行验证。一般是基于疫情发生时可获得的有限证据，经初步评价，只要产品能够满足当前疫情应急处置的临床需要，便可以获准上市。所以，一般是药品监督管理部门会附带条件批准产品上市，在产品上市后加强上市后监管，从而确保应急审批上市产品安全、有效。

2014 年修订发布的《医疗器械监督管理条例》第十五条明确了不予延续注册的几种情况，其中包括"对用于治疗罕见疾病以及应对突发公共卫生事件急需的医疗器械，未在规定期限内完成医疗器械注册证载明事项的"情况，该条款明确了对应对突发公共卫生事件急需的医疗器械可以附条件批准。

2017 年，中办、国办联合印发了《关于深化审评审批制度改革鼓励药品医疗器械创新的意见》，明确要求加快临床急需药品医疗器械审评审批，对公共卫生方面急需的医疗器械，可附带条件批准上市。

2019 年，为了落实中办、国办 42 号文件要求，国家药监局发布《医疗器械附条件批准上市指导原则》（2019 年第 93 号），进一步细化了有关附条件批准要求。对治疗严重危及生命且尚无有效治疗手段疾病的医疗器械提出"应当充分考虑医疗器械上市后预期收集的数据与上市前已收集的数据之间的平衡性，综合评估产品的风险受益。上市前已收集的数据应当能够证明医疗器械已显示疗效并能合理预测或者判断其临床价值，可附条件批准该医疗器械上市"。同时，所附带条件包括"继续完成上市前临床试验；开展新的上市后临床研究；收集上市后产品的临床使用信息等"。

上述要求和指导原则的发布，进一步规范了医疗器械应急审批要求，也让医疗器械应急审批具体操作有了更多的法规基础和操作依据。

三 新冠肺炎疫情防控中医疗器械应急审批情况

新冠肺炎疫情暴发后，根据国务院有关会议精神，国家药监局和省级药品

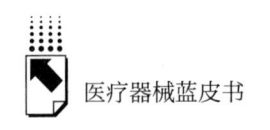

监管部门启动医疗器械应急审批程序，对体外诊断试剂和防护用品等开展应急审批。

国家药监局按照《医疗器械应急审批程序》组织疾控系统和临床机构的特别专家进行审核和评估，确定进入应急审批通道的体外诊断试剂和第三类医疗器械品种。在审查过程中，国家药监局明确对上述产品按照"统一指挥、早期介入、快速高效、科学审批"的原则，对技术审评、产品检验、体系考核并行推进，制定检验规范、研发体外诊断试剂国家参考品、制定核酸和抗体检测试剂生产要点，加速推进应急审批工作。并且，全程由专人指导企业准备注册资料，实现资料随到随审，采用附条件批准方式、减少注册证时限等方法保证审查及时、高效。体外诊断试剂产品最快在启动应急程序后4天即获得批准注册，有力支持了疫情防控工作。截至2020年4月30日，新型冠状病毒体外诊断试剂获批30个，其中核酸检测试剂19个，抗体检测试剂11个，形成了技术覆盖全面的检测产品体系。

地方应急审批产品主要是口罩和防护服等第二类防护产品，截至2020年4月24日，各省药监部门共分别批准了医用防护服、医用防护口罩注册证357张、205张；医用外科口罩、一次性使用医用口罩注册证889张、1323张；红外体温计注册证409张。这些注册中有很多是通过应急审批程序办理的。此外，各省根据疫情防控需要，还批准了心电图机、一次性使用检查手套以及一次性使用介入手术包、一次性使用外科手套、隔离舱，一次性使用医用帽、医用隔离病床、鼻塞导管、加热呼吸管路、红外体温计、红外耳温计、血氧仪、高流量呼吸湿化治疗仪、一次性使用气管插管包、一次性使用吸痰包、额温枪、一次性使用产包、医用红外热像仪等第二类医疗器械。

以上应急审批，极大地提升了医用防护产品供应水平，保障了疫情防控和救治的紧急需要。

四 国外医疗器械应急审批要求

国外在应对突发公共卫生事件时往往采用紧急使用制度，如美国2004年建立医疗产品紧急使用授权（Emergency Use Authorization，EUA）制度。与我国的医疗器械应急审批不同，美国的EUA制度，并未要求对产品开展实质性技术审评工作。常规注册申请所需要的质量管理体系要求、研究资料和证据等并不需要提供给美国食品药品监督管理局（FDA）进行技术审评，FDA 会要求企业在产品说明书和宣传材料中注明产品未经 FDA 批准等字样，以便于区分责任。此外，在突发公共卫生事件结束后，相应紧急使用则自动终止。

日本《药事法》规定，在遇到影响国民健康的重大公共卫生事件、国民健康损害情况未得到有效控制且无其他有效手段时，可以对海外的药品、医疗器械予以简化审批，即特例审批。但据了解，日本通过特例审批方式批准的产品较少。

对于欧盟而言，目前欧盟体外诊断试剂新指令还未实施，按照旧的指令要求，很多用于突发公共卫生事件检测的体外诊断试剂，如新型冠状病毒体外诊断试剂分类为 A 类，这类产品通过自我声明方式，在相应监管机构登记后即可上市销售使用，实际也是不开展实质性技术审评工作，这也是新型冠状病毒体外诊断试剂在欧盟上市比较容易，同时欧盟上市产品也较多的原因。但是在欧盟，其他防护产品，如防护服、医用防护口罩、一次性使用医用口罩由于上市路径不同，遵从的指令不同，所以，上市难度也各不相同。

但由于新冠肺炎疫情持续时间长、危害大，美国、欧盟为了进一步加强疫情防控物资进口、使用，都发布了特殊的豁免注册的要求，并将其作为一种临时性措施，以缓解疫情的燃眉之急。

五 思考和建议

虽然，我国医疗器械应急审批制度经过突发公共卫生事件的考验，已经产生了较好的实践效果，但仍需要进一步完善，而面对突发公共卫生事件，使医疗器械进一步满足突发情况紧急需要，也需要有更多的路径。

一是从应急审批工作看，应更好地发挥省级药品监督管理部门作用，充分调动药监系统资源，形成合力，进一步明确要求；对于附条件批准的要求，如时间、审查要求，在总结经验的基础上应进一步细化和统一；要将好的实践经验进一步纳入法规要求并予以固化，如在新冠肺炎疫情应急审批中，国家药监局采取的提前介入、随到随审等审查方式，对审评、注册检验、体系考核并行推进等举措。通过程序的完善和修改，可以使得今后医疗器械应急审批工作法

规依据更充分，可操作性更强。

二是从新的路径看，参考国外经验和疫苗管理法有关要求，对医疗器械是否也可以建立紧急使用制度，这值得我们思考。如在出现突发公共卫生事件或者其他紧急情况下，可由相关部门或者机构提出具体需要的医疗器械，并组织评估论证，对于论证通过的指定医疗器械在指定范围和期限内使用，从而在第一时间确保特殊急需产品投入使用，进一步满足需要。

B.6
2019年医疗器械审评制度改革报告

蓝翁驰 贾 静*

摘 要： 2019年是我国医疗器械审评制度改革工作举措落实的攻坚之年。本文梳理了2019年我国医疗器械审评制度改革所取得的进展，包括通过再造审评流程、加强质量管理、规范专家咨询管理提升审评质量效率；通过积极推进创新优先产品审评、推动重大项目产品审评、服务下沉指导创新产品申报扶持鼓励医疗器械创新研发，积极推动科学审评；通过积极推进注册申请电子申报实施等着力提升公众服务水平，提高审评队伍专业化水平。为进一步推进审评制度改革，本文建议：一是持续推进改革落地，开展对审评制度的分析评估、积极配合做好法规文件制修订工作、积极推进智慧审评；二是着力提高审评科研水平；三是有效运行审评科学管理体系；四是着力推进审评队伍建设。

关键词： 医疗器械 审评制度 智慧审评

随着我国医疗器械市场的不断扩大，产业水平迅速提升，公众对医疗器械的需求从疾病治疗扩展到健康管理领域。近年来，党和国家对全面深化改革做出了重大战略部署，印发了《国务院关于改革药品医疗器械审评审批制度的意见》《"十三五"药品规划》《关于深化审评审批制度改革鼓励药品医疗器

---

* 蓝翁驰，国家药品监督管理局医疗器械技术审评中心办公室主任，高级工程师；贾静，国家药品监督管理局医疗器械技术审评中心办公室主任科员。

械创新的意见》等一系列关于推进医疗器械审评审批制度改革的相关文件，提出了深化改革的总体要求和工作任务。在国家药品监督管理局党组坚强有力的领导下，国家药品监督管理局医疗器械技术审评中心（以下简称器审中心）贯彻落实党中央、国务院以及国家市场监督管理总局、国家药品监督管理局的决策部署，深入推进审评制度改革，在审评体制机制、人才队伍建设、审评规范化和科学化、提升公众满意度等方面取得长足进展。

一 2019年医疗器械审评制度改革进展

2019年，为认真贯彻党中央、国务院、国家市场监督管理总局以及国家药品监督管理局各项决策部署，器审中心根据新"三定"确定的工作职责，重点推进了新内设机构组建调整、审评流程优化再造、质量管理改进完善、审评制度规范制修订等工作，持续推动审评制度改革措施落地生根，各项工作稳步推进并取得一定实效。

（一）审评质量效率不断提升

1. 再造审评流程

合理分配审评资源，完善以临床为导向的联合审评制度，通过对简单项目和复杂项目实施分级审评，对首次注册、复杂许可事项变更和临床试验审批项目进行立卷审查，对创新、优先、同品种首个项目和临床试验审批项目等复杂项目开展小组团队审评，借助信息化手段实现审评项目的智能分配。另外，器审中心还建立运行了更加科学高效的审评新流程。制定印发《技术审评操作规范》《审评信息系统项目智能分配管理规定》《立卷审查标准》《小组审评操作规范》《项目管理人管理办法》等18项配套审评操作规范。同步升级改造审评信息系统，将立卷审查、时限提醒、产品附件上传、沟通交流对话、创新审查、优先审批、补正资料预审查等流程嵌入新系统，确保上述审评工作机制落地实施。

2. 加强质量管理

建立技术审评结论集体决策制度，由器审中心各审评部门分技术委员会共同商议决策，统一审评尺度。增加审评报告形式审核流程，统一规范审评记录、审评报告的格式和内容。制定《医疗器械注册审评补正资料要求管理规范》，进一步规范发出补正通知过程和补充资料准备及提交过程。定期对审评质量和效率进行考核评估，2019年器审中心共完成60份审评项目和120份立卷审查发补项目的案卷评查工作，对所有部门开展内部审核，持续推进审评质量监督检查。制定《质量管理体系文件管理规定》，对审评相关各类文件分四级进行整理，强化质量体系文件管理。组织5家创新服务站和部分省级审评机构召开技术审评质量管理体系内部审核及风险排查研讨会，积极探索协同创新服务站开展全国医疗器械审评质量管理体系的建设和实施工作。

3. 规范专家咨询管理

修订《医疗器械技术审评专家咨询委员会管理办法》《医疗器械技术审评中心专家咨询会/专家公开论证会操作规范》，并规范专家个人信息年度更新机制，对主动请辞和因故不能继续参与专家咨询工作的专家进行及时调整。优化完善专家管理系统，在专家咨询随机盲选基础上，增设密函打印环节，进一步提高专家咨询工作效率，降低专家名单提前泄露的风险。同时，积极发挥专家咨询委员会的技术支撑作用，在确立前两批专家名单基础上，开展了第三批专家委员遴选工作，经公示并报国家药品监督管理局核准后形成了第三批406名相关专业领域专家委员名单。目前，器审中心专家咨询委员会委员名单已增至1505名，其中院士32名。

（二）扶持鼓励医疗器械创新研发

1. 积极推进创新优先产品审评

对于具有我国知识产权、具有显著临床应用价值、处于国际领先水平的创新性医疗器械及临床急需、国家重大专项和国家重点研发计划支持的医疗器械，器审中心认真做好优先审评。2019年，器审中心共收到创新特别审批申请193项，其中41项申请在公示后获准进入特别审查程序；共收到优先审批申请33项，其中13项申请在公示后被获准优先审批（见表1）。对进入技术审评程序的创新产品、优先产品开展小组审评，完成了植入式左心室辅助系统、经导管主动脉瓣膜系统等19项创新产品和放射治疗轮廓勾画软件等10项优先产品审评。

根据2019年创新、优先医疗器械产品数据统计，获准进入特别审查程序的创新、优先医疗器械项目数量以及创新医疗器械获准注册数量与上一年基本持平，而医疗器械优先审批获准注册数量有明显增加。其中，无源类、体外诊断类医疗器械项目创新活跃度显著增强。

表1 2019年创新、优先医疗器械申请及获准进入特别审查程序数量及占比

单位：项，%

项目	申请项目	获准进入特别审查程序	占比
创新医疗器械	193	41	21.2
优先医疗器械	33	13	39.4

表2 2019年创新、优先医疗器械获准注册申报类别数量分布

项目	有源医疗器械	无源医疗器械	体外诊断试剂	合计
创新医疗器械	2	7	10	19
优先医疗器械	2	2	6	10

2019年，我国通过专人负责、多次沟通、专家咨询等方式开展科学审评，坚持"标准不降低、程序不减少"的工作要求，对创新医疗器械和优先医疗器械优先审评，一批创新性强、技术含量高、临床需求迫切的产品获准上市，填补了相关领域的空白，更好地满足了人民群众的健康需求。

2. 推动重大项目产品审评

鼓励民族高端产品赶超国际先进水平，完成具有我国自主知识产权的国产碳离子治疗系统、生物可吸收冠状动脉雷帕霉素洗脱支架系统等拥有先进核心技术的产品审评。

3. 服务下沉指导创新产品申报扶持

加强与省级药品监管部门的联系合作，建立了四川创新服务站，使创新服务站数量在已设立的浙江、广东、上海、江苏创新服务站基础上增加为5家，持续加强对创新医疗器械申报的指导，鼓励研发创新。依托创新服务站建立视频会议室，由省药监局与器审中心专家审查会议现场远程连线，增加专家与申请人之间的交流互动，方便专家更加深入地了解产品，提高审查意见的科学性，也使省药监局进一步把握申报材料初审阶段的关键点。

（三）积极推动科学审评

1. 不断提升审评科研水平

围绕审评工作，积极探索研究，认真做好国家重点研发计划项目"智能化医疗器械产业科技创新服务平台开发及应用研究""主动健康产品和人体健康状态评估的安全有效体系及标准体系研究""新型医用金属材料及植入器械产品标准及其审评科学基础研究"以及国家药监局监管科学课题如药械组合、人工智能、新材料、真实世界数据应用等研究工作，积极推进与重庆医科大学联合开展的美容超声聚焦设备实验室研究项目，新申请的科技部重点专项"面向消化道早癌的诊疗一体化手术机器人关键技术及系统""新一代全数字PET的技术规范和标准"等课题已成功立项，各项目正按计划推进。

2. 积极推动人工智能医疗器械创新及上市

2019年，器审中心牵头联合14家医疗器械相关领域的科研院所、医院、高校、行业学会等单位，共同发起成立了人工智能医疗器械创新合作平台，组成了12个跨部门、跨行业、跨领域工作组，加快推进人工智能科技成果的转化应用。制定发布了《深度学习辅助决策医疗器械软件审评要点》，为该类产品的注册申报提供技术指导和专业建议。目前，我国首个人工智能医疗器械"冠脉血流储备分数计算软件"产品已获准上市。

3. 强化审评相关技术文件的制修订

器审中心积极开展了《医疗器械临床评价技术指导原则》《体外诊断试剂临床试验指导原则》《医疗器械等同性论证技术指导原则》等相关技术文件的制修订工作。完成2019年新增和修订免于进行临床试验医疗器械、体外诊断试剂目录并报国家药监局发布。继续组织中心各审评部门、相关省药监局开展第三类、第二类医疗器械注册审查指导原则制修订工作，定期检查、督导编写进度，起草完成《牙科数字印模仪注册技术审查指导原则》等39项第三类产品和《低频电疗仪产品注册技术指导原则》等25项第二类产品的审查指导原则，并报国家药监局审批。探索同品种临床评价的具体要求，开展影像型超声、牙科种植体、中心静脉导管等多项产品临床评价审评要点的制定工作。

4. 积极参与国际监管交流工作

深入参与到国际医疗器械监管机构论坛（IMDRF）发起的医疗器械注册申报规范（RPS）、良好审查规范（GRRP）、个性化医疗器械（PMD）和医疗器械临床评价（MDCE）项目研究工作中。器审中心牵头MDCE工作组起草的《临床证据——关键定义和概念》《临床评价》《临床试验》三项成果文件，经IMDRF第16次管委会审议通过并已对外发布；同时，器审中心牵头提出的"上市后临床随访研究"扩展项目也获得立项。2019年11月，器审中心组织

承办了 GRRP 工作组第八次面对面会议，与来自 10 个国家（地区）的代表共同讨论修订了医疗器械上市前审查系列规范文件。转化 GRRP 工作组成果文件，形成《医疗器械安全性能基本原则》并报国家局发布。

（四）着力提升公众服务水平

1. 积极推进注册申请电子申报实施工作

医疗器械注册电子申报信息系统平台（eRPS）建设完成，于 2019 年 6 月 24 日正式上线运行，实现了医疗器械注册申报资料的线上提交和在线审评。截至 2019 年底，注册申报线上提交占比达 80% 以上。为顺利推进电子申报工作，器审中心研究制定配套文件《关于实施医疗器械注册电子申报的公告》《医疗器械注册申请电子提交技术指南（试行）》，并报国家药监局正式发布，当年面向企业免费发放数字认证（CA）证书 2626 个。做好宣传解读，协助国家药监局召开新闻通气会，举办面向行政相对人的公益培训和面向省级监管人员的专题培训，派员参加广东、四川等 8 省市的辖区内部培训授课，介绍 eRPS 工作背景和进展情况，指导电子申报，及时准确传递权威信息和做好解答工作。积极做好政策引导，在器审中心网站、微信公众号发布关于电子申报目录文件夹结构、关联提交及禁止重复提交等事宜的通告，开通咨询热线、技术支持 QQ 群、CA 证书申领答疑栏目等，以多种形式为注册申请人提供技术支持和指导。

根据 2019 年医疗器械注册电子申报数据统计，2019 年线上电子申报和线下纸质资料申报比例从 6 月至 7 月的 1.1∶1.0 快速增长到 12 月的 11.2∶1.0（见图 1），申请人注册申报质量和效率得到显著提升。

2. 健全完善中心对外沟通交流机制

器审中心制修订《中心与注册申请人沟通会议制度管理规定》《医疗器械注册受理前技术问题咨询工作管理规定》《医疗器械注册技术审评补正意见咨询管理规定》《医疗器械临床试验审批申请受理前沟通交流管理规定》《创新优先医疗器械注册技术审评沟通交流管理规定》等多项沟通交流制度，对实施电子申报以后受理的境内第三类、进口第二类和第三类产品注册，许可事项变更及高风险医疗器械临床试验审批等提供技术审评阶段的补正资料预审查服务，不断规范对外咨询和沟通交流工作。配合审评流程再造，对原有对外咨询

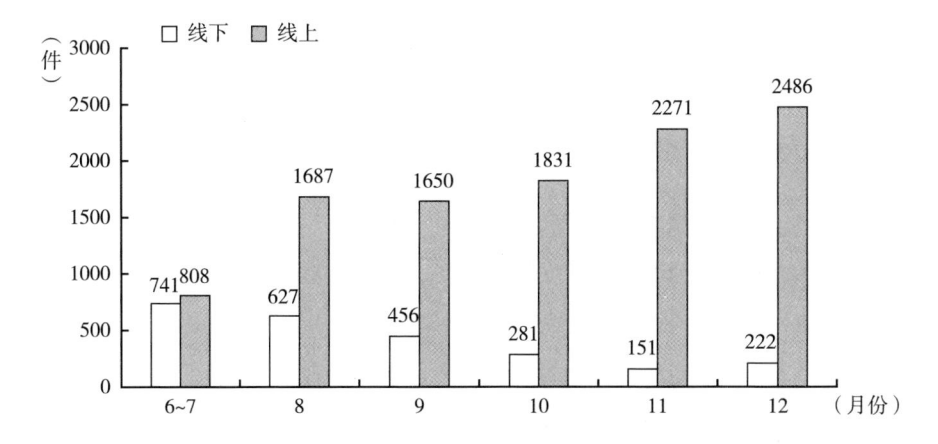

图1 2019年eRPS系统启用后医疗器械注册申报月度数量分布

和沟通交流服务形式进行了调整和优化，新开通了受理补正意见电子邮件咨询渠道，形成了电话、邮件、现场咨询预约等10种形式，覆盖注册受理、审评全过程的沟通交流渠道，进一步提升了咨询效率和服务水平。2019年，器审中心共接待各类咨询15353次。

3. 认真做好对外培训宣传

2019年，器审中心组织开展了4期电子申报专题公益培训班，共计1800余人次参加。选派业务骨干支持国家药监局兄弟单位举办了12个面向管理相对人的专题培训班，参训人数近4000人次，涉及人工智能、临床评价、注册申报等多项热点内容，针对产品注册审评过程中受到普遍关注的热点问题、疑难问题进行解答说明，为行政相对人依法依规开展注册申报工作提供切实帮助。

4. 不断提高政务信息公开水平

优化器审中心官方网站建设，建成"申请人之窗"栏目，完善审评进度查询、预约咨询栏目，方便公众查询、跟踪产品审评进度。继续做好创新、优先审评报告公开工作，2019年公开审评报告22项。打造"中国器审"微信公众号品牌，围绕审评工作和行政相对人关注的热点问题、共性问题，2019年发布430条审评工作信息，梳理汇总76条共性问题答疑和44条审评工作思考见解，制作发布8期科普漫画、21期审评流程图解，积极解答回应社会关切，为注册申请人了解注册申报要求和审评流程提供便利。组织开展器审中心公众

开放日活动，落实"放管服"要求，做好审评质量管控相关工作，与参会人员进行沟通交流，为协会及企业代表、媒体记者等社会公众解疑释惑。

（五）强化审评队伍专业性

1. 完成器审中心内设机构调整工作

依据国家药监局批复的"三定"方案，器审中心成立了项目管理部、临床与生物统计一部、临床与生物统计二部3个新部门，并开展了3个部门中层干部的转任及人员调整工作。配合6月24日新审评业务流程正式运行，14个内设机构和工作人员全部调整到位，确保了全体人员思想不乱、队伍不散、工作不断、干劲不减。同时，强化中心领导班子成员分工负责制，研究确定了新增内设机构的班子成员分工制度，切实保证改革工作稳步推进。

2. 积极推进人才招聘引进

进一步完善招聘制度规定，结合国家药监局新印发的文件要求，制定了器审中心《公开招聘人员暂行办法》，修订了器审中心《公开招聘编制外人员暂行办法》，对公开招聘的总体原则、基本要求、范围与条件、程序等进行规定，确保招聘工作的规范有序。根据审评工作需要，经过公开报名、资格审核、笔试、面试、考察等规定程序，2019年新招聘10名合同制工作人员入职新成立的项目管理部，为审评队伍补充了新鲜血液。

3. 持续做好全员教育培训

器审中心研究制定2019年培训计划和培训课表，采用课程讲授、专业研讨、参观实训等多种方式，构建了系统化培训课程，邀请院士、专家学者开展了纳米技术等专业领域、科技前沿讲座培训。配合新审评流程调整，器审中心修订了《审评人员资质评定办法》，组织开展全体审评人员资质评定，并积极开展内设机构和审评工作调整期间的人员培训，督促全体审评人员熟知新流程、新制度和新要求。立足审评工作需要，统筹各方教育培训资源，研究起草《器审中心工作人员教育培养实施规划》，初步形成了针对不同层级、不同专业领域审评人员的四级培训模式。组织各部门编制个性化培训课程，将在职个性化专业培训和专家型人才培养相结合，完善与岗位聘用和人才成长相衔接的教育培训与培养机制，不断提升审评队伍的专业水平和综合能力。

4. 加强干部监督管理工作

参照国家药监局关于干部兼职和辞职后就业管理的制度要求，器审中心研究制定《规范工作人员在社会团体、企业兼职（任职）暂行办法》《工作人员辞职暂行办法》，明确兼职和辞职的条件、审批程序和管理要求，严格管理中心人员的兼职行为，建立和完善辞职后去向和就业情况动态跟踪机制。结合《国家药监局领导干部上讲台管理办法》等，修订《外出公务活动管理办法》，进一步规范中心人员外出公务活动的管理要求、审批程序等，加强外出公务活动管理。研究制定《因私出国（境）管理办法》，严格按程序审批因私出国（境）活动，严格执行因公出国（境）审核报批、行前谈话提醒、出访报告报送等制度，从制度层面到执行层面进一步强化器审中心人员因公因私出国（境）活动管理。

二 2020年进一步推动医疗器械审评制度改革建议

2020年是我国全面建成小康社会和"十三五"规划实施的收官之年，也是实现第一个百年奋斗目标的关键之年，器审中心将守底线保安全、追高线促发展，牢记使命，怀揣愿景，谋划未来，持续推进医疗器械审评制度改革，为建立一流的审评机构和一流的审评队伍打下坚实的基础。

（一）持续推进改革工作落地

1. 开展对审评制度的分析评估工作

围绕深化改革建立健全的电子申报制度、立卷审查制度等15项审评制度，并对制度的执行情况、适用性及运行效果，进行全面细化评估，通过再完善、再优化和再补充，持续推动各项制度的科学规范有效执行。

2. 积极配合做好法规文件制修订工作

根据新版《医疗器械监督管理条例》颁布实施进度，配合做好各项配套规章、规范性文件的制修订工作，并开展器审中心相应的审评管理制度、操作规范的制修订及宣贯工作。做好海南博鳌乐城国际医疗旅游先行区临床真实世界数据应用试点相关工作。

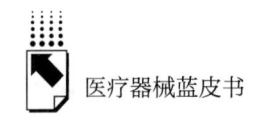

3. 积极推进智慧审评

进一步优化完善注册申报电子提交系统，升级改造审评审批信息系统，将进口第一类产品备案、主文档登记制度、电子文档调阅等纳入 eRPS 系统和审评信息系统。整合现有审评信息系统历史数据，再造沟通交流预约咨询平台，并探索开展对延续注册等简单事项的人工智能辅助审评。

（二）着力提高审评科研水平

1. 积极开展审评科研工作

鼓励器审中心人员主持或参与国家重大课题研究，积极开展审评相关理论、技术发展趋势和法规政策等问题的跟踪研究、分析评价。结合审评工作前沿科技、实际问题，提出工作思路和解决办法。

2. 做好中心承担的科研课题

推进器审中心承担的 3 项科技部重点研发计划及器审中心参与的其他子课题研究，认真做好国家药监局 4 项监管科学课题项目。继续推进人工智能医疗器械创新平台各项目组的研究工作。

3. 推进我国医疗器械科学监管体系的国际化进程

持续做好器审中心承担的 IMDRF"医疗器械临床评价"项目，以及扩展项目"上市后临床随访研究"的相关工作。推动中心参与的 IMDRF 各工作组研究成果转化落地。

（三）有效运行审评科学管理体系

1. 持续完善流程为导向的上市前注册审评科学管理体系

在深入排查审评各环节业务与廉政风险点，建立健全相应审评制度基础上，边试行边完善，持续健全相应制度机制，细化完善"一图一表一规程"，不断推进上市前注册审评工作事项的流程导向的科学管理子系统建设。

2. 持续强化审评质量管理

有效运用案卷评查、内部审核、意见反馈及管理评审等工作机制，建立并运行纠正和预防措施（CAPA）系统，探索建立审评问题沟通交流正面清单和负面清单，进一步完善审评工作时限管理、质量评估报告机制。探索推进第二类医疗器械产品审评标准和规范的统一。

3. 继续加强指导原则制修订工作

修订《医疗器械指导原则审评要点制修订工作管理规定》，推动中心审评要求持续规范统一。扩大产品覆盖面，持续开展第二类、第三类医疗器械产品指导原则的制修订工作。紧跟国际步伐，做好对欧美医疗器械指导性文件的翻译转化工作。

（四）着力推进审评队伍建设

1. 升级优化人才教育培养机制

建立实施体现医疗器械审评跨学科领域、先进技术密集特点，适应审评人才成长需求的系统化教育培养制度。组织实施四级培训模式，提升审评队伍专业能力。建立联合教育培养基地，拓宽审评人才培训渠道。

2. 加强人事工作的科学管理

建立以流程为导向的人事管理工作体系。以信息化手段强化人员考勤、外出公务活动管理。建立人员管理地图，全面掌握人员的在职工作情况。

2020年，器审中心将持续深化审评审批制度改革工作，以习近平新时代中国特色社会主义思想为指导，全面贯彻党的十九大和十九届二中、三中、四中全会精神，增强"四个意识"、坚定"四个自信"、做到"两个维护"，以"四个最严"要求为根本导向，推进医疗器械审评体系和审评能力现代化，为切实保障医疗器械安全有效、维护人民群众健康权益做出积极贡献。

B.7
2019年我国医用耗材集中采购状况及展望

耿鸿武　叶小芳　戴　斌*

摘　要： 本文总结了2019年国家医疗保障局成立后典型省（区、市）、地市耗材集中采购的主要特点。省级采购项目方面，北京市军队按照驻地招标采购或挂网结果实施采购、京津冀联盟扩围"3+6"启动联合带量采购、安徽开创医用耗材带量采购先河，等等；地市级采购项目特点主要有：一是积极自建平台，二是突出国家医保编码作用，三是建立集中采购与医保支付政策联动机制。在此基础上，本文提出2020年国家集中采购将常态化，同时各省（区、市）将会利用省级集中采购平台广泛地进行带量采购的探索。

关键词： 医用耗材　医疗器械　集中采购

2019年，三医联动的医改进一步深入推进，由国家医疗保障局主导的药品和医用耗材的集中采购也进行了多种形式的探索。2019年7月31日，国务院办公厅印发《治理高值医用耗材改革方案》（以下简称《方案》），针对医药器械领域价格虚高、过度使用、行业规范等问题提出了"促降价、防滥用、严监管、助发展"新的要求。截至2020年3月31日，已有甘肃、湖南、海南、四川、陕西、福建、天津、广西制定并发布省级治理高值医用耗材改革方

---

* 耿鸿武，清华大学老科协医疗健康研究中心执行副主任，九州通医药集团营销总顾问；叶小芳，江苏华招网信息技术有限公司市场总监，高级调研师；戴斌，江苏华招网信息技术有限公司总经理，高级工程师。

案，对集中采购提出了相应的要求。本文对 2019 年全国各地按照国家统一要求，开展的不同方式的医用耗材集中采购的试点和探索情况进行了总结。

一 医用耗材集中采购整体情况

截至 2020 年 3 月 31 日，全国地市级及以上地区执行医用耗材集中采购项目共 302 个，包括国家级 3 个、省级 128 个、市级 171 个。截至 2020 年 3 月 31 日，由北京、天津、河北、海南、安徽、江苏、江西、浙江、吉林、陕西、广西、湖南、贵州、山西、山东、甘肃等省级医保局指导开展的新的集中采购项目有 19 个。这些项目可分为三种：一是常规挂网采购项目（10 个），占比约 52.63%；二是带量采购项目（5 个），占比约 26.32%；三是抗疫专项（应急挂网项目，4 个），占比约 21.05%。

表 1 各省级医保局主导医用耗材集中采购项目一览

地区	项目简称	开始时间	采购方式	采购类别
海南	2019 年检验试剂采购	2019 年 4 月 23 日	挂网采购	体外诊断检验试剂
安徽	2019 年带量采购谈判	2019 年 7 月 16 日	带量采购	脊柱、人工晶体
	第五批检验试剂	2019 年 9 月 9 日	挂网采购	体外诊断检验试剂
江苏	组团联盟第一轮	2019 年 7 月 25 日	带量采购	雷帕霉素及其衍生物支架和双腔起搏器
	组团联盟第二轮	2019 年 9 月 21 日	带量采购	眼科人工晶体类、血管介入球囊类、骨科人工髋关节类
江西	2019 年省标第三批	2019 年 8 月 9 日	挂网采购	基础卫生材料、注射穿刺材料、功能性敷料、止血防粘连材料、中医类材料
	2020 年新冠病毒检测试剂挂网采购	2020 年 1 月 29 日	应急挂网	新型冠状病毒（2019 - nCoV）核酸检测试剂盒
浙江	2019 年省标	2019 年 8 月 14 日	挂网采购（三步评审）	心胸外科和麻醉类
吉林	2019 年检验试剂采购	2019 年 9 月 5 日	挂网采购	体外诊断检验试剂
陕西	2019 年普耗采购	2019 年 10 月 21 日	挂网采购	放射影像类、麻醉科类、注射穿刺类、功能性敷料
	2020 年新冠耗材挂网	2020 年 2 月 4 日	应急挂网	防控新冠肺炎医用耗材、检测试剂盒
广西	2019 年省标	2019 年 11 月 8 日	挂网采购	血管介入类

续表

地区	项目简称	开始时间	采购方式	采购类别
京津冀及黑吉辽蒙晋鲁	"3+6"联盟带量采购	2019年11月25日	带量采购	人工晶体类
湖南	2019年普耗(第三批)	2019年12月18日	挂网采购	基础卫生材料、医用止血防粘连材料
贵州	2019年高值第二批	2019年12月30日	挂网采购	高值七大类
山西	组团联盟集中带量采购	2020年1月6日	带量采购	冠脉支架
山东	2020年新冠耗材绿色通道挂网	2020年1月28日	应急挂网	口罩(N95口罩、外科口罩、一次性使用医用口罩)、护目镜、医用防护帽、防护服、手术衣、一次性医用手套、防冲击眼罩、防护面罩、防护鞋套、消毒液；新型冠状病毒检测试剂盒
山东	2020年低值耗材直购专区	2020年2月12日	挂网采购	止血防粘连、注射穿刺类、功能性辅料、中医类材料及基础卫生材料
甘肃	2020年新冠物资采购	2020年1月28日	应急挂网	疫情防控物品、新冠病毒核酸检测试剂

注：江苏华招网根据公开资料整理。

省级医保局主导的集中采购政策强调了医保支付与集中采购的联系，主要包括四个方面：一是建立医保基金预付制度，将预付资金用于医疗机构支付货款，降低企业财务成本；二是建立"结余留用，合理超支分担"的激励机制，促进谈判降价；三是探索医保支付标准与采购价协同，保证同类同质产品价格就低趋同；四是医疗机构集中采购行为与医保总额指标、医保定点资格等考核机制挂钩，充分调动医疗机构和医务人员积极性，改善用药结构。

二 典型省（区、市）、地市集中采购项目

（一）省级采购项目情况

1. 北京市军队：按照驻地招标采购或挂网结果实施采购

根据军队和国家医疗保障局相关通知要求，自5月1日起，北京市军队医

疗机构按照驻地招标采购或挂网结果实施采购。目前北京市医用耗材阳光采购平台执行京津冀第一批医用耗材联合采购结果,涉及心内血管支架类、心脏节律管理类、防粘连类、止血类、人工关节类和吻合器类等六大类产品采购的,可日常办理耗材平台数字证书。

2. 京津冀:联盟扩围"3+6",启动联合带量采购

2019年11月25日,京津冀三省市签订《京津冀药品医用耗材集中采购合作框架协议》,公布了《京津冀医用耗材联合带量采购工作意见》,率先探索人工晶体的跨地区联合带量采购,提出只要属于招标范围的产品都可参与数字证书领取工作。值得注意的是,黑龙江、吉林、辽宁、内蒙古、山西、山东等六省(区)也参与了此次联合采购活动,以上九省(区、市)各公立医院的采购价格数据都将作为带量谈判参考项。

3. 江苏:医用耗材阳光采购新布局

2020年4月,江苏省医保局印发《江苏省医用耗材阳光采购实施细则(试行)》,通过阳光挂网采购、备案采购、组团联盟集中采购三种形式,区分已入围和未入围、高值医用耗材和普通医用耗材(含检验检测试剂)等不同情况,分类明确具体条件、发起方式、流程、审核方式及权限等。2019年,江苏全省共启动2次省级联盟带量采购、10次市级带量议价。

4. 安徽:开创医用耗材带量采购先河

安徽在全国范围内开创了医用耗材带量采购先河。2019年安徽省医保局遴选分别占2018年省属公立医疗机构骨科植入(脊柱)类和眼科(人工晶体)类高值医用耗材采购量70%、90%的产品,参考全国最低价、医疗机构实际采购价及"两票制"的第一票价格,组织17家省属医疗机构带量谈判:明确80%的采购量、建立以临床需求为导向的"组套分组法"破解无标准无编码难题、发挥医保主导作用推动采购结果的落地。最终,共16家企业谈判成功,骨科植入(脊柱)类医用耗材价格平均降幅达到53.4%,眼科(人工晶体)类平均降幅达到20.5%。

5. 陕西:医用耗材日常信息变更和动态调整

根据陕西省医保局发布的《关于开展高值医用耗材动态调整工作的函》(陕医保函〔2019〕145号)文件要求,陕西医用耗材动态调整工作自2020年2月起转为日常机制,原则上每月15~25日开放采购平台进行信息变更和动态调整,可进行高值及普通医用耗材的注册新增、最低价联动、目录调整等操

作。在执行日常动态调整机制之前，陕西省已于2019年7月、10月对骨科植入类及血管介入类等十二大类高值医用耗材分批进行了集中动态调整。其中，公开的2306个规格的骨科植入类医用耗材产品最大降幅约达92%；在十二大类高值医用耗材公开的限价目录内共692个产品接受降价，平均降幅约为10.10%，最大降幅达90.79%。

6. 山西：高值医用耗材采购价格省际动态联动调整

2019年8月，山西省医保局联合省卫健委发布《关于进一步做好医疗机构高值医用耗材采购价格省际动态联动工作的通知》（晋医保发〔2019〕51号），省药采中心采集陕西和京津冀医用耗材联合采购的最新（挂网）限价与省现行挂网限价（或最低交易价）进行比对，就低调整十大类高值医用耗材产品挂网参考价。完成价格调整后，省内工作重心被转移到带量采购上来。根据2019年10月山西省人民政府办公厅印发的《山西省推进药品耗材集中带量采购和使用工作实施方案》，山西省、市医保局紧密布局带量议价谈判活动，成为全国首个带量采购全面覆盖跨省协同、省级、市级三级的省份。

7. 山东：医用耗材集中采购进行新一轮部署

2019年8月，山东省医保局出台《关于加强药品和医用耗材集中采购工作的意见》，探索建立采购新机制，成效显著（见表2）。

表2 山东省医用耗材集中采购工作要求及成果

工作布局	工作要求	工作成果
高值耗材联动全国最低价挂网	高值医用耗材挂网价格联动本产品全国现行各省挂网最低价，由生产企业向省公共资源交易中心承诺最低价申报，省公共资源交易中心按规定进行挂网，公立医疗机构不得以高于挂网价的价格采购	2019年11月15日起省平台开放产品挂网申报通道,企业以不高于自身现行省级挂网价随时申报
低值医用耗材、体外诊断试剂挂网	省公共资源交易中心发布低值医用耗材、体外诊断试剂采购目录，组织生产企业按程序提交资质材料，由生产企业报价挂网	省药械集中采购平台－低值医用耗材直购专区于2月10日上线试运行 体外诊断试剂集中采购参照《山东省公共资源交易中心高值医用耗材平台集中采购实施方案（试行）》执行
挂网价格动态调整	采购平台至少每年开展一次省际价格联动。对于不承诺、不接受联动省级最低中标或挂网价,经查提供虚假价格信息的医用耗材,采购平台予以撤网,两年内不得重新挂网	2020年2月公布高值耗材价格联动结果(2019年8月启动),平均降幅约为11.33%

续表

工作布局	工作要求	工作成果
医用耗材带量采购	实施省级集中带量采购；推进医疗机构联合体带量采购	临沂－菏泽联盟、青岛－淄博－烟台－潍坊－威海联盟、济南、聊城、日照等市级带量谈判已落地

注：江苏华招网根据公开资料整理。

8. 浙江：全国最低价联动调整，规范基础库申报工作

浙江省区分十二大类集中招标医用耗材及九大类基础库申报医用耗材。经过省医保局统一部署，省药采中心对两大采购板块进行了完善。2019年11月，省药采中心按部署开展了十二类医用耗材产品全国最低在线交易价格填报和梳理工作，联动后的价格从2020年4月1日起执行。2020年3月，省药采中心发布《关于进一步规范浙江省医用耗材阳光采购基础库申报有关事项的通知》，规定：新增的申报产品需具有医疗器械注册证，同时递交加盖二级及以上医疗机构公章的《医疗机构阳光采购基础库产品需求申请表》；原则上对6个月以上无采购记录的产品，适时移出交易目录。

9. 福建：采购结果全省共享，试点带量采购

2018年底，福建省医保局联合省卫健委发布《关于做好医疗器械（医用耗材）阳光采购结果全省共享工作的通知》，宣告完成7批次医用耗材采购结果共享动态调整，基本涵盖十大类高值医用耗材。2020年1月，省医保局、卫健委、药监局联合发布《关于开展公立医疗机构医用耗材集中带量采购试点工作的通知》，计划首批选择心脏支架、人工关节、留置针、超声刀、镇痛泵等5类医用耗材开展省级带量采购试点。

10. 广东：全面推进集团采购，开展全省统一带量谈判

广东省医保局就《关于全面推进药品和医用耗材集团采购的指导意见》两次公开征求意见。文件要求在一个省平台、两个市平台（广州、深圳）的前提下完善采购形式，提出三点措施：推动本省集团采购常态化，以市为单位选择采购平台全面实施集团采购；省级医保部门选定部分重点品种，委托采购平台开展全省统一带量谈判；对于采购平台紧缺品种，医疗机构在采购总金额5%范围内自主议价采购。

11. 青海：每季度受理挂网申报，填报全国最低三省采购价

根据《关于规范医用耗材挂网采购工作的函》（青医保局函〔2019〕289

号）要求，青海省药品采购中心规定自2020年第二季度起，每季度第一个月1~15日受理未纳入省平台的医用耗材产品的网上申报资料。产品议定采购价格不得高于申报时企业填报的全国最低三省实际采购价的均价。

12. 黑龙江：高值医用耗材增补挂网采取直接挂网方式

2019年11月，黑龙江省医保局发布《关于明确高值医用耗材工作相关规定的通知》，明确高值医用耗材增补挂网采取直接挂网方式。

（二）地市级医用耗材集中采购项目情况

截至2020年3月31日，地市级医用耗材集中采购项目在执行项目共171个，其中由卫健委、财政部门等非医保局主导的市标共135个；由各地市医保局接管集采工作后主导开展的项目共计36个，占比约21.05%，其中带量采购项目25个（见表3）。

表3 2019年地市级医用耗材集中采购项目一览

省	市	项目简称	开始时间	采购方式	采购类别
山西	大同	市级带量采购	2020年4月7日	带量采购	一次性使用静脉留置针、血液透析器
	阳泉-大同	联合带量采购	2020年4月1日	带量采购	血液滤过器、一次性吸氧管、静脉留置针、输液器
	长治	市级带量采购	2020年4月1日	带量采购	注射器、普通输液器、精密输液器
	朔州	市级带量采购	2020年4月1日	带量采购	一次性静脉留置针、精密输液器、医用胶片
	吕梁	市级带量采购	2020年3月31日	带量采购	静脉留置针、输液器
	太原	市级带量采购	2020年3月26日	带量采购	医用输液器
	忻州	市级带量采购	2020年1月20日	带量采购	静脉留置针、输液器
	临汾	市级带量采购	2019年12月26日	带量采购	血液透析器、一次性使用静脉留置针
	运城	市级带量采购	2019年12月20日	带量采购	一次性使用静脉留置针、一次性使用腔内切割吻合器组件
辽宁	辽阳-营口	2020年联合议价	2020年3月26日	议价采购	医用耗材
	辽阳	市级带量采购	2019年8月26日	带量采购	输液器
湖南	衡阳	2020年市标	2020年3月18日	议价采购	低值耗材及试剂
	常德	2020年市标	2020年1月2日	议价采购	低值耗材及试剂
湖北	武汉	新冠物资采购	2020年1月25日	应急采购	新冠肺炎防控物资

续表

省	市	项目简称	开始时间	采购方式	采购类别
山东	聊城	市级带量采购	2019年12月18日	带量采购	输液器、留置针、预充式导管冲洗器
	济南	市级带量采购	2019年12月10日	带量采购	输液器、留置针等15种低值耗材
	青岛-淄博-烟台-潍坊-威海	联合带量采购	2019年10月28日	带量采购	输液器、留置针、预充式导管冲洗器
	临沂-菏泽	联合带量采购	2019年7月19日	带量采购	静脉留置针、气管插管、镇痛泵、PICC导管
	日照	市级带量采购	2019年5月31日	带量采购	现用手术缝合线、留置针
江苏	常州-连云港-扬州-镇江	联盟带量采购	2019年12月6日	带量采购	一次性使用喉罩、一次性使用静脉留置针、一次性使用精密输液器;乳房旋切穿刺针及配件
	南京-泰州-淮安	联盟带量第四轮	2019年11月29日	带量采购	一家生产企业在三地销售的全部产品
		联盟带量第三轮	2019年10月26日	带量采购	一家生产企业在三地销售的全部产品
		联盟带量第二轮	2019年10月26日	带量采购	中心静脉导管(CVC)、血液透析器、口腔正畸托槽
		联盟带量第一轮	2019年8月20日	带量采购	植入式给药装置(输液港)、预充式导管冲洗器、精密输液器、密闭留置针
	无锡	市阳光招采平台	2019年11月11日	挂网采购	可单独收费的医用耗材(含试剂)
		市级带量采购	2019年8月23日	带量采购	超声高频外科集成系统超声刀头、透析液(A、B液)、中心静脉导管(双腔)、医用高分子夹板
	苏州-盐城-宿迁	带量采购	2019年11月8日	带量采购	人工合成骨(骨粒、骨块)、带线锚钉、腔镜下单发不可吸收夹
	徐州	市级带量采购	2019年9月28日	带量采购	骨科骨针、一次性套管穿刺器
	南京-淮安	联合带量采购	2019年9月26日	带量采购	一家生产企业的静脉留置针、导管冲洗器等250多个品种
	南京	监管平台建设实施方案	2019年9月5日	挂网采购	医用耗材
	南通	市级带量采购	2019年7月27日	带量采购	止血材料、髓内钉

067

续表

省	市	项目简称	开始时间	采购方式	采购类别
贵州	黔南州	骨科创伤标	2019年12月3日	综合评审	骨科创伤类
广东	深圳	阳光交易	2019年11月1日	挂网采购	医用耗材
	珠海	2020年市标	2019年8月29日	挂网采购	医用耗材及试剂
河北	邯郸	2019年市标	2019年5月8日	议价采购	医用耗材及试剂
福建	三明	2018年市标（第六批）	2018年11月12日	联合限价采购	医用耗材

资料来源：根据公开资料整理。

2018年受机构改革影响，市标数量大幅减少，2019年市级医保局调整逐渐到位，部分地区开展了新一轮集中采购，呈现出一些新特点。一是积极自建平台；二是突出国家医保编码作用；三是建立集中采购与医保支付政策联动机制。

市级项目带量谈判以低值医用耗材为主，操作上与省级项目类似，通过医保基金垫付货款、医保总额付费制度、探索医保支付标准与采购价协同、组织跟标扩围工作、建立监测反馈机制等措施达到"降幅达新高、销量有保障、货款准时结"的工作目标。

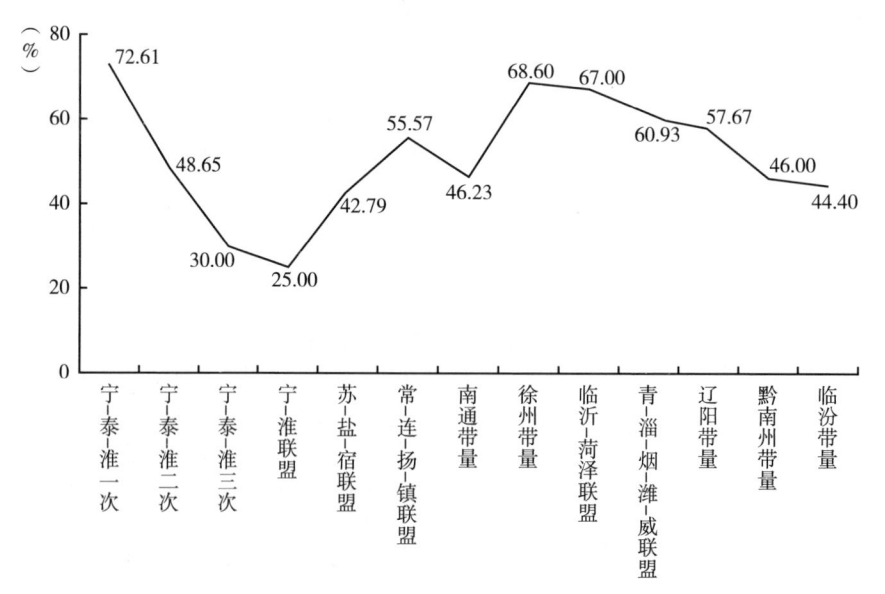

图1 2019年部分市级医用耗材带量采购项目价格平均降幅一览

资料来源：根据相关各地医保局官方新闻或网络信息整理。

三 2019年我国医用耗材集中采购特点及2020年展望

2019年，国家医疗保障局按照"国家组织、联盟采购、平台操作"总体思路，积极开展了"4+7"药品带量试点采购、扩围、第二批国家联采试点等工作，政策逐渐迭代完善。2020年国家集中采购将常态化，同时各省（区、市）将会利用省级集中采购平台广泛地进行带量采购的探讨。

未来我国医保主导下的集中采购将呈现出"1123"的特点，即一个系统：全国统一的集中采购信息系统；一套编码：全国统一的医疗保障业务信息编码；两级平台：全国药品耗材招标平台和省级集中采购平台；三级操作：国家操作、省级操作、地市或医联体操作。

通过对上述各省（区、市）、地市集中采购的分析及各项政策的研究，对我国医用耗材集中采购的未来趋势分析如下。

（一）三种集采思路将进一步延续和完善

1. 以带量采购为抓手的降价效应将持续

目前，国家集中采购的主体思路和方向已经明确，国家层面会继续扩大带量采购范围（通过一致性评价品种）试点目录，同时鼓励地方试点。地方会积极对接国家中标目录，并按照"国家思路"对目录外的品种进行集中采购试点探索。国务院医改领导小组的2号文和3号文明确地对医药耗材，特别是高值医用耗材的带量采购做出了安排，未来带量采购将成为主要方式，2020年9月底前，综合医改试点省份要率先探索对未被纳入国家组织集中采购的药品和高值医用耗材开展带量采购，其他省份也要积极跟进。可以预见的是，国家医疗保障局也将选取重点高值医用耗材品种实施"带量采购"试点工作或采用跨区域联合带量采购的方式。从2019年国家和各地的试点降价幅度看，大部分在50%以上，降价的主旋律没有改变。

2. 坚持分类集中采购，多种采购方式并存

2019年7月，国务院办公厅发布《治理高值医用耗材改革方案》（国办发〔2019〕37号），提出完善分类集中采购办法，明确"按照带量采购、量价挂钩、促进市场竞争等原则探索高值医用耗材分类集中采购。所有公立医疗机构

采购高值医用耗材须在采购平台上公开交易、阳光采购。对于临床用量较大、采购金额较高、临床使用较成熟、多家企业生产的高值医用耗材，按类别探索集中采购，鼓励医疗机构联合开展带量谈判采购，积极探索跨省联盟采购。对已通过医保准入并明确医保支付标准、价格相对稳定的高值医用耗材，实行直接挂网采购"。结合地方实践及国家文件精神等，我们预判带量采购不会是唯一模式，准入谈判、挂网采购、集中招标等模式将继续与之并存。各省市在探索中还会创造出新的采购方式。

3. 省（区、市）、地市价格联动，促进价格公开透明

2019年12月，国家医疗保障局表示重点将做好以下工作：一是部分省份已形成区域联盟，实现价格联动，下一步将建立全国医用耗材监控平台，实现全国范围内数据共享；二是建立全国价格共享平台，实现全国范围内省级药品、耗材集中采购信息共享；三是形成全国医疗器械价格联动机制，实现"一省挂网、全国可采"。目前，全国大部分省份医用耗材集中采购采取阳光挂网的模式，定期进行价格联动。未来，随着国家药管平台的建立和信息化建设的进一步完善，全国医用耗材采购价格也将趋于公开透明。

（二）三项与集中采购相关的机制待完善

1. 医保支付方式改革持续深入，医保准入目录建立

2020年3月，国家医疗保障改革方案出台，明确了未来医保改革的目标、方向和实施路径。支付方式改革从底层逻辑上改变了医疗机构的现行价值逻辑，将会对未来的采购行为产生重大影响。药品与医用耗材医保准入机制将逐渐完善，可以预见的是，医用耗材的医保准入目录即将出台，这一新机制对未来的医疗机构的医疗和医生处方行为都将产生重要影响。

2. 医用耗材医保支付标准与集中采购价格的协同

《治理高值医用耗材改革方案》提出"科学制定高值医用耗材医保支付标准，并建立动态调整机制。对类别相同、功能相近的高值医用耗材，探索制定统一的医保支付标准"。医用耗材的医保支付标准制订这项工作始终滞后于药品，在2020年国家医疗保障局的工作要点中，此项工作被列入。各地也在这个方面进行了很多有益的探索，如天津最早提出对一次性医用耗材实行基准价管理，医院议价越多，收入越多；浙江曾表态要参照药品医保支付标准的制订

办法研究高值医用耗材的医保支付标准，山西、南京、济南等地在探索医保支付标准与带量采购价协同。未来医保支付价格对行业的影响将比中标价格的影响更大，如何合理地建立中标价格与医保支付价格的关系，成为探讨的重点。

3. 医保基金预付和结算机制的探讨

《国家组织药品集中采购和使用试点方案》提出，"医保基金在总额预算的基础上，按不低于采购金额的30%提前预付给医疗机构。有条件的城市可试点医保直接结算"。在2019年各地医用耗材带量采购的试点中，部分地区延续了此做法，进行了试验性探索，如京津冀联盟及安徽、江苏、山西等省及济南、辽阳等多个地市在带量采购中均建立了医保基金预付制度。另外，在国家层面的各个政策中，均提出推行"医保基金与供应商直接结算货款"，提高基金的使用效率，降低交易成本，解决医疗机构拖欠货款的问题。目前，已经有试点省份开始进行此方面的探索，如福建省、陕西省等。医保直接结算货款绝不是表面上对于票据的管理，而是对资金流的合理规划，对未来的经营活动将会产生引导作用。

（三）两级集中采购平台的建立和信息共享

国家医疗保障局自成立以来，一直把信息化建设放在举足轻重的地位，着手进行国家医疗保障信息系统建设，药品和医用耗材招采管理系统即是此系统的一个子系统。该子系统的业务目标是实现全国统一的药品和医用耗材的招采监督和管理，通过统一药品和医用耗材目录的标准，支撑省级（包括统筹区和医疗机构）招标采购工作，实现采购目录编码、价格共享联动、采购组织规划、数据汇聚治理、监管监测预警的统一，形成包括四级机构（中央、省级、统筹区、医疗机构）、若干个联合采购基本主体的全国统一公共医保采购市场，推进价格等相关信息互联互通、资源共享。目前全国31个省（区、市）均已建立网上集中采购平台并实现阳光采购，部分地市也建立了自己的平台。省级平台未来将以国家医保信息系统为依托，逐渐完善功能，实现集中采购、议价、挂网、结算等功能，形成互联互通"全国一盘棋"的局面。

（四）三项集中采购创新机制待发展

1. 跨区域联盟集中采购

从国家集中采购政策层面，鼓励跨区域的联合采购。自2016年三明联盟成立以来，多个采购联盟相继出现，如京津冀联盟、陕西耗材联盟、华东联盟等。在探索中总结联合"团购"的经验，是解决"价格孤岛"的有效方法。2020年3月，三明联盟再次启动19个城市的"团购"试点和探索，京津冀联盟也进一步扩容为"3+6"，陕西耗材联盟进一步扩展到"药品+耗材"；江苏、山东省内的采购联盟也已经规划出现，如山东的青岛、淄博、烟台、潍坊、威海组成的五市联盟，菏泽、临沂组成的联盟等。另外，国家未来将鼓励医保基金省级统筹和探索跨区域基金预算试点，随着统筹规模的扩大，跨区域"团购"规模势必也会扩大。

2. 第三方GPO采购

2016年，上海、深圳等地陆续推出GPO采购模式，该模式经过近年来的完善和发展，有进一步扩大的趋势。尤其是全球GPO的发展与医保支付制度的推行和发展有着千丝万缕的联系。因此，2020年这个我国新医保机制改革的元年有可能成为GPO采购的分水岭，GPO发展的春天或将到来。除目前政府主导的上海、广州、深圳GPO外，国内第三方GPO的发展也方兴未艾。对标发达国家，尤其是作为创造者美国的GPO，也许可以为我国未来GPO发展提供更多的启示。

3. 医联（共）体议价采购

在国家卫生分级诊疗政策的推进下，医联（共）体随之产生，尤其是新冠肺炎疫情对未来的基层医疗体系的建设提出了更高的要求，未来国家一定会更大力度地推进此政策的实施。医联（共）体将成为未来决定产品选择、议价、采购、核算的主体，这一变化将会使过去的集中采购方式发生改变。目前，综观全国各地的试点，共有四种不同性质的医联（共）体，性质不同也决定了其采购方式的不同。集中采购一定会因此而改变。

（五）集中采购新规呼之欲出

我国医用耗材集中采购在动态中发展，逐渐完善。从过去一个阶段医药行业的改革发展路径来看，医药行业的今天就是医用耗材的明天，因此今天医药行业所面临的诸多挑战在未来的1~2年中医用耗材领域可能都会出现。我们认为，医保系统一定会在这个阶段试点的基础上对集中采购提出新的要求，集中采购的新规呼之欲出。

B.8
2019年我国医疗器械行业政策分析报告

刘强 王泽议*

摘 要： 医疗器械是医药行业的重要组成部分。近年来，随着国家医药卫生体制改革的不断深化，医疗器械的相关政策密集出台。中国药招联盟统计已发布的医药相关政策文件数据显示，2016年至2020年3月，国家和地方官方发布的医疗器械相关政策共有1089个，其中国家层级发布493个，占比45.3%，地方层级发布596个，占比54.7%，医疗器械政策的出台数量呈逐年增长趋势。相较于2016~2018年，2019年发布文件较多，共发布311个，其中国家层级官方发布68个，省地市层级发布243个。预计2020年医疗器械行业政策出台趋势将呈现五个特点：①医药行业政策思路向医疗器械行业渗透；②政策出台的数量呈现上升的趋势；③政策的重心随着医改的推进在发生转移；④从宏观性管控向细化管理发展；⑤医保和集中采购将成为政策关注核心。

关键词： 医疗器械 行业政策 医药行业

医疗器械是医药行业的重要组成部分。近年来，随着医药卫生体制改革的不断深化，药品领域已经形成较为完善的政策监管体系。药品集中采购、两票制、上市许可持有人制度、取消加成、国家组织带量采购、基本药物制度、国家医保谈判、大病医疗保险、仿制药质量和疗效一致性评价、"两病"管理、药品信息化追溯体系建设等方面的政策都已趋于成熟和完善。药品领域的政策

---

* 刘强，中国药招联盟政策研究员；王泽议，《中国医药报》专题中心主任编辑。

监管成功经验开始在医疗器械领域探索推广,如挂网产品价格联动、耗占比、取消医用耗材加成、集中带量采购、高值医用耗材重点治理清单等,这些都引导着医疗器械行业向规范化方向发展。

一 2016年至2020年3月医药行业相关政策发布情况

根据中国药招联盟搜集的医药相关政策文件,据不完全统计,2016年至2020年3月,国家和省(区、市)、地市层面发布的医药行业相关政策文件数量共6342个。其中国家层级官方发布1450个,占比22.9%,省(区、市)、地市层级官方发布4892个,占比77.1%(见表1)。

表1 2016年至2020年3月医药相关政策发布情况

单位:个

国家层级政策文件发布情况							
部门	文件数	部门	文件数	部门	文件数	部门	文件数
国家发改委	21	工信部	3	科技部	4	人社部/医疗保障局	88
国家税务总局	1	国家卫(健)计委	236	国家食药监总局/药监局	924	国家中医药管理局	3
国务院(中共中央)	98	联合发布	62	商务部	1	司法部	1
审计署	1	行业协会	7				
省(区、市)、地市层级政策文件发布情况[以省(区、市)为统计单位]							
区域	文件数	区域	文件数	区域	文件数	区域	文件数
安徽	235	河北	157	辽宁	218	四川	182
北京	166	河南	98	内蒙古	181	天津	190
福建	185	黑龙江	198	宁夏	119	西藏	22
甘肃	315	湖北	137	青海	98	新疆	90
广东	231	湖南	146	山东	156	云南	123
广西	247	吉林	117	山西	138	浙江	165
贵州	160	江苏	140	陕西	141	重庆	81
海南	158	江西	134	上海	164		

资料来源:中国药招联盟根据公开资料整理。

中共中央、国务院等相关国家机构发布的医药相关政策98个，占国家层级发布政策文件数比重为6.8%。此类政策多为宏观指导性文件。从国家层级发布的1450个医药相关政策情况来看，以药监部门发布数量最多，共924个，占比63.7%，药监部门的政策主要涉及研发的注册审评审批、临床试验、上市许可等；生产流通监督管理、飞行检查、说明书修订、认证管理等；终端使用应用管理、不良反应监测等方面。药监部门对药品和耗材的监管贯穿整个产品生命周期。卫生健康部门发布的政策有236个，占比16.3%，主要集中在由原国家卫计委主导的药品集中采购、短缺药、定点生产、基本药物制度、分级诊疗、家庭医生、公立医院改革、医疗救助、现代医院管理等方面。

医保部门（人社部/医疗保障局）发布的政策有88个，占比6.1%。医保部门在机构改革前发布的文件多为医保措施、医保目录、医保报销、医保支付、城乡医保、医保统筹、按病种付费等方面的政策。国家机构改革、国家医疗保障局成立后，相关职能重新划分，医药集中采购、国家带量采购、医疗服务收费项目等政策都由国家医疗保障局发布。其次还有多部门联合发布。国家发改委、科技部、国家税务总局、审计署、商务部、司法部等在过去四年间也发布了与医药相关的政策。

自2016年至2020年3月，省（区、市）、地市层级官方发布医药相关政策4892个，以省（区、市）为统计单位，发布最多的前五个省（区）分别是甘肃、广西、安徽、广东、辽宁。

二 2016年至2020年3月医疗器械行业相关政策发布情况

中国药招联盟统计数据显示，2016年至2020年3月医疗器械相关政策共发布1089个，其中国家层级发布493个，占比45.3%，地方层级发布596个[①]，占比54.7%，医疗器械政策的出台数量呈逐年增长趋势（见图1）。

2016年至2020年3月，医疗器械相关行业政策药监部门发布数量最多，共计560个，占比51.4%，其次是卫生部门，发布数量163个，占比15%，

---

① 包括行业协会发布政策6个。

医疗器械蓝皮书

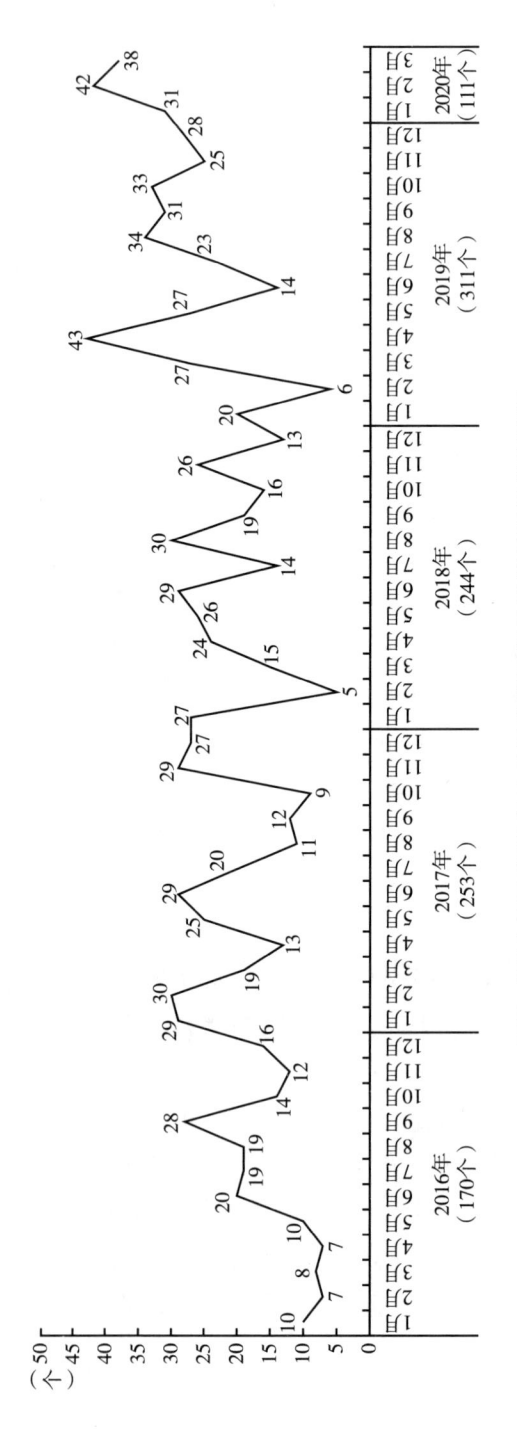

图1 2016年至2020年3月医疗器械相关政策按时间发布情况

资料来源：中国药招联盟根据公开资料整理。

再次是招标管理部门，发布146个，占比13.4%；其他发布部门还有人民政府、医保部门、价格部门、行业协会、科技部门、市场监督部门等（见图2）。

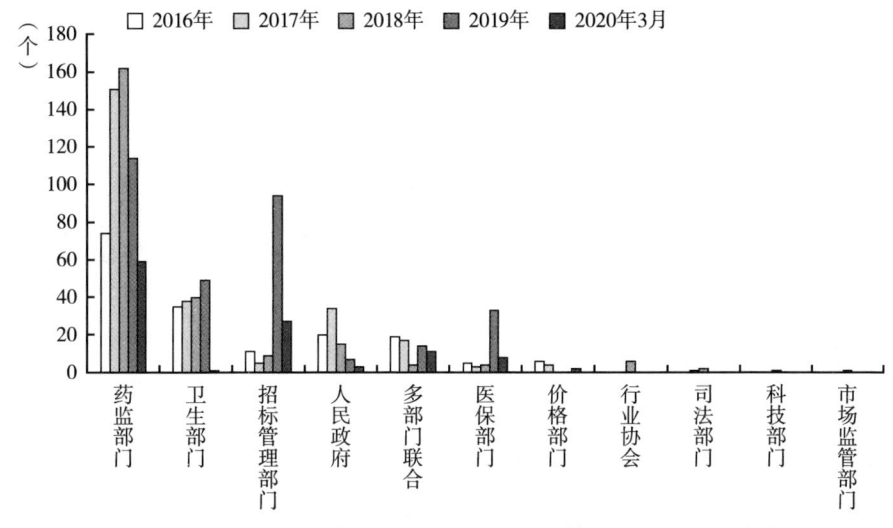

图2　2016年至2020年3月医疗器械相关政策（按发文部门统计）

资料来源：中国药招联盟根据公开资料整理。

（一）按发文部门统计

国家层级发文共493个，国家食药监总局/药监局发布的数量最多，376个，占比76.3%，主要集中在注册审评审批等方面；其次是国家卫健（计）委，发布数量35个，占比7.1%，主要集中于临床乙类大型设备配备使用等方面；多部门联合发布30个、国务院（中共中央）发布28个、国家医疗保障局12个、国家发改委7个、司法部2个以及科技部、财政部、国家高法各1个。

（二）按发文省（区、市）统计

省级及地市部门共发文590个，发布数量排在最前面的10个省（区、市）依次是安徽、广西、海南、辽宁、广东、甘肃、北京、陕西、山西、黑龙江等（见图3）。

（三）按"三医"统计

我们对2016年至2020年3月发布的医疗器械行业政策从"三医"的维度

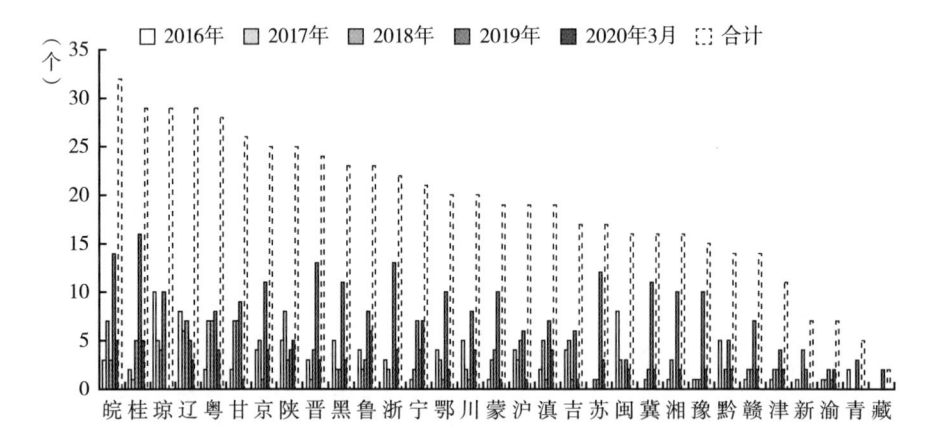

图3　2016年至2020年3月医疗器械相关政策数量［按省（区、市）统计］

资料来源：中国药招联盟根据公开资料整理。

进行统计，涉及"三医联动"三个方面的政策有25个，占比2.3%，"医疗"和"医保"类的政策数量分别是60个和41个，占比分别为5.5%和3.8%。其余的963个文件都是"医药"类的，占比88.4%，由此可见，受目前行业的改革影响最大的依然是企业。

（四）按文件性质统计

我们将政策文件分为宏观性文件、细则类文件、通知类文件、通告、公告、年报、决定等七大类。从表2可以看出，通知类、细则类文件较多。

表2　2016年至2020年3月医疗器械相关政策数量（按文件性质统计）

单位：个，%

类别	通知类文件	细则类文件	公告	通告	宏观性文件	决定	年报
数量	535	272	135	94	29	14	10
占比	49.1	25.0	12.4	8.6	2.7	1.3	0.9

资料来源：中国药招联盟根据公开资料整理。

（五）按供应链环节统计

我们把医疗器械供应链划分为研发、生产、流通及使用四个环节。覆盖全产业链的政策发布数量为466个，占比42.8%。研发环节政策最多，发布数量270个；流通环节位居第二，147个；使用环节位居第三，135个；生产环节最少，71个（见表3）。

表3 2016年至2020年3月医疗器械相关政策数量（按产业链统计）

单位：个，%

项目	全产业链	研发环节	生产环节	流通环节	使用环节
数量	466	270	71	147	135
占比	42.8	24.8	6.5	13.5	12.4

资料来源：中国药招联盟根据公开资料整理。

（六）按"关键词"统计

中国药招联盟针对每个文件做了关键词的标定，按照关键词出现的频次进行统计，前十五个政策关键词为：注册管理、飞行检查、监督管理、集中采购、医保政策、临床试验、技术审查、标准规范、医药卫生改革、乙类大型医用设备、发展规划、流通管理、设备配置许可、医疗服务、创新机制。其中涉及前四个关键词的政策数量548个，占全部政策的一半以上（见图4）。

三 2019年医疗器械行业相关政策发布情况

2019年出台文件较多，共发布311个，涉及中共中央、国务院、国家卫健委、国家药监局、国家医疗保障局等以及全国31个省、自治区、直辖市。其中国家层级发布68个，省及地市层级发布243个。从国家部委看，国家药监局发布数量最多，共51个，占比75.0%；其次是国家医疗保障局，发布9个，占比13.2%，再次是国家卫健委等。从发文部门看，药监部门发布最多，共114个；其次是招标管理部门94个；卫生健康部门发布49个；医保部门发布33个，联合部门和人民政府部门分别发布14个和7个。

从发布省（区、市）看，排在前五位的有广西、安徽、山西、浙江、

医疗器械蓝皮书

	注册管理	飞行检查	监督管理	集中采购	医保政策	临床试验	技术审查	标准规范	医药卫生改革	乙类大型医用设备	发展规划	流通管理	设备配置许可	医疗服务	创新机制
2016年	21	16	16	58	26	18	3	1	20		8	12		6	1
2017年	43	62	33	44	18	11	17	19	10		14	8		4	9
2018年	57	35	53	28	13	16	18	28	8		9	7		8	7
2019年	28	23	31			11	11		1	32			20	2	
合计	149	136	133	130	57	56	49	48	39	32	31	27	20	20	17

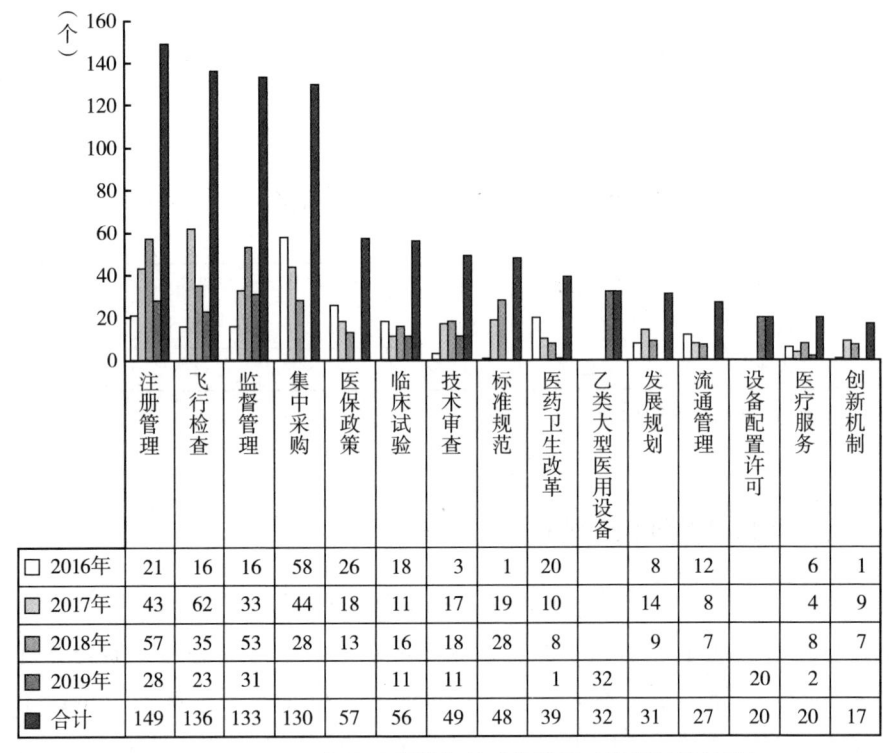

图4 2016~2019年医疗器械相关政策数量（按关键词统计）

资料来源：中国药招联盟根据公开资料整理。

江苏，发文数量分别为16个、14个、13个、13个、12个，共计68个。此顺序是动态变化的，与2016年至2020年3月的总排名也不尽相同，说明了各地医改政策在逐年发生变化。

从"三医"来看，医药的政策数量为286个，依然占整个数量的91%。从供应链环节看，研发环节依然是第一位，多涉及研发注册、审评审批、临床试验等；2019年使用环节的文件数量超过了流通环节。

从"关键词"看，2019年排名前十位的是：集中采购、乙类大型医用设备、监督管理、注册管理、飞行检查、设备配置许可、技术审查、临床试验、上市许可持有人、医保政策。其中集中采购政策129个，为最多。该顺序与四年的文件总数分析结果有很大不同，此变化反映了当前的政策重点和热点，指明了2020年医疗器械行业政策重点。

四 2020年医疗器械政策出台趋势判断

2019年7月31日,《国务院办公厅关于印发治理高值医用耗材改革方案的通知》提出"要聚焦高值医用耗材价格虚高、过度使用等重点问题推进改革,主要措施为完善价格形成机制,降低高值医用耗材虚高价格;规范医疗服务行为,严控高值医用耗材不合理使用;健全监督管理机制,严肃查处违法违规行为"。此纲领性文件勾勒出了医疗器械行业未来发展的方向,标志着医疗器械行业进入严格监管的新时代。

2019年,医药行业第一批重点产品监控目录出台。2020年1月13日,国家卫生健康委办公厅发布《关于印发第一批国家高值医用耗材重点治理清单的通知》,共18种医用耗材被列入重点治理清单,该通知提出加强高值医用耗材规范化管理,明确治理范围。这是在医疗器械领域落地的又一个医药行业的管理政策。

我们预测,随着国家对医疗器械行业管理的进一步推进,研发注册审评、带量采购、医疗服务项目管理、医保支付、临床使用等方面都将陆续有更多的政策出台,医疗器械行业政策密集严管时代也将开启。综观整个行业政策出台的情况,未来政策出台趋势将呈现出以下特点。

(一)医药行业政策思路向医疗器械行业渗透

医改十年,从医药开始。经过十年的改革,我们看到药品领域的政策监管体系趋于完善。集中采购、两票制、取消加成、国家带量采购、医保谈判、大病医保、一致性评价、"两病"管理、追溯体系建设、合理用药等方面的政策,都已经趋于成熟。近年来,医疗器械领域的改革开始参照药品领域的改革向前推进,如取消耗材加成、价格联动、两票制、带量采购、高值耗材重点治理、医疗机构使用规范化管理等,医药改革已经开始从药品向医疗器械行业渗透。

(二)政策出台的数量呈现上升的趋势

近年来,我们看到国家在医药卫生体制改革方面取得了很大的成就。从国家和地方出台的医药行业政策文件来看,2016年、2017年、2018年、2019年出台的有关医药行业的政策文件数分别是1612个、1562个、1106个、1525

个，其中医疗器械政策文件数分别是170个、253个、244个、311个，医疗器械政策文件的占比分别为10.5%、16.2%、22.1%、20.4%。2020年一季度，出台的医药相关政策文件数为537个，医疗器械政策文件数为111个，占比为20.7%，医疗器械政策的出台数量呈现上升的趋势。

（三）政策重心随着医改的推进在发生转移

通过对关键词的分析，我们发现一些热点关键词也随着医改的推进发生着变化。从发文的部门来看，集中采购和医疗服务收费价格等相关政策发布部门都由原先的卫生部门和价格主管部门转变为医疗保障部门。从行业热点关键词来看，DRGS、带量采购、取消以耗养医、价格联动等相关的政策比例开始增大，行业的政策重心随着医改的深入正发生转移。

（四）从宏观性管控向细化管理发展

国家宏观性的政策出台，需要更多配套政策文件去落地推进，从2016～2019年政策出台数据来看，国家和地方官方发布的通知类文件535个，占比49.1%，细则类文件272个，占比25%，宏观性文件为29个，占比2.7%。细则类文件和通知类文件占比近3/4。可以看出，政策已经由宏观性管控向细化管理发展。

（五）医保和集中采购成为政策关注核心

我们通过关键词来分析2016～2019年医药相关政策，集中采购政策数量1025个，医保政策949个。集中采购、医保政策成为最重要的政策。2020年3月5日，《中共中央国务院关于深化医疗保障制度改革的意见》明确"深化药品、医用耗材集中带量采购制度改革。坚持招采合一、量价挂钩，全面实行药品、医用耗材集中带量采购。以医保支付为基础，建立招标、采购、交易、结算、监督一体化的省级招标采购平台，推进构建区域性、全国性联盟采购机制，形成竞争充分、价格合理、规范有序的供应保障体系。推进医保基金与医药企业直接结算，完善医保支付标准与集中采购价格协同机制"。通过带量采购、价格联动等方式的集中采购来降低价格，医保控费、医保支付改革、DRG、大病保险等将成为未来关注的重点。

B.9 2019年我国医疗器械注册人制度试点实施报告

林 峰*

摘 要： 医疗器械注册人制度作为我国医疗器械审评审批制度改革的重要内容之一，从2017年起至2019年，持续深入推进，试点实施范围扩大至全国21个省（区、市）。截至2019年12月19日，所有21个试点省级药监局均已完成方案发布，其中有20个省级药监局方案提出鼓励注册人购买产品责任保险，10个方案提出对纳入试点的申请项目实施优先审评审批，17个方案提出鼓励或要求注册人、受托生产企业通过相应质量管理体系认证，同时，所有方案的试点范围均未涉及国家禁止委托生产医疗器械目录中的产品。未来注册人制度实施需要着重关注四个问题：①注册人的概念和注册人制度试点的要义需要进一步厘清和宣贯；②注册人责任与能力的匹配需要持续强调和强化；③社会信用体系和知识产权保护意识需要加紧完善和提高；④政府职能和监管理念需要不断转变和调整适应。

关键词： 医疗器械 注册人制度 试点方案

2019年，是我国新一轮政府机构改革以后，单独组建的国家药品监督管

---

* 林峰，上海市药品监督管理局医疗器械注册处药品稽查专员。

理局开展全面工作的起步之年,也是进一步落实药品医疗器械审评审批制度改革各项相关政策的攻坚之年。在2018年已有上海、天津、广东3个自贸区开展医疗器械注册人制度试点工作的基础上,2019年试点工作持续推进并且试点范围扩大到21个省(区、市)。注册人制度在推动管理创新的同时,进一步激发了产业的创新活力、推动了资源配置的优化和主体责任的落实,从而使产业发展的新动能进一步得到释放。

一 注册人制度试点背景和基本内容

在药品上市许可持有人制度试点取得显著成效的基础上,按照《全面深化中国(上海)自由贸易试验区改革开放方案》和《关于深化审评审批制度改革鼓励药品医疗器械创新的意见》等要求,原国家食品药品监督管理总局同意《中国(上海)自由贸易试验区内医疗器械注册人制度试点工作实施方案》(以下简称《方案》),并于2018年1月5日发布公告[①],自此,我国医疗器械注册人制度率先在上海先行先试。

《方案》的内容主要有以下四方面:一是丰富注册申请人主体,允许满足条件的科研机构或科研人员成为注册(申请)人;二是开放了合同生产,允许注册(申请)人将样品或产品直接委托生产;三是拓宽了协作方式,允许多点委托生产或多项业务委托;四是顺应受托主体适格,允许受托生产企业提交委托方的产品注册证申请生产许可,从而实现产品生产许可与上市许可的"解绑",让注册人作为责任主体按需选择合适的协作方式和发展模式。

2018年7月,上海市发布公告,将试点范围从上海自贸区(和浦东新区)扩大至全市。

二 注册人制度试点现状

2018年5月国务院印发了进一步深化广东、天津、福建自由贸易试验区

---

① 《国家食品药品监督管理总局关于上海市食品药品监督管理局开展医疗器械注册人制度试点工作的公告》(2018年第1号)。

改革开放方案,同意广东、天津自贸区开展医疗器械注册人制度试点。2019年2月22日发布《全面推进北京市服务业扩大开放综合试点工作方案》,鼓励北京市与天津、河北地区的医疗器械生产企业协作互动,并首次提出了助推"注册+生产"跨区域产业链发展的要求。

2019年8月1日,国家药监局发布了《关于扩大医疗器械注册人制度试点工作的通知》,决定将注册人制度试点工作扩大到上海、广东、天津、北京以及辽宁、河北、河南、山东、黑龙江、江苏、浙江、安徽、福建、湖北、湖南、重庆、四川、广西、海南、云南、陕西等21个试点地区,不仅允许上述试点地区之间开展跨省委托生产,而且对参与试点工作的注册人和受托生产企业分别进一步明确了条件和义务责任,同时规定了产品注册、许可事项变更和生产企业许可、备案等相关办理程序,并着重强调了各级药品监管部门在加强对注册人履行保证医疗器械产品质量、上市销售与服务、不良事件监测与评价以及召回义务等方面的监管要求。同年8月26日,国务院还印发6个新设自贸区的总体方案,进一步明确了山东、河北、江苏、广西、云南、黑龙江等6个自贸区开展注册人制度试点工作的重点任务和要求。

据统计,2019年,全国共有22家企业的93个产品按照注册人试点要求获批,其中包括注册人跨省委托生产和第三类医疗器械委托生产等不同情况①,进一步释放了制度红利,为全面实施注册人制度提供了重要支撑。

截至2019年12月底,上海共有13家企业的29个产品按照注册人制度试点要求获批,其中8家企业的9个产品为首次注册(占31%)、5家企业的20个产品按注册人制度的登记事项变更程序办理;广东已有56家企业的126个产品按照制度试点要求获批,其中3家企业的46个为集团内变更。

三 注册人制度试点方案比较

截至2019年12月19日,所有21个试点省级药监局均已完成方案发布(见表1),其中有20个省级药监局方案提出鼓励注册人购买产品责任保险,10个方案提出对纳入试点的申请项目实施优先审评审批,17个方案提出鼓励

---

① 国家药监局:《2019年度医疗器械注册工作报告》。

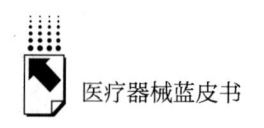

或要求注册人、受托生产企业通过相应质量管理体系认证，同时，所有方案的试点范围均未涉及国家禁止委托生产医疗器械目录中的产品。

表1 各省（区、市）发布的注册人制度试点方案对比

序号	省（区、市）	发布时间	文件名	主要特点
1	上海	2017年12月1日	《中国（上海）自由贸易试验区内医疗器械注册人制度试点工作实施方案》	1. 全国第一个注册人试点方案 2. 允许注册申请人为企业、科研机构、科研人员 3. 注册申请人范围为上海自贸区（或浦东新区生产企业），受托生产企业范围为全上海市 4. 要求注册人应配备专职法规事务、质量管理、上市后事务等相关人员，并不得相互兼职 5. 对试点项目实施优先审批 6. 鼓励注册人购买产品责任保险，并给予50%财政补贴 7. 生产第三类医疗器械的受托人需要通过相关质量体系认证
2	上海	2018年7月5日	《关于将本市医疗器械注册人制度改革试点扩大至全市范围实施的公告》	在前方案基础上，允许注册申请人范围扩大至全上海市
3	广东	2018年8月22日	《广东省医疗器械注册人制度试点工作实施方案》	1. 全国第二个注册人试点方案 2. 允许注册申请人为企业、科研机构、科研人员 3. 注册申请人范围为广东自贸区、广州、深圳、珠海，受托生产企业范围为广东省 4. 首次提出鼓励集团公司成为注册人 5. 对试点项目实施优先审批
4	天津	2018年8月25日	《中国（天津）自由贸易试验区内医疗器械注册人制度试点工作实施方案》	1. 全国第三个注册人试点方案 2. 允许注册申请人为企业、科研机构、科研人员 3. 注册申请人范围为天津自贸区（滨海新区），受托生产企业范围为全天津市 4. 首次鼓励实施医疗器械唯一标识，实现对产品全程追溯 5. 未提及试点项目优先评审批

续表

序号	省（区、市）	发布时间	文件名	主要特点
5	湖南	2019年10月10日	《湖南省医疗器械注册人制度试点工作实施方案》	1. 全国扩大试点后第一个省局试点方案 2. 唯一仍坚持允许自然人成为注册申请人的方案 3. 注册申请人范围为湖南省，受托生产企业来自湘潭市湖南医疗器械产业园区、湖南省及其他试点省市 4. 首次提出探索技术、注册证转让及技术参股等创新模式 5. 支持省内医疗器械产业园区形成产业创新发展聚集地 6. 首次提出可聘用独立的法规事务、质量管理等第三方机构，由它们协助注册人落实医疗器械全生命周期的主体责任 7. 支持公共研发平台、创新研发机构及受托生产企业试点 8. 首次提出探索担保人制度 9. 未提及质量管理体系要求
6	福建	2019年10月15日	《福建省医疗器械注册人制度试点工作实施方案》	1. 全国扩大试点后第二个省局试点方案 2. 允许注册申请人为企业、科研机构 3. 探索跨省委托生产的检查和审批绿色通道
7	广西	2019年10月25日	《广西医疗器械注册人制度试点工作实施方案》	1. 对科研机构作为注册申请人的，可聘用第三方独立法规事务、质量认证机构，以合同协议方式承担注册人的义务责任 2. 首次提出对于已获注册证的境内迁入或区内搬迁医疗器械企业，或新开办企业仿制医疗器械的，如注册证和生产许可证为同一申请人，适用"首次注册告知承诺审批" 3. 鼓励桂林市平乐县生命科学园、梧州高新区医疗器械产业园、防城港国际医学开放试验区等园区的企业积极参与，探索新模式 4. 首次提出探索侵权责任认定和救济补偿等配套法规制度
8	广东	2019年10月28日	《广东省药品监督管理局办公室关于做好广东省医疗器械注册人制度试点工作申请人试点申报工作的通知》	全国扩大试点范围以后，首个更新的方案，在前方案基础上有所调整： 1. 注册申请人范围扩展至广东省 2. 注册申请人为法人机构，未提及科研人员 3. 受托生产企业范围扩大至各试点省市

087

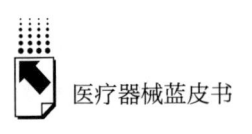

续表

序号	省（区、市）	发布时间	文件名	主要特点
9	上海 江苏 浙江 安徽	2019年10月29日	《长江三角洲区域医疗器械注册人制度试点工作实施方案》	1. 全国首个跨省的区域性注册人试点工作方案 2. 上海市注册人试点第三版方案，前期上海市方案与本方案不一致的，按照本方案执行 3. 首次提出需签订知识产权保护协议 4. 集团公司注册人通过收购、重组、分立、股份转让进行名称变更的，按注册登记事项变更 5. 探索在长三角地区实现审评标准统一、检查标准趋同、审批结果互认、监管结论共享的跨区域监管新模式 6. 在上海方案的注册解读中，首次提出对已获进口注册的医疗器械转国产时，其境外法人的境内代理人符合注册人资质条件的，将优化其境内注册申请流程，简化申报资料，提高审评审批效率 7. 未提及试点项目优先审评审批及科研人员作为申请人
10	山东	2019年10月29日	《山东省医疗器械注册人制度试点工作实施方案》	1. 鼓励集团公司成为注册人 2. 允许科研机构通过聘用第三方独立法规事务机构或质量管理体系认证审核机构，协议承担主体责任 3. 未提及优先审评审批及质量管理体系认证要求
11	黑龙江	2019年11月1日	《黑龙江省医疗器械注册人制度试点工作实施方案（试行）》	1. 鼓励集团公司成为注册人，各子公司实行统一的质量管理体系，集团公司对其所有上市的产品质量负全部责任 2. 鼓励黑龙江自贸区和哈尔滨新区等科技单位积极参与试点 3. 首次提出实施"服务专员制"，为试点项目提供全程跟踪服务 4. 承诺在现行首次注册时限的基础上压缩10%
12	四川	2019年11月1日	《四川省医疗器械注册人制度试点工作实施方案》	1. 给予一个月准备期 2. 鼓励集团公司成为注册人，各子公司实行统一的质量管理体系，集团公司对其所有上市的产品质量负全部责任 3. 允许科研机构通过聘用第三方独立法规事务、质量体系认证审核机构等，落实主体责任 4. 鼓励开展医疗器械UDI工作

续表

序号	省（区、市）	发布时间	文件名	主要特点
13	河北	2019年11月5日	《河北省医疗器械注册人制度试点工作实施方案》	1. 引导现有规模企业在试点省市扩大产能 2. 鼓励省内外注册人或企业入驻河北自贸区、北戴河生命健康产业创新示范区
14	云南	2019年11月20日	《云南省医疗器械注册人制度试点实施方案》	1. 提出给予一个月准备期 2. 强化服务，压缩审评审批时限 3. 强化监管，对注册人和受托生产企业落实四级监管要求
15	陕西	2019年11月29日	《陕西省医疗器械注册人制度试点工作实施方案》	1. 鼓励集团公司通过试点进一步整合优化资源，落实注册人主体责任 2. 未提及优先审评审批及质量管理体系认证要求
16	湖北	2019年12月4日	《湖北省药品监督管理局关于实施医疗器械注册人制度试点工作的通告》	1. 鼓励集团公司成为注册人 2. 鼓励委托第三方机构对注册人和受托生产企业质量管理体系运行情况及有效性进行评估 3. 与《关于促进我省生物医药产业高质量发展的若干措施》相互配合，支持当地医疗器械产业园区承接发达地区产业转移、科技成果转化，全面提升医疗器械产业发展水平
17	辽宁	2019年12月10日	《辽宁省医疗器械注册人制度试点工作实施方案》	1. 明确提出注册人年度质量管理体系自查报告制度，每年1月10日前注册人上报质量管理体系自查报告 2. 未提及优先审评审批、质量管理体系认证要求或鼓励购买责任保险
18	天津2	2019年12月10日	《天津市医疗器械注册人制度试点工作实施方案》	1. 明确双方需签订知识产权保护协议 2. 促进行业自律，引入第三方评估；注册人也可委托第三方机构建立质量管理体系，保证有效运行 3. 鼓励开展医疗器械UDI工作 4. 未提及科研人员作为申请人 5. 本方案实施之日起，原方案同时废止
19	重庆	2019年12月11日	《重庆市医疗器械注册人制度试点工作实施方案》	1. 鼓励集团公司通过注册人制度试点进一步整合资源、优化资源配置 2. 引导行业协会、第三方机构协同管理 3. 未提及优先审评审批
20	海南	2019年12月11日	《海南省开展医疗器械注册人制度试点工作实施方案》	鼓励行业组织、第三方机构参与，充分发挥行业质量信用自律和基础管理作用

续表

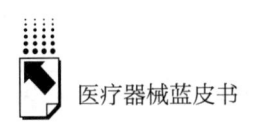

序号	省（区、市）	发布时间	文件名	主要特点
21	北京	2019年12月16日	《北京市医疗器械注册人制度试点工作实施方案》	1. 支持中关村国家自主创新示范区等重点区域形成生产资源高效配置、集约化优势深度发挥的产业承接聚集地。探索开展区域合作，立足北京，辐射津冀，面向全国 2. 鼓励高精尖、创新、临床急需医疗器械注册人委托中关村国家自主创新示范区等重点区域受托人生产医疗器械 3. 鼓励集团公司通过注册人制度试点工作进一步整合资源和优化资源配置 4. 允许注册人委托第三方独立法规事务机构，按照质量协议的约定履行相应职责 5. 未提及优先审评审批及科研人员作为申请人
22	河南	2019年12月19日	《河南省医疗器械注册人制度试点工作实施方案》	1. 鼓励集团公司通过注册人制度试点工作进一步整合资源和优化资源配置 2. 首次提出跨省委托的程序性条件，强化协同监管，对因生产条件及能力所限，确需委托省外符合条件的企业生产医疗器械的，需省级药品监管部门在相互协商并界定监管职责权限后，方可提交注册申请

资料来源：各省（区、市）药监局网站。

湖南省于2019年10月10日发布了本省注册人制度试点工作方案，支持自然人成为注册人，首次提出探索技术、注册证转让及技术参股等创新模式，允许通过聘用独立的法规事务和质量管理等第三方机构协助注册人落实全生命周期的主体责任，鼓励购买商业保险，探索担保人制度，并支持公共研发平台。广西方案于10月25日发布，提出可对符合相应条件的第二类医疗器械首次注册审批探索告知承诺制，允许科研机构通过聘用第三方独立法规事务和质量认证等机构来承担义务责任，并首次提出探索侵权责任认定和救济补偿等配套法规制度。11月1日，黑龙江方案发布，首次提出实施"服务专员制"，对试点项目实施优先审批并压缩审批时限。同日发布的四川方案，提出助推医疗器械特色园区的产业集聚和集团化发展。

尤其需要指出的是，2019年10月29日，上海市和江苏、浙江、安徽省药监局联合发布《长江三角洲区域医疗器械注册人制度试点工作实施方案》，是全国首个"跨省"试点工作实施方案。由于引入了更多"放管服"新举措，该方案成为全国药监系统探索区域性协同监管的新尝试。该方案围绕注册人跨省委托生产，谋划破解跨省监管职权划分、检查尺度统一等方面的难题，聚焦"品种属人、企业属地"监管实践，探索构建适应跨区域产业转移和重组的信息化监管新机制，促进跨区域产业链、创新链、责任链大协作，形成特色化、规模化医疗器械产业集群，从而助推长三角医疗器械产业一体化高质量发展。该方案还针对知识产权保护提出了专门要求，并在相关政策解读中首次提出了对已获进口注册的医疗器械转为国产化生产等情形的流程优化思路。

四 进一步完善注册人制度需重点关注的问题

（一）注册人的概念和注册人制度试点的要义需要进一步厘清和宣贯

注册申请人一旦获得了注册证即成为注册人，其将为以自己名义上市的产品质量和安全负责，无论产品是其自己生产还是委托生产，或有其他委托情形。注册人试点开放了合同生产，让生产许可与产品许可"松绑"，但在委托情形下的主体责任和监管责任必须落到实处，所以，试点工作中重点关注的是有委托生产情形的注册人，但这并不是说选择了委托生产情形的主体才是注册人。注册（申请）人拥有根据市场需求和自身需要选择是否委托、委托谁和委托什么业务的权利，但这并不能转移或弱化其维护产品质量的主体责任和法律义务。注册人制度试点就是要探索建立归属清晰、权责明确、保护严格、流转顺畅的现代管理制度。只有准确理解试点工作的要义，才能在政策宣贯时有理有力，并在实施和推进中把握好能力和责任优先、质量和效率并重的关系，真正发挥出鼓励创新、促进高质量协同发展的制度红利。

（二）注册人责任与能力的匹配需要持续强调和强化

虽然仍有试点方案允许科研人员以自然人的形式成为注册（申请）人，

但程序上的允许并不等于实践中的可操作。就目前情况来看，一方面囿于自然人社会角色的定位和能力，其难以在雇佣、纳税等多个方面正常开展生产经营活动；另一方面由于缺乏相关专业团队的支持，其难以同时具备质量管理、风险防控和责任赔偿这三种能力，所以，也就难以履行保证从生产到销售全链条和产品全生命周期质量管理的主体责任。经相关资料收集和信息检索发现，即使是在已经实施 MAH 制度的美国、英国、德国、日本等国家，它们在制度设计上虽然允许自然人申请持证，但也尚未发现有自然人成为持有人的实际案例。为此，国家药监局在此次扩大试点的通知中，明确企业或科研机构可成为注册人，笔者认为，这正是较好地把握了当前试点工作的重点和方向。所以现阶段，应着重鼓励科研人员在产品研发、临床研究和成果转化中发挥积极作用，而不必纠结于如何使科研人员成为注册（申请）人，以免劳而无获、事倍功半，兜了圈子、忘了初衷。

（三）社会信用体系和知识产权保护意识需要加紧完善和提高

出于对核心技术知识产权保护以及质量管理中风险防控能力的担忧，特别是受个别急功近利行为、违约失信纠纷的困扰，注册人在选择委托业务时如履薄冰、效率低下，对创新产品和第三类高风险产品的委托缩手缩脚、畏首畏尾，导致目前试点案例主要集中在集团内的产品转移或第二类成熟产品委托上。若要更好地释放制度红利，就要对社会治理体系和社会信用体系进行协同建设和持续完善。

（四）政府职能和监管理念需要不断转变和调整适应

注册人制度，就是要通过管理创新为技术创新增活力、添动力，为市场主体减压松绑，让市场主导资源配置，使得要素自由流动、竞争公平有序、责权利高度统一[①]。面对当前技术飞跃式的发展、市场多元以及全球化、贸易摩擦、疫情防控等越来越复杂的发展环境，我们的政府监管，应站在国家治理体系和治理能力现代化的高度重新定位和思考，切实转变理念，加强政策、标准

[①] 林峰：《鼓励产品创新 建立现代产权制度——医疗器械注册人制度试点进展中的思考（下）》，《中国医药报》2019 年 8 月 6 日，第 6 版。

和程序的稳定性、透明性、可操作性和可预见性，去"路卡、路障"，立"路灯、路标"，强化协同监管，鼓励创新创业，尊重市场规律，维护合法权益，更好地服务和引导企业用创新链带动产品链、供应链和资金链，推动供给侧结构性改革，使我国的生物医药产业真正做大做强、高质量发展，更好地维护和促进公众健康。

行业篇

Topics in Industry Development

B.10
2019年我国医疗器械对外贸易状况和发展趋势

蔡天智 杜宇[*]

摘 要： 本文梳理了2019年中国海关医疗器械进出口数据，深入分析了我国医疗器械进出口状况。2019年，我国医疗器械对外贸易仍然保持上升态势，进出口总额突破500亿美元。从产业来看，产业集群效应明显增强，产品结构进一步优化，且细分领域龙头企业的国际化步伐加快，尤其在东盟、共建"一带一路"国家的贸易活动增多，这些都最大限度地降低了中美贸易摩擦给行业带来的负面影响。预计2020年我国医疗器械对外贸易将继续保持两位数的增长态势，全年医疗器械对外贸易有望超过600亿美元。

---

[*] 蔡天智，中国医药保健品进出口商会副秘书长、高级经济师；杜宇，中国医药保健品股份有限公司副总经理。

关键词： 医疗器械　对外贸易　国际化

尽管贸易保护主义的抬头使全球化遭遇"逆风"，但使于全球化使企业寻找最高效产地，并引导区域性程度低的市场与其他增长市场保持密切联系①，所以2019年我国医疗器械对外贸易发展还是取得了骄人成绩。这与国内医疗器械产业创新体系逐渐完善、产品结构与性能进一步优化等内生动力的增强是分不开的。

一　2019年我国医疗器械对外贸易稳步增长

近年来，国内企业"国际化"步伐加快，在巩固欧美、日本等传统对外贸易市场基础上，开发新兴市场的意愿不断加强。我国已经成为制造大国和出口强国，医疗器械产品出口地区达200多个，亚洲、欧洲和北美洲是重点出口区域，拉丁美洲、共建"一带一路"国家、金砖国家等成为国内企业深耕的新兴市场。

2019年，我国医疗器械对外贸易额达到554.87亿美元，同比增长21.16%，增幅比上年扩大12个百分点。其中，进口额267.85亿美元，同比增长20.84%，出口额287.02亿美元，同比增长21.46%②。从产品来看，医用耗材类产品出口增幅最大，为39.39%，比上年提高30个百分点；口腔设备与材料类产品出口增幅为34.55%，比上年扩大16个百分点；诊疗设备类产品出口增速也比上年提高16个百分点。从增长趋势分析，企业创新指数提升，人工智能（AI）、制造技术和工艺水平的提高以及产品品质的优化，国产医疗器械市场竞争力增强，成功抵挡了中美贸易摩擦等多重因素的负面影响，国内医疗器械企业表现出强劲的竞争活力③。在进口方面，诊疗设备进口增幅较大，比上年扩大了20个百分点。两届中国进口博览会溢出作用进一步显现，高端产品需求继续保持高位水平，间接表明国内在高端产品制造方面仍然存在不足，如肿瘤治疗设备等④。

---

① https://news.sina.com.cn/c/2020-03-24/doc-iimxyqwa2963575.shtml。
② 数据来源为中国海关，经计算得出，下同。
③ 陈泠璇：《浅析中美贸易战》，《经贸实践》2018年第11期。
④ 张久琴：《开放合作共同发展——记中国国际进口博览会》，《中国经贸导刊》2018年第34期。

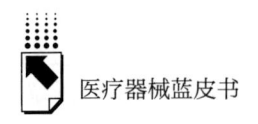

表1 2019年我国医疗器械对外贸易结构情况

单位：亿美元，%

商品名称	出口额	同比	进口额	同比增长
医疗器械类合计	287.02	21.46	267.85	20.84
医用敷料	27.16	4.16	5.44	25.13
医用耗材	54.88	39.39	41.91	18.55
诊疗设备	124.56	23.61	186.65	23.39
保健康复	67.11	11.50	23.53	8.68
口腔设备与材料	13.30	34.55	10.31	14.15

资料来源：中国海关，余表同。

（一）进口继续保持强劲增长

2019年，我国医疗器械进口总额为267.85亿美元，同比增长20.84%，比上年提高近12个百分点。美国、德国、日本、墨西哥、新加坡为进口主要来源地，占比62.71%。其中，新加坡、瑞士、荷兰增幅排在前三位，分别为72.49%、40.52%和35.49%（见表2）。从进口产品种类看，生化分析仪、免疫分析仪、染色体光谱分析仪、彩超、康复器具及外科植入物等为主要进口产品。导管、插管类医用耗材增幅明显，为20.33%。

表2 2019年我国医疗器械主要进口市场情况

单位：亿美元，%

来源地	进口金额	同比增长	占比
全球	267.85	20.84	100
美国	71.71	7.51	26.77
德国	42.95	19.96	16.04
日本	31.54	32.60	11.78
墨西哥	11.21	27.29	4.18
新加坡	10.56	72.49	3.94
爱尔兰	10.41	22.69	3.89
瑞士	9.84	40.52	3.67
荷兰	8.10	35.49	3.02
英国	7.74	22.24	2.89
韩国	6.68	20.02	2.49

2019年，上海、北京、广东、江苏、山东等省市医疗器械进口额排名居前五位，占比84.86%；进口额增幅排在前五位的为青海、内蒙古、宁夏、甘肃和河南，增幅分别为275.66%、165.18%、109.75%、102.20%和98.13%。其中，一般贸易161.5亿美元，增幅为19.98%，占比为60.30%，保税区仓储转口货物贸易占比为30.29%。

2019年，在华外资企业进口121.29亿美元，同比增长21.41%，占比为45.28%；民营企业进口103.06亿美元，同比增长22.73%，占比为38.48%。在核心零部件、高端制造装备和产品检测等方面在华外资企业技术领先，这些也是它们盈利的关键点。比如通用电气公司（GE）在CT人工智能自动测试、手术机柔性自动线、以SPO为代表的信息交互管理系统，以及闪烁体、平板探测器、滑环等方面保持世界领先。反观国内企业，尚需进一步加强创新驱动发展来减缓或替代进口。

（二）出口增势彰显中国制造能力

2019年，我国医疗器械出口287.02亿美元，同比增长21.46%，高于上年12个百分点。其中，美国、日本、中国香港、德国和英国排在出口市场前五位，占比48.83%（见表3）。增幅排在前五位的国家有波兰、比利时、马来西亚、新加坡和巴西，分别为54.42%、49.49%、38.05%、37.76%和27.75%。上述数据表明，2019年我国制造的器械产品在国际市场上的占有率进一步提升，医学影像类、体外诊断仪器与试剂类、医用敷料高分子耗材类及外科植入物、常规手术器械和中小型诊断治疗等产品成为优势产品。

我国企业在生产工艺、核心部件、关键技术、质量标准、应用示范等方面的持续投入使得自身综合竞争力有所提高，也推动了彩色超声、病人监护仪、DR和CT等中高端产品国际市场需求逐年提高；珠三角、长三角在产品外观设计、精密部件制造、软件优化等方面逐步形成产业集群新优势，为我国器械产业升级奠定了基础。

此外，在传统出口产品中，医用家具、医用高分子、卫生材料、卫生器具、手术器械、中低端医疗仪器、按摩保健器具等依然为主要产品，市场份额逐年上升。

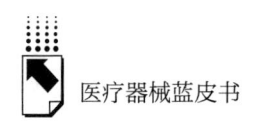

表3　2019年我国医疗器械主要出口市场情况

单位：亿美元，%

目的地	出口金额	同比增长	占比
全球	287.02	21.46	100
美国	77.48	20.43	26.99
日本	18.07	14.22	6.30
中国香港	17.46	26.14	6.08
德国	16.76	15.17	5.84
英国	10.38	20.27	3.62
韩国	9.12	27.10	3.18
印度	7.92	22.83	2.76
荷兰	7.83	10.09	2.73
澳大利亚	5.76	17.18	2.01
法国	5.54	22.57	1.93

2019年，广东、江苏、浙江、上海和福建等省市保持出口前五位，占比为75.5%。山西、青海、甘肃、内蒙古、吉林出口增幅较大，增幅分别为895.65%、815.73%、621.06%、446.44%和205.27%。

2019年，我国医疗器械一般贸易出口176.29亿美元，同比增长20.43%，占比61.42%，加工贸易占比为29.32%。在华三资企业出口124.53亿美元，同比增长14.87%，占比为43.39%；民营企业出口148.68亿美元，同比增长26.80%，占比51.80%。

二　新兴市场份额逐年提高

2019年，在共建"一带一路"国家和东盟市场、拉丁美洲市场我国医疗器械产品表现良好，这些地区业已成为国内企业开拓的新市场。

（一）对共建"一带一路"国家医疗器械贸易情况

2019年，我国对共建"一带一路"国家医疗器械贸易额为93.48亿美元。其中，进口额30.28亿美元，同比增长34.73%，出口额63.20亿美元，同比增长27.34%。

1. 进口方面

2019年，在共建"一带一路"国家中，我国主要从新加坡、以色列、马来西亚、捷克和泰国等进口，占比为78.92%（见表4）。主要进口产品包括血细胞分析仪、生化分析仪、免疫分析仪、染色体光谱分析系统、PCR仪、基因分析仪、血液气体分析仪、光学射线仪器及起搏器、耗材等。上海、广东、北京、江苏和河南等为主要进口省市，进口24.18亿美元，占比79.85%。在华三资企业进口15.27亿美元，占比50.43%；民营企业进口10.26亿美元，占比33.88%；国有企业占比15.56%。

表4 2019年我国从共建"一带一路"国家主要市场进口情况

单位：亿美元，%

来源地	进口金额	同比增长	占比
"一带一路"沿线国家	30.28	34.73	100
新加坡	10.56	72.49	34.87
以色列	4.55	24.44	15.03
马来西亚	3.76	10.95	12.42
捷克	2.93	33.98	9.67
泰国	2.09	30.12	6.9

2. 出口方面

2019年，在共建"一带一路"国家中，我国医疗器械主要出口印度、俄罗斯、越南、新加坡和马来西亚等市场，占比为39.27%（见表5）。对波兰、泰国出口增幅较大，增幅分别为54.42%和40.29%。主要出口产品有输注类、导管类、卫生器具、中小型仪器、按摩器具和医用家具等。广东、浙江、江苏、上海和山东等为主要出口省市，出口40.08亿美元，占比为63.42%。在华三资企业出口17.41亿美元，占比27.55%；民营企业出口42.19亿美元，占比66.76%。

表5 2019年我国对共建"一带一路"国家主要市场出口情况

单位：亿美元，%

目的地	出口金额	同比增长	占比
"一带一路"沿线国家	63.2	27.34	100
印度	7.92	22.83	12.53
俄罗斯	5.14	37.58	8.13
越南	4.05	21.73	6.4
新加坡	4.02	37.76	6.36
马来西亚	3.70	38.05	5.85

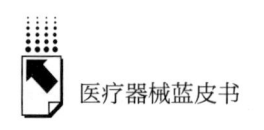

近年来,我国医疗器械企业开拓共建"一带一路"国家市场的意愿明显增强,产品品质和均一性进一步获得认可,投融资并购比较活跃,比2018年(49.63亿美元)提高12%。

(二)对东盟国家医疗器械贸易情况

自2010年我国与东盟签署自贸区协定以来,国内企业与东盟之间的贸易额逐年增长。签署当年,我国与东盟医疗器械贸易额增长27%。之后我国与东盟自贸区又签署了新的升级版协定,十年间我国企业开拓东盟市场的热情不断增加。2019年,我国对东盟国家医疗器械贸易额达到39.89亿美元。其中,进口额18.54亿美元,同比增长42.25%,出口额21.35亿美元,同比增长27.11%。

1. 进口方面

2019年,在东盟国家中,我国主要从新加坡、马来西亚、泰国、越南和印度尼西亚等进口医疗器械,进口额合计占比为99.27%。进口主要产品为各类分析仪、残疾用器具、光学射线仪器及起搏器、耗材等。上海、广东、河南、北京和江苏为主要进口省市,进口15.74亿美元,占比84.9%(见表6)。在华三资企业进口10.82亿美元,占比58.36%;民营企业进口6.05亿美元,占比32.63%。

表6 2019年我国主要省市从东盟国家进口情况

单位:亿美元,%

序号	主要省市	进口金额	同比增长	占比
1	上海	7.75	32.95	41.80
2	广东	2.81	50.61	15.16
3	河南	1.99	3269.31	10.73
4	北京	1.94	4.98	10.46
5	江苏	1.25	-2.24	6.74

2. 出口方面

2019年,我国对东盟国家出口医疗器械,以越南、新加坡、马来西亚、印度尼西亚和泰国等为主,对这5个国家的出口占对东盟国家出口额比重为83.77%。其中,老挝增幅最大,为113.9%。出口的主要产品有卫生器具、中小型仪器、按摩器具、医用家具和耗材等。广东、江苏、浙江、上海和广西等为主要出口省（区、市），出口15.75亿美元，占比73.77%（见表7）。在华三资企业出口5.91亿美元，占比27.68%；民营企业出口14.42亿美元，占比67.54%。

表7　2019年我国主要省市对东盟国家出口情况

单位：亿美元，%

序号	主要省市	出口金额	同比增长	占比
1	广东	5.92	19.94	27.73
2	江苏	3.24	39.54	15.18
3	浙江	3.00	29.07	14.05
4	上海	1.91	29.98	8.95
5	广西	1.68	10.37	7.87

（三）对拉丁美洲及加勒比地区医疗器械贸易情况

近年来，我国与拉丁美洲和加勒比地区对外贸易额逐年增加，该地区成为国内企业看好的新市场。2019年我国对拉丁美洲和加勒比地区医疗器械贸易额为34.14亿美元，其中，进口额16.55亿美元，同比增长32.88%，出口额17.59亿美元，同比增长23.43%。

1. 进口方面

2019年，我国主要从拉丁美洲及加勒比地区的墨西哥、哥斯达黎加、波多黎各、多米尼加和巴巴多斯等进口医疗器械，进口额达16.37亿美元，占比98.9%（见表8）。进口的主要产品有：导管插管类、矫形或骨折用器具、残疾人用器具、理化分析仪器及人体测温仪等。上海、广东、北京、江苏和浙江等为主要进口省市，进口16.12亿美元，占比97.4%。在华三资企业进口10.90亿美元，占比65.87%；民营企业进口4.60亿美元，占比27.8%；国有企业占比6.33%。

表8　2019年我国从拉丁美洲及加勒比地区主要市场进口情况

单位：万美元，%

序号	来源地	进口金额	同比增长	占比
1	墨西哥	112092.62	27.29	67.73
2	哥斯达黎加	31072.42	25.54	18.77
3	波多黎各	12244.24	352.04	7.4
4	多米尼加	6441.47	26.17	3.89
5	巴巴多斯	1827.66	-7.62	1.1

2. 出口方面

2019年，我国主要对拉丁美洲及加勒比地区的巴西、墨西哥、智利、哥伦比亚和委内瑞拉等出口医疗器械，出口12.12亿美元，占比68.9%（见表9）。出口的主要产品有：医用敷料、医用高分子耗材及彩超、诊断试剂等。广东、浙江、江苏、上海和北京等为主要出口省市，出口13.58亿美元，占比77.2%。在华三资企业出口5.59亿美元，占比31.78%；民营企业出口10.25亿美元，占比58.27%；国有企业占比9.84%。

表9　2019年我国对拉丁美洲及加勒比地区主要市场出口情况

单位：亿美元，%

序号	目的地	出口金额	同比增长	占比
1	巴西	5.22	27.75	29.67
2	墨西哥	2.45	24.3	13.93
3	智利	1.72	16.83	9.78
4	哥伦比亚	1.48	24.58	8.41
5	委内瑞拉	1.25	134.73	7.11

拉丁美洲及加勒比地区的市场机遇较多，我国对其贸易额逐年增长，年增长率近20%。随着该地区经济的发展，其民生产品监管模式因仿照欧美日发达国家和地区而趋严，准入门槛增高，导致国内企业进入难度增大。例如，巴西要求所有仿制药在ANVISA认可的当地机构进行BE试验，而且巴西本土制药企业能力强，导致国内企业的进入难度加大。但是，巴西正在削减医疗支出，鼓励增加供应商，而在其现有招标体系中，很多生物制品由韩国和欧洲供应，价格较高，所以该国希望通过中国供应商降低成本。阿根廷只接受欧美产品，国内产品很难进入。哥伦比亚只接受在欧美日和加拿大等国家和地区注册的产品，并且对这些国家和地区的产品可豁免检查，但对来自其他地区的产品要求较高[①]。

[①] 王宝亭、耿鸿武、于清明：《中国医疗器械行业发展报告（2019）》，社会科学文献出版社，2019，第124~125页。

三 2020年我国医疗器械对外贸易展望

2020年，新冠肺炎疫情对各国公共卫生治理提出了新挑战，随着经济活动受限、供应链局部或区域受阻，全球制造业竞争格局将发生重大调整。世界经济增长或复苏必须避免实施出口管制、设立关税和非关税壁垒，取消任何对基本商品尤其是医疗用品的贸易限制措施[1]。

尽管我国受新冠肺炎疫情影响较大，但我国政府不断加大改革力度，尤其在贸易领域出台提高贸易便利化水平的新政策，对进一步优化营商环境起到促进作用，进入吸引外资、扩大投资、全方位开放新的阶段，为对外贸易高质量发展打下了坚实的基础。而且，为了应对未来不确定的新危机，我国势必要不断调整升级产业结构，进一步优化产业链布局，持续发挥集群效应，扩大技术创新投入，对制造工艺改进及新材料广泛应用、"卡脖子"的关键零部件集成攻关给予大力扶持，引导企业在产品创新设计、智能制造和大数据服务方面对标国际市场，引导企业从单纯商品贸易向技术输出合作、投融资并购合作和中国标准认可合作转变。此外，随着国内医疗技术能力国际化，企业逐渐能为相应国家的医疗服务提供全方位解决方案，这有助于我国产品贸易及技术服务在全球价值链中的作用逐步显现并稳中有升，形成一批世界级制造业企业，实现从"成本依赖型"向"智能制造型"转变，也有助于我国解决国际分工地位偏低、品牌全球竞争力不足、产业内部结构不优、与外部融合不强等问题[2]。

2019年，尽管我国医疗器械对外贸易继续保持上升态势，但是企业在发展过程中仍然面临一些困难。2020年，受到新冠肺炎疫情、中美贸易摩擦等方面因素影响，医疗器械企业发展将面临更多的挑战。

一是国际市场经济复苏乏力导致需求下降，全球购买力减弱，经济周期性调整成为影响我国医疗器械企业产品出口的主要因素之一。

二是单边贸易保护主义抬头促使个别国家或限制我国产品的输入，或提高

---

[1] https://www.360kuai.com/pc/9daa7ffd317a050c1?cota=3&kuai_so=1&sign=360_e39369d1&refer_scene=so_54.
[2] 金旭、边振珊、李刚：《2019形势与对策：中国对外经济贸易前沿问题探讨文集》，中国商务出版社，2020，第11~15页。

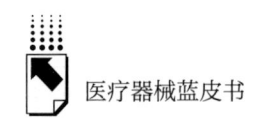

准入门槛和监管频率，使得企业出口成本增加。

三是因国外疫情态势严峻，我国防疫物资出口将持续"火暴"，但欧美等西方国家对口罩、防护服等产品的技术标准理解有所不同，导致很多中国企业受到一些别有用心的指责，这会对我国制造业的形象和声誉造成不良影响，需要企业高度重视。企业不仅要通过合同、协议等商业途径进行明确约定，更要加强和药监、行业组织等机构的沟通。

四是加大对医疗器械企业的政策支持力度。医疗器械生产企业大多规模小、实力弱，在创造市场价值的同时，也面临资金短缺、市场不确定、生产成本上升、产业效益不足等问题。为此，有关部门可以加大政策支持和引导力度，在信保、信贷、出口等方面提供优惠条件。

五是充分发挥行业协会商会的服务功能，协助企业发展。一方面，协会商会可加强与地方政府的合作，利用自身专业优势，为企业提供行业资讯、市场信息服务；另一方面，协会商会可组织企业参与国内外专业展会，提供国际注册、市场准入咨询等服务[①]。

新冠肺炎疫情对公共卫生管理和公共卫生相关医疗产品的发展提出了新挑战，这将引发国内抗疫药品、防疫耗材、消杀产品、诊疗检测设备及仪器的新一轮创新升级，进而为对外贸易提供更加优质的产品。在多方面国际合作的深化引导下，预计2020年我国医疗器械对外贸易将继续保持两位数的增长态势，全年医疗器械对外贸易有望超过600亿美元。

---

① 王宝亭、耿鸿武、于清明主编《中国医疗器械行业发展报告（2019）》，社会科学文献出版社，2019。

B.11
2019年我国医疗器械标记合规性问题分析报告

常佳 王美英*

摘 要： 统计发现，在产品抽查中发现的标识标签及说明书不合格的产品主要是有源类医疗器械，极少数一次性使用无菌产品也有类似问题，植入类医疗器械没有此类问题。在产品召回中发现的医疗器械标记不合规产品中，有源类医疗器械不合规问题尤为集中。2017~2019年，有源类医疗器械因标记不符合产品要求导致的产品召回数占该类召回总数的比例分别为100%、98.59%和78.26%。在细致分析导致上述合规性问题的原因的基础上，本文提出三条建议：①全面推行医疗器械唯一标识（UDI）系统；②提高有关医疗器械标记标准的通用性；③加强医疗器械设计开发和生产过程控制。

关键词： 医疗器械 标记 合规性

规范医疗器械制造商提供信息（包括医疗器械的标签、标识和提供信息的符号等标记），有利于消除医疗器械国际贸易技术壁垒、降低成本。在医疗器械标记中提供必要的安全信息，有利于提高医疗器械使用的安全性和可追溯性。

2014年10月1日，我国实施新版《医疗器械说明书和标签管理规定》（国家食品药品监督管理总局令第6号），以更好地规范医疗器械说明书、标

---

* 常佳，博士，北京国医械华光认证有限公司技术开发部人员；王美英，北京国医械华光认证有限公司标准室人员。

签等标记，明确说明书、标签等标记的开发和更改要求，确保医疗器械的安全使用。但医疗器械标记不合规仍是我国医疗器械产品抽查不合格的主要原因之一，以致在每期国家医疗器械抽查结果通告中，有关标识标签、说明书不合规情况都会被作为一个单独项目予以统计。本报告基于我国医疗器械说明书、标签等标记的合规性现状，探讨我国医疗器械生产企业在质量管理体系框架下如何提升医疗器械产品标记的合规性等相关问题。

一 我国医疗器械制造商提供信息的实施状况

《医疗器械 质量管理体系 用于法规的要求》（YY/T0287－2003/ISO13485：2003）明确医疗器械"标记"（labelling）为"书写、印刷或图示物"，可标贴在医疗器械或其包装箱、包装物上，或随附于医疗器械，是与医疗器械标识、技术说明或使用说明有关的资料。

《医疗器械 质量管理体系 用于法规的要求》（YY/T0287－2017/ISO13485：2016）对术语"标记"重新定义，使得标记的作用更加明确，将与医疗器械识别、技术说明、预期用途和正确使用有关的标签、说明书等信息都视为标记。这也进一步明确了医疗器械标记与法规、标准、风险等相关，其合规性也将直接影响产品的合规性。与医疗器械识别相关的信息包括医疗器械名称、规格型号、注册或备案证编号、注册人或备案人名称住所、生产企业名称住所等信息；有关技术说明的信息包括产品性能、主要结构组成或者成分等；与预期用途相关的信息包括适用范围、禁忌证等；与正确使用有关的信息包括使用说明、安装说明、备件更换说明、清洁消毒说明以及使用过程中必要的警示信息等。

近年来，我国医疗器械法规体系不断完善，相继出台了有关医疗器械命名规则、医疗器械唯一标识等方面的法规要求；产品上市前审批流程不断优化，不同产品审评指导原则不断完善，对产品预期使用可能的风险和安全性要求更加翔实、可实施，同时也对医疗器械说明书、标签等标记中有关安全警示和正确使用信息等提出明确要求；医疗器械标准化体系不断健全，等同转化或制定了与产品通用要求和安全性相关的标准，要求更多地使用标记、符号以快速、有效传达有关安全、存储、防护等警示信息，同时这些标记要求逐步与国际接轨；医疗器械风险管理水平不断提高，制造商风险意识增强。作为降低产品风险的措施之一,在标签、说明书等随附文件甚至产品本身添加安全警示或正确使用信息等,已被越来越多的制造商所接受和认可。

(一)产品抽查发现的有关标记的合规性问题

2017~2019年国家食品药品监督管理总局(国家药品监督管理局)发布的国家医疗器械抽查结果通告(其中2017年为国家医疗器械质量公告)相关数据见表1。从产品类别来看,在产品抽查中发现的标识、标签及说明书不合格的产品主要是有源类医疗器械,如无创自动测量血压计、半导体激光治疗机等,极少数一次性使用无菌产品也存在类似问题,如一次性使用输液器(带针),植入类医疗器械没有此类问题。这与有源类医疗器械产品种类繁多,不同产品标准对有关安全和性能的标识、标签及说明书的内容有不同要求相关。

表1 2017~2019年医疗器械产品抽查结果中有关标签、说明书不合格问题

年份	公布期数(期)	涉及生产企业数量(家)	涉及不合格产品批次(批次)
2017	27	78	97
2018	9	97	111
2019	7	37	39

资料来源:国家食品药品监督管理总局(国家药品监督管理局)。

(二)产品召回发现的有关标记的合规性问题

对2017~2019年国家食品药品监督管理总局(国家药品监督管理局)网站公布的在中国境内开展业务活动的企业发布的医疗器械产品召回信息整理发现,其中由标识、标签和说明书等标记不合规引发的产品召回的数据见表2。

表2 2017~2019年医疗器械产品召回信息中有关标记的信息

单位:例

年份	召回信息公布数量	有效信息数量	与标记有关有效信息数量
2017	795	530	84
2018	986	866	197
2019	576	456	106

资料来源:国家食品药品监督管理总局(国家药品监督管理局)。

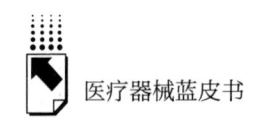

2017～2019年国家公布的医疗器械产品召回信息，从数量上看三年内没有明显变化趋势，有关标记的召回信息数量占总有效召回信息数量比例分别为15.85%、22.75%和23.25%，即在我国发布的医疗器械产品召回信息中约两成和产品的标记不合规相关，并基本呈现上升态势。

1. 标记不合规产品的召回分级

我国医疗器械召回分为三级。2017～2019年与医疗器械标记相关的召回分级信息详见图1，由医疗器械标记合规性问题导致的产品召回主要为三级，这是因为大部分标签、标识和说明书中随附信息错误不会影响产品正常使用或导致医疗器械错误使用。但有一种情况，当植入性医疗器械产品与外部包装标明的规格型号不同时，可能会引起医疗器械的错误使用，甚至引发不良事件，这种情况下可能会升级为二级召回。2017～2019年公布的与医疗器械标记相关的二级召回中，植入性医疗器械分别为4例、13例和9例；发生以上召回的原因主要为在产品包装过程中可能发生混批情况，或者包装标签打印错误等。除植入性医疗器械外，其他二级召回还发生在无菌医疗器械和试剂类医疗器械等产品中。

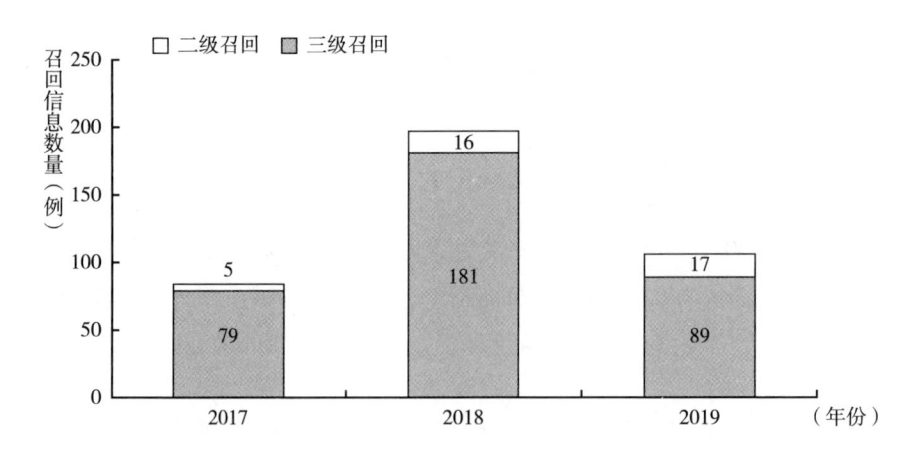

图1 2017～2019年与医疗器械标记相关的召回分级情况

资料来源：国家食品药品监督管理总局（国家药品监督管理局）。

2. 国产医疗器械与进口医疗器械召回数量对比

进口医疗器械的境外制造厂商在中国境内指定的代理人应按照法规要求对

在我国境内销售的产品主动发布相关的召回信息，即使本次召回可能不涉及销售至我国的产品也要发布相关信息。国产医疗器械产品召回信息发布的主体一般为医疗器械的生产企业。从图2中可以发现，在我国发布的和产品标记相关的医疗器械召回信息中，进口医疗器械与国产医疗器械数量相当，进口医疗器械数量略高于国产医疗器械。

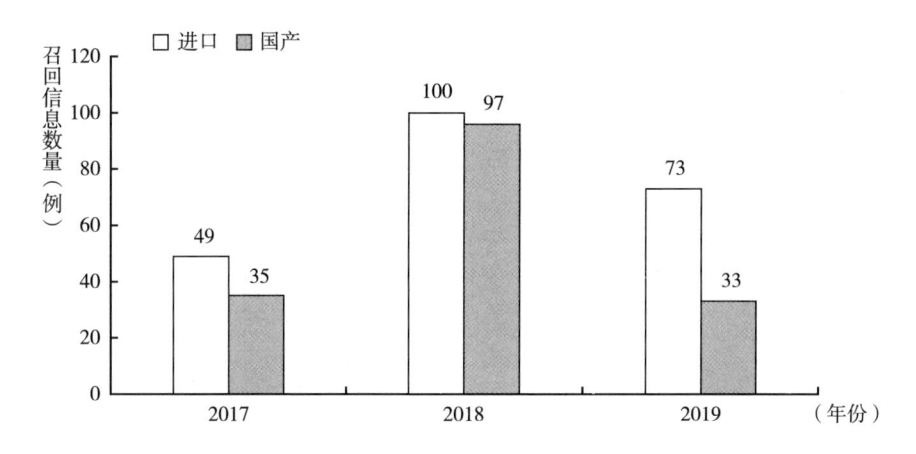

图2　2017~2019年进口与国产医疗器械召回信息数量对比

资料来源：国家食品药品监督管理总局（国家药品监督管理局）。

3. 标记不合规导致召回的具体情形

对在国家食品药品监督管理总局（国家药品监督管理局）网站上可识别的有效信息进行统计分析，可以发现，与医疗器械标记相关的产品召回的原因可分为以下几种：（1）不符合法规要求，如标签缺少必要的中文信息、延续或变更注册后未及时更新标记信息；（2）不符合产品标准要求，如未正确使用产品标准中规定标识或符号、说明书中缺少标准要求的安全信息；（3）缺少必要的安全提示或警示信息，如说明书中缺少对产品正确使用的提示信息；（4）产品与包装标签所示规格不一致，如混批或其他人为因素造成的标签错误；（5）其他不涉及法规或标准要求、不涉及产品安全的标记更改等。针对以上分类，对已识别出的与标记合规性相关的产品召回原因进行统计分析，结果如表3所示。

表3 与医疗器械标记相关的召回原因分布

年份	召回原因 分类	召回原因 总数	有源	无菌	植入性	IVD	其他
2017	（1）	39	14	8	1	12	4
	（2）	18	18	0	0	0	0
	（3）	6	4	1	0	1	0
	（4）	15	2	2	7	2	2
	（5）	6	0	0	1	3	2
2018	（1）	55	30	5	5	13	2
	（2）	71	70	0	0	1	0
	（3）	36	19	3	5	8	1
	（4）	25	3	5	17	0	0
	（5）	10	0	4	1	4	1
2019	（1）	31	18	5	3	5	0
	（2）	23	18	3	0	0	2
	（3）	17	8	2	0	5	2
	（4）	25	4	4	16	1	0
	（5）	10	1	2	0	7	0

注：表中分类（1）为不符合法规要求，（2）为不符合产品标准要求，（3）为缺少必要的安全提示或警示信息，（4）为产品与包装标签所示规格不一致，（5）为其他不涉及法规或标准要求、不涉及产品安全的标记更改等。

统计发现，医疗器械说明书、标签等标记不符合法规要求是引起产品召回的主要原因，2017～2019年其所占比例分别为46.43%、27.92%和29.25%。很多生产企业和进口代理商在对标签和说明书等进行开发时并没有充分考虑我国的法规要求，将语言、符号、计量单位等作为设计输入，这直接导致设计输出的标签或说明书等出现缺少中文说明、非公制计量单位等不符合法规要求的情况。或者在延续或变更注册后，未及时按照变更内容修改相关标记。生产企业应从产品的策划和设计开发过程彻底解决有关不符合法规要求的标记问题。

在统计过程中发现，有源类医疗器械标记不合规问题较多。2017～2019年，有源类医疗器械因标记不符合产品要求导致的产品召回数占该类召回总数的比例分别为100%、98.59%和78.26%。分析此类问题成因，主要是有源类医疗器械产品差别较大，不同产品适用的产品标准数量较多，在产品的设计开发过程中,生产企业未依据正确的标准或版本,采用了错误的符号或标识,或者未能识别标准对产品标记(标签、说明书等)的具体要求,如标示电子血压计的臂围要求等。医疗器械生产企业需密切关注医疗器械相关法规的修订变化,及时将标准要求转化为产品要求,加强标签、说明书等标记文件的合规评审。

越来越多的企业把产品说明书或者随附的安全提示或警示信息作为产品风险控制措施之一。对于已上市产品,企业会选择通过发布召回信息,向产品使用者提供涉及预期用途和正确使用的信息,如增加备用电池更换的说明、更正产品有效期时间等。从进口和国产医疗器械此项数据对比来看,进口医疗器械此项召回信息数量明显高于国产医疗器械,这是由于一些进口产品企业质量管理体系运行较好,在风险管理对上市后监督体系进行反馈过程中,触发机制灵敏,达到一定的风险等级或危害程度,即启动向监管机构报告程序,包括不良事件报告和产品召回等。而我国医疗器械企业,对于此类危害较小的、不影响产品使用的信息更改,不会选择通过产品召回的方式进行发布。

对于因产品与包装标签所示规格不一致导致的产品召回,其发生概率虽不是最高的,但是可能造成的危害等级却是最高的。从 2017~2019 年数据来看,此类召回信息中二级召回的数量占比超过 50%。有的企业在召回原因说明中指出"可能存在 7 个批次包装混批"的情况。生产企业应加强生产现场控制,做好生产包装后清场工作,加强包装过程检验。生产过程中混批或是将产品名称或规格型号打印错误,将直接导致产品的非预期使用或是错误使用,可能会导致延误治疗,甚至对患者造成更为严重的危害。

二 医疗器械标记不合规问题解决路径

(一)全面推行医疗器械唯一标识(UDI)系统

2017 年 2 月,国务院印发《"十三五"国家食品安全规划》和《"十三五"国家药品安全规划》,明确提出了"制定医疗器械编码规则,构建医疗器械编码体系"的要求,宣布我国将全面建设医疗器械 UDI 系统。全面推行 UDI 系统是一个系统性强、周期长的过程,我国目前也仅对部分高风险产品进行试点,在此期间生产企业或经营企业应做到提前布局,尽早熟悉并采用 UDI 编

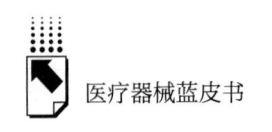

码规则,在企业进行信息化管理时考虑 UDI 系统可能的数据接口、电子数据交换等需求。

(二)提高有关医疗器械标记标准的通用性

不同医疗器械产品需使用的有关标记的标准有所不同(见表4)。由于这些标准是由不同的专业委员会所编写,因此在不同的标准中提供相同的安全或警示信息的符号不一致情况可能会出现,这可能会给使用标准编制标签、说明书的生产企业带来风险,更主要的是会造成医疗器械的使用者对不同标识理解错误进而可能产生风险。

表4 医疗器械标记相关的常用标准

标准号	标准名称
YY/T 0466.1	医疗器械用于医疗器械标签、标记和提供信息的符号 第1部分:通用要求
GB 9706.1	医用电气设备 第1部分:基本安全和基本性能的通用要求
GB/T 29791.1	体外诊断医疗器械制造商提供的信息(标示) 第1部分:术语、定义和通用要求
YY/T 0313	医用高分子产品包装和制造商提供信息的要求
GB 16174.1	手术植入物有源植入式医疗器械 第1部分 安全、标记和制造商所提供信息的通用要求
YY/T 0171	外科器械包装、标志和使用说明书

ISO/TC210 WG2 工作组(按质量原则对医疗器械应用的通用要求)正在起草 ISO 20417《医疗器械制造商提供信息》标准。该标准规定了医疗器械或附件上的标识和标签、包装、标记和随附信息的要求,目的是为其提供共同的、普遍适用的要求。这将有利于医疗器械生产企业在进行产品标识、标签、包装、随附信息等的设计开发中,更加全面地考虑产品风险和安全信息,有利于医疗器械使用者快速准确地理解安全警示符号含义,防止非预期使用或错误使用。

(三)加强医疗器械设计开发和生产过程控制

生产企业设计开发和制造医疗器械标记,也承担标记合规性的主体责任。生产企业应该在设计开发、风险管理、生产等过程中加强有关产品标记控制管理。制定由专人或部门定期收集法规和标准的要求，并识别其中与产品标记相关的要求，将其作为新产品开发或上市产品改进的要求；加强设计更改实施策划，对可能发生有关标记的更改做到提前策划，即时实施，避免延续注册或变更注册后使用原来的标记；加强标记生产过程和包装过程控制，可通过采用在线监测等方式，对每个生产环节中可能生成或贴附的标签进行核验，防止产品与标记不一致问题的发生。

综上所述，医疗器械标记作为医疗器械产品的重要组成部分，承担着标示产品和生产信息、满足可追溯要求、提供必要的安全和警示信息等作用，其重要性不言而喻。随着生产企业和使用者对医疗器械标记的重视程度的提高，我国医疗器械标记合规率将会有较大提升。我国全面推行 UDI 系统并提高有关医疗器械标记标准的通用性，将对提升医疗器械标记合规性有巨大助益。

B.12
2019年我国医疗器械检验检测能力分析与展望

李静莉　李海宁　苑富强*

摘　要： 医疗器械检验包括上市前注册检验、上市后日常监管及监督抽检等，为保证人民群众的用械安全起到了重要的作用。本文通过梳理全国医疗器械检验机构历史沿革，结合国家药品监督管理局批复的医疗器械"国家重点实验室"的有关情况，对全国医疗器械检验体系的检验能力进行了综合性的介绍，包括全国检验机构的发展历史以及各检验机构的人员配备、基础设施配备、所具有的技术优势、科研情况等。尽可能地展现药监体系外的医疗器械检验机构发展现状，力争对我国医疗器械检验能力做出详尽的说明。本文针对医疗器械技术和行业的高速发展，对检验机构未来的发展方向进行了展望，以期为我国科学合理地建设医疗器械检验体系，帮助现有检验机构健康发展提供参考。

关键词： 医疗器械　检验检测能力　检验机构

医疗器械是一类多学科交叉、知识密集的高科技产品，在医疗诊断、治疗、防护等方面起到越来越重要的作用。特别是作为使用于人体的特殊商品，医疗器械的安全、有效性直接关系生命安全。医疗器械检验是验证产品安全有

---

* 李静莉，中国食品药品检定研究院医疗器械检定所所长，主任药师；李海宁，中国食品药品检定研究院副主任技师；苑富强，中国食品药品检定研究院副主任药师。

效性的有力保障之一，其在医疗器械全生命周期的监管中发挥着重要的作用。

早在 2000 年版的《医疗器械监督管理条例》中就规定了国家对医疗器械检验机构实行资格认可制度。而在 2017 年版《医疗器械监督管理条例》（国务院令 680 号）中也规定"医疗器械检验机构资质认定工作按照国家有关规定实行统一管理。经国务院认证认可监督管理部门会同国务院食品药品监督管理部门认定的检验机构，方可对医疗器械实施检验"。同时《医疗器械注册管理办法》《医疗器械检验机构开展医疗器械产品技术要求预评价工作规定》《医疗器械临床试验质量管理规范》《医疗器械不良事件监测和再评价管理办法》《医疗器械质量监督抽查检验管理规定》等都有涉及检验报告的相关内容，对具有检验资质的医疗器械检验机构赋予了法律地位。

经过二十余年的持续建设，我国已经建立了覆盖全国的医疗器械检验检测体系，在服务监管和帮扶企业方面发挥了重要的技术支撑作用。医疗器械行业近年来快速发展，已成为全球关注的朝阳产业，创新产品层出不穷，对医疗器械检验机构的要求也越来越高，检验能力和检验方法是否能够跟上技术的发展，成为创新医疗器械产品能否迅速上市、人民群众能否及时使用的一个重要影响因素。

近年来，医疗器械检验检测体系不断完善。各检验机构严格落实习近平总书记"四个最严"的要求，通过国家扶持和自身努力，在圆满完成日常检验工作的同时，还依靠自身技术优势，结合各地产业发展特点，在标准制修订、标准物质的研制、检验方法的研究和检验平台的创新等方面加大投入力度，以更好地适应医疗器械产品日新月异的变化。同时，采取提前介入、全程跟踪的方式，帮助企业生产的创新产品合法、合规，加强医疗器械国产化、产业化进程，为解决我国医疗器械"卡脖子"问题提供了技术服务。

在服务国家监管方面，除加强日常的技术支持外，各检验机构还根据医疗器械监管需求，结合医疗器械发展特点，科学全面地对医疗器械进行上市前和上市后风险和质量控制研究。中国食品检定研究院等 7 家医疗器械检验机构还作为依托单位获国家药监局批复，成立了第一批医疗器械领域的重点实验室，以期为监管工作提供全面系统的技术支撑，解决医疗器械上市前和上市后监管的关键性、前瞻性和战略性的技术问题。

本文通过对各检验机构信息的收集、整理，详尽介绍了 2019 年医疗器械检验机构的相关情况，并对其未来的发展方向进行了展望，以期使读者加深对我国医疗器械检验检测工作的了解，更好地服务于国家监管，促进产业发展，促进创新型社会建设。

一 我国医疗器械检验检测体系历史沿革

2000年版《医疗器械监督管理条例》规定了国家对医疗器械检验机构实行资格认可制度。为了满足医疗器械注册检验工作以及日常监管工作需要，原国家医药管理局委托10家检验机构承担全国医疗器械产品注册检验工作任务，即中国食品药品检定研究院（以下简称中检院）、北京市医疗器械检验所、北京大学口腔医学院口腔医疗器械检验中心、辽宁省医疗器械检验检测院、上海市医疗器械检测所、广东省医疗器械质量监督检验所、湖北省医疗器械质量监督检验研究院、浙江省医疗器械检验研究院、山东省医疗器械产品质量检验中心、天津市医疗器械质量监督检验中心。2003年，《医疗器械检验机构资格认可办法（试行）》颁布后，全国陆续建立53家医疗器械检验机构，并通过国家食药监总局的资格认可。2014年版《医疗器械监督管理条例》规定"经国务院认证认可监督管理部门会同国务院食品药品监督管理部门认定的检验机构，方可对医疗器械实施检验"。当前，医疗器械检验机构的资格认可工作主要由国家认证认可监督管理委员会承担，截至2019年12月31日，共有40家机构通过了国家认证认可监督管理委员会的资格认可。其中，药监系统内的检验机构有33家，系统外的检验机构有7家（见表1）。

表1 通过国家认证认可监督管理委员资格认可的检验机构

检验机构名称	检验机构名称	检验机构名称
中国食品药品检定研究院（中检院）	北京市医疗器械检验所（北京所）	天津市医疗器械质量监督检验中心（天津中心）
辽宁省医疗器械检验检测院（辽宁院）	上海市医疗器械检测所（上海所）	浙江省医疗器械检验研究院（浙江院）
山东省医疗器械产品质量检验中心	湖北省医疗器械质量监督检验研究院（湖北院）	广东省医疗器械质量监督检验所（广东所）
河北省医疗器械与药品包装材料检验研究院	山西省医疗器械检测中心	福建省医疗器械与药品包装材料检验所

续表

检验机构名称	检验机构名称	检验机构名称
江苏省医疗器械检验所（江苏所）	安徽省食品药品检验研究院	吉林省医疗器械检验所
江西省医疗器械检测中心	河南省医疗器械检验所（河南所）	湖南省医疗器械检验检测所（湖南所）
广西壮族自治区医疗器械检测中心（广西中心）	重庆医疗器械质量检验中心	四川省食品药品检验检测院（四川省医疗器械检测中心）（四川院）
贵州省医疗器械检测中心	云南省医疗器械检验研究院	陕西省医疗器械质量监督检验院
甘肃省医疗器械检验检测所	内蒙古自治区医疗器械检测中心	黑龙江省药品检验研究中心
海南省医疗器械检测所	上海生物材料研究测试中心	青海省药品检验检测院
宁夏药品检验研究院	新疆维吾尔自治区药品检验研究院	深圳市医疗器械检测中心（深圳中心）
北京大学口腔医学院口腔医疗器械检验中心	国家康复辅具研究中心康复辅具质量监督检验中心	国家卫生计生委药具质量监测中心
四川医疗器械生物材料和制品检验中心	西藏自治区食品药品检验研究院（西藏自治区医疗器械检测中心）	中国化工株洲橡胶研究设计院有限公司
河南省电子信息产品质量监督检验院（河南电子检验院）		

注：括号内为机构简称。

二 我国医疗器械检验机构概况

（一）地域分布

经过多年的发展，各省区市基本都建立了医疗器械检验机构，形成了比较完善的检验检测体系。医疗器械检验机构与属地的医疗器械产业发展密切相关，产业发达的地区检验机构的数量也相应较多，比如环渤海、长三角和珠三角地区。另外，江苏、广东、浙江等省份的检验机构还设有分支机构或者分部。

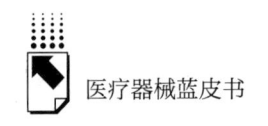

（二）行政隶属关系

40家医疗器械检验机构中，中国食品药品检定研究院隶属于国家药品监督管理局；有32家隶属于（副）省级药品（市场）监督部门，占总数的80%。同时隶属于高校的检验机构有3家，隶属于省级工业和信息化部门的检验机构有1家，隶属于民政部和卫健委的各1家，隶属于国企的有1家。

（三）人员配备情况

40家医疗器械检验机构中，共有医疗器械从业人员3476人，其中在编人员1838人，占人员总数的52.9%。专业从事检验业务的人员约2372人，占人员总数的68.2%。

学历方面，本科学历1790人，占比51.5%；硕士学历1097人，占比31.5%；博士学历117人，占比3.4%；本科以下学历472人，占比13.6%。

职称方面，高级职称687人，占在编人员总数的19.8%；中级职称1062人，占在编人数的30.6%；中级以下职称1727人，占比49.7%。

经过多年的人才培养，检验机构在人员梯队建设方面取得了很大的成绩，机构人员具有相当高的学历和丰富的工作经验。

（四）基础设施情况

我国医疗器械检验机构用房总面积约33.3万平方米，实验室面积达到了26.4万平方米。拥有实验设备3.3万台套，设备总价值达到29亿元。100万元以上的设备约351台套。同时，有15家检验机构建立了电磁兼容实验室，其中中检院、辽宁院、北京所、上海所、江苏所、浙江院、广东所和河南电子检验院等8家检验机构同时具有3米法和10米法的电磁兼容实验室；天津中心和湖北院2家单位具有10米法的电磁兼容实验室；湖南所、四川院、河南所、广西中心及深圳中心5家检验机构具有3米法的电磁兼容实验室。近些年医疗器械检验机构加快了实验室的建设步伐，业务用房面积和仪器设备都得到了很大的改善。

（五）医疗器械检验机构检验情况

2019年全年共出具医疗器械各类检验报告102013份，其中注册检验23524

份；合同（委托）检验48280份；监督抽检24168份；其他检验6041份（见表2）；此外，共有13家机构承担了创新医疗器械产品的检验工作，共出具检验报告135份，其中三类产品95份，占比70.4%；二类产品40份，占比29.6%。

表2 医疗器械检验机构检验情况

单位：份，%

类别	总数	注册检验	合同(委托)检验	监督抽检	其他检验
数目	102013	23524	48280	24168	6041
占比	100	23.1	47.3	23.7	5.9

资料来源：根据公共信息整理。

（六）2019年检验机构科研情况

1. 科研课题研究情况

40家医疗器械检验机构中共有23家机构主持和参与了国家级、省部级课题，共计312个，科研经费达到17430.95万元。其中国家级课题140个，占44.9%；省市级课题172个，占55.1%。发表文章232篇、出版了7本专著，获专利54个。

2. 国家药监局首批重点实验室建设情况

2019年7月11日，国家药监局认定了首批重点实验室，其中医疗器械检验领域共有7家检验机构获批成立8个重点实验室。其中，以中检院作为依托单位的"医疗器械质量研究与评价重点实验室"是我国唯一的综合性重点实验室，重点在前沿技术领域，如人工智能器械、医用机器人、有源植入物、放疗影像设备、中医及康复医疗器械质控、医用增材制造、组织工程和再生医学、辅助生殖、动物源性产品、有害残留物及风险评估、医疗器械临床前大动物实验、重大传染病诊断试剂（艾滋、肝炎、结核、冠状病毒）、重大慢性病诊断试剂、即时检验类体外诊断试剂产品、精准医疗相关体外诊断试剂领域、体外诊断试剂标物研制等16个领域开展检验方法、检验平台、标准和标准物质等质量评价工作，涵盖了有源医疗器械、无源医疗器械、体外诊断试剂等所有的医疗器械领域。其他7个重点实验室也在各自领域开展了相关的检验平台、标准等研究工作（见表3）。

表3 国家药监局首批重点实验室名单

序号	实验室名称	依托单位
1	医疗器械质量研究与评价重点实验室	中国食品药品检定研究院
2	体外循环器械重点实验室	广东省医疗器械质量监督检验所
3	医用电气设备重点实验室	上海市医疗器械检测所
4	呼吸麻醉设备重点实验室	上海市医疗器械检测所
5	生物医学光学重点实验室	浙江省医疗器械检验研究院
6	生物材料器械安全性评价重点实验室	山东省医疗器械产品质量检验中心
7	口腔材料重点实验室	北京大学
8	医用数字成像设备重点实验室	辽宁省检验检测认证中心

据统计，7家重点实验室依托单位共发出各类检验报告45446份，约占44.5%。其中创新检验报告57份，占创新检验报告总数的42.2%；承担了141项课题的研究工作，占课题总数的45.2%。可见，7家重点实验室依托单位承担了大量检验工作和科研课题的研究工作，起到了很好的引领作用。

3. 医疗器械标准制修订情况

医疗器械产品技术要求是开展注册检验的重要依据，是注册申请人依据强制性或推荐性国家标准、行业标准制定的。目前检验机构下的各医疗器械标准技术委员会或归口单位作为组织起草机构，已发布医疗器械国家标准1481项。

表4 医疗器械标准技术委员会及归口单位

检验机构名称	技术委员会和归口单位数量	技术领域
中检院	6	组织工程,纳米医疗器械生物学评价,辅助生殖医疗器械产品,医用增材制造技术标准化技术,全国人工智能医疗器械标准化技术,医用机器人标准化技术
上海市医疗器械检测所	7	医用注射器,麻醉和呼吸设备,计划生育器械,外科器械,医用电器,医用电子仪器,有源植入物
北京市医疗器械检验所	4	医用临床检验实验室和体外诊断系统,放射治疗、核医学和放射剂量学设备,测量、控制和实验室电器设备,医用生物防护产品

续表

检验机构名称	技委会和归口单位数量	技术领域
天津市医疗器械质量监督检验中心	4	外科植入物和矫形器械,物理治疗设备,骨科植入物,心血管植入物
广东省医疗器械质量监督检验所	3	齿科设备与器械,医用体外循环设备,消毒技术与设备
山东省医疗器械产品质量检验中心	3	医用输液器具,生物学评价,医用卫生材料及敷料标准化技术
浙江省医疗器械检验研究院	1	医用光学仪器
湖北省医疗器械质量监督检验研究院	1	医用超声设备
辽宁省医疗器械检验检测院	1	医用X射线设备及用具
北京大学口腔医学院口腔医疗器械检验中心	1	口腔材料和器械设备
江苏省医疗器械检验所	1	全国医用电声设备标准化技术

三 医疗器械检验检测机构建设展望

医疗器械产品涵盖医用高分子材料、组织工程、辅助生殖、增材制造、生物源性医疗器械及药械组合产品和医用机器人、人工智能、有源植入类医疗器械等,技术含量、利润相对较高,成为全球各大企业竞相争夺的焦点。我国经济正处于快速发展的历史机遇期,我国检验检测事业同样也处于发展的黄金时期,如何提升检验能力,以适应产业的迅速发展,提升服务国家监管的能力是医疗器械检验机构需要面对的挑战。

(一)应对创新医疗器械快速发展的需要

当前,我国正处于建设创新型国家的历史时期,对科技创新和体制机制创新的需求越来越高,也越来越迫切。而不断创新医疗器械检验检测技术和机制,是"完善国家创新体系"的一部分。

1. 制度创新

根据《关于深化审评审批制度改革鼓励药品医疗器械创新的意见》(厅字

〔2017〕42号)的要求,为满足创新医疗器械快速检验的需要,应完善相关制度,采取早期介入、专人负责、科学检验,标准不降低,程序不减少,优先办理等措施。

2. 观念创新

目前,我国医疗器械产业发展不均衡,造成了检验机构发展能力有强有弱,这就要求检验机构建设转变思路,从原有的检验机构投入大、力求广而全的理念转变为依从产业发展和监管需要,科学配置,合理整合资源,各有侧重,提高效率。此外,医疗器械是一个多领域、多技术融合的复杂产业,涉及门类众多,没有任何一家检验机构能够检验全部种类的医疗器械产品。这就要求加强体系内合作,实现知识、技术、信息的互联互通,在体系内盘活软实力,促进产业发展,解决创新产品产业化问题、"卡脖子"问题以及国产替代问题。

3. 技术创新

面对层出不穷的创新技术,检验机构需要跟上技术发展的节奏,快速提高检验能力,研究检验方法。人才是第一资源,是提升检验能力的根本。检验机构只有进一步培育育才、引才、聚才、用才的良好环境,才能在日趋激烈的竞争中掌握主动。

4. 政策创新

目前,国家已经对科研院所出台了一系列的政策,涉及人才培养、经费使用、设备采购自主权等,但目前的检验机构皆属于事业单位,不属于科研院所,一些政策限制了其发展。建议国家建立医疗器械检验机构人才引进机制与激励机制,放开经费使用、设备采购等限制,允许采用专利转让、成果转让激励机制,鼓励科研创新。

(二)进一步强化现有医疗器械检验检测体系架构

依据《关于加强食品药品检验检测体系建设的指导意见》(食药监科〔2015〕11号)要求,对医疗器械检验检测体系进行总体规划。以一个国家级中心为龙头,在省级产业发展及现有检验能力的基础上,统筹布局不同层级、不同类别、不同区域的检验检测资源,以突出技术升级为建设重点,补强薄弱环节,服务产业创新发展,全面提升医疗器械检验检测能力。同时,联合国家药监局重点实验室和医疗器械标准化（分）技术委员会归口单位，统筹规划各机构的业务优势和重点发展方向。在国家层面，各个检验机构作为一个整体，可以全面覆盖各个学科领域。同时，每个领域和专业方向应至少使2~3个机构具有检测能力，形成互为补充、互为协调、良性竞争的机制。主要布局规划可依据三个层次展开。

一是中检院作为国家级检验机构，建立一个涵盖无源医疗器械、有源医疗器械和体外诊断试剂三大技术领域的综合性检验机构，主要侧重于高风险、前沿技术领域产品检验，包括组织工程和组织诱导性生物材料、大动物实验平台、新型医用材料、医用增材制造技术、人类辅助生殖技术、无源植入物医疗器械产品和人工智能医疗器械、医用机器人器械、有源植入医疗器械、医用软件、粒子/重离子放疗系统等有源医疗器械产品以及重大传染病体外诊断试剂、精准医疗和标准物质等。

二是各医疗器械标准化（分）技术委员会挂靠的省级检验机构，主要侧重于标准化技术委员会归口领域，同时考虑本地区医疗器械产业发展和科研院所对前沿技术的研发方向，结合国家和省级监管需求进行重点布局，以支撑国家发展和监管大局。

三是其他省级医疗器械检验机构主要侧重于适应本省发展战略需要，结合本省产业发展现状和科研院所对前沿技术的研发方向，结合国家和省级监管需求进行重点布局，以支撑国家发展和监管大局。

我国医疗器械检验检测机构的布局，既要符合国家政策和发展战略，又要能更加科学合理地满足产业发展需要、科学技术发展需要和国家监管需要，为最终满足人民用械安全有效提供保障。

（三）强化产学研检各机构相融合，完善检验体系

检验机构要贯彻十九大报告"深化科技体制改革，建立以企业为主体、市场为导向、产学研深度融合的技术创新体系，加强对中小企业创新的支持，促进科技成果转化"精神，强化与生产企业、科研院所之间的融合，充分利用它们在关键技术基础研究方面的优势，形成合力，创新检验方法和检验设备，提升检验能力。同时在强化自身能力的同时，以第三方检验机构为补充，不断适应医疗器械产业的高速发展。

（四）加强重点实验室建设和规划

一是强化 8 个重点实验室建设方案和总体发展规划，健全重点实验室运行管理制度体系，根据本领域的需求开展关键性技术研究，搭建检验检测技术平台、积极探索科研合作机制、组织开展医疗器械监管领域高水平的基础研究和应用研究、聚集和培养优秀人才、促进科技成果转化、进一步带动医疗器械检验检测水平和技术能力提升。

二是鼓励有专业技术优势的检验机构申报第二批重点实验室。不断提升全系统检验机构基础研究技术能力和监管水平。

（五）制定检验机构综合评价机制

医疗器械作为特殊的商品，关系着人民群众的生命健康，检验机构作为验证医疗器械安全有效的重要部门，其检验的规范性和合规性是保障医疗器械安全有效的基础。由于检验机构越来越多，机构检验水平必然会出现参差不齐的现象。这就需要采取监督评价机制，由国家药品监督管理局对医疗器械检验机构组织开展能力评价工作，通过制定年度评价工作计划和实施方案，采取多种形式对检验机构能力进行评价，如组织专家开展能力验证、实验室比对，开展专项检验、日常检验等飞行检查，以综合评价等形式进行督查，以保证检验机构的检验能力，确保检验机构能合规有序地开展检验工作。

B.13 2019年我国医疗器械临床试验质量问题分析

张黎 李剑 邹燕琴[*]

摘　要： 2019年是医疗器械临床试验快速发展的一年。从监管层面看，国家药品监督管理局持续完善医疗器械临床试验相关法规体系，连续发布一系列医疗器械临床试验相关技术指导原则，强化临床试验各环节的监管，促使医疗器械注册申请及批准数量持续增加；从机构层面看，临床试验机构备案制正式实施，医疗器械临床试验机构数量激增，推进了医疗器械临床试验的开展；从质量层面看，申办方加大了对资金和人员的投入，医疗研究机构加强了对研究和管理人员的培训，临床试验的水平及质量得到一定程度的提升；从结果层面看，高质量临床试验推动更多的创新医疗器械产品上市，医疗器械领域的整体研发态势不断向好的方向快速发展。但仍存在真实性存疑和规范性不足等问题，未来仍然需要从强化项目监管、加强人员培训、加大各方投入等方面持续改进提升。

关键词： 医疗器械　临床试验　质量管理

---

[*] 张黎，博士，海军军医大学第一附属医院药物临床试验机构办公室主任，研究员；李剑，博士，南昌大学第二附属医院药物临床试验机构办公室主任，研究员，教授；邹燕琴，中山大学孙逸仙纪念医院药物临床试验机构办公室主任，副研究员。

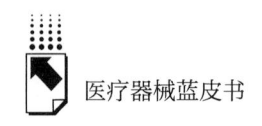

2019年，随着国家医疗器械审评审批制度改革的稳步推进，医疗器械临床试验机构备案制正式实施，医疗器械临床试验监督检查持续开展，监管科学研究积极推进，使得临床试验质量不断提高，医疗器械注册申请及批准数量持续增加，医疗器械领域的创新研发和产业发展持续保持活跃的态势。国家药品监督管理局（以下简称国家局）坚持风险管理，强化责任落实，智慧监管初见成效。本文就2019年我国医疗器械临床试验在监管以及质量管理等方面存在的问题进行介绍和分析，并探讨进一步提高临床试验质量的举措，为参与医疗器械研发的各方提供一定的参考。

一 2019年我国医疗器械临床试验的监管情况

（一）我国医疗器械监管法规体系和标准体系持续完善

国家局进一步完善医疗器械监管法规体系，推进《医疗器械监督管理条例》和医疗器械技术审查指导原则制修订，发布了包括《定制式医疗器械监督管理规定（试行）》以及《医疗器械附条件批准上市指导原则》在内的共计57项医疗器械技术审查指导原则[1]，各级药品监督管理部门有了统一的标准，审评审批水平得到了明显提升。

国家局持续健全医疗器械标准体系，发布医疗器械相关的重要通告20项、主要公告7项、重要通知31项，发布行业标准72项。标准制修订项目共计下发108项，其中：国家标准15项，行业标准93项。截至2019年12月31日，现行有效的医疗器械标准共计1671项，其中包括国家标准220项以及行业标准1451项，我国医疗器械的标准与国际标准的一致性已达到90%以上[2]。医疗器械标准日趋精细化和国际化。

（二）医疗器械注册申请及批准数量持续增长

2019年全年，国家局总计受理了9104项医疗器械注册项目，其中包括医

---

[1] 国家局官网。
[2] 国家局《2019年度医疗器械注册工作报告》（数据统计自2019年1月1日至2019年12月31日），2020年3月17日发布。

疗器械的首次注册、延续注册和许可事项变更注册，同比增长37.8%。按境内外分类，境内第三类医疗器械注册申请受理了3511项，进口医疗器械注册申请受理了5593项。

2019年全年，国家局总计批准了8471项医疗器械注册项目，其中包括医疗器械首次注册、延续注册和许可事项变更注册，同比上升53.2%。其中批准的进口医疗器械为5292项，批准的境内第三类医疗器械注册为3179项，较2018年相比分别上升了86.0%和38.6%。

（三）医疗器械临床试验监督检查持续开展

1. 国家局网站公布的医疗器械临床试验监督检查情况

2019年国家局照例开展了对医疗器械临床试验的年度监督检查工作。对20个医疗器械临床试验项目，分两批次进行了监督检查；另外，对16个注册项目进行了临床试验样本真实性延伸检查。国家局公告显示，1个基因检测试剂盒项目在某医院开展的临床试验中存在真实性问题，申请项目不予注册，并自不予注册之日起一年内不予再次受理。自2016年以来，医疗器械临床试验监督抽查中发现真实性问题并不予注册项目的数量呈逐步减少的态势，医疗器械临床试验项目质量逐步提高（见表1）。

表1 2016～2019年国家局医疗器械临床试验监督检查情况统计

单位：批次，个

年份	抽查次数	项目数量	存在真实性问题的项目总数	不予注册项目数
2016	2	20	8	8
2017	2	20	3	4
2018	1	10	0	0
2019	2	20	1	1

资料来源：国家局网站。

2. 各省及直辖市药监局网站公布的医疗器械临床试验监督检查情况

2019年全国共有13个省及直辖市药监局组织开展或通知进行了19批次的医疗器械临床试验监督检查工作，其中广东省组织4批次共25个项目进行监督检查，是抽查项目数量最多的省份，其次是浙江省20个项目和吉林省 12 个项目（见图 1）。北京市、上海市、浙江省及四川省四个地区在各自药监局官网上公布了详细的检查结果报告，均未发现真实性问题。

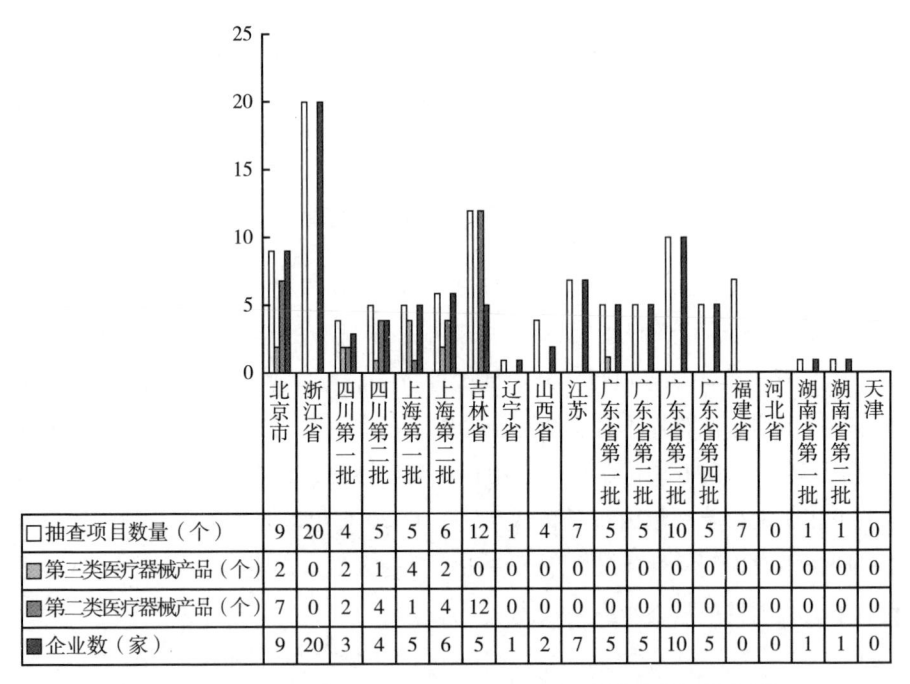

	北京市	浙江省	四川第一批	四川第二批	上海第一批	上海第二批	吉林省	辽宁省	山西省	江苏	广东省第一批	广东省第二批	广东省第三批	广东省第四批	福建省	河北省	湖南省第一批	湖南省第二批	天津
抽查项目数量（个）	9	20	4	5	5	6	12	1	4	7	5	5	10	5	7	0	1	1	0
第三类医疗器械产品（个）	2	0	2	1	4	2	0	0	0	0	0	0	0	0	0	0	0	0	0
第二类医疗器械产品（个）	7	0	2	4	1	4	12	0	0	0	0	0	0	0	0	0	0	0	0
企业数（家）	9	20	3	4	5	6	5	1	2	7	5	5	10	5	0	0	1	1	0

图 1　2019 年全国部分省、直辖市医疗器械临床试验监督检查情况

资料来源：相应省、直辖市药监局网站。

二　国内医疗器械临床试验机构备案情况

原国家食品药品监督管理总局会同原国家卫生计生委，于 2017 年 11 月联合发布了《医疗器械临床试验机构条件和备案管理办法》。截至 2020 年 4 月 26 日，全国 31 个省、自治区、直辖市已有 857 家机构完成了医疗器械临床试验机构备案工作（见表 2），包括部队医院 26 家。不同省（区、市）和地区备案情况不同，其中备案数量最多的省份为广东省，北京备案数量在直辖市中位列第一，华东地区在各区域中备案总数量最多（见图 2）。

表2　我国医疗器械临床试验机构备案分类情况（截至2020年4月26日）

单位：家

机构级别	数量
三级公立医院	789
三级民营医院	28
二级医院	27
疾病预防控制中心	6
血液中心	7
总计	857

资料来源：根据公开信息整理。

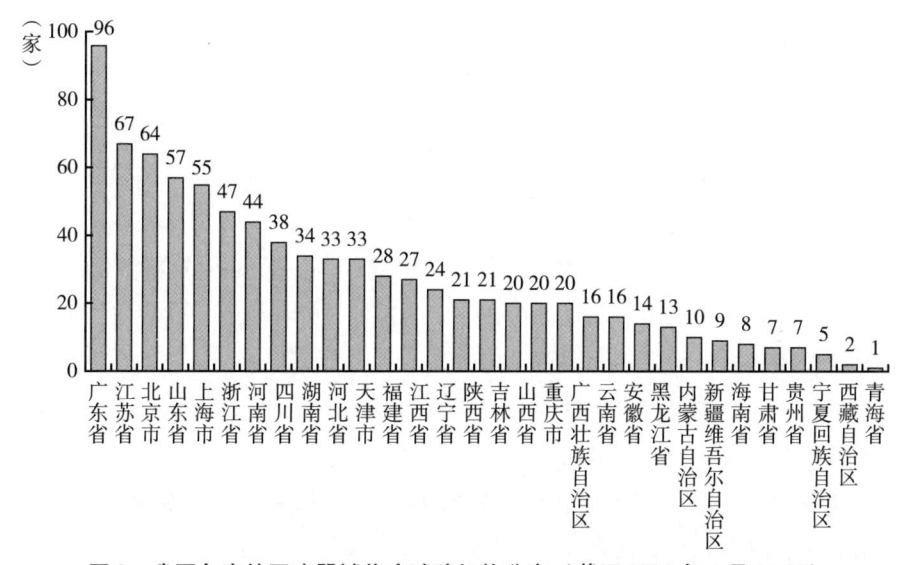

图2　我国备案的医疗器械临床试验机构分布（截至2020年4月26日）

省份	数量
广东省	96
江苏省	67
北京市	64
山东省	57
上海市	55
浙江省	47
河南省	44
四川省	38
湖南省	34
河北省	33
天津市	33
福建省	28
江西省	27
辽宁省	24
陕西省	21
吉林省	21
山西省	20
重庆市	20
广西壮族自治区	20
云南省	16
安徽省	16
黑龙江省	14
内蒙古自治区	13
新疆维吾尔自治区	10
海南省	9
甘肃省	8
贵州省	7
宁夏回族自治区	7
西藏自治区	5
青海省	2
	1

资料来源：根据公开信息整理。

同时，为了积极推动医疗器械临床试验机构备案，国家局高级研修学院对管理者、项目负责人和临床试验技术人员开展了多期线下培训班，并开通了关于医疗器械临床试验质量管理规范（GCP）的常年网络培训[①]。多种培训方式保证了医疗器械临床试验机构备案工作的及时开展和顺利完成，为医疗器械行业依法依规开展和高质量地完成临床试验工作提供了切实帮助。

---

① 国家局官网。

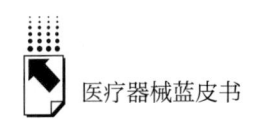

三 中国医疗器械临床试验质量存在的问题

目前，国内大部分机构的医疗器械临床试验项目质量管理体系建立在药物临床试验机构质量管理体系基础上，实行伦理委员会、机构办公室、临床专业组和项目组相配合的三级质量控制或二级质量控制体系模式，涉及临床试验各环节。通过全程质量控制体系，特别是基于风险管理的质量控制体系，可以有效降低风险事件的发生率，提高临床试验项目质量，规范临床试验流程，确保临床试验数据真实可溯源，为医疗器械注册提供可靠的临床试验报告。基于风险的质量管理要点主要包括：临床试验资质相关文件、受试者权益保障、临床试验方案设计及执行、原始记录与报告、临床试验器械管理、不良事件及严重不良事件的上报等。

医疗器械临床试验需多方协作进行，以最大限度地保障临床试验质量和受试者的权益。目前，国内已有近九百家成功备案的医疗器械临床试验机构，由于医疗器械临床试验具有复杂性与多样性的特点，各家机构的质量控制体系、管理能力和临床试验项目质量还存在一定的差异。如何建立科学有效的临床试验质量控制体系还需要不断摸索。

近年来，在国家出台的各种利好政策支持下，我国医疗器械临床试验质量有了较大的提高。但在国家局和省局监督检查中仍然发现了违反医疗器械临床试验质量管理规范（以下简称医疗器械GCP）要求的规范性和真实性问题，主要表现在以下几个方面[①]。

（一）临床试验前准备

（1）临床试验单位承担医疗器械临床试验的条件与合规性方面的问题。例如，临床试验项目未按相关规定在申办方所在地省局备案或备案日期晚于试验开始日期；机构未建立独立的医疗器械临床试验管理制度和标准操作规程。（2）研究者资质和培训方面的问题。如研究人员培训不到位；项目授权人数和培训人数不一致等。（3）临床试验项目费用管理方面的问题。如向受试者

---

① 《医疗器械临床试验检查要点及判定原则》（药监综械注〔2018〕45号）。

收取与试验品种相关的检验检查等诊疗项目费用;合同经费未能覆盖临床试验所有开支等。

(二)受试者权益保障

(1)伦理审查批件及记录的原始性和完整性方面的问题。如伦理委员会审查批件未体现对知情同意书的审查;伦理审查记录不规范,个别伦理审查意见与本人投票结果不一致;伦理委员会保存的审查文件资料不全等。(2)知情同意书的签署方面的问题。如受试者未签署与临床试验方案一致的知情同意书;知情同意书修订后,受试者未重新签字;知情同意书上缺少受试者或者研究医生的联系电话等。

(三)临床试验过程

(1)受试者的筛选/入组相关数据链的完整性及规范性方面的问题。如缺少病例筛选入选记录表;筛选/入组违背方案而未报伦理委员会;受试者漏做筛选期相关检查或未获得检查结果便入组等。(2)记录的完整性方面的问题。如部分不良事件、合并用药或合并治疗记录不完整,分中心小结报告或总结报告中未记录试验期间原始记录中的不良事件;病程记录未见临床试验器械产品及对照产品使用的相关信息;缺少生物样本保存和销毁处理的记录等。(3)申办者/合同研究组织对临床试验实施监查方面的问题。如未进行临床试验监查工作;未及时纠正方案偏离问题;委托外部单位进行统计分析,缺乏保证数据真实传输的有效手段等。

(四)记录与报告

(1)临床试验过程记录方面的问题。如病历记录和病例报告表中记录的病史不一致;原始记录的部分修改记录未按照要求划改、修改者未签名注明日期等。(2)临床检查检验结果溯源方面的问题。记录的临床试验样本检测时间与其他样本检测时间有部分重叠;部分样本在检测仪器中源数据缺失等。(3)临床试验报告内容不一致方面的问题。如在临床试验核查现场发现,实际检测的样本类型与临床试验报告中的不一致;原始记录与临床试验报告或统计分析数据不一致;用于提交国家局注册申请的资料与保存在临床试验机构的原始资料不一致等。

（五）试验用医疗器械管理

（1）医疗器械产品信息方面的问题。如临床试验用医疗器械与检测报告、临床试验报告中的型号或编号不一致；临床试验产品与注册申报产品不一致等。（2）运输、接收、储存、分发、回收与处理等方面的记录问题。如产品的交接单无产品生产日期、序列号信息；试验用医疗器械温湿度记录晚于样品交接日期等；无回收或销毁记录等。

四 中国医疗器械临床试验质量改进措施与展望

针对我国医疗器械临床试验存在的问题，监管方、申办方和实施方需要三方联动，共同参与，相互支撑，共同努力。

从国家监管层面而言，要引领和促进行业发展，监管与激励并行，实时跟进、持续完善医疗器械相关法规和行业标准；加大监管力度和投入；加强国际合作与交流；设置临床试验相关专业和课程，促进医疗器械临床试验专业人才建设。从申办方层面而言，需加强主体责任，提高人力与资金的投入，如提高研发人员和监察员的专业化水平；增强临床试验方案设计的科学化、精细化和标准化；提高临床试验实施过程中的监察频次和质量。从医疗机构层面而言，需建立科学有效的医疗器械临床试验质量管理体系，完善管理制度、技术规范及标准操作规程等体系文件；提高伦理审查和跟踪审查能力；加强管理团队和研究团队的配备和培训，完善和提高临床试验相关法规和技术能力；提供临床试验信息化管理和实施工具，促进临床试验操作的规范性、结果的可靠性以及数据的可溯源性。只有参与临床试验各方明确职责，齐心协力，共同努力，才能促进医疗器械临床试验质量的提高。

当前，国内医疗器械临床试验面临重大的发展机遇，展望未来，行业发展必将更加专业化、更加规范化。以制度创新推动临床试验发展将会是主旋律，法律法规和行业标准必将持续严格规范，临床试验相关制度机制将得到改革优化，监管将保持规范严格，软硬件投入将不断加大，从业人员规模水平将大幅提升，伦理审查项目实施等工作效率将有效提高，项目质量将得到充分保障，这些将有力地推动我国医疗器械行业的高质量发展，更好地满足人民群众使用高水平医疗器械的需要。

B.14
2019年我国医疗机器人行业发展报告

吴 韬 杨小康 张学典*

摘 要： 在我国医疗资源供给不足，具有多领域专业背景的复合型人才短缺等因素的综合作用下，我国医疗机器人的研发与应用需求日益迫切。根据波士顿咨询的估算，2020年医疗机器人的全球市场规模有望达到144亿美元，我国占其中的5%~7%的份额。从全球医疗机器人市场结构来看，手术机器人的销量将占据60%以上，市场规模最大；康复机器人发展势头最迅猛，复合年均增长率预计将达24.51%。但相对于欧美市场，我国医疗机器人的产业布局尚处于初期发展阶段。本文研究了国内外医疗机器人行业发展现状，从技术、市场、人才、投融资四个方面对我国医疗机器人的未来发展进行了展望。

关键词： 医疗机器人 医疗技术 人工智能

全球新科技革命的爆发，使得医疗行业发生了变革。20世纪90年代后期，在全球老龄化加剧以及人们对于优质医疗服务需求日益增长的背景下，医疗机器人由于能够在复杂的医疗应用场景中满足特定的医疗康复等需求，有效提升医疗服务质量，缓解医疗资源不足问题，从而受到广泛关注，已成为当前的研究热点。

---

* 吴韬，上海交通大学医学院党委副书记、副院长，研究员；杨小康，上海交通大学人工智能研究院常务副院长，教授；张学典，上海理工大学光电信息与计算机工程学院常务副院长，教授。

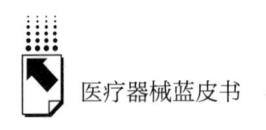

一 医疗机器人的概念及研究意义

（一）医疗机器人的概念

医疗机器人（Medical Robot）[1]，即根据医疗领域需求，编制相应流程，随后依据实际情况，执行指定动作并将动作转换为操作机构运动的器械。1985年，美国 Unimation 公司首次将研制的 PUMA260[2] 工业机器人和医疗外科手术相结合（成功完成了神经外科活检手术），标志着医疗机器人发展的开端。

（二）研究意义

2017年工信部推出的《促进新一代人工智能产业发展三年行动计划（2018~2020年）》[3] 提到了四个方面的主要任务，第一个方面就是重点培育和发展智能服务机器人、医疗影像辅助诊断系统。医疗机器人的研发与应用符合国家重大战略需求，对缓解我国老龄化加剧问题以及人们对于优质医疗服务快速增长的需求有着积极作用。

从政府角度看，积极推动我国在医疗机器人领域的发展，对提高我国科技水平，打造科技创新高地，吸引高端科技人才具有重要意义。从企业角度看[4]，当前医疗机器人是全球关注的热点领域，市场前景广阔，企业对医疗机器人的研发，可以极大地提高企业技术水平和市场竞争力。从个人角度看，医疗机器人能够为人们提供精准、有效、个性化的医疗健康解决方案，极大地提高人们的生活质量。

二 国内外医疗机器人行业发展现状

2014年国内掀起医疗机器人应用的第一波热潮。自此之后，在技术革新、产

---

[1] 杨振巍：《浅谈医疗机器人及发展前景》，《科技创新导报》2018年第12期。
[2] 张送根、王豫：《基于数据分析概述医疗机器人产业发展现状及未来趋势》，《中国医疗器械信息》2017年第7期。
[3] 工业和信息化部：《促进新一代人工智能产业发展三年行动计划（2018~2020年）》，http://www.cac.gov.cn/2017-12/15/c_1122114496.htm。
[4] 李扬、周岷峰：《我国医疗机器人产业发展特征分析》，《机器人产业》2018年第2期。

业化加速等因素的影响下,我国医疗机器人产业发展更加迅猛,一方面,得益于政府对医疗及人工智能产业的大力支持;另一方面得益于医疗系统不断地完善和重组。可以预见,未来国际医疗机器人市场的重心会逐渐向亚洲转移,我国的医疗机器人发展将备受瞩目①。

根据国际机器人联合会（The International Federation of Robotics，IFR）对医疗机器人的统计分析,可以将医疗机器人按照不同的功能分为以下四类:手术机器人、康复机器人、医疗服务机器人和医疗辅助机器人。据前瞻产业研究院不完全统计,2019年,我国医疗机器人的市场占比中康复机器人以41%位居第一,医疗辅助机器人占比26%,医疗服务机器人和手术机器人占比相差不大,分别为17%和16%。

（一）手术机器人

手术机器人集各项现代高科技手段于一体,被称作机器人产业皇冠上的明珠。相对其他的机器人,手术机器人具有技术门槛高、精度高、附加值高等特点。近年来,手术机器人中的骨科和神经手术机器人产学研一体化的特征明显,大量科研成果得到转化应用。目前,手术机器人在国内已经被应用于骨科、神经外科、心脏外科、妇科等手术中。

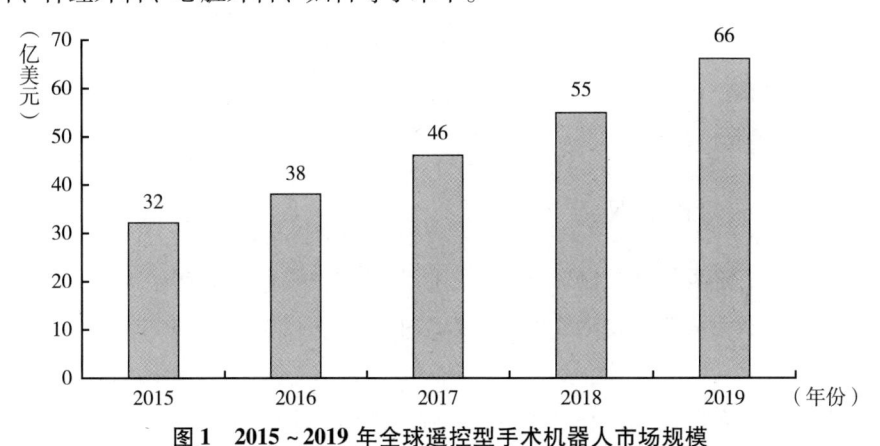

图1　2015~2019年全球遥控型手术机器人市场规模

资料来源:根据公开数据整理。

---

① 哈工大机器人（山东）智能装备研究院和中智科学技术评价研究中心研创《中国机器人产业发展报告（2019）》,社会科学文献出版社,2020。

我国微创手术机器人市场目前仍被进口机器人垄断。达芬奇手术机器人是目前最成功的微创手术机器人。自2000年获得美国食品药品管理局（Food and Drug Administration，FDA）认证以来，它便一直是外科手术机器人市场的领先者。2006年，我国引入第一台达芬奇手术机器人，截至2019年，国内达芬奇手术机器人累计装机量81台，完成临床手术超过10万例，全球范围内采用达芬奇手术系统治疗的患者总数超过600万例。

除了以达芬奇手术机器人为代表的软组织微创手术机器人，骨外科手术机器人、神经外科机器人、介入机器人、穿刺导航机器人等手术机器人种类同样备受关注。[1]

表1　国外引进和国内产业化手术机器人分类及公司名称

手术机器人分类	国外公司	国内公司
腹腔镜手术机器人	Intuitive Surgical（达芬奇）、Titan Medical、TransEnterix	思哲睿、妙手机器人、博恩斯、赛诺微医
神经介入机器人	Medtech、Renishaw	Remebot、华志医疗、华科精准
骨科手术机器人	Mako、Mazor、Curexo	天智航、鑫君特、术康医疗、三坛医疗
胸腹腔穿刺定位系统	美敦力、Intuitive Surgical	精劢医疗、苏州朗开、常州朗合、廊坊新博
血管内介入机器人	Hansen Medical、Stereotaxis	奥朋机器、上海交通大学研发团队
胶囊显微导航机器人	Microsure、MMI	科易、上海理工研发团队

随着技术的不断发展，手术机器人正引领微创外科进入一个崭新的时代，市场发展迅猛。根据Trend Force数据，2016年全球遥控型手术机器人市场规模约38亿美元，2021年将提升至93亿美元，其间复合增长率达19.3%。

（二）康复机器人

近几年，随着智能控制等技术的不断发展，功能康复与辅助机器人在国际上已经逐步成为临床康复治疗的重要技术手段之一，并催生了一批新型康复机器人系统。

随着世界范围内老龄化趋势日益加强，人们对于优质医疗服务需求快速增

---

[1] Roizenblatt M, Edwards T L, Gehlbach P L, "Robot-assisted vitreoretinal Surgery: Current Perspectives", *Robot Surg (Auckland)*, 2018 (5): 1-11.

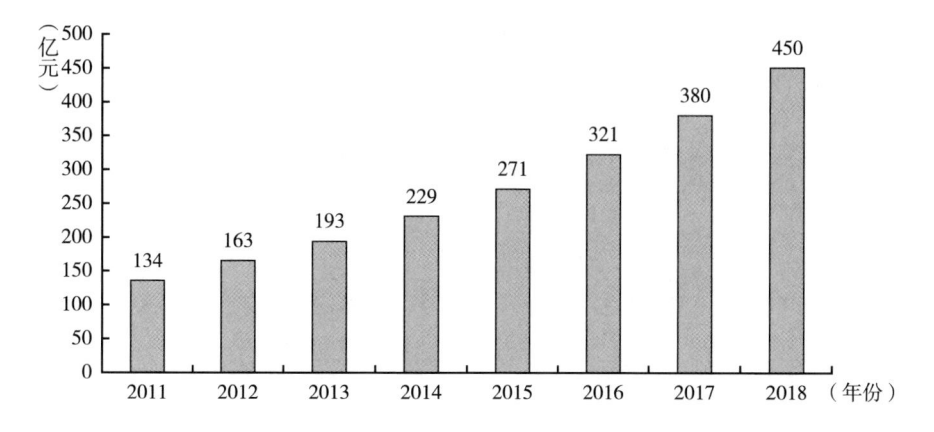

图 2 2011～2018 年中国康复医疗机器人产业市场规模

资料来源：根据公开数据整理。

长，医疗服务供需缺口不断扩大①。康复机器人是目前国内市场上占比最大的一种机器人系统，市场份额已经远超手术机器人，其技术门槛以及造价都低于手术机器人，按照其功能主要可以分为外骨骼机器人和康复训练机器人。

人体外骨骼机器人融合了传感、控制、信息、移动计算等先进技术，为操作者提供一种可穿戴的机械结构，使机器人能够独立或辅助患者进行关节活动与助力行走。

目前国外的外骨骼机器人，如以色列的 Rewalk、Cyberdyne 等都已经获得美国 FDA 的认证，进入临床使用阶段，而我国外骨骼机器人的研发还处于一个相对早期的阶段，这一方面因为我国外骨骼机器人研发的技术支持力量较为薄弱，另一方面也因为医疗行业具有特殊性，外骨骼机器人尚未被列入国家医保体系，价格非常高。目前国内从事外骨骼研究的企业主要包括大艾机器人、傅利叶智能、尖叫智能科技等。

康复训练机器人是辅助患者及早进入运动康复训练过程的一种医用机器人，产品包括上肢康复机器人、下肢康复机器人、智能轮椅、交互式健康训练机器人等。国内康复训练机器人高端市场被美国、瑞士等欧美品牌垄断，价格居高不下。上海傅利叶智能科技公司是国内首个且唯一实现产品批量出口至欧美市场的康复训

---

① 陈远：《我国医疗机器人具有较大发展潜力》，《中国人口报》2020 年 3 月 4 日，第 3 版。

练机器人生产企业,其产品已经在全球二十多个国家和地区的数百家机构中帮助患者进行康复训练。其他国内参与康复训练机器人研发的公司如表2所示。

表2 国内康复训练机器人

公司	机器人系统	功能
钱璟康复有限公司	多体位智能康复机器人系统 flexbot	机器人步态训练、虚拟行走互动训练、步态分析和康复评定
广州一康医疗公司	智能康复机器人	上下肢智能反馈训练系统、步态训练与评估系统、手功能训练与评估等
北京瑞德医疗公司	schepp系统	多关节行走康复训练
北京大艾机器人公司	艾动AiLegs	下肢外骨骼康复训练
北京力泰克医疗科技公司	踝关节康复训练系统	适合踝关节处于不同运动机能康复周期患者的多模式动态柔性充分牵引训练
漫步者(天津)康复设备有限公司	R-A1下肢康复机器人	将人工智能和医疗机器人结合,在帮助患者运动时帮助患者再训练和步态重建

(三)医疗服务机器人

相比手术机器人和康复机器人,医疗服务机器人的技术门槛相对较低,在医疗领域起着非常重要的作用,具有广泛的应用前景。例如,远程医疗问诊、病人护理、医院消毒、帮助行动不便的患者、递送化验单等。在国内,科大讯飞和猎豹移动等科技公司都在积极开展医疗服务机器人的相关研究。

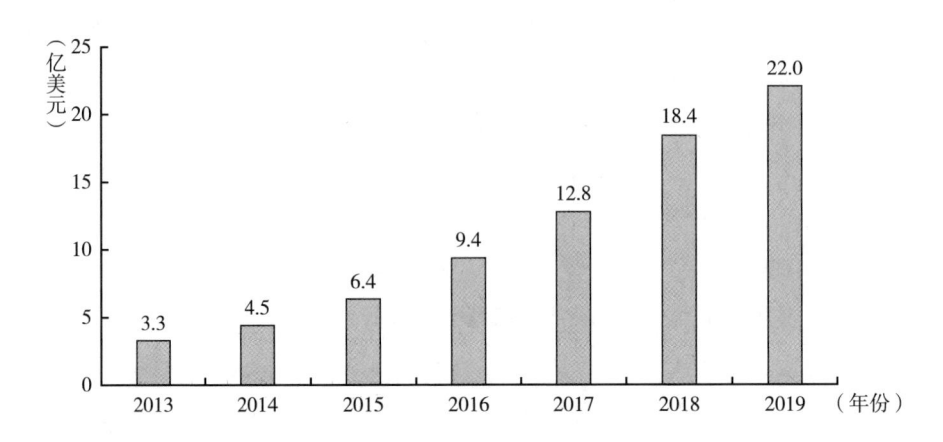

图3 2013~2019年中国医疗服务机器人市场规模(亿美元): 2013: 3.3; 2014: 4.5; 2015: 6.4; 2016: 9.4; 2017: 12.8; 2018: 18.4; 2019: 22.0

资料来源:根据公开数据整理。

(四)医疗辅助机器人

医疗辅助机器人主要用来满足行动不便或者丧失运动能力的人对医护的需求。例如,国外研制的护理机器人有德国的绅士机器人"care-o-bot-3",日本研制的"Rober"和"Resyone"等。它们可以做家务,相当于几个护理人员,还能与人对话,为独居老人提供情感慰藉。

再如,国内陪伴机器人的研发主要面向儿童陪伴和早教产业,具有代表性的有深圳智能科技有限公司研发的"ibotn儿童陪伴机器人",集儿童看护、儿童陪伴、儿童教育三大核心功能于一体,打造儿童陪伴一站式解决方案。

三 我国医疗机器人行业的发展展望

(一)技术方面

当前医疗机器人行业的研究热点在于机器人优化设计、手术导航技术、系统集成技术、遥控操作与远程手术技术和医疗互联网大数据融合技术五大方面。未来的发展趋势是专用化、智能化、小型化、集成化和远程化,同时也要在精准、微创、安全、稳定等方面不断进行完善。

(二)市场方面

据世界卫生组织预测,到2050年我国人口老龄化问题将非常严重,会有35%的人口超过60岁。医疗机器人能够更精准地诊断患者症状,减少人工操作失误,提高医疗效率,从而解决国内医疗服务供给不足问题,具有较好的市场前景。英国皇家工程院院士杨广中认为,医疗机器人是目前国内机器人市场最有发展前景的领域。总体来看,我国医疗机器人在供给需求的双向推动下,未来有着巨大的市场增长空间。

(三)人才方面

医疗机器人研发过程涉及医学、计算机科学、数据科学、生物力学等相关学科知识,对具有多学科背景的复合型人才需求日益迫切。部分高校也开始增设相关专业和科研平台,如2017年12月上海交通大学成立医疗机器人研

院；2018年天津大学率先开设"智能医学工程"专业；2019年上海理工大学新申请的"康复工程"专业获批，我国成为国际上首个设置本科专业专门培养康复工程人才的国家。

（四）融资方面

截至2019年底，医疗机器人领域据统计共发生112起融资事件。融资阶段大多集中在A轮前后，除少数几家单笔融资过亿元外，大部分医疗机器人项目单笔融资金额在千万级别，天使轮项目融资金额分布在百万元到千万元之间。表3列出了具有代表性的2018~2019年中国医疗机器人行业融资事件。

表3 2018~2019年中国医疗机器人行业融资事件汇总

时间	公司	行业	轮次	金额	投资方
2019年3月	华志医疗	医疗健康	A	数千万人民币	同晟资本、和盟创投
2019年2月	术凯机器人	医疗健康	天使轮	未透露	紫牛基金、明势资本
2019年2月	Vicarious Surgical	医疗健康	B	1000万美元	Khosla Ventures
2018年11月	Auris Health	硬件	E	2.2亿美元	Wellington Management 投资方
2018年6月	法蒂玛	医疗健康	天使轮	1000万人民币	东方弘道、信天创投
2018年5月	迈步机器人	硬件	Pre-A	数千万人民币	分享投资、联想创投集团
2018年1月	华志医疗	硬件	天使轮	5000万人民币	天士力创投、华兴Alpha

资料来源：根据公开数据整理。

目前我国有超过百家医疗机器人创业公司，其中部分是工业机器人或医疗器械公司为实现产业延伸布局而设立的，如优爱智能、派尔特。此外，很多上市公司如复星医药、博实股份、科远股份等也都开始涉足医疗机器人领域。而诸如真格基金、IDG资本、启迪系基金、纪源资本等大型知名风投，早已在医疗机器人领域布局并加快发展步伐，医疗机器人行业发展机遇期已经来临。[1]

---

[1] 《2018万物智联时代AIOT产业蓝皮书》，https://www.sohu.com/a/287833080_297710，2019年1月9日。

B.15
2019年我国伴随诊断产业发展状况及趋势分析

任涛 陈程 黄涛*

摘　要： 伴随诊断产业在医疗体系中的作用越来越重要。在各种有利政策的加持下，中国的伴随诊断产业步入了成长期，PCR、FISH、IHC、NGS等技术日臻成熟，液体活检、PDC、PDX、类器官等领域先进的技术平台也被逐渐开发出来，形成技术平台多样化、产品多样化的格局，实现了各种技术和产品互为补充。一批从事伴随诊断事业的企业迅速发展并壮大，成为某一细分领域的龙头，在产品端不断创新，市场规模逐年扩大。但目前中国伴随诊断产业市场集中度、成果转化率不高，还处于跟跑阶段，要实现领跑，还需要加大产业创新的力度，从临床需求出发设计产品，形成"良币驱逐劣币"的生态。

关键词： 伴随诊断产业　伴随诊断产品　伴随诊断技术

伴随诊断（Companion Diagnostics，CDx）是一种医疗器械，属于体外诊断范畴，能够对相应药物或生物制品安全性、使用效果等重要信息进行评价。该种器械通过测试可以帮助医护人员判断某一特定治疗产品对患者是否有益，从

---

* 任涛，博士，合肥中科普瑞昇生物医药科技有限公司总经理，中科院合肥技术创新院精准靶向药物工程中心副主任，入选安徽省"百人计划"；陈程，博士，合肥中科普瑞昇生物医药科技有限公司医学技术部总监；黄涛，合肥中科普瑞昇生物医药科技有限公司医学技术中心主任。

而确定是否需要调整治疗方案或用药方案[1]。伴随诊断的应用范围主要包括三方面：一是，确定最有可能从某种治疗产品中获益的患者；二是，确定因使用特定治疗产品而可能增加严重副作用风险的患者；三是，监测患者对特定治疗产品的反应，以调整治疗方案提高安全性或有效性。

一 伴随诊断产业发展概况

（一）伴随诊断产业市场规模逐步扩大

伴随诊断的产业化发展很大程度上推动了新型科学技术在医学检验、基础医学和药学等学科中的应用。随着近年来的蓬勃发展，伴随诊断技术已涵盖荧光PCR、荧光原位杂交（FISH）、免疫组化（IHC）、高通量测序（NGS）、基于肿瘤组织原代细胞培养等技术，在产前筛查、传染性疾病早期诊断、肿瘤分子诊断和个性化用药指导等领域都得到广泛应用。伴随诊断作为体外诊断市场发展最快的细分领域之一，市场规模逐年递增，预计2021年在体外诊断市场中的份额可达到14%。

近五年来，国内从事伴随诊断行业的公司数量呈井喷式增长，其中艾德生物、华大基因、致善生物、透景生物、燃石医学、世和基因、中科普瑞昇等一批优秀的生物医药公司，都各自拥有众多自研的基因检测试剂盒，产品远销海内外[2]。2012年，国内伴随诊断的市场规模仅为0.73亿美元，到2018年已达到2.98亿美元（见图1），预计2021年将突破7.41亿美元，复合增长率达28%，增速高于全球平均水平，发展前景广阔。

在政策层面，虽然国内伴随诊断产业起步晚、发展时间短，但产业发展指导政策一直在不断完善中，总体政策导向为鼓励、引导加规范。国家药品监督管理局出台《关于规范体外诊断试剂管理的意见》，明确提出体外诊断试剂审核和职责分工，而后国家相关部门陆续出台多种意见和办法，用于规范伴随诊断产业发展。

（二）伴随诊断产业逐渐步入成长期

由于我国检验医学的发展水平长期落后于世界先进水平，我国伴随诊断产

---

[1] Companion Diagnostics, https://www.fda.gov/medical-devices/vitro-diagnostics/companion-diagnostics, 2020/04/22.

[2] 兴业证券：《医疗器械行业：迎百亿蓝海市场，伴随诊断大有可为》，2019。

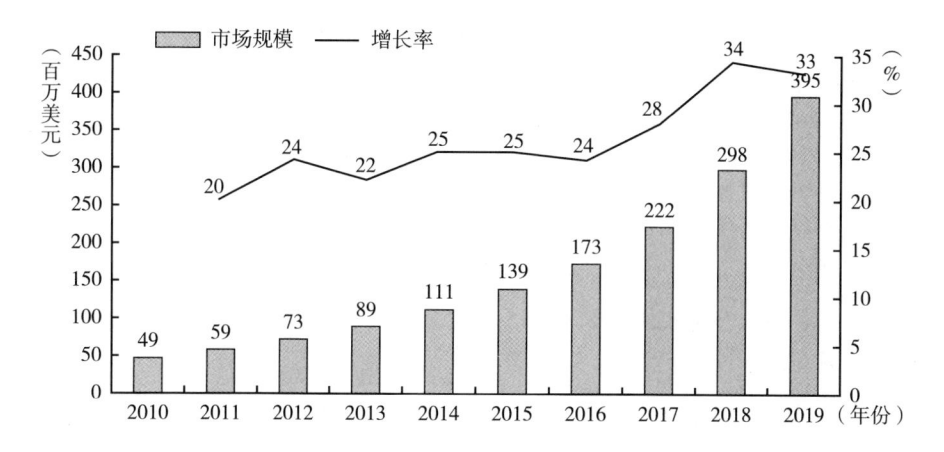

图1　2010~2019年我国伴随诊断产业市场规模发展趋势

资料来源：根据公开信息整理。

业的发展受限。我国伴随诊断行业的发展主要包括两个时期：市场导入期和成长初期。市场导入期分三个阶段，第一阶段是1970年左右，主要从国外开始引进设备和技术，进行研发，但没有形成产品和销售；第二阶段是1980年到1993年，国内已研发出生化产品，但国外产品大量进入，主导了国内市场；第三阶段是1993年到2001年，国内企业开始发展，但产品质量较差，市场较为混乱，医疗事故多，国家开始实施整顿，大量企业被淘汰。成长初期是2001年至今，产品不断升级，行业趋于集中，国产产品得到认可，行业逐渐进入成长期。

我国伴随诊断行业现阶段发展主要特点：①市场规模高速增长，发展后劲十足；②单基因检测、免疫诊断占据市场主要份额；③外资企业占主导地位，本土企业集中度不高；④传染病免疫和微生物学产品的增长速度更快；⑤联盟趋势明显，竞争的白热化使本土企业抱团取暖，产业联盟如雨后春笋般涌现。

二　伴随诊断产品与产业发展格局

（一）伴随诊断产品分布

目前对伴随诊断产品主要是以"药物-诊断"（Rx-Dx）的联合形式来开

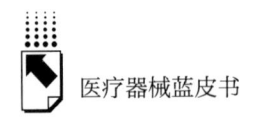

发的,换句话说,就是伴随诊断和药物同时研发并开始治疗试验。伴随诊断产品从适应证上分析,可涉及肿瘤、心脑血管疾病、炎症、病毒感染等领域。其中,肿瘤领域的伴随诊断产品在伴随诊断产业中占比最大,且目前多种癌症的伴随诊断试剂盒已被开发并获批上市。促使伴随诊断在肿瘤领域应用最广的驱动力主要包括:①肿瘤患者基数逐年增大,肿瘤发生率逐年升高,急需新型干预技术和抗肿瘤药物;②靶向药物和免疫疗法发展势头迅猛,相应伴随诊断产品获批;③新型伴随诊断技术的涌现;④利好政策促进抗肿瘤诊断技术和药物的市场投放。

截至2020年3月17日,国内共有179款与疾病相关的基因检测试剂盒产品被国家药品监督管理局批准上市,其中20.67%集中在肿瘤治疗领域,另外三个主要领域是贫血、病毒感染、耳聋治疗领域;目前国产肿瘤基因检测试剂盒应用了4种技术平台,主要以PCR为主,其次为FISH、基因芯片法(见图2)。

(二)伴随诊断产业发展格局

目前国内上市的企业主要聚焦于肿瘤精准医疗分子诊断产品的研发、生产及销售[1]。传统伴随诊断技术平台开发方面,艾德生物是第一个推出EGFR检测试剂的厂商,同时其具有自主知识产权的核酸分子检测技术(ADx-ARMS©、Super-ARMS©)是目前国际上肿瘤精准医疗分子诊断领域最领先的技术之一;华大基因主要通过基因检测等手段提供基因组学类的诊断和研究服务,其研发的超高通量基因测序仪,远超行业水平,公司的EGFR/KRAS/ALK试剂盒、BRCA1/2试剂盒已经进入临床试验状态;北陆药业自主研发的肺癌靶向药物基因突变检测试剂盒也已通过创新医疗器械特别审批;燃石医学基于NGS以及伴随诊断标准审批的人EGFR/ALK/BRAF/KRAS基因突变联合检测试剂盒获批。新型伴随诊断技术开发方面,合肥中科普瑞昇推出的基于肿瘤原代细胞体外培养技术开发的临床精准用药服务亦逐渐受到业界关注[2],2019年10月10日媒体对该技术的临床试验数据以题为《新型肿瘤临床精准用药技术

---

[1] 兴业证券:《医疗器械行业:迎百亿蓝海市场,伴随诊断大有可为》,2019。
[2] 刘飞扬、黄瑞、任涛等:《肿瘤精准用药治疗的技术体系》,《高科技与产业化》2016年第7期。

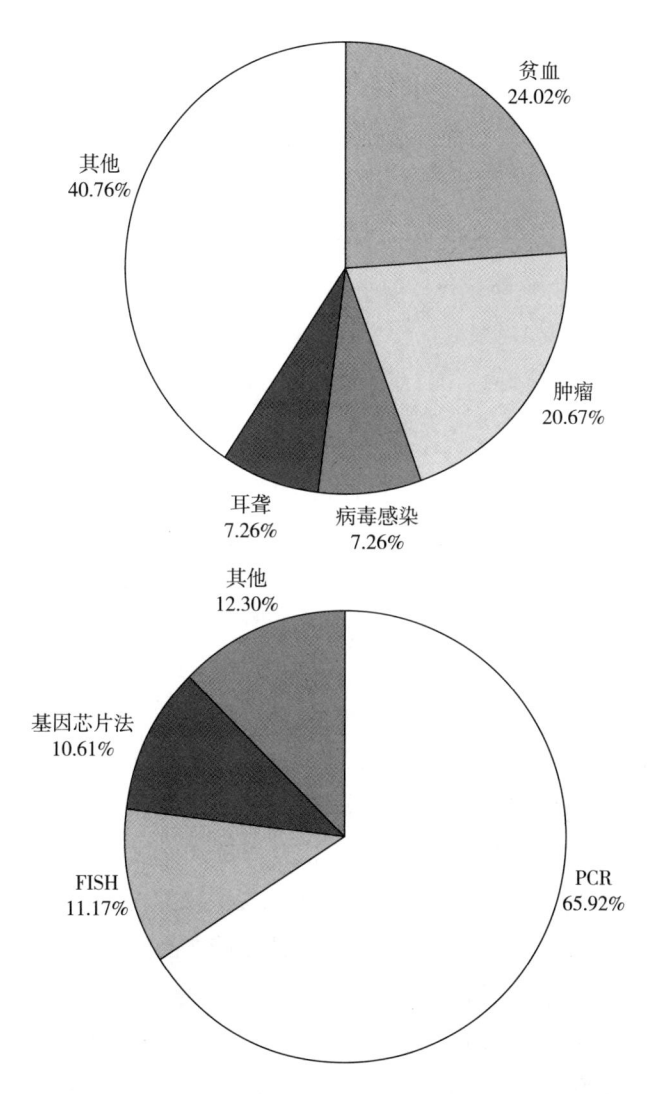

图 2　国内基因检测试剂盒产品疾病治疗领域分布及其所使用的技术平台

资料来源：根据公开信息整理得到。

对肝癌临床验证试验取得突破性进展》进行了报道，指出该技术能显著提高肝癌患者的生存期；北京科途医学科技有限公司从患者手术或者活检中获取肿瘤组织标本，进行肿瘤类型特异性的类器官培养，快速实现组织培养和扩增，已经成功研发了针对肺癌、乳腺癌、胃癌、结肠癌和食管癌等中国高发肿瘤类

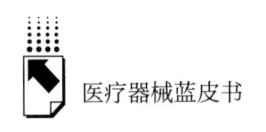

型的个性化医疗服务产品。

我国伴随诊断行业从最开始的行业监管不足发展到目前能够与国外同步生产产品,逐步迈入高速发展期。但同时我国的伴随诊断发展还面临着很多的不足和挑战。目前,分子诊断产业分布较为集聚,主要分布在东部沿海地区;企业都处于起步阶段,大多规模较小,品种也比较少;基于分子诊断涉及的临床需求多而杂,各个企业都有各自的学术特点和擅长的领域,很难做到全面覆盖;外资企业起步早具有显著的先发优势,严重制约了国内分子诊断企业的快速发展。由于市场需求旺盛,目前国内伴随诊断发展格局是百家争鸣,没有形成一家独大的现象,产业变革的机遇较大。

三 伴随诊断行业的技术演变和发展趋势

(一)伴随诊断行业技术变革

随着精准医疗战略的提出,伴随诊断产业紧跟医疗技术的发展也在持续迭代更新。伴随诊断技术按照技术特点进行分类主要包含分子诊断、免疫组化以及新型基于原代细胞的伴随诊断试剂盒等[1]。在伴随诊断产品中,主要以免疫组化(IHC)、荧光原位杂交(FISH)、聚合酶链式反应(PCR)和高通量测序(NGS)等为核心。FISH 和 IHC 技术可以提供特异性强、灵敏度高的检测结果。PCR 和 NGS 则从组织活检延伸到液体活检,能同时处理石蜡包埋的组织和血液样本。目前新兴的基于肿瘤原代培养的伴随诊断技术包括人源肿瘤异种移植模型(PDX)、人源肿瘤细胞培养模型(PDC)和类器官等,可从肿瘤患者的组织或体液中获取单个细胞,通过体外扩增培养,药物筛选,为肿瘤精准治疗提供个性化、精确的用药指导,构建个体化、精准的病人细胞体外模型,解决中晚期肿瘤患者"无药可用、复发难治"等临床问题(见表1)。此外,药物筛选结果可以和 NGS 数据相结合,能显著提高患者用药的准确性。各种技术更新换代,互为补充,未来的发展方向应该是技术平台多样,新老并存。

---

[1] 魏洪泽、李玉杰:《精准医疗与伴随诊断产业发展研究》,《中国生物工程杂志》2019 年第 2 期。

表1 主要伴随诊断技术对比

类别	检测方法	检测原理	点突变	插入/缺失	拷贝数变异	染色体重排	优势	劣势	应用领域
分子诊断	PCR	特异性探针,标记、跟踪PCR产物	已知突变	已知突变	是	否	精准量化、特异性和敏感度高	检测位点单一,只能检测已知突变	肿瘤、传染性疾病的早期诊断等
分子诊断	FISH	特定荧光标记的已知的核酸序列为探针,与样本中核酸进行杂交,对特定核酸序列进行精准定量、定位	—	—	是	是	敏感度高、快速、安全、多色标记、简单直观	成本高、通量低	肿瘤生物学、基因定位、基因扩增等
分子诊断	NGS	碱基互补配对,采集荧光标记信号或化学反应信号,实现碱基序列的解读	是	是	是	是	高通量、精准、突变覆盖广	成本高、操作复杂、检测条件高	基因图谱、产前筛查等,适用范围广
免疫组化	IHC	抗原抗体特异性结合,化学反应使标记抗体的显色剂显色	—	—	是	是	经济实惠、快速	操作者观察差异大	大量样本的检测分析
原代细胞培养	PDC	从新鲜病人源组织、血液或其他体液获取单个细胞,体外扩增培养	—	—	—	—	维持病人源性组织特异性、提供个体化用药指导	稳定性不够	肿瘤个性化治疗、再生医学
原代细胞培养	PDX	新鲜病人源肿瘤组织移植至免疫缺陷小鼠体内	—	—	—	—	维持病人源性组织特异性	建模周期长,成本高,难以大规模应用	肿瘤药物开发、个性化治疗、肿瘤机理研究
原代细胞培养	类器官	新鲜病人源组织分离出细胞,在三维培养条件下培养	—	—	—	—	保持遗传稳定性、模拟与免疫系统交互	处于起步阶段,技术不成熟	发育生物学、疾病病理学、细胞生物学、再生机制、精准医疗以及药物毒性和药效试验

资料来源：根据公开信息整理得到。

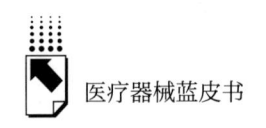

目前，伴随诊断市场上的产品都是基于分子诊断开发的，而分子诊断技术的发展主要经历了以下四个阶段：第一阶段是基于荧光原位杂交技术的分子诊断（产前诊断、遗传病诊断等）；第二阶段是基于PCR技术展开的分子检测；第三阶段是基于基因芯片的多指标、高通量基因检测；第四阶段是基因测序在产前检测、遗传性肿瘤筛查及肿瘤个体化用药指导等方面的应用。

我国在PCR技术方面已经基本达到国际先进水平，基因芯片和肿瘤诊断技术与国际先进水平的差距也逐步缩小，但伴随诊断行业整体仍存在创新能力不足、成果转化水平较低的问题。这主要体现为从新技术到新产品转化能力欠缺，产品自主创新含量较少，产品稳定性较差，整体应用研发能力还处于相对中等偏下水平。

（二）伴随诊断产业的发展趋势

1. 伴随诊断行业发展驱动力

我国伴随诊断市场发展的驱动因素可以概括为以下三个方面：产品需求、技术发展和政策支持。①产品需求是决定伴随诊断行业市场规模和发展前景的基本因素。随着国民经济水平的逐步提高，老龄化不断加剧，老年人患病概率高，尤其是高血压、高血糖、肿瘤疾病等，多种因素扩大了伴随诊断产品的需求。②技术的进步是伴随诊断行业向前发展的强大动力。基因组学、单细胞测序技术、大数据分析、人工智能、液体活检等学科的发展，将持续为伴随诊断助力。③伴随诊断行业健康快速发展离不开积极的社会政策推动。近年来，伴随诊断行业成为国家重点鼓励发展的领域，主要因为其能够带来巨大的社会和经济效益。

2. 新型伴随诊断技术的发展

目前国内伴随诊断技术仍然以基因测序为主，各种新技术层出不穷（见表2）。初筛产品联检化趋势明显，特别是对于肿瘤患者而言，多基因联合检测可以节省肿瘤患者宝贵的组织样本，一次性检测靶向用药相关基因突变位点①。从厂商角度来说，联检化也可以有效减弱降价带来的影响。

---

① 兴业证券：《医疗器械行业：迎百亿蓝海市场，伴随诊断大有可为》，2019。

表2 新型伴随诊断技术概要

技术领域	代表性公司	创新产品	检测原理	特点	应用领域
液体活检	博尔诚	Septin9基因甲基化检测试剂盒（国械注准20153401481）	基于血液的结直肠癌早筛产品，通过磁珠来吸附血浆中游离的DNA而把DNA从血浆中分离出来。通过亚硫酸盐进行甲基化的转化作用，以阻断剂和探针来区别甲基化和非甲基化的序列	临床敏感度和特异性高	结直肠癌
液体活检	艾德生物	EGFR基因突变检测试剂盒（国械注准20183400014）	基于患者血液ctDNA中EGFR基因状态来进行临床诊断	血浆EGFR检测敏感度尚不能达到组织样本检测水平，因此推荐用于晚期NSCLC患者，且作为不易获取NSCLC组织样本时的补充手段	筛选适合接受一至三代EGFR靶向药物治疗的患者
液体活检	武汉友芝友医疗	CTC捕获仪 CTC BIOPSY	采用ISET过滤膜法，快速分离、富集外周血中的CTC，并对富集后的CTC进行染色鉴定	高截留率、高富集率、高灵敏度	食管癌、胃癌、结直肠癌和鼻咽癌
PDC	中科普瑞昇	HDS技术	在短期内大量扩增富集保持患者体内癌细胞基因特性和药敏特性的原代癌细胞，能够在7天内为早/中/晚期的肿瘤患者提供全面的用药检测，帮助肿瘤患者进行精准治疗	突破了传统药敏试验细胞分离培养难的核心技术问题，检测药物数量多（3000多种药物）	白血病、胃癌、肝癌、乳腺癌、胰腺癌、结直肠癌、胃肠间质瘤、子宫内膜癌、卵巢癌、宫颈癌、肾癌
PDC	智康博药	精准医疗	利用患者自体肿瘤细胞体外培养进行精确的药理分析和药效检测，是一种更为直接、更为准确的肿瘤诊治模式	实现个体化精准用药	肠癌、胃癌、胰腺癌

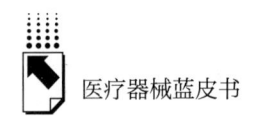

续表

技术领域	代表性公司	创新产品	检测原理	特点	应用领域
类器官	创芯国际	蓓芯安©	类器官体外建模－抗肿瘤药物敏感性筛查－大数据分析	培养成功率高、癌种覆盖广	肺癌、乳腺癌、食管癌、胃癌、肝癌、结直肠癌、胰腺癌、喉癌、卵巢癌、脑胶质瘤
PDX	北京维通达	PDX	利用临床获得的肿瘤组织块接种免疫缺陷小鼠建立的模型	成瘤率高、适用多癌种	胃癌、肺癌、肾癌、卵巢癌、乳腺癌、胰腺癌、胆管癌、胆囊癌、结直肠癌、子宫内膜癌、甲状旁腺癌

　　液体活检通过采集患者血液、尿液、唾液等体液，检测生物标志物。与通过手术、组织活检获取肿瘤组织活检标本的传统方式相比，液体活检具有独特优势，不仅能很好地克服肿瘤时空异质性，而且无创、便捷、迅速，可持续追踪患者状况并发挥作用。液体活检有望加速变革伴随诊断市场。目前众多优秀的国内分子生物企业已进军液体活检领域，如泛生子、燃石医学、世和基因等，逐步形成集原料、仪器、试剂供应与服务于一体的全产业链。液体活检自身准确性高、无须组织活检、可重复检测，易于发现及追踪分子水平的变化等优势使其成为伴随诊断重要发展方向之一。

　　人源肿瘤细胞培养模型（PDC）在世界范围内受到科学界、产业界的广泛关注，目前基于 PDC 的体外培养技术已经成功培养了多种组织的正常细胞和肿瘤细胞。2017 年 Xuefeng Liu 等人使用辐照的小鼠成纤维细胞和 Rho 相关激酶抑制剂（Y-27632）来扩增上皮来源的肿瘤细胞，该体系具有无须基因操作就能实现上皮来源肿瘤细胞无限增长的能力。合肥中科普瑞昇生物医药科技有限公司以细胞工程为核心，成功突破癌症原代细胞体外培养的瓶颈，并基于此推出新型肿瘤精准治疗体系为癌症患者服务，从伴随诊断行业中异军突起。

　　2009 年 Clevers 团队首次用小肠干细胞培育出具备小肠绒毛和隐窝结构的

类器官，从此，类器官培养技术获得了广泛的关注。类器官主要是组织特异性干细胞，与体内发育过程相似，其优势是构建三维的器官组织，实现了使用人源性组织进行试验。创芯国际生物科技有限公司以类器官培养技术为核心，已建立肺癌、乳腺癌、胃癌、结肠癌和食管癌等中国高发肿瘤类型的类器官模型，是国内类器官培养技术较好的公司之一。该公司从2016年开始至今在肿瘤类器官培养方面已经实现了规模化、系统化，走进了世界前列，拥有该领域3%的技术专利，在国际上展现了中国生物技术的实力。

《胰腺癌综合诊治指南（2018版）》提出高通量测序技术结合皮下或原位移植瘤动物模型（Patient-Derived Xenograft Model，PDX模型）开展药物敏感性的临床前研究，可为胰腺癌"个体化诊疗"提供线索[1]。在自体患者癌细胞层次上对药物进行精准诊断是未来的一大发展方向。PDX模型维持了肿瘤细胞的生物学特征，更贴近病人本身，能为肿瘤生物学研究和药物筛选等提供体内模型。因此，PDX模型对肿瘤临床前评估、治疗和预后有着重要意义，特别是对个体化诊断和治疗具有不可代替的价值。北京维通达生物技术有限公司专注于基因修饰和PDX研发与服务，是中国第一家研发和供应高程度免疫缺陷大小鼠模型、提供组织器官人源化模型与服务的公司，目前该公司主要从成熟标准化和基因、组织器官水平人源化等层面提供疾病动物模型与服务，推动我国疾病动物模型的产业化，为疾病领域提供优质的动物模型。

---

[1] 中国抗癌协会胰腺癌专业委员会：《胰腺癌综合诊治指南（2018版）》，《临床肝胆病杂志》2018年第10期。

B.16
2019年我国骨科植入物行业状况和发展趋势分析

许书富 李仁耀[*]

摘 要: 2019年,国务院发布《治理高值医用耗材改革方案》,促进了高值医用耗材行业,包括骨科植入物行业健康发展。本文针对2019年国内骨科植入物市场进行调研,参考国际市场的发展状况进行国内市场预测,并对影响国内市场发展的热点问题、新技术应用情况进行分析总结。调研结果显示,2019年国内骨科植入物市场收入达到271亿元,增长率为16%,其中关节、脊柱、创伤和运动医学四大细分市场增长率均远高于全球相应领域平均水平。新技术研发及应用仍然是骨科植入物市场快速发展的重要动力。预计2020~2024年,我国骨科植入物市场将以16%的平均增长率快速发展。

关键词: 骨科植入物 带量采购 骨科机器人技术

2019年7月,随着国务院发布《治理高值医用耗材改革方案》(国办发〔2019〕37号),国家相关的改革措施相继落地,包括取消公立医疗机构医用耗材加成、医保目录准入和动态调整、实行量价关联的带量采购以及统一医用耗材编码体系等。本文对高值医用耗材改革重要领域之骨科植入物行业2019

---

[*] 许书富,北京纳通科技集团有限公司正天事业部总经理;李仁耀,北京纳通科技集团有限公司小骨科事业部总经理。

年发展状况、热点问题、市场趋势及新技术应用进行调研分析,以期为行业长远良性可持续发展提供参考。

一 2019年我国骨科植入物行业与市场概况

(一)行业概况

1. 生产企业概况

根据国家药监局网站相关公开信息[①],2019年全年,我国骨科植入物市场新增5家国内生产企业(特指首次获得关节、脊柱、创伤以及运动医学领域的第二、三类医疗器械产品注册审批的企业,下同),其中北京新增2家,江苏、山东、河南各新增1家,总数达到198家;国外生产企业无新增,总数为224家。江苏、北京分别以54家、32家国内生产企业优势排名前两位。

2. 注册证获批情况

根据国家药监局注册器械信息数据库[②],2019年新增336张第二、三类国产骨科植入物及相关手术器械注册证,其中运动医学26张、关节40张、脊柱116张,创伤154张;同期新增57张相应类别进口注册证,其中运动医学14张、关节12张、脊柱16张、创伤15张。

(二)市场概况

1. 国内市场

2019年国内骨科植入物市场继续保持高速增长,创伤、脊柱、关节和运动医学四个细分领域合计销售收入为271亿元,相较2018年的233亿元[③]增长率约为16%(见表1)。

---

① 数据来源:http://www.nmpa.gov.cn,2019年根据公开资料整理。
② http://app1.nmpa.gov.cn/datasearchcnda/face3/dir.html。
③ 根据公开资料整理及王宝亭、耿鸿武主编《中国医疗器械行业发展报告(2019)》,社会科学文献出版社,2019,第184页。

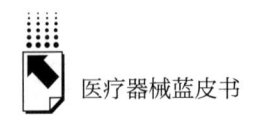

表1 2019年国内骨科植入物市场销售情况

单位：亿元，%

类别	2018年	2019年	增长率
创伤	75	84	12
脊柱	70	81	16
关节	73	86	18
运动医学	15	20	33
总计	233	271	16

2. 细分市场

（1）创伤

当前约183家创伤植入物生产企业[①]（国内110家、国外73家）参与国内骨科创伤植入物市场竞争。随着2019年国内多地招标降价、价格联动、带量采购等工作的开展，创伤植入物价格下行压力进一步加大。国产创伤植入物生产企业凭借明显价格优势、快速本土化研发响应等措施，进一步扩大国内市场份额。国外生产企业通过加强细分市场的优势开展学术推广活动，诸如提供胫骨高位截骨术、足踝部位解决方案等，进行差异化竞争，巩固其在我国核心创伤植入物市场的领导地位。2019年在国内创伤植入物市场销售收入方面，进口产品增长率为2%，国产产品增长率为17%；进口、国产市场占比分别约为32%、68%。

（2）脊柱

当前约159家脊柱植入物生产企业（国产77家、进口82家）参与国内骨科脊柱植入物市场竞争。国内脊柱植入物生产企业借助产品成熟度提升、大医院控费和医保报销等优势，在国内市场上增长势头较好。国外脊柱植入物生产企业凭借强大的学术影响力、产品配套全的优势，积极推广新理念、新技术和新产品，例如侧方入路椎体间微创融合技术、脊柱内镜技术和脊柱手术导航定位技术等，持续强化自身在高端脊柱植入物市场上的竞争优势。2019年在国内脊柱植入物市场销售收入方面，进口产品增长率为9%，国产产品增长率为

[①] 特指持有第二类和第三类骨科植入物产品注册证的生产企业，根据国家药品监督管理局公开信息统计，http：//app1.nmpa.gov.cn/datasearchcnda/face3/dir.html。

23%；进口、国产产品市场占比分别约为51%、49%。

(3) 关节

当前约75家关节植入物生产企业（国产41家、进口34家）参与国内关节植入物市场竞争。伴随国内关节外科多年的发展，关节置换手术在全社会接受度已经明显提高。国内关节植入物市场也受益于庞大的老龄化人口基数、国家卫生费用支出增长等，近几年来持续高速增长。国内关节植入物生产企业通过产品质量提升、高端髋膝关节获证上市、学术推广力度加大等，获得较高的收入增长速度。进口关节植入物生产企业通过推广计算机辅助导航技术、机器人辅助手术，其在增强国内市场上的话语权。2019年在国内关节植入物市场销售收入方面，进口产品增长率为8%，国产产品增长率为33%；进口、国产产品市场占比分别约为56%、44%。

(4) 运动医学

当前约49家运动医学植入物生产企业（国产20家、进口29家）参与国内骨科运动医学植入物市场竞争。2019年是国内运动医学植入物生产企业集中获证并开始参与市场竞争的重要一年。国产获证产品主要为金属带线锚钉和刨削刀头等入门级产品，其相关的学术推广活动也尚处起步阶段；相对而言，国外运动医学企业无论在产品线的完整性还是学术推广方面，都比较成熟。2019年在国内运动医学植入物市场销售收入方面，进口产品增长率为32%，国产产品增长率为60%；进口、国产产品市场占比分别约为94%、6%。

二 我国骨科植入物市场发展热点问题

(一) 监管法规的影响

2019年，国家多部委聚焦医用耗材定价虚高、市场监管亟待规范、临床过度医疗等突出问题，进一步强化对高值医用耗材从注册、生产、流通到使用的全生命周期监督管理。围绕着国务院发布的《治理高值医用耗材改革方案》精神，出台一系列相关文件。当前医疗器械规范命名编码工作正在进行，骨科植入物存在着品类繁多、规格型号复杂，而且分类、命名标准缺乏统一规则等问题。这些问题已经影响到各地招标采购目录制定、高值医用耗材控费降价及

相关生产、流通与使用环节监管工作的开展。2019年国内主要骨科植入物生产企业已经陆续参与到上述监管试点工作中来，并密切配合国家做好相关改革工作。

2017年3月，欧盟新版的医疗器械法规（MDR）获得欧盟成员国一致投票表决通过，该版本被视为重大升级版本，取代了欧盟老版的医疗器械指令（MDD）。MDR相对于MDD，主要是进一步强化了持证生产企业的责任，引入了更严格的上市前审查机制，加强了医疗器械上市后监管及追溯措施。对于风险管理类别较高的骨科植入物制订更严格的上市前审查标准，尤其是将脊柱植入物管理类别从Ⅱb类升级为Ⅲ类，风险控制级别进一步提高。以上法规变化，对于新进入市场者来说，难度更高了。欧盟MDR强制性实施时间原本为2020年5月26日，受新冠肺炎疫情影响，将延迟至2021年5月26日[1]，在此之前为过渡期。从2019年至欧盟MDR强制实施的这段时间为国内骨科生产企业申请欧盟CE的高峰期，诸多企业将争取在过渡期内，参照MDD标准拿到欧盟的"入场券"，并计划获得公告机构授权后，按照MDR法规的"高"标准进一步完善相关临床数据和验证资料等。未来MDR强制实施，不但对欧洲骨科植入物市场竞争格局将产生影响，还会对我国骨科生产企业出口业务竞争格局带来深远影响。

（二）带量采购

《治理高值医用耗材改革方案》提出鼓励医疗机构针对量大面广的高值医用耗材，探索联合开展带量谈判采购工作，以便降低高值医用耗材虚高的价格。多地已经在积极探索落实方案的精神。2019年7月，安徽省率先开展骨科脊柱植入物带量采购工作，使得脊柱植入物平均降价幅度达53.4%，其中进口、国产脊柱植入物平均降幅分别为40.5%、55.9%。2019年9月，江苏省在南京组织107家公立医院成立采购联盟，选择骨科髋关节植入物作为降价目标，与生产企业开展带量采购谈判工作。根据公开信息报道，本轮谈判结果使得髋关节植入物平均降价47.2%。2019年12月，贵州省黔南州组织了骨科创伤类医用耗材带量采购工作，中选企业价格最高降幅达49%。长期以来，

---

[1] https://ec.europa.eu/commission/presscorner/detail/en/IP_20_589。

骨科植入物一直是降价控费改革的重点领域。2019年，涉及骨科植入物的创伤、脊柱和关节三大板块，均已开始试点带量采购工作。各地所积累的实践经验，对将带量采购进一步推广到更多地区及更多骨科植入物产品领域有着十分重要的借鉴作用。

随着带量采购方式的普及，产品单一、市场份额较小、产品创新能力不足的企业将面临更大的生存挑战。今后骨科植入物企业为了取得在市场竞争中的主动地位，应加速产品的创新和新技术的开发应用，与竞争对手进行差异化竞争。

（三）新技术应用的影响

1. 3D打印技术

在将3D打印技术逐渐应用到骨科临床诊疗方面，国内外骨科企业差距较小。国内骨科3D打印技术应用自主创新研发有机会赶上西方发达国家[1]。3D打印技术在个性化定制骨科植入物的制造方面优势明显。当标准骨科产品不能满足特殊病损手术需求时，尤其是针对骨肿瘤切除、复杂关节翻修手术、大面积不规则骨缺损等病例，3D打印定制手段可提供个性化的解决方案。当前骨科3D打印研发主要聚焦在内植入物、手术导向导板、术前设计模型等方面。

国内先后出台了多项政策来规范3D打印产业的发展。国家药监局联合国家卫健委在2019年7月发布《定制式医疗器械监督管理规定（试行）》，为生产企业开发3D打印定制产品提供指导标准，在满足临床特殊需求的同时，推动产业发展及升级换代。截至2019年底，国家药品监督管理局共批准了4张骨科3D打印植入物注册证[2]。

根据公开资料统计，国内超过40家传统骨科企业以及3D打印初创公司根据临床的需求，结合国家相关政策引导，正在积极布局3D打印骨科产品的创新研发业务。不少国际骨科知名公司亦通过收购或自主开发方式进入3D打印骨科领域。这些大型企业的加入，将进一步推动3D打印技术在骨科的应用。

---

[1] 蔡宏、刘忠军：《3D打印在中国骨科应用的现状与未来》，《中华损伤与修复杂志》2016年第4期。

[2] http://app1.nmpa.gov.cn/datasearchcnda/face3/dir.html。

2. 骨科机器人技术

近年来,业界逐步在骨科推动践行精准诊疗理念。很多医生借助以骨科机器人为代表的计算机辅助技术,在术前模拟仿真设计智能化手术方案,术中结合机器人实时监控、反馈、引导及安全控制功能开展微创、精准手术操作,术后辅助患者开展定制化、精确化的主动、被动功能训练。机器人技术已经成为骨科人工智能应用的重要发展方向。

2015年美国发布《美国创新战略》,明确支持医疗机器人和精准医疗产业发展。2017年欧盟发布"地平线2020计划",提出大力资助机器人在医疗领域的转化及应用。国际领先的骨科公司纷纷通过并购进入手术机器人领域（见表2),更进一步推动了该技术的发展。

表2 国际骨科机器人公司并购事件

单位：亿美元

日期	公司名称	收购公司	机器人系统	手术类型	金额
2013年9月13日	Stryker	Mako surgical	Mako Robot	关节	16.5
2014年1月14日	Globus	Excelsius	Excelsius	脊柱	未公布
2016年1月16日	Smith&Nephew	Blue belt	Navio	关节	2.75
2016年7月16日	ZimmerBiomet	Medtech	ROSA	脊柱关节	1.32
2018年2月18日	DepuySynthes	Orthotaxy	未上市	关节	未公布
2018年9月18日	Medtronic	Mazor Robotics	Mazor	脊柱	16
2019年3月19日	Corin	OMNI	OMNI	关节	未公布

资料来源：根据公开信息整理。

《中国制造2025》及"十三五"规划纲要等重要文件明确,助力国内医疗器械机器人技术应用产业发展,抢占未来科技战略制高点。根据公开资料统计,国内超过10家传统骨科企业、初创公司已经在联合医院、高校或研究机构开展骨科手术机器人研发工作。截至2019年底,国家药品监督管理局共批准了4张骨科手术机器人注册证[1],其中3张为进口医疗器械注册证,1张为国产医疗器械注册证。相信在不久的将来,以机器人为代表的计算机辅助技术

---

[1] http：//app1.nmpa.gov.cn/datasearchcnda/face3/dir.html。

会在骨科手术中得到大量应用，这将极大程度地驱动骨科植入物产业发展，显著提高医护人员诊疗效率，更好地重塑患者运动功能。

三 市场发展趋势预测

根据OrthoWorld行业研究报告[1]，2018年全球骨科植入物四大板块——关节、脊柱、创伤、运动医学市场销售收入较2017年增长3.8%，达到410亿美元。其中关节板块增长3.7%，收入约189亿美元；脊柱板块增长2.7%，收入约93亿美元；创伤板块增长4.1%，收入约72亿美元；运动医学板块增长5.6%，收入约56亿美元。美国仍然是全球最大的骨科植入物市场，占62%的市场份额；欧洲、中东和非洲占24%，亚太占9%，其他地区占5%。虽然面临着保险支付机构、监管机构、患者要求更好的临床效果与更低的付费价格的压力，但由于老龄化社会的加剧以及新技术的发展与应用，未来全球骨科植入物市场收入预计仍将以约3.5%的速度增长。

中国人口老龄化进程正在加速，速度远超西方发达国家，综合国内骨科各细分市场渗透率远低于美国，医保支付的广泛覆盖，分级诊疗模式之下技术下沉带来的市场增长以及国内良好的骨科产业升级趋势等因素，预计2020～2024年，国内骨科植入物市场将以16%的平均增长率快速发展。

---

[1] The Orthopaedic Industry Annual Report 2019, Ortho World, 2019, pp. 10–18.

市场篇

Topics in Products and Market

B.17
2019年我国医用防护性物资使用情况与发展趋势分析

林 强　余益新　刘臣斌[*]

摘　要： 医疗防护用品不但种类多，而且有各自的标准。目前，我国医用防护用品产业缺知名品牌、资源配套不全、应急能力有待提高；某些医用防护用品的行业标准还有待完善。在突发重大公共卫生事件的冲击下，医护人员防护意识已有所提升，但还需进一步推广防护知识，加强防护培训。应将医用防护物资纳入国家储备物资，予以科学储备，以便在急需时能够合理、及时调用。预计未来医用防护用品产量将持续上升，新型材料的医用防护用品和智能防护系统将逐步占领市场。同时，医用防护物资的防护能力也将得到增强。

---

[*] 林强，福建省立医院主任医师，基本外科主任、设备处处长；余益新，福建省立医院工程师、科员；刘臣斌，福建省立医院高级工程师、科员。

2019年我国医用防护性物资使用情况与发展趋势分析

关键词: 医用防护物资 智能防护 国家储备物资

医用防护物资是医护人员在行医、治疗的过程中保护个人人身安全和健康所必备的防护物品或装备,对医用防护物资的正确合理地选择和使用是感染防控不可或缺的一部分。医疗防护用品不但种类多,而且有各自的标准。为了让读者进一步了解医用防护用品现状,本文总结了医用防护用品的分类和行业标准,并多角度分析目前存在的问题,提出相应的解决措施,最后,从实际出发,预测医用防护物资在政策和应用方面的发展趋势。

一 医用防护用品分类和行业标准

医疗防护用品不但种类多,而且有各自的标准,不同国家对同类医用防护物品也有不同的标准。比如医用手套,国内、国际和主要发达国家的医用手套标准共计109项[1]。医用防护用品的作用、分类和标准如表1所示。

表1 医用防护用品的作用、分类和标准

防护用品	分类	中国标准	国外标准
医用口罩	普通医用口罩	《一次性使用医用口罩》(YY/T 0969-2013)	美国:《医用口罩材料性能标准规范》(ASTM F2100-2019),欧盟:《医用面罩 要求和试验方法》(EN 14683-2019)
	医用外科口罩	《医用外科口罩》(YY 0469-2011)	
	医用防护口罩	《医用防护口罩技术要求》(GB19083-2010)	
医用防护服	连身式与分身式	《医用一次性防护服技术要求》(GB19082-2009)	美国:ANSI/AAMI PB70-2012 和 NFPA 1999-2018,欧盟:EN 1426-2003
	连帽款与无帽款		
	有胶条款与无胶条款		
	一次性使用		
	可重复使用		

---

[1] 国家标准馆数据。

续表

防护用品	分类	中国标准	国外标准
隔离衣	隔离衣	《医院隔离技术规范》(WS/T 311-2009)	美国:ASTM F3352-19
医用手套	医用检查手套	《一次性使用灭菌橡胶外科手套》(GB 7543-2006)、《一次性使用聚氯乙烯医用检查手套》(GB 24786-2009)《一次性使用橡胶检查手套》(GB 10213-2006)和《一次性使用非灭菌橡胶外科手套》(GB 24787-2009)	美国:ASTM D3578-2019、ASTM D5250-2019,欧盟:EN 455-1-2000、EN 455-2-2015、EN 455-3-2015、EN 455-4-2009
	医用外科手套		
护目镜	护目镜	《个人用眼护具技术要求》(GB 14866-2006)	《个人用护目镜技术要求》(ISO4849-1981),美国:《职业和教育的个人眼睛和脸部保护装置》(ANSI/ISEAZ87.1-2015)
防护面罩(面屏)	防护面罩(面屏)	《个体防护装备 眼面部防护 职业眼面部防护具》(GB 32166.1-2016)	美国:ANSI/ISEAZ87.1-2015
鞋套、靴套	鞋套靴套	《一次性使用医用防护鞋套》(YY/T 1633-2019)	美国:《紧急医疗事故现场防护服》(NFPA 1999),欧盟:《防护服—抗感染防护服的性能要求和试验方法》(EN 14126-2003)
医用帽	一次性使用医用帽	《一次性使用医用防护帽》(YY/T 1642-2019)	
	一次性使用医用防护帽		
射线防护	射线防护	《医用X射线诊断放射防护要求》(GBZ 130-2017)	

注:因各国标准不一,表中国外标准只取美国和欧盟作为对比,表中空白为待补充。

二 中国医用防护用品行业现状

2020年,新冠肺炎疫情暴发,使得医用口罩、护目镜、防护服、防护面罩等医用防护用品需求猛增。另外，口罩和防护服等防护物品都是一次性消耗物品，很多通过捐赠等渠道获得的防护物品不符合医用标准，加剧了供需矛盾。

（一）医用口罩

我国是世界上最大的口罩生产和出口国，2015~2019年我国口罩行业总体发展平稳，医用口罩的总产值在2015年为32.54亿元，到2019年增至54.91亿元。2019年中国生产口罩50亿只，其中医用口罩27亿只，占54%[①]（见表2）。

表2 2019年中国各类口罩生产数量及占比

单位：亿只，%

口罩类型	医用口罩	工业防尘口罩	普通纱布口罩	日用防护口罩
数量	27	8	9	6
占比	54	16	18	12

据工信部2020年2月2日数据，全国口罩产能总计每天约2000万只（其中医用N95口罩60万只）。医用口罩生产经营企业数量排名前五的省份有山东、河北、北京、河南、重庆。根据国家药品监督管理局发布的统计数据：截至2020年2月3日，我国医用口罩国内企业生产批文总数达到575个，涉及361家生产企业。其中华东地区医用口罩生产企业总数达160家，占全国医用口罩获批企业总数的44.32%；华中地区医用口罩生产企业总数达121家，占全国医用口罩获批企业总数的33.52%。

（二）医用防护服

2015~2019年，我国医用防护服产量较为稳定，医用防护服的总产量2015年为335万套，到2019年增至428万套。防护服需求结构情况见表3。

---

① 根据中国纺织品工业协会数据得到。

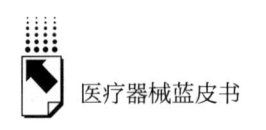

表3　2019年我国医用防护服需求结构情况

单位：万套，%

防护服需求结构	医疗用途	医学研究	公共事务	其他用途
数量	369	14	25	20
占比	86	3	6	5

截至2020年2月2日，符合中国标准医用防护服的生产企业有40家，产能约每日3万套，中国医用防护服出口产能约每日5万套[1]。从生产企业的地区分布情况来看，河南省是我国医用防护服生产制造量最大的省份，企业数量约占全国的37.5%，湖北省约占12.5%，安徽省约占10.0%[2]。

（三）医用手套和护目镜

根据卫生部和国家统计局公布的数据，2019年中国卫生技术人员达1010万人，按照国外医疗行业60%以上医护人员消耗防护手套的比例估算，每天每人消耗6只手套，则每天需要医用手套132.71亿只。

假设全国10%的卫生技术人员从事疫情相关工作，每人每日消耗护目镜2副（医用护目镜多为一次性，但国务院1月31日发文经严格消毒后可以重复使用，这里假设不重复使用），则全国每天需要护目镜2020万副。

（四）医用防护用品检测

2020年初，国家市场监管总局公布国家级医疗器械防护用品检测机构情况：通过国家认证认可监督管理委员会审批，取得资质认定的医疗器械防护用品检测机构共有55家。具体情况参见表4。

另外，全国还有170多家获得省级市场监管部门资质认定的防护用品检测机构，在各地市场监管部门或相关检验检测机构可查到。

---

[1] 2020年2月2日，工信部副部长王江平接受央视记者专访公布的数据。
[2] 数据来源：国家药品监督管理局、前瞻产业研究院。

表4　各类防护用品国家级检测机构统计

单位：家

序号	防护用品类型	机构数量
1	医用防护口罩	34
2	医用一次性防护服	30
3	医用外科口罩	28
4	一次性使用医用口罩	24
5	一次性使用医用橡胶检查手套	34
6	一次性使用灭菌橡胶外科手套	34

注：一家机构可能具备多种防护物品的检测能力。

三　促进医用防护用品产业发展的措施

在这次疫情中，我国医用防护用品产业暴露出缺知名品牌、产业资源配套不全、应急能力有待提高等问题。为满足突发公共卫生事件的紧急需求，中国政府应在丰富种类、提升品质、创造品牌等方面，帮助企业树立中国医用防护用品产业的国际形象。

（一）多措并举缓，解防护用品供需矛盾

（1）政府在原料采购和市场供应上采取措施保障生产和销售，要求医院防护用品必须符合国家标准，并由当地医疗疾控中心统一调控，优先供应医护人员和生产人员。

（2）通过进口缓解供需压力，防护物品必须符合我国医用标准或相关技术标准。产品必须在保质期内，包装完好无污损，并附进口医疗器械产品注册证等资质材料。

（3）改进防护用品消毒方式，缩短静置时间。传统的环氧乙烷灭菌通常需要7~14天，若采用辐照[①]（钴60或电子加速器）方式对医用防护服进行

[①] 2020年2月7日，国务院联防联控医疗物资保障组《医用一次性防护服辐照灭菌应急规范（临时）》。

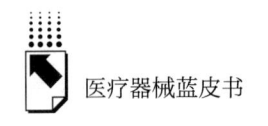

灭菌，灭菌时间可缩减至1天以内。

（4）鼓励有实力的企业转产，生产符合医用标准的防护物资。

（二）推广普及防护知识，对防护人员加强培训

突发公共卫生事件容易引起群众恐慌性购买、囤积和滥用，严重影响个人防护装备市场供应。可根据国家卫健委制定的《关于印发不同人群预防新型冠状病毒感染口罩选择与使用技术指引的通知》，引导民众选择合适的口罩类型，避免过度防护，造成防护用品浪费。

开展防护用品的相关培训和演练。当突发公共卫生事件来临时，医院就是抗疫的前线。防护用品的穿戴顺序，整体的严密性，是保护医务人员不受病毒侵害的关键。使用过的防护用品可能会成为病毒的载体，对它们进行正确处理是切断传播途径的关键。所以，医院感染管理部门必须定期对医护人员进行防护培训，进一步提高医护人员的防护水平。

（三）加强防护用品监管，完善标准

加强对医用防护用品生产企业的监管，按照我国《医疗器械监督管理条例》和《医疗器械生产监督管理办法》的有关规定，医用防护用品生产企业需监管部门审批通过后方可进行生产，具体要求见表5。生产企业要保证出厂的医疗器械严格按照经注册或者备案的产品技术要求组织生产，且符合强制性标准。对于无菌医疗器械产品，其质量体系除要符合《医疗器械生产质量管理规范》外，还应符合中国《医疗器械生产质量管理规范附录无菌医疗器械》的相关要求。生产企业必须定期向其所在地省级药监部门提交自身质量管理体系的运行报告。

表5 医用防护用品监管要求

医用防护用品	医疗器械分类	监管部门
医用口罩、医用防护服	第二类医疗器械	省级药品监督部门
护目镜、面罩	第一类医疗器械	市级药品监管部门

经查，目前医用护目镜没有明确的国标，市面上基本是依据《个人用眼护具技术要求》（GB14866-2006）生产的。该要求对护目镜的化学性能、光

学性能、机械性能、防护性能进行了规定，但缺乏对防病毒性能、透气性能、泄漏性能的规定。所以，对于还没有国标和行业标准的医用防护用品，我国必须尽快组织制定相关的标准。

四 防护用品未来发展趋势

（一）专业性防护物品市场占有率将持续上升

近年来，随着我国经济的发展、人们生活水平的不断提高，个人对安全防护的重视程度也在提高。未来，专业性防护物品具有巨大的增长潜力，比如手套和口罩。除在医疗行业之外，一次性防护用品等在食品、电子工业、劳保和家用领域也有广泛需求。

（二）新材料和新型智能防护用品将成未来发展新方向

1. 新型材料防护用品

医用口罩的防护等级取决于熔喷布，很多厂商利用新型材料和工艺不断增强产品的防护效果，提升产品可靠性。比如纳米口罩①，用聚四氟乙烯（PTFE）材料通过特殊工艺制备，与传统医用外科口罩相比，它的特殊之处在于中间层采用孔径更小（100～200纳米）的纳米膜构成。纳米口罩因其高效的过滤性能，使用寿命长、轻薄透气的特点，目前已经成为一款高效医用防护口罩。

2. 新型全方位功能型头面部防护头罩

新型防护头罩装置通过对头部进行全方位防护，在保证过滤效率的同时解决了面部损伤和镜面雾化的问题，而且可更换过滤膜重复使用。防护头罩分为无源头罩和有源头罩，无源头罩配有带过滤功能的呼吸窗，有源头罩则设计有单独的、具备过滤细菌和病毒功能的送风装置，可提供微正压，提升呼吸舒适度。2020年2月初，驼人集团研发的一款集口罩、护目镜、头部防护等功能于一体的新型防护头罩已完成注册备案。

---

① 中国科学技术协会官网。

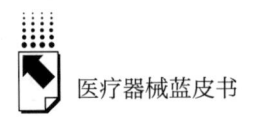

3. 新型智能正压呼吸防护系统

智能正压呼吸防护系统，由防护头罩、呼吸管和呼吸器等主要部件构成。呼吸器可智能监测内部过滤组件的堵塞程度并自动调整送风的功率，给使用者稳定的呼吸气流，能有效避免传统面罩的起雾问题，同时视野清晰，更方便临床医护人员开展工作；呼吸器上的过滤部件还可以更换，头罩可擦拭消毒，呼吸管可以清洗消毒，满足了临床医护人员安全防护的要求。如泰克曼公司研发的呼吸防护头罩，施可瑞集团旗下捷尼亚品牌新研发的电动正压空气滤净防护呼吸系参照国外高级别医用防护标准，通过医疗器械产品注册。

（三）将医用防护物资纳入国家储备物资

口罩和防护服等医用防护物资应被纳入国家储备物资，科学储备，以在急需时能够被合理、及时调用。这次疫情使我们认识到，我国在国家物资储备方面还存在一些薄弱环节，应当尽快完善国家战略物资储备体系。建立医用防护储备物资轮换制度，根据医疗防护物资品种和规模的调整方案以及储存时间、品质状况等，拟订年度及中长期的轮换计划。同时应保证对医疗防护物资的定期检测，对于已达到或超过轮换期限的物资以市场化方式进行轮换，以保证国家物资储备的总量平衡①。

---

① 李超明：《强化公共卫生应急响应能力，美国经验给我们五点启示》，《第一财经日报》2020年2月17日，第A11版。

B.18
2019年我国外科吻合器行业发展状况和发展趋势

宋成利*

摘　要： 吻合器是外科手术中替代传统手工缝合的医疗器械，它主要用于对人体内各种腔道和病变组织的离断、切除、吻合以及对器官功能的重建。根据原国家食品药品监督管理总局及吻合器行业协会的研究数据，全球吻合器市场规模将由2017年的33.8亿美元增加至2022年的47.8亿美元，年增长率达到7.2%；中国吻合器市场规模由2014年的36亿元增加至2019年的107亿元，年增长率为17%。但我国吻合器行业产业集中度总体偏低，呈现小而散的状态，还没有形成规模化发展格局，并且，我国吻合器产业创新能力偏低，产品同质化严重。预计未来，手术微创化、器械操作智能化将是吻合器行业发展大势所趋，基层医院放量、区域医保覆盖将促使吻合器市场高速发展，政策扶持力度加大将更好地促进国产吻合器实现进口替代。

关键词： 吻合器　微创外科　医疗器械　智能化

随着微创外科手术的发展，在消化道重建手术中，吻合器吻合已经逐渐代替手工缝合成为腹腔吻合操作的主要方式。近年来，随着吻合器在临床上的广泛应用与普及，吻合器行业迎来了快速的发展。

---

* 宋成利，博士，上海理工大学医疗器械与食品学院教授，教育部"现代微创医疗器械及技术"工程研究中心常务副主任。

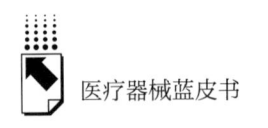

一 吻合器基本概况

（一）吻合器的发展历程

在消化道重建手术中，吻合技术是关键技术，吻合效果关系着手术的成败，因此吻合技术的改进一直是研究的热点[1]。常见的消化道重建方式有手工缝合和机械吻合。手工缝合利用人工合成的可吸收缝线对离断部位进行缝合，可适用于任何部位的缝合。自16世纪以来，手工缝合历经了三层缝合、双层缝合和单层缝合的不同发展阶段[2]。随着技术的进步和外科医疗器械在临床中的应用，消化道重建手术逐渐从传统的手工缝合发展为器械吻合，只要经济条件允许，器械吻合都是优先选用的方式[3]。

机械吻合是在肠腔内支架吻合的基础上发展起来的。11世纪意大利医学专家采用干瘪鹅气管作为支管架进行吻合操作[4]，这种方式被称为支架吻合，并在接下来的几个世纪里得到了快速的发展。1892年，美国的Murphy设计了一种互锁纽扣，它由两个空杆状金属蘑菇组成，通过杆内内置的弹簧迫使金属蘑菇挤压肠壁完成吻合；1908年匈牙利外科医生Hultl和Fisher设计了第一把现代意义上的吻合器，并进行了胃与十二指肠的吻合[5]，该吻合器首次采用B形缝钉进行组织钉合，是现代吻合器的发展基础。1979年美国Ethicon公司生产出世界上第一把一次性吻合器，此后，机械吻合器开始进入规模化生产和应用。1987年Phililpe Mouret医生完成了世界上第一例临床腹腔镜胆囊切除术，

---

[1] Natale C, Ferrozzi L, Pellegrino C, et al., "Digestive Anastomosis in General Surgery", *Il Giornale di chirurgia*, 1998, 19 (4).

[2] 赵玉沛、张太平：《消化道重建基本原则与基本技术》，《中国实用外科杂志》2014年第3期。

[3] 中华医学会外科学分会外科手术学学组：《胃肠吻合专家共识（2008）》，《中国实用外科杂志》2008年第10期。

[4] Murphy J. B., "Cholecysto-intestinal, Gastro-intestinal, Entero-intestinal Anastomosis, and Approximation without Sutures", *Med Rec NY*, 1892, 42: 665-676.

[5] Gaidry A. D., Tremblay L., Nakayama D., et al, "The History of Surgical Staplers: A Combination of Hungarian, Russian, and American Innovation", *The American Surgeon*, 2019.

标志着吻合器开始应用于微创外科领域。此后，吻合器进入快速发展的阶段。目前，吻合器已发展成品类繁多、外科医生手中不可或缺的手术利器，并朝着电动化、智能化的方向发展。我国于20世纪70年代开始研究吻合器，90年代后开始引入国外吻合器并在全国医院大规模推广。

（二）吻合器的基本结构和工作原理

吻合器是外科手术中常用的医疗器械，在临床上应用广泛，其种类也多种多样，但其基本工作原理都是基于Hultl和Fisher的B形缝钉模式。以腔镜吻合器为例，该吻合器主要由钉匣、手柄、传动组件等构成，其中钉匣中有刀片，它在吻钉吻合组织的同时完成组织的离断。钉匣中共有6排吻合钉，在将组织切断后，两边各三排吻合钉在抵钉座的作用下弯曲成"B"形，完成组织的钉合。

（三）吻合器的分类

随着现代科技的发展和加工工艺的进步，一次性使用的吻合器逐步替代可重复使用的吻合器，并且从单一的消化道吻合器发展到应用于不同手术、不同部位的分门别类的吻合器系列。其中，按照结构和功能的不同，可将吻合器分为八种类型，如表1所示。根据手术方式的不同又可以分为开放式吻合器和腔镜式吻合器。其中，腔镜吻合器由于手术局部创伤小、应激反应轻、术后恢复快等独特优点，越来越受国内外临床外科医生的推崇。

表1 吻合器分类

类别	应用
（a）直线性缝合器	用于胃、十二指肠、小肠、结肠等组织的残端闭合
（b）环形吻合器	用于食管、胃、肠等消化道腔道吻合
（c）肛肠吻合器	用于TST（选择性痔上黏膜吻合术）和PPH（痔上黏膜环切吻合术）
（d）线性切割缝合器	用于组织离断和切除、侧侧吻合和关闭开口，如胃、空肠侧侧吻合，肺部分切除等手术
（e）荷包缝合器	使用于消化道手术中制作荷包、痔疮手术中制作荷包
（f）皮肤筋膜缝合器	用于较长的皮肤切口缝合
（g）血管吻合器	用于血管手术中对大血管离断断端的封闭
（h）腔镜吻合器	用于各类腹腔镜手术中组织的离断、切割与吻合

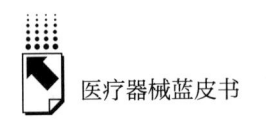

二 我国外科吻合器行业发展现状分析

(一) 我国吻合器市场总体发展现状

根据原国家食品药品监督管理总局及吻合器行业协会的研究数据,全球吻合器市场规模将由2017年的33.8亿美元增加至2022年的47.8亿美元,年增长率达到7.2%。中国吻合器市场规模由2014年的36亿元增加至2019年的107亿元,年增长率为17%,其中腔镜式吻合器增长速度更是超过了30%(见图1)。

图1 2009~2019年中国吻合器市场销售情况

由图1可以看出,国内吻合器市场规模逐年上升,并且腔镜式吻合器销量已经超过了开放式吻合器,增长速度达到年均25%左右。随着微创外科技术的快速发展,腔镜吻合器市场将持续加速扩张。然而,近年来国内吻合器市场主要由外资主导,2019年进口吻合器占据整体市场的73%。将开放式和腔镜式吻合器对比来看,差异更加明显,如表2所示。国产开放式吻合器产品经过多年的努力已经获得了50%的市场份额,目前国产和进口产品分布格局相对稳定,竞争激烈。而腔镜式吻合器由于技术水平较高,市场由外资品牌主导,进口产品市场占比达85%。

表2 2019年国内吻合器市场情况

项目	开放式吻合器		腔镜吻合器	
	国产	进口	国产	进口
市场占比(%)	50	50	15	85
单价(元)	1500~2500	2500~3500	2000~3000	4000~6000
销售额(亿元)	19	18	11	59

（二）我国吻合器行业发展存在的问题

我国目前有吻合器相关业务的公司有250余家，其中具有研发能力的公司不足100家，通过登录国家药品监督管理局网站，我们发现关于国内吻合器注册证的记录共有975条。我国吻合器行业产业集中度总体偏低，呈现小而散的状态，还没有形成规模化发展格局。此外，我国吻合器产业创新能力偏低，以高技术的腔镜式吻合器为例，在外资品牌中，以强生和美敦力产品为主，分别代表了两大产品类别。国内大多数厂家生产的为美敦力款吻合器，如法兰克曼、天津瑞奇、北京派尔特等，产品同质化严重，竞争惨烈，国内生产强生款吻合器的厂家较少，只有江苏风和、常州华森、山东威瑞等[1]。

近年来，在国产替代的政策支持下，国内涌现出一批优质的吻合器企业，如上海逸思医疗科技有限公司，该公司成立于2011年，是一家专注于肿瘤微创外科高端医疗器械研发和产业化的高科技公司。其中该公司腔镜吻合器产品具有全球首创的60°超大转角，并且将钛钉的成钉形态改为圆弧形，不同于传统强生系列的类矩形；常州健瑞宝医疗器械有限公司成立于2007年，该公司推出了新一代腔镜切割吻合器及钉仓，采用"非等高缝钉成型"专利技术，全面提升了产品缝合和止血性能等。

三 外科吻合器技术发展趋势及行业发展前景

（一）吻合器技术发展趋势

吻合器的出现虽然给医生和患者带来了巨大的好处，但是依旧有术后并发

---

[1] 聂小钧：《腔镜吻合器的市场分析》，https://www.renrendoc.com/p-42088819.html。

症的存在，吻合口瘘、吻合口狭窄和吻合口渗血等并发症甚至会严重威胁患者的生命安全。相关研究表明，术后并发症的出现与多种因素有关[1]，一是与患者的体质有关[2]，二是与医生的专业化程度和操作水平密切相关[3]。目前临床上使用的多为机械吻合器，需要手动压榨和手动击发，需要医生凭借个人经验判断吻合所需要的压榨时间、压榨强度和切割速度以及根据组织厚度选择对应的吻合钉，这导致吻合效果很大程度上依赖于医生的操作水平。

为了建立更为安全有效的吻合口，在使用吻合器的过程中需要保证均匀用力、压榨组织强度合适、压榨时间合适和选用的钉仓适合组织的厚度。而吻合器的电动化、智能化则是解决这些问题的有效方法。

目前，一些公司已经对吻合器的电动化、智能化进行了研究，如强生 Powered Echelon Flex™ 系列吻合器[4]和北京派尔特的一次性电动腔镜吻合器[5]，都有效提高了吻合质量，有利于病人在手术后的伤口恢复。美敦力公司在2015年发布了 Signia™ Stapling System 腔镜吻合器，该吻合器可以自动调节击发速度，还能在压榨组织时反馈组织与钉仓的匹配程度，提醒医生使用更合适的钉仓，有效提高了吻合过程中组织的安全性，具有一定的人机交互能力。此外，还可单手操作实现钉仓角度的无极旋转，大大方便了医生操作。

未来吻合器技术会越来越多地以与人工智能以及机器人结合的方式进行创新，使得吻合器走向智能吻合器时代。目前市场上已经有了一些半智能化的吻合平台，但这些吻合平台更多还是偏向于自动化，与真正的智能化还有较大差距。未来的全智能吻合器会与智能反馈系统一起被接入手术机器人中，在对组

---

[1] 彭昌兵、庄文：《低位直肠癌保肛术后吻合口漏的原因及防治现状》，《中国普外基础与临床杂志》2014年第2期。

[2] 傅传刚、郝立强：《低位直肠癌保肛术后吻合口漏与狭窄原因及治疗》，《中国实用外科杂志》2014年第9期。

[3] Stolarski A. E., Kim N. E., O'neal P., et al., "Implementation of an Intraoperative Instructional Timeout Just Prior to Stapler Use Improves Proficiency of Surgical Stapler Usage by Surgery Residents", *Journal of Surgical Education*, 2019, 76 (6): 1622 - 1628.

[4] Kimura M, Terashita Y., "Superior Staple Formation With Powered Stapling Devices", *Surgery for Obesity & Related Diseases Official Journal of the American Society for Bariatric Surgery*, 2016, 12 (3): 668 - 672.

[5] 赵宇、田晰、刘青：《一次性全电动腔镜吻合器的研制与应用》，《中国医疗设备》2017年第4期。

织进行吻合手术时，可实时反馈组织厚度、压榨、吻切强度等参数，让医生对病人在手术中的情况能有更为全面的把握，让手术更加智能化、简单化。

（二）吻合器行业发展前景

随着我国经济实力的不断增长和医疗体制改革的不断深化，我国居民的医疗服务支付能力也在不断提升。目前，我国人口老龄化趋势明显，在越来越多的人患有心脑血管疾病、癌症和糖尿病等疾病的背景下，吻合器在我国的使用率增长水平将超过全球平均的增长水平。根据外科吻合器行业发展中的几个推动因素，我们可以对吻合器的发展趋势做一个大致的预测。

1. 手术微创化、器械操作智能化是大势所趋

发达国家的微创手术比例已达80%~90%，而中国最好的医院微创手术比例也才70%，二、三线医院的比例就更低了。国内微创手术仍有较大发展空间。微创手术的普及将会拉动吻合器市场持续增长。

2. 基层医院放量、区域医保覆盖将促使吻合器市场高速发展

随着我国医疗体制改革的深入，新医改鼓励一般手术尽量在县级及县级以下医院解决，这将促使吻合器市场在基层持续放量。从各级别城市医院对吻合器的使用情况来看，我国县级所属医院吻合器的使用率明显低于直辖市，不同区域之间使用率差别也较大。未来三到五年，随着地县级医院吻合器的推广普及和保险覆盖人群比例的提高，吻合器市场将迎来高速发展。

3. 政策扶持力度加大将加速国产吻合器实现进口替代

近几年国家一直支持国内医疗行业发展，从2015年的"鼓励国产"，到2016年的"优先国产"，再到2017年的"限制进口，采购国产"，已经将对国产器械的支持落实到采购执行层面，且部分省市开始进行医疗器械的省级集中采购，对国产器械的支持力度上升到新的高度，这将促进国内吻合器企业加大研发投入，有助于未来更好地实现进口替代。

B.19 2019年我国数字化技术在口腔医疗器械领域应用分析报告

王成勇 刘志华 王焱辉*

摘　要： 随着国民经济水平的提升、计算机技术的飞速发展，当代口腔医学模式逐渐由传统诊疗向数字化精准诊疗转变。利用数字化技术实现精准、高效、舒适的个性化口腔诊疗已成为口腔医学发展的未来方向与客观需求。本文阐述了2019年我国数字化技术在口腔医疗器械领域的应用状况，对数字化口腔医疗器械及其相关技术做了一些总结与对比，指出了一些领域的不足之处和未来的发展趋势。从数字化口腔医疗整个过程来看，未来CBCT、3D打印、AI技术/CAD/CAM、医疗机器人等数字化技术将会更紧密地结合在一起，构成口腔临床完整的数字化治疗体系。

关键词： 口腔医疗器械　数字化技术　人工智能

2019年1月31日，我国为普及口腔健康行为，印发了《健康口腔行动方案（2019~2025年）》，随着行动方案的逐步实施，我国口腔健康水平和对口腔健康的关注度得到明显提升。我国口腔疾病患者诊疗人次呈现逐年上涨趋势，相关医疗服务需求总体处于增长阶段，口腔医疗服务市场规模不断扩大，未来口腔医疗行业市场前景十分乐观。

---

* 王成勇，博士，广东工业大学副校长，教授；刘志华，广东工业大学博士研究生；王焱辉，广东工业大学硕士研究生。

一 我国口腔行业市场规模

随着口腔医疗行业市场的不断发展，到 2024 年，我国口腔医疗行业市场总体规模将达到 1700 亿元以上（见图 1）。与世界水平相比，我国的口腔医疗器械基础薄弱，规模较小，发展滞后，大多数的高端设备与高端医疗器械以进口为主，同时相关技术、软件和设备相互捆绑，导致治疗成本过高。我国想要在这种局势下有所突破，就必须在数字化技术领域有所突破，提高我国数字化口腔技术以及产业的水平。

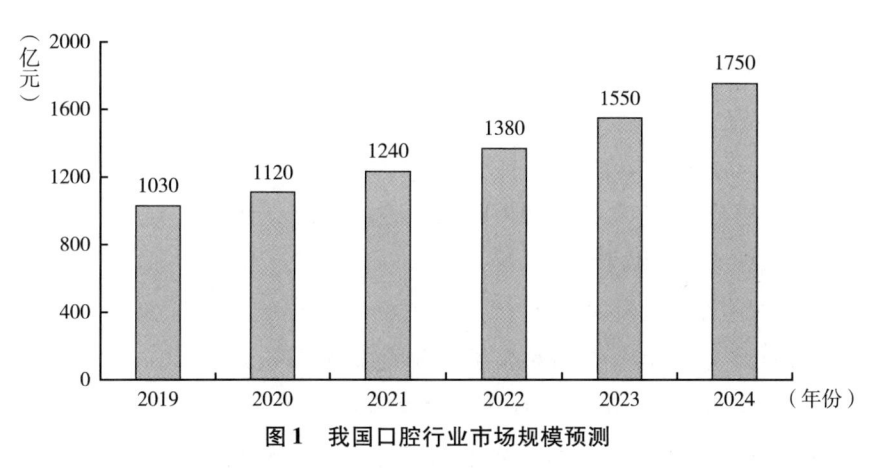

图 1 我国口腔行业市场规模预测

资料来源：前瞻产业研究院。

二 口腔医疗器械数字化技术应用

（一）口腔三维数据采集技术

近年来，随着 CBCT、三维光学扫描、计算机软件等数字化技术的发展和引入，三维数据扫描技术可以实现更加逼近客观、真实世界的诊断分析，三维数据扫描技术在口腔中的应用主要是数字印模技术和口腔 CBCT 扫描技术。

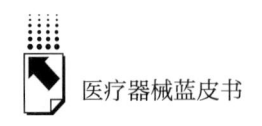

1. 数字印模技术

数字印模技术主要分为直接法和间接法，分别是口内扫描与牙列印模扫描。相比牙列印模扫描，口内扫描具有误差小、效率高、舒适度高等优点，目前口内扫描已经成为数字化口腔领域中重要的诊疗流程和常用口腔三维数据采集手段。近年来，全球口腔扫描仪市场发展迅速，2013～2017年平均增长率为16.33%。2017年，全球口腔扫描仪收入近1.89亿美元；实际销售约10500台[1]，现阶段我国口腔门诊的口内扫描仪仍以进口设备为主，其中包括德国Sirona的CEREC系列、丹麦3shape的Trios系列、美国3M的Lava C.O.S和以色列Cadent的iTero系列。

近年来，我国自主研发的口内扫描技术发展非常快，据不完全统计，截至2019年12月30日，在我国注册的口内扫描仪有12家17款不同型号，出现了广东朗呈、先临三维科技、深圳市牙翼科技、深圳爱尔创科技等国产口内扫描仪代表企业。目前我国口内扫描技术仍在不断成熟，相关产品将进一步提高配准关系与扫描精度和色彩逼真度，更好地为技师与患者服务。

2. 口腔CBCT扫描技术

CBCT具有很长的发展历史，它代表着临床口腔医学数字化技术的飞跃式发展[2]，现已广泛应用于牙科种植手术前的诊断与设计以及牙周疾病、牙体牙髓病等口腔医疗中。截至2019年12月30日不完全统计，已有15家国内厂商的CBCT在CFDA注册，如美亚光电、北京朗视、博恩登特、菲森、优医基等。我国在CBCT技术和产品研发上起步迟，技术落后，但近年国产品牌发展迅速，表1展示了部分国产CBCT核心参数与国外同类产品的对比。

经测算，2019年国内CBCT销量达5000～6000台，市场规模约20亿元，渗透率接近14%[3]。目前我国口腔CT市场已逐步实现进口替代，像美亚光电、北京朗视、菲森、博恩登特等国产CBCT占据了45%～60%的国内CBCT市场。其中，美亚光电在2019年全年累计订单数超过1700台，占据了国内约

---

[1] 数据来源：QYResearch医疗健康研究中心，2019。
[2] 连卫娜：《CBCT三维成像在口腔种植术中的临床应用》，《海峡药学》2017年第7期。
[3] 资料来源：浙商证券。

30%的CBCT市场份额，是国内CBCT最大供货商。到2025年，国内口腔CBCT的市场规模有望达70亿元①。但我国在高端产品领域仍缺乏足够的竞争力，发达国家CBCT渗透率在30%~35%。因此，国内CBCT市场依然有着巨大的发展空间。

表1 部分国产CBCT核心参数与国外同类产品对比

核心参数		CBCT厂商					
		德国Kavo	意大利NewTom	美亚光电	北京朗视	博恩登特	菲森
产品名称		OP3D	GiANO	尊影	Smart3D	Bondream 3D-1020	麟影
中大视野 FOV(cm)		14×9	11x13	15×10.5	15×8	16×8	15×9
分辨率体素大小(μm)		80~400	75	70~450	100~250	—	75~250
扫描时间(s)		10~20	18	20	13	—	≤15
核心部件	球管	东芝	—	东芝	—	—	—
	传感器	CMOS	—	CMOS	CMOS	—	—

资料来源：根据公开信息整理。

（二）CAD/CAM系统

CAD/CAM技术是指计算机辅助设计与计算机辅助制作技术，现阶段，全球常用的口腔CAD/CAM系统分别为CEREC、EVEREST、PROCERA和CERCON系统（见表2）。深圳爱尔创公司自主研发了国内首套CAD/CAM加工机UPMILL4022系统，随着产品的更新换代，其研发的UPMILL系列产品逐步具备更高的性能和品质，能短时间内实现修复体的制作（单颗蜡牙的平均加工时间约为4分钟）。口腔CAD/CAM技术已被广泛用于口腔修复体的设计制造等领域，并逐渐取代传统铸模的口腔医疗方式，未来牙科椅旁CAD/CAM技术将成为国际口腔修复加工技术的主流。

---

① 资料来源：思宇研究院整理。

表 2 典型 CAD/CAM 系统

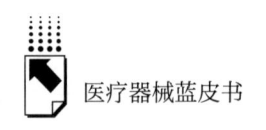

CAD/CAM 系统	型号	特点
CEREC 系列	CEREC 3、CEREC AC、CEREC 4	椅旁 CAD/CAM 系统； 口内红外光或蓝光高分辨率扫描； 快速自动扫描成像（低至 1 分钟）； 3 种自动生成修复体模型方法
EVEREST 系统	EVEREST	牙科技工室专用； 口外多角度光栅投影扫描； 数控研磨加工； 配有结晶炉
PROCERA 系统	PROCERA	口外锥光偏振全息扫描； 配有 Nobel Procera 3D 修复体设计软件； 远端工作站集中加工
CERCON 系统	CERCON BRAIN	口外扫描； 数控铣削

（三）3D 打印技术

3D 打印技术作为一种带有显著数字化特征的快速制造技术，能完美配合 CBCT 与口内扫描等技术，通过患者数据流把诊断、设计、生产等环节给串联起来。3D 打印技术已成为数字化口腔领域的研究热点之一。

现阶段，我国已形成博力迈科技、迅实科技、十维科技、汉邦科技、广州黑格智能科技、西安铂力特、瑞博医疗科技以及华曙高科等国内知名口腔 3D 打印设备厂商以及个性化口腔医疗器械供应商。可用于口腔医学领域的 3D 打印技术分别为光固化成形、烧结成形和熔凝成形三大类，其制造模式主要有 3D 打印工业生产模式以及椅旁数字化应用模式。前者以工业型 3D 打印设备为主，可批量生产，同时具有打印精度高、表面质量好等优势，主要应用于全口义齿、可摘局部义齿与支架、种植义齿、骨缺损植入物等金属或陶瓷方面产品的制作；后者椅旁数字化应用模式是基于开放式流程，配置桌面级打印设备，具有很高的灵活性，主要应用于口腔手术模型、手术导板以及正畸牙列模型制造。

（四）手术导航系统

近年来，口腔手术导航技术已经初步应用于口腔颌面外科手术与口腔种植手术中。我国迪凯尔医疗科技有限公司研发和生产的"口腔种植导航系统——易植美"成功获得国家药监局批准的三类医疗器械注册证（国械注准20163541819），是国内首家获得国家药监局批准的口腔种植手术导航系统。导航软件系统与光学跟踪定位系统是手术导航系统的关键核心技术，目前，我国导航软件系统多为自主研发系统，但光学跟踪定位系统大部分依靠国外成品设备。因此，我国口腔手术导航系统还未做到完全的国产化；口腔数字化动态导航技术能够实时呈现病人口腔解剖结构，全程监控手术器械末端的位置，通过更精准的配准方式进一步提高系统的准确性及反应性，实现手术的精准治疗[1]。

（五）人工智能

人工智能（AI）是应用计算机软硬件，模拟、研究和开发人类某些智能行为的理论、方法和技术。医疗健康领域是 AI 最重要、最有潜力的应用领域之一，同时 AI 也是数字化口腔发展的一大热点。2016~2018 年，我国医疗人工智能市场规模增长迅速（见图 2），形成了人工智能语音门诊病历采集系统（科大讯飞）、Prime Dental™ AI 口腔影像质控系统（DeepCare）、口腔影像 AI 辅助诊断系统（科大讯飞）以及智能导诊机器人等特色产品系统。

人工智能在医疗健康领域的应用主要包括辅助医师诊断、患者健康管理、医院数据管理、生物医药研发以及手术替代等。但目前 AI 技术并不完善，只能用于一些简单功能。统计发现，目前我国大多数初创企业的人工智能产品以辅助检测为主，而其他细分业务又涉及影像学和信号处理科学、语音学等学科。同时我国医疗人工智能产业存在落地和商业化模式不成熟问题，如何实现商业化仍然是一个巨大的难题。

（六）口腔医疗机器人技术

口腔手术机器人系统融合了视觉传感、术前 CBCT 数据分析、力学传感、三

---

[1] 汪饶开、吕平、姚洋：《数字化口腔种植导航的精确性评价》，《临床口腔医学杂志》2019 年第 6 期，第 380~383 页。

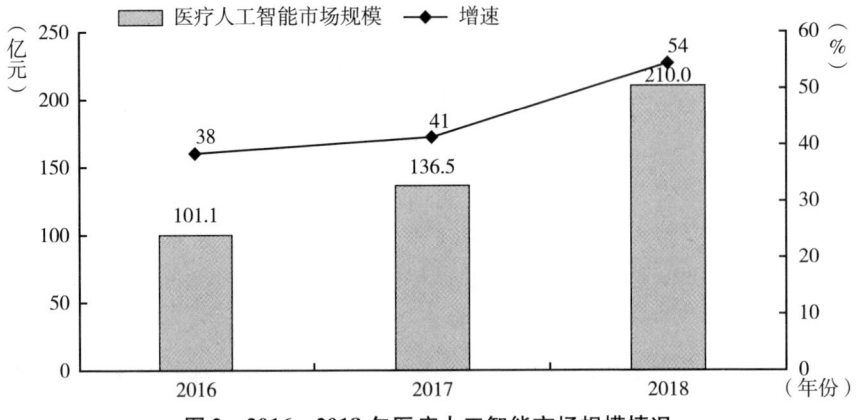

图 2 2016~2018年医疗人工智能市场规模情况

资料来源：根据公开信息整理。

维可视化以及微型机器人等先进技术，实现三维数字图像重构，口腔内部解剖的空间测量与判读、手术器械工作路径规划，术中导航，实时监测、跟踪患者移动，提供触觉感知与多感官反馈等功能，保证安全顺利完成手术。

近年来，我国医疗服务机器人市场规模不断扩大，2018年中国医疗服务机器人市场规模为18.4亿美元，2019年为22亿美元①。经过多年的发展，手术机器人从实验室走向临床，应用效果较好。当前我国口腔医疗机器人缺口很大，具有广阔的发展空间。未来应从实际需求出发，推动口腔医疗机器人向着微型化及异形结构发展②。

（七）混合现实技术

混合现实技术（MR）包容了VR和AR③④。MR具有良好的医疗应用前景，在骨科、心血管外科等学科领域已经得到广泛应用⑤。

---

① 数据来源：前瞻产业研究院。
② Mertz L．，"Tiny Conveyance: Micro-and Nanorobots Prepare to Advance Medicine"，*IEEE Pulse*，2018，9（1）：19~23.
③ Furhtb，*Handbook of Augmented Reality*，New York，NY：Springer，2011.
④ 罗伟、王燕一、侯霞等：《混合现实技术常见应用场景》，《中华老年口腔医学杂志》2019年第1期，第55~58页。
⑤ 贾婷婷、王凤泽、赵睿、乔波、郭斌：《混合现实技术在口腔医学中的应用进展》，《精准医学杂志》2020年第6期，第553~555页、560页．

MR在口腔医疗中还处于起步阶段。2019年，武汉协和医院口腔科贾玉林教授在MR辅助下，成功完成左侧颅底肿瘤切除。同年，空军军医大学口腔医院田磊主任团队应用MR确定了颅颌面畸形手术治疗方案，并完成手术。现阶段MR在我国口腔医疗中的实际应用例数较少，但在未来更加细分的医学领域中，它将为医师提供更具价值的影像学信息，还将能帮助临床医师更好地理解手术操作，提升和优化专业技能，服务患者[1]。

（八）云服务与5G通信技术

云服务与5G通信技术将口腔诊疗的数字化设备进行联网管理，实现远程监控、远程会诊与办公以及病患数据云服务管理，进一步改善医患间的沟通和交流，提供更好的口腔临床服务。同时，云服务与5G通信技术可以更好地将口腔三维数据采集设备、口腔医学数字化设计软件、口腔数字化加工设备及其他数字化技术无缝集成，形成一个完整的数字化口腔医疗器械的加工流程及治疗方案。

三 小结

利用数字化技术全面提升我国口腔临床诊治水平，满足患者对口腔系统生物、功能与美学三位一体的个性化、精准化治疗需求，是我国口腔医学发展的必然趋势。从数字化口腔医疗整个发展过程来看，在未来，CBCT、3D打印、AI技术/CAD/CAM、医疗机器人等数字化技术将会更紧密地结合在一起，构成口腔临床完整的数字化治疗体系。同时，口腔数字化技术将有助于实现以患者为中心的个性化、智慧化口腔诊疗，并可规范医疗行为、减少资源浪费、缩小地区差异，有利于推动我国口腔医疗的均衡健康发展。

---

[1] 刘琳、李鸿波、刘洪臣：《混合现实技术在口腔医学中的应用展望》，《口腔颌面修复学杂志》2019年第2期，第13页。

B.20
2019年我国左心耳封堵器市场状况及发展趋势

陈维 阮成民 常晓鑫*

摘　要： 目前，抗凝治疗作为症状性房颤的一线治疗方案，在各个国家的治疗成功率和覆盖率均不尽如人意，但左心耳封堵术远期疗效已被多个临床试验证实，并迅速在全球得到普及。本文首先分析了国外左心耳封堵器市场进展，在梳理相关数据基础上，指出我国目前行左心耳封堵术的患者数量居全球第二。2018年我国可完成左心耳封堵术的医学中心数量超过200家，其中已完成超过100台左心耳封堵术的医疗中心有11家。左心耳封堵的治疗主要集中在上海、北京、浙江、江苏等沿海发达地区和省会中心城市。最后，本文认为左心耳封堵器在我国市场应用前景广阔，经济价值潜力巨大，基层执业医师能力的提升有利于促进左心耳封堵术的基层推广等。

关键词： 左心耳封堵　心房颤动　医疗器械

学者对于房颤的认识已经有100多年的历史[1]。随着临床患者数量的不断增加，人们对房颤的研究也不断深入。统计数据显示，全球共有3350万房颤患

---

* 陈维，上海市第十人民医院心脏中心主任医师、心脏中心副主任；阮成民，广东脉搏医疗科技有限公司总裁、创始人、总经理；常晓鑫，博士，上海市第十人民医院心脏中心主治医师。
[1] E. N. Prystowsky, "The History of Atrial Fibrillation: The Last 100 Years", *J. Cardiovasc Electrophysiol*, 2008, 19 (6).

者，其中，美国为 600 万，中国为 1000 万左右，到 2030 年美国房颤患者预计将增加至 1200 万人[1][2]，而中国患者的体量将会更大。在过去的几十年中，房颤与卒中及系统性栓塞之间的显著联系以及其与年龄增长的进一步联系已经占据研究中心地位。在老年患者中，房颤导致卒中的比例高达 20%～40%，卒中现在是美国第三大死亡原因和主要残疾原因之一[3]。同样，未来，心房颤动较高的致死和致残率也将给中国社会和家庭带来沉重的负担。

1949 年 Madden 报道了 2 例病人，一名 32 岁的妇女和一名 52 岁的男子，在这两名病人的"左心耳"中都发现了血栓。20 世纪 40 年代末和 50 年代，多例外科手术中均发现有左心耳血栓形成。随着这些研究结果的出现，人们对左心耳这一结构的复杂性有了更深入的了解。已有多个研究报告分析指出，非瓣膜性房颤患者中，90%的患者卒中或系统性栓塞相关的血栓源自左心耳；而在瓣膜心脏病患者中，约 60%的患者血栓出现在左心房体部，约 40%的患者的左心耳中被发现有血栓[4]。对事件差异及特定病理生理学关联性的开创性研究，为 LAA 闭塞（LAAO）的局部定位治疗奠定了基础，并一直延续到今天。

一 国外左心耳封堵器市场进展

针对先天性心脏病的封堵器已经出现了 20 余年。新的封堵器产品也是不断更新迭代。自 20 世纪 90 年代美国 AGA 公司率先推出室间隔缺损封堵器以来，先天性心脏病封堵器作为首先出现的结构性心脏病的治疗产品率先被应用到临床，到目前为止经皮先天性心脏病封堵治疗已经是一个非常成熟的术式。

---

[1] P. Kirchhof, S. Benussi, D. Kotecha, et al., "2016 ESC Guidelines for the Management of Atrial Fibrillation Developed in Collaboration with EACTS", *Rev Esp Cardiol* (*Engl Ed*), 2017, 70 (1).

[2] C. T. January, L. S. Wann, H. Calkins, et al., "2019 AHA/ACC/HRS Focused Update of the 2014 AHA/ACC/HRS Guideline for the Management of Patients with Atrial Fibrillation: A Report of the American College of Cardiology/American Heart Association Task Force on Clinical Practice Guidelines and the Heart Rhythm Society", *Heart Rhythm*, 2019, 74 (1).

[3] M. Alkhouli, F. Alqahtani, S. Aljohani, et al., "Burden of Atrial Fibrillation-associated Ischemic Stroke in the United States", *JACC Clin Electrophysiol*, 2018, 4 (5).

[4] A. Cresti, M. A. Garcia-Fernandez, H. Sievert, et al., "Prevalence of Extra-appendage Thrombosis in Non-valvular Atrial Fibrillation and Atrial Flutter in Patients Undergoing Cardioversion: A Large Transoesophageal Echo Study", *EuroIntervention*, 2019, 15 (3).

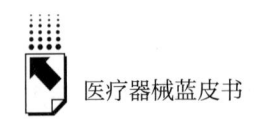

中国自2002年开始实现先天性心脏病封堵器国产化，目前部分领域已经完全实现了国产替代进口。

但是由于左心耳封堵器具有特定的位置和形态特点，故其研发生产有着极高的要求。直到2002年全球市场上才出现第一款左心耳封堵器"PLATO"，但是不幸的是，该封堵器的研发后来因为并发症及经费问题而终止。真正实现左心耳封堵器全球推广应用的是波士顿科学公司，其生产的Watchman左心耳封堵器目前已经是左心耳封堵器的"金标准"。2006年波士顿科学公司生产的Watchman左心耳封堵器获得CE认证，进入欧洲市场；2009年欧洲和澳大利亚率先开展WATCHMAN左心耳封堵治疗，其中德国年植入量可达3000例；美国起步较晚，2015年3月Watchman左心耳封堵器才获得FDA批准，目前年植入量高达一万例以上[1]。2014年Watchman左心耳封堵器获得CFDA认证，进入中国市场，成为中国市场上的首款左心耳封堵器。波士顿科学公司曾内部预测2019年全球Watchman左心耳封堵器累计植入量将达10万余例；其中美国植入数量超过4万例，中国植入数量超过5000例。有研究分析指出，2018年左心耳封堵器全球市场份额约4亿美元，预计到2025年将达到20亿美元，市场规模年复合增长26%[2]。

二 我国左心耳封堵器发展现状

左心耳封堵器都有着相似的框架构造。高分子聚合物包被在自膨胀镍钛记忆合金笼状结构支架表面。镍钛合金支架杆上的锚钩可以协助封堵器锚定在左心耳中，封堵器盘状结构上的镍钛合金网和2个聚酯补丁结构可以阻绝左心耳内微血栓脱落至左心房，防止卒中或系统性栓塞。左心房的内皮细胞会在封堵器封堵后沿聚合物表面爬行生长，爬附完成则形成新的内皮细胞层，达到完全闭合左心耳的目的。经皮左心耳封堵术是一种微创手术，有着操作过程简单、耗时短、恢复快、并发症少等优点[3]。

---

[1] 《医疗器械创新龙头乐普医疗深度解析》，https：//www.vzkoo.com/news/1981.html。
[2] 《2020年版中国左心耳封堵器行业市场前景分析及投资趋势研究报告》，立鼎产业研究网，http：//www.leadingir.com/report/view/3953.html。
[3] 黄从新：《左心耳干预预防心房颤动患者血栓栓塞事件：目前的认识和建议》，《中国心脏起搏与心电生理杂志》2014年第6期。

（一）我国左心耳封堵术的应用

目前，中国房颤患者数目庞大，规范化抗凝治疗覆盖率低，患者抗凝治疗依从性不佳，卒中及系统栓塞的发生率较高。国内大数据统计显示，我国临床实践中随着患者 CHADS^2 评分的增加，患者抗凝治疗达标人数并未相应增加。另外，随着年龄的增加，患者抗凝治疗的比例和依从性均有降低。在此背景下，以器械替代药物的革新治疗方法就显得尤为重要。左心耳封堵术的出现，给房颤患者卒中预防提供了新的选择。

根据流行病学统计，我国房颤年龄校正后患病率为 0.65% ~ 0.74%。中华医学会心血管病学分会发布的《关于左心耳封堵预防房颤卒中的专家共识（2019）》建议：对于①有长期抗凝治疗禁忌；②在长期规范性抗凝治疗基础上仍有栓塞事件发生的，且 CHA2DS2 - VASc 评分≥2 的非瓣膜性房颤患者，可选择左心耳封堵术。而 2019 年美国房颤指南，首次推荐将经皮左心耳封堵术治疗作为房颤患者卒中预防的非药物策略之一，再次说明左心耳封堵术对于预防房颤卒中和系统栓塞事件的治疗效果是显著的，权威指南的更新推荐更是成为今后左心耳封堵术发展的强大助力。

（二）国内左心耳封堵器市场的发展

我国左心耳封堵器市场较欧美发达国家起步晚，直到 2014 年 Watchman 左心耳封堵器才在我国上市。但国内第一个自主研发的左心耳封堵器先健科技 LAmbre™ 左心耳封堵器系统已经于 2017 年 6 月率先获得药监局审批通过。2017 年当年就实现收入 2110 万元，2018 年则实现收入 4160 万元，2019 年 LAmbre™ 的市场拓展已经初见成效，于报告期内贡献销售额约人民币 6410 万元，较 2018 同期增长约 54.1%[1]。Watchman 左心耳封堵器自在国内上市以来，2014 年植入 178 例，2017 年植入 1700 例，三年复合增长 112%，截至 2019 年 8 月，植入量突破 5000 例[2]。

2017 年我国左心耳封堵术治疗共完成 2214 例，应用的左心耳封堵器中波

---

[1] 深圳先健科技 2017~2019 年公司年报。
[2] 《医疗器械创新龙头乐普医疗深度解析》，https://www.vzkoo.com/news/1981.html。

士顿科学Watchman左心耳封堵器占比约77%,雅培(圣犹达)左心耳封堵器占比20%,先健科技左心耳封堵器占比约3%[1]。目前,已获得我国国家药品监督管理局批准用于临床的左心耳封堵器有:进口的Watchman左心耳封堵器(美国波士顿科学),ACP左心耳封堵器(美国雅培);国产的深圳先健科技的LAmbre™封堵器(2017年6月批准),上海普实医疗(2019年5月批准)的左心耳封堵系统等。

我国目前行左心耳封堵术的患者数量居全球第二。2018年我国可完成左心耳封堵术的医学中心数量超过200家,其中已完成超过100台左心耳封堵术的医疗中心有11家。左心耳封堵的治疗主要集中在上海、北京、浙江、江苏等沿海发达省份和省会中心城市。2019年完成例数居前10位的省市相对集中。从覆盖范围来讲,直辖市、华南、东南、华东、四川等区域的植入量高于全国其他地区[2]。

三 我国左心耳封堵器市场发展趋势

(一)市场应用前景广阔

未来20年,中国的老龄化将更加严重,根据我们的估算,2040年,我国60岁以上的老年人口占总人口的比例可高达25%[3]。房颤的患者总数也将大幅度增加,我国是卒中高发国家,卒中的高致死和致残率给国家和人民带来极大负担,预防中风,利国利民。口服抗凝药一直是房颤抗凝治疗的基石,但是这个比例在我国严重不足。老龄化社会的到来,巨大的房颤患者数量,使我国更需要一个简单高效的治疗方式,即由"局部封堵、单次手术"替代传统的"全身抗凝、终身服药"。随着民众对房颤左心耳封堵的认识不断深入,经济水平的不断提高以及国家对医疗投入的不断加大,人民对健康的追求不断提升,左心耳封堵器市场前景广阔。并且左心耳封堵术仅需单次手术,不需要终

---

[1] 《2020年版中国左心耳封堵器行业市场前景分析及投资趋势研究报告》,立鼎产业研究网,http://www.leadingir.com/report/view/3953.html。
[2] 《2018年中国医疗器械行业发展现状及市场竞争格局分析》,https://www.docin.com/p-2149203959.html。
[3] 何平平:《医疗费用增长因素研究》,湖南大学出版社,2012。

身用药，因此较"终身服药"的传统抗凝治疗方案而言，左心耳封堵术更容易获得患者的依从性。

（二）经济价值潜力巨大

目前，中国已超过日本成为世界第二大医疗器械市场。虽然我国医疗器械产业整体发展势头迅猛，但在高端医疗领域和美国、德国等老牌医疗工业强国仍有较大差距，主要医疗器械仍然以进口为主。按照中国目前14亿人口、房颤0.65%~0.74%的患病率计算，每年国内有910万~1036万的房颤患者，考虑到绝大多数患者为非瓣膜性房颤，按照其中10%的患者具有行左心耳封堵术适应证来计算，对左心耳封堵术有需求的患者将达到约100万例。假设未来左心耳封堵治疗渗透率逐步提升到20%，按照单价6万元/例计算，潜在市场空间将达每年120亿元。而目前左心耳封堵治疗渗透率还极低，市场仍处于发展初期，发展空间极大①。

另外，就目前全国职工医保参保人员医疗费用的支出情况而言，退休人群医疗费用较多，使用医保基金也相对较多，在人口老龄化进一步加剧的情况下，医保基金所承受的压力巨大。仅以2020年预估的植入量3万例计算，Watchman左心耳封堵器目前售价在6.3万元左右，国产左心耳封堵器均价在6万元左右，如果以国产产品替代进口，每年左心耳封堵器治疗费用便可节约约1亿人民币。随着国内产业化进程推进的加快，左心耳封堵器的经济价值潜力将会越来越大。

（三）医改顶层制度设计基本明确，对行业的发展具有重要的指导意义

目前耗材类的带量采购的趋势已经出现。长期来看，带量采购符合卫生经济学，具有明确临床诊疗价值的耗材生产企业有望受益，国产耗材性价比的优势将尤为突出，有望逐步抢占进口耗材的市场份额；而拥有自主研发和创新能力、业务多元化的国产企业有望在行业提升中进一步获益。另外，随着各个省市将左心耳封堵术纳入医保的进程不断加快，报销比例的进一步增加等，相信会有更多的房颤患者选择左心耳封堵术预防卒中和系统性栓塞。

---

① 《医疗器械创新龙头乐普医疗深度解析》，https://www.vzkoo.com/news/1981.html。

(四)基层执业医师能力的提升有利于促进左心耳封堵术在基层的推广

目前国内大量基层医师和患者对左心耳封堵术益处的认知仍严重欠缺，左心耳封堵器介入治疗的渗透率仍有较大提升空间。据调查，2016年我国执业医师整体学历构成中本科及以上劳动者占一半左右，而在社区卫生服务中心、乡镇卫生院本科及以上学历人员的占比更低。对于广大基层医疗机构而言，随着各个医院"房颤中心"的建立以及转诊制度的完善与不断推进，房颤合理治疗理念的推广仍有极大的空间，从而将改善用药结构和治疗方案，引导基层医师和患者选择效果更佳的治疗方式。

(五)材料创新将逐步实现

介入治疗中减少或避免植入医疗材料始终是患者和医生的追求。随着现代科学技术的进步和患者对治疗方式要求的提高，介入治疗无植入物理念将逐渐成为介入治疗的主流。现在，乐普公司"生物可吸收冠状动脉雷帕霉素洗脱支架系统"的上市已经证明可降解医疗器械产品的有效性和安全性。相信，今后左心耳封堵器也有望实现"可吸收化"。

(六)医研结合促进研发创新

目前左心耳封堵系统由于是新型医疗器械，研发阶段没有现成的行业指导可参考，企业只能参照国外发布的同类产品特性和行业标准进行研发。而手术一线医生的参与极大地改善了研发进程。医生对临床需求的了解最全面也最直观，在众多关于医疗器械的专利和想法中，哪些更符合学科未来发展方向并满足临床需求、哪些最能提高临床疗效，医生最具有话语权。器械研发中常见问题，例如经济成本与临床效益的权衡、临床特殊要求的满足等，医生也可以做出权威解答，找到临床应用与器械研发的黄金分割点。例如，上海十院心脏中心徐亚伟团队2014年率先在国内开展左心耳封堵术，共计完成了700余例人体植入，手术量居亚太地区前列。该团队使用包括Watchman左心耳封堵器在内的6种不同类型封堵器，结合经验取长补短，自主研发了一款双体式Leftear左心耳封堵器，具备手术适应证更广、安全性和有效性不劣于国外同类产品等特点。该产品已获得发明专利，通过国家 FDA 产品检验，注册了"Leftear"左心耳封堵器商标。目前，评价 Leftear 封堵器安全性有效性的全国多中心临床研究，已在上海十院、中山医院、四川华西医院、厦门心血管病医院、浙二医院等 9 家三甲医院完成。200 例入组患者已经完成既定的一年随访，严重不良事件发生率不高于 Watchman 左心耳封堵器及其他产品，证实了该封堵器围手术期安全、有效。该封堵器弥补现有器械的不足，适应证可覆盖几乎所有人群；封堵器型号丰富，共两大类 15 种型号，可涵盖所有形态左心耳，包含一整套封堵器及其推送系统，优化手术操作流程。10F 输送鞘减少手术径路潜在并发症，更符合亚洲人体型特点，原创设计能使术后不留残腔；打破国外公司对高值医疗耗材的技术垄断，将中国制造推向世界。

B.21
2019年我国颅内脑电采集器械行业发展状况与趋势分析

莫晓龙[*]

摘　要： 本文以SEEG（立体定向脑电图）为代表阐述了颅内脑电采集器械的行业现状，分析了颅内脑电采集器械市场增长的瓶颈所在。2014年后颅内脑电采集器械被正式引入中国，呈现了高速的增长。2019年，国内开展SEEG癫痫诊疗手术的医院已有100家左右，其中癫痫中心的数量超过30家。但我们同时要看到，虽然SEEG癫痫诊疗手术的增长非常迅速，但相比于巨大的需求，其仍面临着严重的供给短缺；耗时长，对医疗资源占耗大；费用比较高。基于此，本文提出：①以充分的市场竞争降低耗材价格；②通过先进器械的应用降低手术门槛；③以AI取代繁重重复工作，提高SEEG临床诊疗效率。

关键词： 颅内脑电采集器械　癫痫诊疗　人工智能

癫痫是一种常见的中枢神经系统疾病，是一组临床综合征，以反复发作的脑功能障碍为特征，是脑内神经元异常、过度放电所致。世界卫生组织的报告《癫痫：公共卫生的当务之急》指出癫痫是世界最常见的神经系统疾病之一，影响全世界各个年龄层约5000万人。大规模人群调查资料显示，我国癫痫的发病率处于国际平均水平，在我国有超过900万名癫痫患者。目前国内外治疗

---

[*] 莫晓龙，清华大学工学博士，诺尔医疗（深圳）有限公司首席科学家，联合创始人。

癫痫的方式主要有抗癫痫药物治疗、外科手术治疗及神经调控治疗。在现有的治疗方法下，约90%的癫痫患者是可治愈的。从治愈的手段来看，60%~70%的癫痫患者可以通过药物控制癫痫发作。另有30%左右的癫痫患者为药物难治性癫痫（Drug-Refractory Epilepsy，DRE）患者，他们无法通过抗癫痫药物来有效控制癫痫的发作。

大部分DRE患者可通过外科手术切除或阻断致痫区的方法达到控制癫痫发作的目的。癫痫外科手术需要在术前对癫痫致痫灶和功能区定位进行详尽的评估，从而实现尽可能精准地对致痫灶进行损毁或者切除，良好地控制癫痫的发作。非侵入性的评估手段可以定位大部分DRE患者的致痫灶。但是仍有相当多患者需要进行侵入性的评估，以确定致痫灶的位置与范围。

在癫痫外科的侵袭性评估手段中，颅内脑电图（IEEG）占据着最重要的位置。IEEG包括ECoG（术中皮质脑电图）、CEEG（颅内片状电极置入）及SEEG（立体定向脑电图）等。其中，CEEG主要适用于外侧皮层癫痫，也能更好地揭示功能区与致痫灶之间的关系，但是CEEG损伤严重，无法覆盖大脑深部组织，在近年来已被SEEG迅速取代。SEEG的优势在于运用微创的方法减小创伤，且对起源于脑深部结构的致痫灶有更好的适应性，尤其是可以更好地满足需要双侧置入电极的患者的需求。本文以SEEG为代表阐述分析颅内脑电采集器械行业发展现状与未来趋势。

一 SEEG的历史与市场现状

SEEG形成于20世纪50年代的法国Saint Anne医院。1966年Bancaud和Talairach两位教授基于SEEG技术，提出了一种新的致痫灶定位的临床思路，他们认为癫痫致痫灶的定位应基于综合临床症状、脑电生理以及脑内解剖结构进行判断，这成为多数国家在开展SEEG时所遵循的判定方法和理论基础。SEEG技术2014年后被正式引入中国，呈现了高速的发展。2016年，我国的癫痫SEEG手术约1000台，2018年，已经超过3000台。SEEG癫痫诊疗技术在中国获得了广泛的临床共识，进入了中国的临床诊疗指南。2019年，国内开展SEEG癫痫诊疗手术的医院已有100家左右，其中癫痫中心的数量超过30家。但我们同时要看到，SEEG癫痫诊疗手术虽然增长非常迅速，相比于巨大

的需求，其仍面临着严重的供给短缺。

癫痫有着明确的治疗方法，并且患者获益显著。全世界范围内的临床研究结果证明，70%~80%的癫痫病人可以通过接受合理、规范的药物治疗实现对癫痫发作的控制，且其中有60%~70%的患者可以在服药2~5年后痊愈停药。但是这不意味着大多数癫痫患者得到了合理的诊疗。尤其是在发展中国家，出于缺乏对这种疾病的正确认知以及医疗资源匮乏等原因，只有少部分癫痫患者得到了合理有效的治疗，"治疗缺口"巨大。在我国，这个治疗缺口达到了63%，由此可以估算我国没有得到合理治疗的活动性癫痫患者的数量达400万之多。

现有的癫痫诊疗流程并不困难，治疗流程也较为固定，脑电图（EEG）检查是癫痫诊断的常规步骤。医生将电极片贴在患者头部，通过仪器获取患者脑电的波形信息。约有80%的癫痫患者可以通过脑电图的检查发现间歇期的脑电异常，仅少部分（5%~20%）患者的脑电在间歇期表现正常，所以通过脑电图检查便可以有效地初步确定患者是否患有癫痫。

在癫痫的治疗中，药物治疗是主流治疗方式，治疗的成本并不高。抗癫痫药物包括苯妥英钠、丙戊酸钠、苯巴比妥等传统药物，也包括奥卡西平、拉莫三嗪、普瑞巴林等抗癫痫药物。而难治性癫痫也有外科手术可以解决。

但《柳叶刀神经病学》论文指出，癫痫影响全世界6500万人，与癫痫相关的残疾、死亡、并存病和费用给人们造成重大负担。在过去的十年中，对该病的病理生理机制和影响其预后的因素方面的研究取得了重要的进展。但在低收入和中等收入国家中，只有1/4的患者获得了其所需的治疗。手术治疗同样尤为短缺。尽管抗癫痫药物的数量在过去20年里大幅增加，但约有1/3的患者仍然对药物治疗产生抗药性。尽管外科手术的效果有所改善，一半以上的手术患者可长期免于癫痫发作，但仍只有一小部分耐药患者接受了癫痫手术。

二 SEEG癫痫诊疗手术供给短缺的原因所在

（一）能够开展SEEG癫痫诊疗手术的医院数量非常有限

癫痫是一种非常复杂的疾病。在癫痫外科中，一个特别重要的概念是脑网络。大量神经元水平和脑区水平的神经生理学即神经解剖学研究表明，大脑的结构是一个非常复杂的网络。依靠脑网络的概念，才能明确脑区解剖分布与癫痫发作过程之间的关系。致痫区（Epileptogenic Zone，EZ）原始概念是指发作期放电最初受累的脑区，而不是一个点。

SEEG癫痫诊疗手术的作用是根据各种无创性检查资料所假设的致痫网络，以临床症状—皮层放电—神经解剖为依据，在核磁共振影像三维重建脑结构的基础上，以微创手术的方法在大脑的不同靶点植入多根电极，并以立体定向脑电图的方法，记录脑深部癫痫异常放电的起源及传播形式，在时间和空间两个不同的维度综合评估定位致痫灶，在理解脑电三维传播网络的基础上，精准定位致痫灶。

一个完整的SEEG癫痫诊疗流程，首先需要针对患者详细了解其病史，通过了解病史，大致明确患者癫痫的发作形式，为进一步定位癫痫病灶提供症状学基础。其次，通过监测患者的头皮脑电和视频脑电，结合患者的症状学特点，获得至少2~3次临床发作数据，明确患者头皮脑电传播形式，为脑深部电极植入提供电生理学基础。最后，还需结合患者的影像学检查，例如头颅MRI、CT、PET等检查结果，明确患者是否有神经解剖方面的异常结构。遵循临床症状—皮层放电—神经解剖的分析结果，提出致痫范围的假设，通过植入深部电极，继续监测脑电，验证假设，精准定位癫痫病灶，为癫痫外科是否需要病灶切除提供理论依据。

这意味着SEEG癫痫诊疗流程需要涉及多个学科人员的协作配合。在实施SEEG电极植入术前，需要癫痫内科、神经外科、神经电生理、神经心理医生以及神经影像学医生等多个学科的专家共同讨论患者是否需要SEEG电极植入以及植入方案。植入后，又需要脑电图室的配合，对采集到的海量颅内脑电数据进行分析，只有这样方能准确定位致痫灶的位置和范围，为下一步的切除或者阻断手术提供依据。

多学科的交叉与结合，对想要实施SEEG癫痫诊疗手术的医院的综合水平提出非常高的要求。在此背景下，虽然已经历了数年的迅猛增长，但直到2019年，国内能够开展SEEG癫痫诊疗手术的医院也仅有100家左右，主要集中在北京、上海、广州、深圳等一线城市的三甲医院。

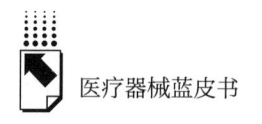

（二）SEEG癫痫诊疗手术耗时长，对医疗资源占耗大

在获得明确的癫痫致痫灶的位置及边界信息以指导外科医生进行切除或者阻断术前，SEEG癫痫诊疗手术可分为三个阶段：SEEG术前诊断、SEEG术中实验、SEEG术后侦测。

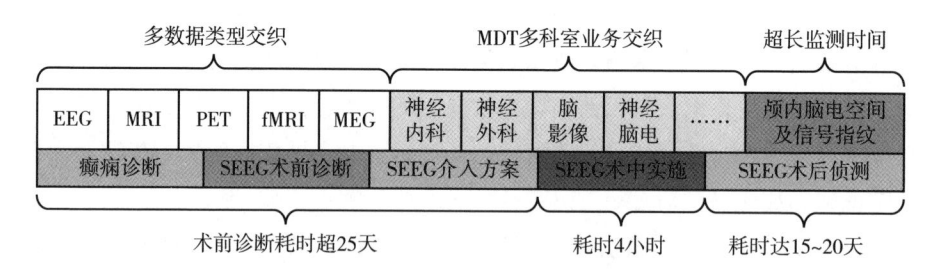

图1 SEEG癫痫诊疗手术阶段及耗时

在施行SEEG癫痫诊疗手术之前，首先需要联合多科室对患者的病情进行详细的检查、分析和讨论，以确定SEEG电极植入的手术方案。这个阶段通常需要耗时约25天。在确定SEEG电极植入手术方案之后，需要由神经外科医生施行SEEG电极植入手术。SEEG电极在植入患者头部后，会在病患的大脑中停留15~20天。在此期间需要每天24小时不间断地采集患者的深部脑电数据。而脑电图师需要在此基础上再花7~10天的时间，结合核磁共振图像解读这15~20天超过近2万分钟的脑电信号，方能给出结论。

故而，一个完整的SEEG癫痫诊疗流程需要耗费近2个月的时间。这严重制约了癫痫中心每年的手术实施数。2019年，国内较大的癫痫中心每年实施的SEEG癫痫诊疗手术的数量一般在20~50台。

（三）SEEG癫痫诊疗手术费用高昂

SEEG癫痫诊疗手术对医院的综合水平要求高，对医疗资源的占耗大，再加上昂贵的电极耗材，直接导致SEEG癫痫诊疗手术的价格高昂。目前在我国，使用国产SEEG电极完成一套完整的SEEG癫痫诊疗手术，所需的费用约为40万元。其中，电极耗材的价格占比约为50%。如果使用进口厂商的电极，电极耗材的费用将会翻倍，导致整体的费用达到约60万元。同时，国内仅有安徽与深圳两地将 SEEG 癫痫诊疗手术列入医保范围，可以报销部分费用。在其他地区，SEEG 癫痫诊疗手术都需要患者自费进行。对一个发展中国家而言，这笔高昂的费用，无疑也是阻碍 SEEG 癫痫诊疗手术推广的一个重要原因。

三 SEEG 市场增长的突破口

（一）充分的市场竞争降低耗材价格

SEEG 颅内深部电极作为一种三类高风险医疗器械，使用门槛较高。截至 2019 年，在国内拿到 SEEG 颅内深部电极注册证的国产厂商仅有华科恒生一家，其在国内市场的占比高达 80%。以 AD-Tech 为代表的欧美生产厂商占据剩余的 20% 左右的份额。事实上的垄断，导致了电极耗材价格高昂。目前国产电极的价格高达 12000~16000 元/根，而进口电极的价格更是超过 20000 元/根。

SEEG 电极耗材市场的快速增长，吸引了众多资本和厂商将资金投入这个领域。目前，国内除了华科恒生，常州瑞神安、深圳诺尔医疗等企业也开始进入这个领域。尤其是创业公司诺尔医疗，正在研发能与进口电极相媲美的电极，并已完成具有独立知识产权的全球首款应用于难治性癫痫 3.0T 磁共振兼容颅内深部电极的研发。

随着更多厂商的进入，SEEG 电极耗材市场的竞争会大大加剧，亦会推动 SEEG 电极耗材的价格回归合理，令广大癫痫病患受益。

（二）先进器械的应用降低手术门槛

由于对定位精准度要求极高（以毫米计算），目前的临床实践，主流是使用有框架的立体定向技术来保证电极置入的精度。有框架的立体定向技术有着创伤较小、定位准确、风险较低等优势，但该技术的劣势在于操作复杂、适用范围比较有限且耗时比较长。而且，在局麻状态下进行的立体定向头架安装过程，也会给患者带来很大的心理压力。

近年来，无框立体定向技术和医疗机器人的开发和应用引起了广泛关注。

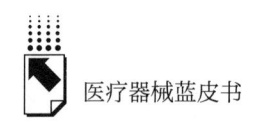

借助MR、CT和其他成像技术,再加上三维融合软件,神经外科医生可以更准确地设置靶点并准确地获得最佳手术计划。例如,ROSA机器人辅助系统中的三维融合软件可以重建人脑的虚拟三维空间,自动确定每次电极植入所需的颅骨钻孔的位置和方向,设置靶点及操作路径,根据植入路径选择合适的颅内深部电极,以准确获得电极的植入计划。当三维技术设置每个颅内电极植入物的轨迹时,它将尝试远离图像中所示的重要功能区域和密集血管区域。这有助于避免大脑中的重要结构,避免电极沿切线方向进入颅骨,避免靠近颅骨底的部位,降低感染的风险,提高手术的安全性。同时,机器人界面和计划软件允许垂直矢状平面和任意角度的植入路径,因此电极放置路径的选择也更加广泛。

在神经外科机器人的辅助下,SEEG电极植入的手术时间大大缩短,每根电极植入时间小于10分钟,手术的总时长可缩短至4个小时,大大降低了患者创伤和风险。2016年,全球医疗器械巨头捷迈邦美以1.32亿美元收购了研发出ROSA机器人的公司Medtech。截至2018年11月,ROSA机器人已经在国内装机14台,国外装机83台,主要应用于SEEG电极植入。同时,国内有诸如华科精准、睿米、华志微创等厂家,也在研发同类的神经外科手术机器人及其辅助系统。

(三)AI取代繁重重复工作,提高SEEG临床诊疗效率

对于术前诊断,以阿里健康为例。2019年5月,由阿里健康人工智能实验室开发的"癫痫脑电图分析引擎"产品在中国推出,主要用于患者的术前诊断。该产品可以帮助医生判断癫痫患者的各种典型异常放电,并分析癫痫发作的类型和综合征。这套引擎可以将脑电图分析时间缩短70%。

而在诊断难度更大的难治性癫痫SSEG术后脑电侦测这一环节,MDT多科室联合诊疗等新模式出现,同时伴随新设备使用,导致海量数据的生成,这与癫痫诊断过程仍大量依赖脑电图师纯人工读图的低效模式,形成巨大冲突。为了解决这一痛点,也有公司希望利用AI来替代脑电师繁重复杂的工作,把术后耗时长达10天的侦测工作交给AI。以诺尔医疗为例,其AI辅助诊断产品,基于UCLA十多年脑电及癫痫特征识别算法,实现在SEEG术后植入期癫痫致痫灶的快速甄别。据悉,目前诺尔医疗已完成SEEG癫痫波及pHFO自动去噪

和快速识别算法效果验证，即将形成诺尔癫痫 AI 识别引擎。已建立第一阶段高质量规模数据算法训练集，初步完成临床数据标注工具集研发（UCLA + 浙大），即将进入算法临床验证阶段，为诺尔癫痫辅助识别与决策 CDSS 产品化打下坚实基础。

B.22
2019年我国眼前段植入式器械的应用状况与展望

史伟云 翟嘉洁[*]

摘　要： 本文就眼表植入式修复医疗器械的产品状况、市场概况及在研产品发展趋势进行了调研分析，全面展现了眼前段植入式器械的行业发展状况。领扣型人工角膜的临床试验已在全国展开，疗效评价全部超过世界卫生组织的脱盲标准；生物结膜产品预计于2020年启动多中心临床研究；目前还没有一种组织工程角膜产品可完成产业化并获得国家药品监督管理局的临床应用许可，但国家对这一领域的研究相当重视。目前已获注册证的脱细胞角膜基质/植片生产企业主要有三家，用于眼表治疗的生物羊膜生产企业有两家。这些产品的生产企业作为三类长期植入式医疗器械的生产企业，只有结合自身特点，有效地建设与监管相适应的生产体系，提升质量把控水平，加强风险管理意识，才能走上持续稳健发展的道路。

关键词： 眼表创伤　角膜　羊膜　结膜

眼表从解剖学上来说是指起始于上下睑缘的眼球表面的全部黏膜结构，主要包括角膜、结膜上皮（球、睑和穹隆部结膜）。严重眼表损失和缺失对视功

---

[*] 史伟云，教授，博士，山东省眼科医院院长；翟嘉洁，博士，广东佳悦美视生物科技有限公司总经理。

能会造成严重危害，甚至导致失明。临床上常见的眼部烧伤，包括化学烧伤和热烧伤，占眼部外伤的7.7%~18.0%[1][2]，其中超过75%的伤者是青年男性。最新调查数据显示，2010~2013年美国医院的急诊科接收了逾14万例眼部严重烧伤患者[3]。虽然我国目前尚无大范围眼部烧伤调查数据，但是考虑到我国人数为美国的6倍，且为发展中国家，我们推测我国眼部烧伤患者例数是美国例数的6倍以上。其中角膜严重烧伤致盲后，患者复明一直是眼科临床中的难题；应用新的医疗器械行眼表重建技术，开辟了治疗各种眼表疾病的新途径。本文对前述眼表植入式修复医疗器械的产品状况、市场概况及市场发展趋势进行了调研分析。

一 研发现状

（一）领扣型人工角膜

在眼部遭受严重角膜化学伤、热烧伤后，患者常由于角膜混浊伴角膜新生血管化而失明，在实施常规人角膜供体移植术后，免疫排斥反应高达65%，导致复明手术失败，这类患者被称为高危角膜移植病例，植入由人工合成材料制成的人工角膜是这部分患者复明的唯一手段。国际上，人工角膜主要有波士顿型人工角膜和骨齿型人工角膜两种。此外，日本和印度近年均有本土研制的人工角膜上市。我国目前尚未有一款真正意义上的人工角膜上市，由于国外的人工角膜技术保密等原因，国内至今没有进口的人工角膜产品在临床应用。国产领扣型人工角膜的研制将弥补这一领域的空白，这款产品是根据我国患者角膜及眼表结构特点自主研发生产的，可按照患者眼轴长度选择对应的光焦度，另外其表面光洁度、光学偏心、光谱透过率、分辨率等的物理化学及光学指标均优于国外的人工角膜，生产

---

[1] Pfister R. R., "Chemical Injuries of the Eye", *Phthalmology*, 1983, 90 (10).
[2] 徐锦堂：《眼烧伤基础理论与临床》，暨南大学出版社，2007。
[3] Haring R. S., Sheffield I. D., Channa R., et al., "Epidemiologic Trends of Chemical Ocular Burns in the United States", *JAMA Ophthalmol*, 2016, 134 (10).

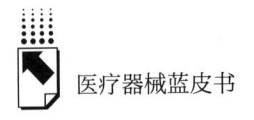

工艺及检验设备均已申请专利保护。2019年7月，在前期医疗器械注册检验和动物试验都取得满意结果的基础上，领扣型人工角膜的临床试验已在山东省眼科医院、中国人民解放军总医院、中山大学中山眼科中心、复旦大学附属眼耳鼻喉科医院六家机构陆续展开。所有患者在接受领扣型人工角膜移植术后都恢复到0.1以上的视力，疗效评价全部超过世界卫生组织的脱盲标准。领扣型人工角膜在以上各大医院临床试验的成功实施得到"学习强国"、"人民日报"和"光明日报"等逾二十家国家级和省市官方媒体的报道与转载，这些媒体都对领扣型人工角膜的创新性与先进性予以了充分肯定。我国角膜盲患者基数大，有80万重度角膜盲存量患者可通过领扣型人工角膜植入术复明，且每年还在以2万例的速度增长。只要专业医生队伍扩大，人工角膜的市场就会快速扩大，因此在进入市场之初，如何进行稳步的市场深耕，包括培养专业角膜医生，重视术前诊断、手术技巧、术后并发症的预防等是长期维持患者术后视力的关键问题。领扣型人工角膜需要3年左右的市场培育时间，但它主要用于终末期的角膜盲患者，对患者的手术时机并没有要求，因此其上市初期的市场培育并不会延误此类患者的治疗。

（二）生物结膜

目前，国内外治疗相关眼结膜缺损疾病的手段主要是，对轻度患者用自体结膜移植进行修复；对重度患者，则只能通过羊膜移植进行治疗，但羊膜仅能在眼表维持两至三周便会自行溶解，因此，只能作为临时结膜的替代物，并不能根本解决结膜缺损的问题。所以寻找可靠安全的结膜替代物，是治疗结膜缺损相关疾病的良好途径。拜欧迪赛尔（北京）生物科技有限公司正在研发一款生物结膜覆盖物，取材于猪眼结膜，经过脱细胞处理、去除抗原物质，经过钴-60辐照灭菌制备而成。作为结膜的替代物，可用于治疗多种原因引起的眼表上皮和结膜损伤，产品在手术移植后会逐渐与自体结膜组织整合为一体，最终形成与正常结膜相似的结构和功能。产品根据《医疗器械生物学评价》系列标准的要求，在中国食品药品检定研究院完成了临床前生物安全性评价和病毒灭活验证，在标准列明的各种毒性试验中均符合要求，也已完成北京市医疗器械检验所的注册检验，各项性能和指标符合产品技术要求，符合国家三类植入式医疗器械的规定。产品预计于 2020 年启动多中心临床研究。

（三）组织工程角膜

构建组织工程角膜的 3 个必备条件是支架材料、角膜种子细胞和植入后的眼表微环境。生物材料支架的作用是为角膜细胞的生长提供支撑，细胞在生物材料支架上的爬行速度取决于支架的物理和化学性能，因此生物相容性是衡量细胞生物材料支架最重要的一个性能指标，生物材料的各项性能越接近组织微环境的特性，越能维持三维空间，则生物相容性越好，越能促进正常细胞生长和分化。组织工程角膜植片的成功有两个核心要素：一是能够接种自我更新能力强的干细胞（目前临床上能成功应用的只有角膜上皮干细胞，人角膜内皮细胞无再生能力）；二是制备出与种子细胞及微环境都具有良好生物相容性的细胞生物材料支架。迄今为止用于组织工程角膜的种子细胞主要有胚胎干细胞、原代培养细胞、成体干细胞以及转染细胞系细胞。其中胚胎干细胞的功能问题以及转染细胞系细胞潜在的致瘤性风险，原代培养细胞的数量有限，成体干细胞诱导分化率低，均限制了这些细胞在角膜组织工程中的应用。常见的组织工程角膜支架材料有天然生物材料（脱细胞角膜植片/基质、生物羊膜均可作为支架材料）、天然高分子材料（如聚羟基乙酸、聚乳酸羟基乙酸、聚乙二醇二丙烯酸酯、纳米纤维等）以及合成高分子材料（包括羟丙基壳聚糖-明胶-硫酸软骨素、壳聚糖-聚己内酯、纤维蛋白-琼脂糖、PLGA 复合海绵等），但目前人工合成高分子材料仍未能完全重现天然角膜复杂的三维结构。

目前，还没有一种产品可完成产业化并获得国家药品监督管理局的临床应用许可。但国家对这一领域的研究相当重视，相继出台了一系列法规和指引，考虑到组织工程化角膜的构建和植入都对操作者的技术有很高的专业化要求，因此，探索建立干细胞产业化生产基地是必要的第一步[①]。

---

① 周庆军、谢立信：《组织工程角膜的基础研究和临床应用现状》，《中华细胞与干细胞杂志》2014 年第 1 期，第 1~4 页。

二 注册获批产品情况

（一）脱细胞角膜基质/植片

脱细胞角膜基质/植片是由猪眼角膜经物理、化学和酶消化等方法尽可能地去除细胞和抗原成分，经病毒灭活等工艺制备而成。脱细胞角膜基质/植片由猪角膜的前弹力层和部分基质层组成，主要成分为胶原蛋白。基础研究发现猪的角膜解剖结构和人角膜相似，相比人的角膜，猪角膜来源丰富、质量可控可溯源，猪携带的病毒不太容易传染给人类。根据国家药品监督管理局医疗器械技术审评中心的统计，目前已获注册证的脱细胞角膜基质/植片生产企业主要有三家，分别为2015年获证的深圳艾尼尔角膜工程有限公司、2016年获证的广州优得清生物科技有限公司及2019年获证的青岛中皓生物工程有限公司，国外暂无同类上市产品。脱细胞角膜基质/植片的主要适用范围是板层角膜移植。目前上市的脱细胞角膜产品，其原始状态都是无色透明的，移植到患者眼球以后，脱细胞角膜产品逐渐透明，其中，深圳艾尼尔角膜工程有限公司的产品，在移植后1周左右可达到人角膜供体的透明度，对接受手术后患者2年的随访结果显示，角膜透明度及各种解剖学指标和术后视力恢复与同期人角膜供体无差异。但这类产品针对的均是板层角膜移植的供体材料，患者角膜内皮细胞是正常的才能应用。目前该类产品全国使用量约1000片/年。目前在注册申报中的公司还有广州悦清再生医学科技有限公司、广州中大医疗器械有限公司、广州新诚生物科技有限公司、陕西瑞盛生物科技有限公司等。

（二）生物羊膜

羊膜是胎盘的最内层，是上皮细胞互相连接构成的薄膜，含有生长因子等物质，表面光滑，无血管及淋巴管，富有韧性，厚0.02~0.5mm。羊膜基质层含有大量Ⅰ、Ⅳ、Ⅴ型胶原和纤维粘连蛋白层粘连蛋白等成分，可促进角膜上皮细胞爬行和覆盖，抑制炎症状态下角膜新生血管形成，具有抗炎、抗菌等功能，生物羊膜是一种理想的再生型修复材料。羊膜在临床治疗眼表疾病中有良好的成效。根据国家药品监督管理局的统计，目前已获注册证的用于眼表治疗的生物羊膜生产企业有两家，分别为江西瑞济生物工程技术股份有限公司和广州瑞泰生物科技有限公司[①]。羊膜由于属于人体捐献组织，在美国等西方国家商品化程度很高，在国内虽然很多配备妇产科的医院会自行制作，但使用有医疗器械注册证的生物羊膜可以规避产品灭菌灭病毒、可溯性等方面的风险，且生物羊膜的货架期比较长，保存方便。

三 临床应用及市场现状

我国是制造业与农业大国，在生产与农业劳作中受物理或化学性眼外伤导致眼表结构及视功能受损的病例屡见不鲜。在眼部化学伤的急性期，羊膜移植已经成为首选的手术治疗方式之一。眼部化学伤后早中期进行羊膜移植术是为了促进眼表上皮化，降低患眼的炎性反应，抑制后期瘢痕所致的并发症，生物羊膜产品的上市，极大地方便了临床医院尤其是基层临床医院对化学伤患者的救治。对于妇产科较强大的医院，医生的另一个选择是自己采集胎盘上的羊膜，因此对于这些医院来说，生物羊膜产品的手术便利性是他们的首要考虑因素。已上市的三款脱细胞角膜基质产品，适应证均为需要板层角膜移植，且仍有足够数量角膜缘干细胞的角膜病，我国眼科医生的不足导致了角膜病得不到及时发现与治疗，错过了脱细胞角膜基质/植片的最佳手术期。目前脱细胞角膜基质/植片产品在国内上市时间是5年左右，国际上未见同类产品上市，医生和患者的认可度以及培训仍然不足，这制约了产品的使用。虽然目前上述产品仍处在市场培育推广阶段，但这一系列已上市或在研的产品，为围绕以视功能重建为核心的眼表重建提供了产业化的支持。我国数量众多的角膜盲患者将来在进行复明手术时，会得到整体化的解决方案。比如，在植入领扣型人工角膜复明时，可以将脱细胞角膜基质/植片或者组织工程角膜作为载体角膜，术后可以通过生物羊膜或者生物结膜覆盖促进载体角膜的上皮化。2020年是我国脱贫攻坚的收官之年，这一系列产品的涌现能为我国医疗精准扶贫提供手术台上的"枪支弹药"。

---

① 资料来源：国家药品监督管理局医疗器械技术审评中心。

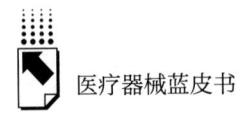

我国眼科医生资源紧缺，人均资源占有量不及世界平均水平。全国眼科医生数量不足 4 万名，即使在上海这样的国际化大城市，眼科医生也仅有数千名，平均每位眼科医生要服务上万名民众。眼科医生数量不足，特别是角膜科医生数量不足，是制约眼前段植入式器械市场发展的重要因素。

区域篇

Topics in Regions

B.23
2019年北京市医疗器械行业发展状况与展望

张 洁[*]

摘 要： 2019年，我国医疗器械行业市场规模增速可观，北京市依托科研市场规模以及产业服务等优势，成为国家医疗器械行业发展的重要基地。北京市医疗器械经营业态布局合理、门类相对齐全，以国有大型企业为主，兼有民营和国际知名企业，并形成了良性竞争。但北京市医疗器械行业仍存在医疗器械供应链信息化可溯源能力不足、国产高端医疗器械品牌缺失、医疗器械企业研发投入有待提高等问题，预计未来北京将进一步优化医疗器械供应链发展、提升人工智能在医疗器械领域的地位。

关键词： 医疗器械 供应链 人工智能

---

[*] 张洁，国药集团联合医疗器械有限公司总经理。

北京市是我国政治中心、经济中心、文化中心和科技创新中心，也是世界级特大城市，在医疗器械市场规模、优质医疗资源以及先进医疗科技创新能力方面均占据了制高点。

近年来，随着医疗健康产业的发展，北京市医疗器械行业逐步成为生物工程和新医药产业的支柱，并依托首都资源优势和由此带来的虹吸效应，呈现出快速增长态势。行业领先企业纷纷在京安家落户，优势集群效应愈发突出。但是随着医改政策的深化，北京市医疗器械行业也面临着发展不均衡、受政策影响大、自身能力弱等瓶颈问题。深入分析研判行业发展现状，认清存在的主要矛盾问题，对后续企业高质量发展具有重要意义。

一　行业发展状况

（一）北京市医疗环境状况

根据国家统计局统计数据，2019年北京市常住人口达到2153.6万人。据北京市卫生健康委信息中心统计，北京市医疗机构达11100个，其中医院数量共计736个。北京市医疗机构共有床位12.3万张，其中医院床位11.6万张。北京市医院卫生技术人员20.6万人，其中执业医师7.4万人，注册护士9.99万人（见表1）。医疗机构总诊疗26043.4万人次，比上年增长5.2%[①]。

表1　北京市医疗机构统计（医院数据）

分类	医院数量（个）	床位数(实际)（张）	卫生人员（人）	卫技人员（人）	执业医师（人）	注册护士（人）
综合医院	302	63924	155037	131108	47178	66246
中医医院	220	24867	45076	36381	15077	14701
专科医院	205	27298	52143	38656	12585	18916
护理院	9	190	158	64	30	20
小计	736	116279	252414	206209	74870	99883

资料来源：北京市卫生健康委信息中心（2019年中期数据）。

---

① 数据来源：《北京市2019年国民经济和社会发展统计公报》。

（二）北京市医疗器械生产经营企业布局情况

截止到2019年12月，全市共有医疗器械经营企业21996家，其中仅有三类医疗器械许可的1685家，二、三类医疗器械兼营的7697家，仅有二类医疗器械备案的12614家。截至2019年1月，北京市医疗器械生产企业941家，其中一类医疗器械生产企业136家，二类医疗器械生产企业515家，三类医疗器械生产企业290家。2019年全年注册医疗器械产品共计2293项，其中规模生产集中表现在体外诊断试剂类和骨科耗材类产品的研发和生产上（见表2）。

表2 2019年北京市规模较大医疗器械生产企业注册商品情况

企业类别	一类	二类	总计
体外诊断试剂生产企业	13	69	82
骨科耗材类产品生产企业	38	4	42
其他耗材类产品生产企业	2	8	10
医学影像类产品生产企业	—	10	10
心脑血管类产品生产企业	2	2	4
总计	55	93	148

资料来源：北京市药品监督管理局。

北京市医疗器械经营业态布局合理、门类相对齐全，以国有大型企业为主，兼有民营和国际知名企业，形成了良性竞争。在依托科技优势，培育高端医疗器械生产研发能力的同时，国有企业也积极通过科技创新增强企业的国际市场竞争力。以亦庄和大兴生物医药基地为核心的南部地区形成高端产业基地，构成汇聚医疗器械、医疗服务等领域上千家企业的产业集群。以中关村生命科学园为中枢的北部研发创新中心，融合昌平、海淀的综合研发创新优势。作为国家级生命科学以及新医药高科技产业的创新基地，中关村生命科学园齐聚医疗器械、诊断试剂、科研仪器及试剂开发、研发外包、生物及化学制药等五大门类企业。

（三）北京市医疗器械研发创新情况

北京市医疗器械研发创新优势得天独厚，科研院所数量居全国之首，包括

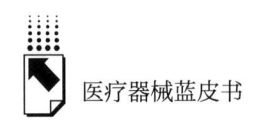

北京大学、清华大学、北京生命科学研究所等几十家医药健康领域的国家级、重量级科研机构；拥有11家医药健康专业孵化器、57家国家药物临床试验基地，为医药健康产业壮大和创新发展提供科研支撑。

据统计，截至2019年初，北京市在研究与试验发展领域的经费支出为1870.8亿元，占地区生产总值的6.17%；其中卫生和社会工作项目经费支出为14.96亿元①。在医疗科技产业发展方面，北京具有得天独厚的优势。从供给侧来看，作为全国科技创新中心，北京在技术研发、系统集成和技术服务方面实力雄厚，北京有资源也有条件实现医疗技术产业创新集聚发展。从需求侧来看，一方面，北京市高精尖产业发展和传统优势产业转型升级对医疗技术创新的应用形成迫切需求；另一方面，作为一个承载几千万人口的特大型城市，北京在公共安全、医疗康复、养老助残等社会民生领域拥有巨大市场。

自《创新医疗器械特别审批程序（试行）》颁布后，北京市创新医疗器械获批数量居各省市之首，产品涵盖多个领域，随着医疗器械国产化的不断深入，患者的经济负担将有望大幅减轻。

表3 北京市创新医疗器械监管政策

时间	政策名称	颁发机构
2014年3月7日	《北京市食品药品监督管理局关于实施〈创新医疗器械特别审批程序（试行）〉有关事宜的通知》	北京市食品药品监督管理局
2018年2月12日	《北京市食品药品监督管理局关于印发〈北京市医疗器械快速审评审批办法〉的通知》	北京市食品药品监督管理局
2018年11月14日	《北京市食品药品监督管理局关于印发医疗器械技术审评专家咨询委员会制度的通知》	北京市食品药品监督管理局
2018年11月14日	《北京市食品药品监督管理局关于印发医疗器械技术审评机构与注册申请人沟通制度的通知》	北京市食品药品监督管理局
2018年11月14日	《北京市食品药品监督管理局关于印发北京市创新医疗器械审评项目管理人制度的通知》	北京市食品药品监督管理局

资料来源：北京市药品监督管理局。

---

① 数据来源：《2019年中国卫生健康统计年鉴》。

表4 2019年北京市创新产品审批公示情况

年份	申请人	产品名称	数量	级别
2019	中科芯健医疗科技有限公司	ZK-SO1C型舌诊仪	1	Ⅱ
2019	中科芯健医疗科技有限公司	ZK-M01A型中医脉诊仪	1	Ⅱ
2019	北京乐普智慧医疗科技有限公司	干式生化分析系统	1	Ⅱ
2019	北京清创华建科技有限公司	灸用灸疗机	1	Ⅱ
2019	北京捷立德口腔医疗设备有限公司	口腔内窥镜	1	Ⅱ
2019	皑高森德医疗器械（北京）有限责任公司	皮肤色素检测仪	1	Ⅱ
2019	北京万孛力医疗器械有限公司	低强度脉冲式超声波治疗仪	1	Ⅱ

资料来源：北京市药品监督管理局。

根据《北京市5G产业白皮书（2019）》的规划，北京市以重大工程和活动为依托，例如北京新机场建设、冬奥会、世园会等，在智慧医疗、智慧城市、智慧交通、工业互联网等多个领域建设了一批应用场景示范区。5G技术通过大数据、智能传感器等在线诊疗系统相关医疗设备得到协同应用，将实现远程医疗覆盖，并提供远程影像、远程会诊、远程超声、远程病理分析、远程手术等各类远程医疗服务。北京市各大医院，如友谊医院通州院区、北京大学人民医院通州院区等，已与企业达成战略合作意向，将就院前医疗远程急救、远程手术指导、远程会诊等场景提供远程服务。

二 存在的问题与挑战

（一）北京市医疗器械供应链信息化标准不统一

近年来，随着经济实力的增长，我国政府及医疗卫生相关监管部门对医疗安全提出了更高的要求，为减少医疗事故，提高医疗器械的安全性、可溯源性，陆续推出了多项法律法规，包括《国务院办公厅关于印发〈治理高值医用耗材改革方案〉的通知》《医疗器械唯一标识系统规则》《医疗机构医用耗材管理办法》等。

伴随上述法律法规的陆续出台，国家逐步推行医疗器械唯一标识制度，实现医疗器械可追溯化，对医疗器械供应链的信息化建设提出了更高的要求。目

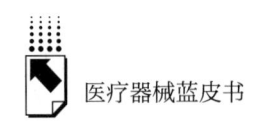

前国外进口高值耗材大约70%已经实施了唯一标识,国产医疗器械(不含出口)大部分还未实施唯一标识。国内市场(包含北京地区)的企业仍普遍需要按医院要求给产品贴自编码,按厂家要求去厂家网站填写追溯信息,存在信息化程度低、信息孤岛多、标准意识缺乏、产业链复杂等诸多问题。

(二)北京市国产高端医疗器械品牌缺失

目前,北京高端医疗器械如MRI、CT、PET-CT等技术高度密集的设备,在总体质量和技术水平上逐步提升,但北京仍缺少国产高端医疗器械企业。究其原因,主要包括两方面,一方面,国产医疗器械企业的产品和品牌技术含量低,缺少核心竞争力。主要体现在高端医疗器械类产品相关技术领域学科交叉,核心零部件依赖机械、化工等传统基础工业及生物材料、计算机等新兴工业,虽然现阶段发展已推动产品换代周期逐步缩短,但产品质量稳定性还需快速提升,以提高用户选择国产高端医疗器械的积极性。另一方面,我国医疗器械企业特别是一些大型企业在产品宣传和推广、市场拓展等方面的力度弱,造成产品知名度低,市场占有率低。

国产高端品牌缺失,客观造成了北京市医疗器械产业产品结构不合理,大型高精尖设备依赖进口、常规性设备供过于求,部分低端产品同质化严重,企业之间产品品类、质量、消费服务群体严重趋同,从而造成产能过剩和相互之间的低价竞争加剧,不利于相关企业乃至整个行业的持续发展。

(三)北京市医疗器械企业研发投入有待提高

从外部市场环境来看,几乎所有欧美国家的优秀医疗器械企业都非常重视研发环节和研发力量的投入。以德国某知名医疗器械研发制造企业为例,该公司在欧洲的研发人员占全部人员的比例超过1/3,即使是其亚洲生产和销售区,如其上海医疗器械公司的研发人员占全部人员的比例也超过30%;全球排名前十位的医疗器械企业的研发资金占年度总收入的比例普遍超过10%。

然而,目前国内医疗器械企业所投入的研发资金非常有限,大部分企业过于偏重生产和销售,研发投入明显不足,研发资金投入占年度总收入的1%~5%,大部分企业研发部门规模偏小,研发人员占比不足10%。医疗器械企业研发资金和人员投入不足已经成为制约我国医疗器械行业健康发展的主要因素，北京作为国内医疗器械行业的科研学术优势区域，其企业的研发投入相比国际知名企业存在较大差距，医疗器械产品研发相关资源配置水平和实力仍需进一步提升。

三 发展趋势与展望

（一）发展趋势

1. 医疗器械供应链发展将日益优化

一是规模扩大化。受国内外市场竞争的影响以及在北京市政策的带动下，小平台、单产品将逐步向大平台、多产品过渡，医疗器械企业在北京总体工业企业中的占比将逐步提高。二是结构多元化。医疗器械企业将打破生产和销售的传统布局和限制，拓展营销对象和范围，推进先进的医疗器械"SPD"（Supply，Process，Distribution）供应链管理体制。立足于传统的"P"（Process），即生产和销售环节，同时向上下游两端的需求服务和售后服务延伸，及时充分地获取和理解市场需求，做好"S"（Supply），即供应管理，完善和拓展"D"（Distribution），即售后服务，为潜在客户和终端客户提供更多服务。三是服务智能化。医疗器械供应链将从需求推动的被动服务转变为以培育为主的主动智能化，通过大数据对用户群体进行分类，以人工智能主动提供潜在服务培育潜在客户。四是物流专业化。产品配送层面，随着顺丰、京东等大型物流企业的加入，医疗器械物流配送服务竞争将更加激烈，医疗器械企业基于行业特点，将形成专业配套物流服务，拓展服务范围。

此外，政府针对医疗安全和医疗器械的监管要求，提出需要进一步加强医疗器械供应链的信息化建设，满足《国务院办公厅关于加快推进重要产品追溯体系建设的意见》对医疗器械这类关系人民健康安全的重要产品的追溯要求。目前国药器械公司作为2018年国家批准的供应链创新试点企业，参与编制了医疗器械唯一标识UDI相关标准并具备发码资质，其中《医疗器械追溯系统基本要求》已于2019年颁布，为北京市医疗器械供应链建设发展做出了宝贵尝试，并完成了基础性工作。

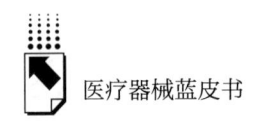

2. 人工智能在医疗器械领域的地位将日益凸显

人工智能在医学领域有着广阔的前景,无论是关键数据还是沉睡数据的价值都需要被最大化地挖掘和贡献出来,促进医疗行业智能化转型升级,打造智慧医疗发展新引擎。产业链端的国际合作,将通过联合建立应用示范基地,发挥国内渠道优势,帮助高端品牌及产品绑定推广和合作,搭建医疗器械智慧供应链。

新的时代赋予了新北京新医疗产业新的内涵,未来北京应积极打造"AI + 互联网 + 医疗"健康生态,最大限度地释放数据资源价值,并依托国家《新一代人工智能发展规划》,积极构筑人工智能在医疗领域的发展优势,多维赋能大数据新引擎,加快建设智慧医疗新生态,人工智能已成为引领未来的战略性技术。

(二)未来展望

一是尊重市场变化规律,提升企业产能的调整能力,捕捉市场机会,灵活应对国内外医疗器械市场需求。例如2020年面对突如其来的新冠肺炎疫情,国内很多企业,甚至很多非医疗器械领域的企业,快速调整产能,转型生产防护服、红外热像仪等抗疫医疗产品。北京市专业的医疗器械企业虽然在抗击疫情中发挥了重要作用,但在此方面的产能应急调整能力略显薄弱。加强对突发流行性疾病类公共健康卫生事件的产能布局,将有利于迅速响应由市场变化引发的突发性需求。

二是充分利用北京地区技术、人才、政策优势,助力北京市医疗器械供应链快速发展。促使高校、研究机构与企业形成合力,培养复合型人才,促进科技成果转化,提高企业核心竞争力。推动北京市医疗器械企业的高质量发展,完善产业基础和政策支持,拓展和延伸医疗器械供应链的创新发展。

三是推动具有自主知识产权医疗器械的创新和发展,提升国有品牌的市场竞争力。依托北京丰富的科研院所和高校资源、高新技术优势,增加研发投入,研究开发具有自主知识产权的核心医疗产品,积极申请国内和国际专利权,扶持北京市医疗器械创新科技成果转化,提供临床试验基地和上市服务平台,助力医疗器械科技创新产品市场化。

B.24
2019年上海市医疗器械行业发展状况与展望

杨依晗 胡骏*

摘　要： 2019年上海医疗器械行业整体加速发展，增长速度达到5年来最快，规模化、区域化发展不断加速且仍有提升空间，创新优势保持稳定，进出口稳步增长；第二类医疗器械新注册产品数量相对收缩，显现出产业结构调整的趋势。预计上海医疗器械行业将围绕科技创新这一中心，基于注册人制度、委托生产模式、科创板等融资渠道、监管政策试验田、良好的营商环境等，抓住人工智能等产业发展新机遇，加快研发服务专业化分工，紧密联系整个长三角区域开展协同创新，进一步释放上海医疗器械创新发展的活力。

关键词： 上海市　医疗器械　产业集中度

党的十九大做出我国经济已由高速增长阶段转向高质量发展阶段的重大判断。作为我国传统仪表机电基地和重要的轻工业基地，2018年上海提出全力打响"上海制造"品牌，加快迈向全球卓越制造基地的行动方案。及时分析上海医疗器械行业数据、认清政策形势、研判行业环境，为不断优化产业扶持和监管政策提出建议，对促进上海医疗器械行业的健康发展具有重要意义。

---

* 杨依晗，高级工程师，上海市食品药品监督管理局科技情报研究所政策研究部副部长；胡骏，博士，高级工程师，上海市食品药品监督管理局科技情报研究所副所长。

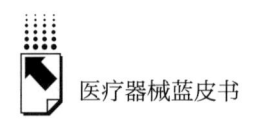

一 行业基本情况

作为上海生物医药行业发展的重要组成部分，医疗器械行业保持了快速、健康发展，产业规模稳步扩大、产业结构持续升级、布局继续优化、创新能力不断增强，逐渐成为上海创新驱动发展、经济转型升级的重要力量。截至2019年底，上海市共有医疗器械生产经营企业28575家，其中生产企业955家，经营企业27620家，生产企业中约半数从事第二类医疗器械生产。

2019年上海医疗器械行业发展特点可以概括为：行业整体加速发展，增长速度达到5年来最快，规模化、区域化发展不断加强且仍有提升空间，创新优势保持稳定，进出口稳步增长；第二类医疗器械新注册产品数量相对收缩，显现出产业结构调整的趋势。

（一）增速领跑医药工业，占比逐年提升

2019年上海医疗器械工业总产值为426.84亿元，同比增长21.9%，5年复合增长率为14.6%。规模以上企业医疗器械工业总产值为400.99亿元，同比增长28.5%，5年复合增长率为14.7%。将上海医疗器械工业规模增速与上海生物医药制造业增速（同期增速7.3%）对比来看，上海医疗器械行业在生物医药领域处于领先位置。医疗器械工业总产值在上海市生物医药制造业产值中的占比逐年提升，从2014年的23%增至30%。2019年医疗器械工业销售产值为395.16亿元，同比增长21.8%（见图1）。在企业数量方面，生产企业的数量自2010年以来基本上维持在900～1000家，而经营企业数量扩张速度较快，八年间增长了3倍之多。

（二）产业集中度提升，非公经济占比高

2019年，医疗器械生产企业产业集中度进一步提升；利税贡献主要来自大规模企业。规模以上企业数量增加，从2017年的176家增至196家。在生产企业中工业总产值超过30亿元的大型企业有2家。超过1亿元的企业从2017年的57家增长到73家，占全市医疗器械工业总产值的81.2%，占比进一步提高。

2019年上海市医疗器械行业发展状况与展望

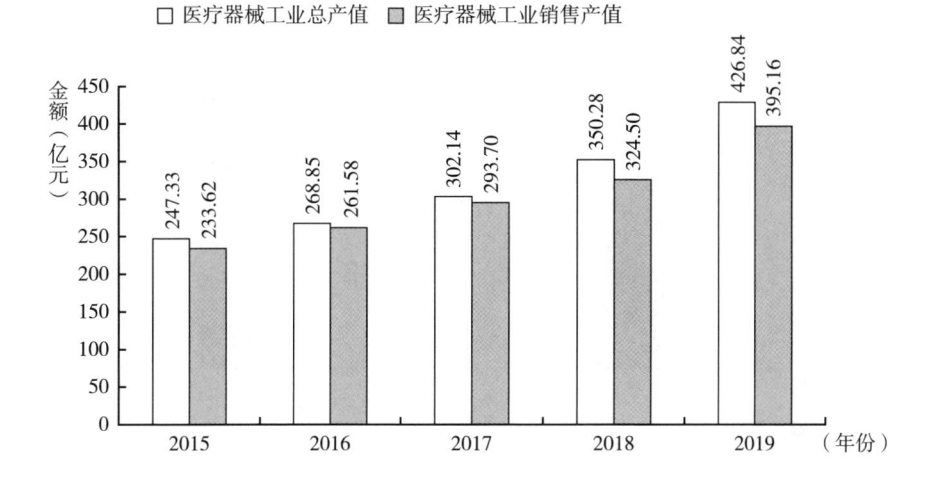

图1 2015~2019年上海市医疗器械生产企业经济数据（全行业口径）

资料来源：上海市药品监督管理局。

数据（柱状图，医疗器械工业总产值／医疗器械工业销售产值，单位：亿元）：
- 2015：247.33／233.62
- 2016：268.85／261.58
- 2017：302.14／293.70
- 2018：350.28／324.50
- 2019：426.84／395.16

从企业所有制类型来分析（见图2），外商投资（包括外商独资、中外合资/合作）企业产值最高，2019年产值占比为43%，且增长迅速，5年年均增长率为15%。外商投资企业单个个体规模较大，在上海医疗器械产业发展中发挥了重要作用，其中外商独资企业和中外合资或合作企业数量所占比例基本相同，但中外合资或合作企业产值增长速度更高。全球前30位医疗器械企业的总部、研发生产基地多设在上海。产值规模居第二位的是内资公司，具有企业数量多（占比79%）、产值总量大（占比38%）、个体规模小的特点，总体产值增长迅速，5年增长率达14%。内资公司中国有控股公司企业数量极少，规模方面占比可忽略不计。产值规模居第三位的是台港澳投资（包括台港澳独资、合资）企业，具有数量少（占比6%）、单个个体规模大的特点，产值规模占比达到20%，增长速度最快，5年年均增长38%。

此外，2019年上海医疗器械上市企业（含港交所上市企业）共11家，数量在全国名列前茅。

（三）产业布局继续优化，新增企业呈现区域集中特点

产业空间布局方面，在上海16个区中，医疗器械的生产企业主要集中分布在浦东新区、松江区、嘉定区、闵行区、宝山区和青浦区等上海郊区，形成

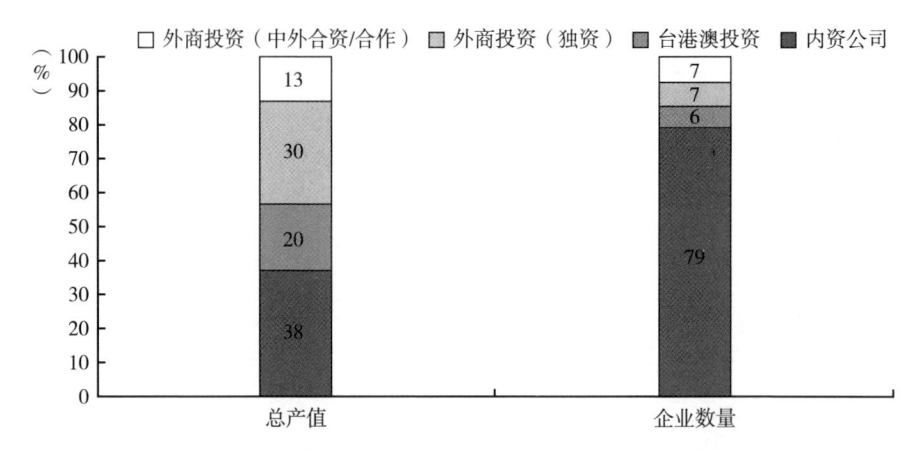

医疗器械蓝皮书

图2　2019年上海不同所有制医疗器械生产企业在生产总值和企业数量上的分布

资料来源：上海市医疗器械企业信息监管平台。

了一定的集聚业态，并向浦东新区、嘉定区、奉贤区进一步集中。242家医疗器械生产企业位于浦东新区，占到全市总量的1/4（见图3）。排名前四的四个区拥有的生产企业占全市总数的56.9%。医疗器械经营企业的分布则相对比较均衡。

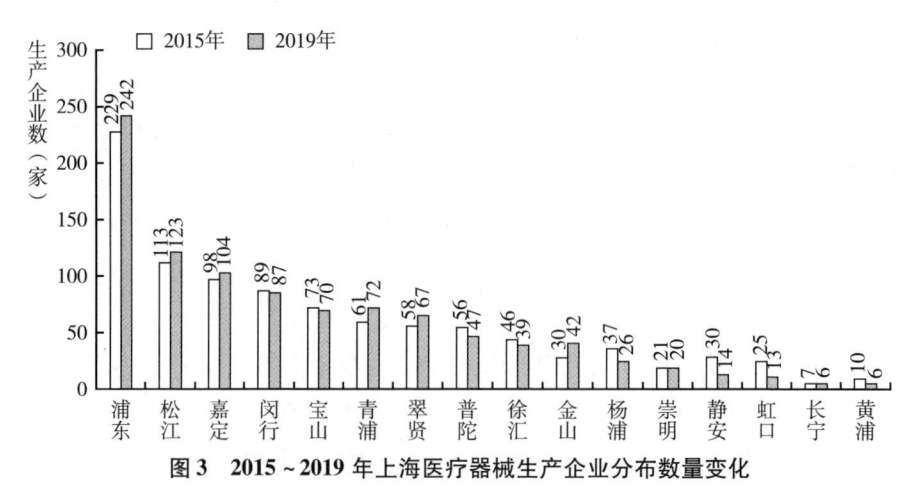

图3　2015~2019年上海医疗器械生产企业分布数量变化

注：跨区企业分别统计在相关区内。
资料来源：上海市药品监督管理局。

在产值方面，浦东新区、徐汇区、嘉定区、闵行区是4个主要的医疗器械生产行政区（见图4）。

218

2019年上海市医疗器械行业发展状况与展望

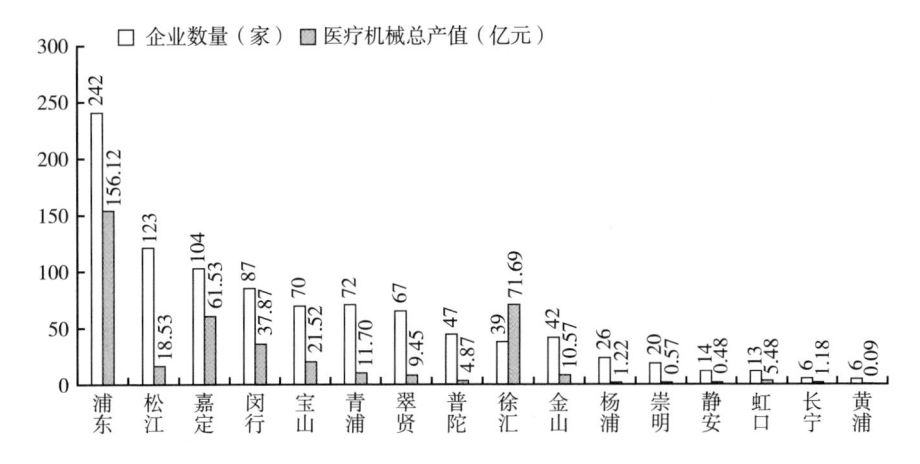

图4 2019年上海各区医疗器械产值和企业数量分布对比

注：跨区企业分别统计在相关区内。
资料来源：上海市药品监督管理局。

（四）产业结构调整，第二类医疗器械新注册产品数量相对收缩

上海市医疗器械生产企业以生产第二类医疗器械产品为主。2019年上海市955家医疗器械生产企业中，有497家可生产第二类医疗器械，占到所有生产企业的52.0%。2019年，上海净增29家医疗器械生产企业，其中生产第一类、第

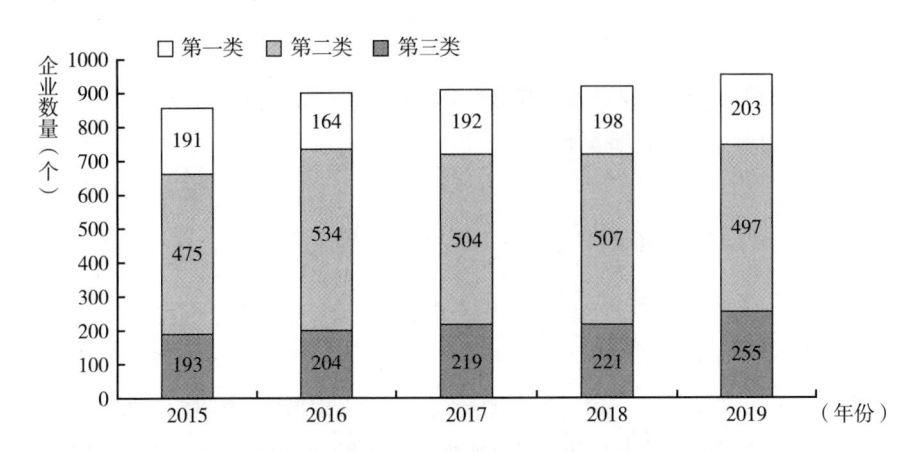

图5 2015～2019年上海医疗器械生产企业类别数量

资料来源：上海市药品监督管理局年报。

三类医疗器械的企业分别净增 5 家和 34 家,生产第二类医疗器械的企业净减少 10 家。从产品注册数据分析,2019 年上海首次注册的第二类医疗器械为 167 个,与 2018 年的首次注册数 169 个相近。而 2019 年全国的相应数据较 2018 年增长 194.8%,上海的第二类医疗器械新产品增长呈相对收缩态势。

(五)创新优势显现,创新成果居全国前列

近年来进入创新医疗器械特别审批通道的上海企业产品累计 44 个,约占全国总量的 18%,共有 10 个创新医疗器械产品获批上市,位居全国第二。2017 年以来,上海第三类医疗器械新注册数量保持全国第 4 名,位居北京、江苏、广东之后(见图 6)。

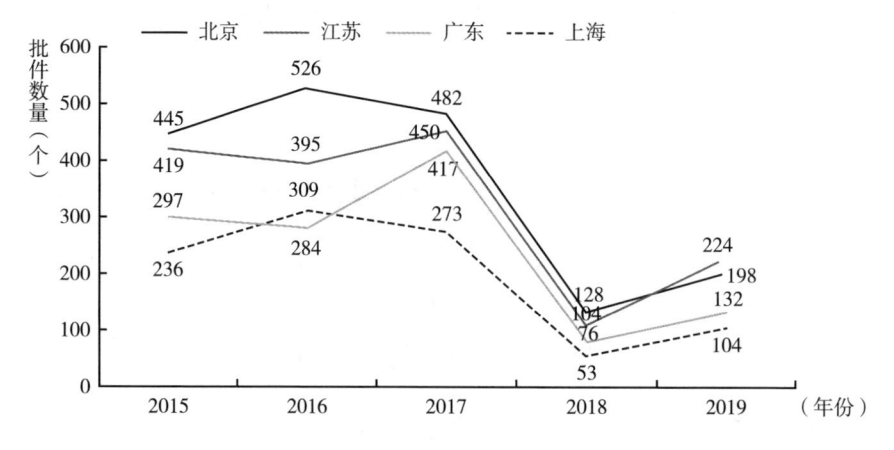

图 6 2015~2019 年主要省市第三类医疗器械注册数量情况

资料来源:国家药品监督管理局。

(六)进出口稳步增长,出口产品集中度高

据上海海关统计,2019 年上海医疗器械进出口 521.49 亿元,同比增长 20.6%,涨幅扩大约 6.3 个百分点。其中,进口额 407.08 亿元,同比增长 21.7%,涨幅扩大约 4.4 个百分点(见图 7)。出口额为 114.41 亿元,同比增长 16.7%(见图 8)。从 2015~2019 年的数据来看,上海医疗器械的进出口额总体保持增长趋势,2019 年进口额与出口额之比为 3.6∶1,比值不断提升,进口增势更为强劲。

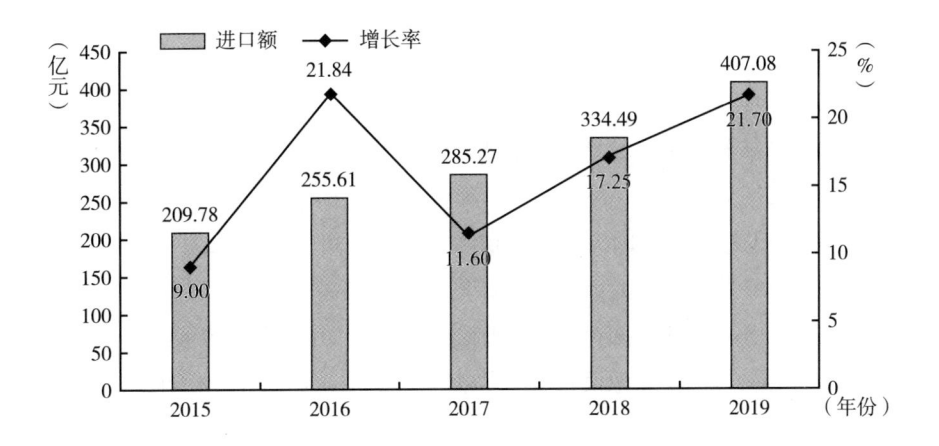

图7 2015~2019年上海医疗器械进口额与增长率

资料来源：上海海关网站。

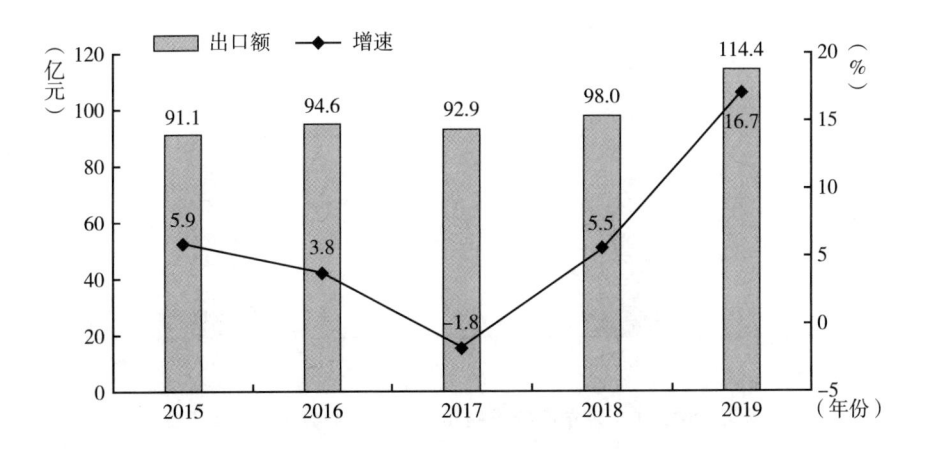

图8 2015~2019年上海医疗器械出口额与增速

资料来源：上海海关网站。

出口方面，2019年上海医疗器械出口企业为184家。出口交货值排名前三位的是医疗、外科及兽医用器械制造；医疗诊断、监护及治疗设备制造和康复辅具制造［假肢、人工器官及植（介）入器械制造］。这三个子行业占医疗器械制造业全部出口交货值的50%以上。由于统计口径调整，2019年康复辅具制造出口交货值迅速扩大。

221

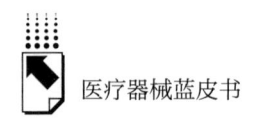

二 细分领域分析

按照国家发展改革委公布的《战略性新兴产业重点产品和服务指导目录》中明确重点支持的四大医疗器械产业分类，我们对上海的医学影像设备及服务、先进治疗设备及服务、医用检查检验仪器及服务、植（介）入生物医用材料及服务分别进行分析。在企业数量方面，先进治疗设备及服务占比最高，接近一半。但是从产值计算看，各个类别占比相差不大，医用检查检验仪器及服务占比最高，达到34%，医学影像设备及服务类的每单位企业工业产值在所有类别中最高（见图9）。

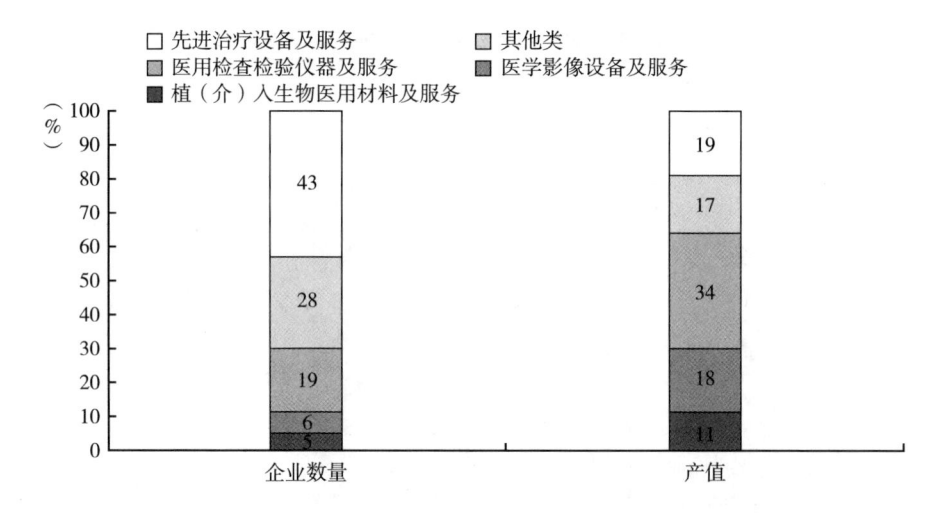

图9 2019年上海市医疗器械重点产业企业数量及产值占比

从上海医疗器械2014~2019年重点产业产值发展速度来看（见图10），五个细分领域的发展情况可以分为三类。第一类是具有"黑马"特征的医用检查检验仪器及服务，2019年较2017年增长254%。第二类是医学影像设备及服务、先进治疗设备及服务和其他类，由于近年来医学影像设备及服务类的产值快速增长，三者工业规模趋同。第三类为植（介）入生物医用材料及服务，其起始规模较小，但近年来保持高速增长，5年复合增长率为15%，高于上海医疗器械总体增长水平。

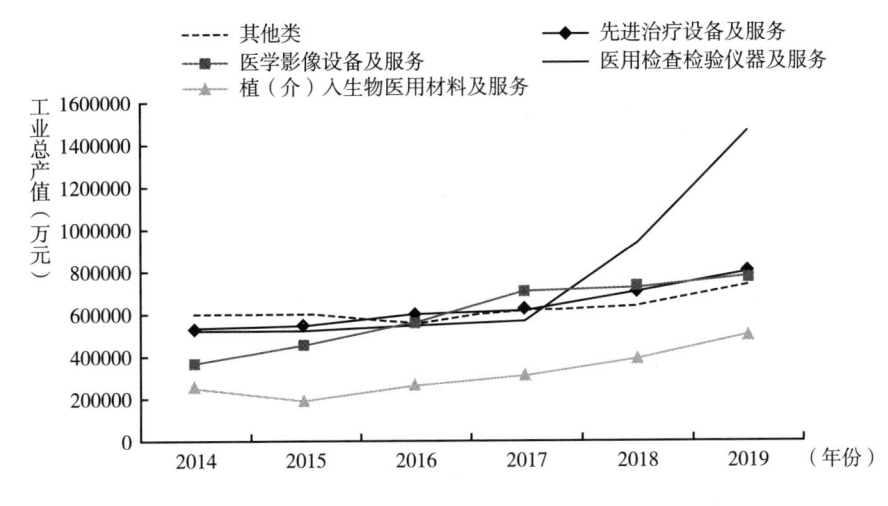

图10 2014~2019年上海医疗器械重点产业产值增长情况

（一）医学影像设备及服务

医学影像行业主要分为上游医学影像设备及耗材和下游影像诊断服务，是在全球医疗器械行业中规模名列前茅的细分行业，也是医疗器械行业中技术含量较高的细分领域。目前上海已经形成了通用型的大型设备技术系列化和产业化的格局。样本数据显示，2019年上海医学影像设备及服务行业规模约为77.4亿元，约占中国此细分市场的14%，具有增长快、行业集中度高的特点，年均增长率为22.47%，远超此细分产业的全国增长率水平（16%）。2019年此类别企业共有46家，其中总产值亿元以上企业有5家（较2018年减少1家），产值排名前20%的企业产值合计占此细分行业总产值的96.0%。

（二）先进治疗设备及服务

先进治疗设备及服务由于涵盖类别多、口径不统一，较难与全国相关数据进行比较。样本数据显示，2019年上海先进治疗设备及服务的产值规模约为79.3亿元，5年来稳定增长，年均增长率为10.14%。2019年此类别企业共有337家，其中总产值亿元以上企业有19家（较2018年增加4家），产值排名前20%的企业产值合计占此细分行业总产值的87.4%。

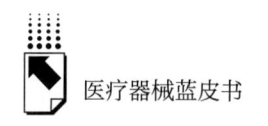

（三）医用检查检验仪器及服务

医用检查检验仪器及服务包括医用检查检验仪器、体外诊断产品及服务。由于其涵盖类别多、口径不统一，较难与全国相关数据进行比较。样本数据显示，2019年上海医用检查检验仪器及服务的产值规模约为145.8亿元，5年来增长不断加速，年均增长率为35.62%。2019年此类别企业共有148家。2019年产值亿元以上企业有19家（与2019年持平），产值排名前20%的企业产值合计占此细分行业总产值的91.9%。

（四）植（介）入生物医用材料及服务

植（介）入生物医用材料及服务包括：生物医用植（介）入体、生物医用材料、生物医用材料服务。由于涵盖类别多、口径不统一，较难与全国相关数据进行比较。样本数据显示，2019年上海植（介）入生物医用材料及服务的产值规模约为48.8亿元，是产值相对较小的一类行业，共有41家生产企业。5年来保持增长趋势，年均增长率为20.41%。2019年产值在亿元以上企业有8家（较2019年减少3家），产值排名前20%的企业产值合计占此细分行业总产值的89.8%。

三 政策导向与未来展望

2019年中国医疗器械行业在创新与监管上迈出了重要一步。上海根据自身发展特点，一是制定了产业促进政策。《上海市人民政府办公厅关于本市推进研发与转化功能型平台建设的实施意见》《上海市贯彻落实国家进一步扩大开放重大举措加快建立开放型经济新体制行动方案》《促进上海市生物医药产业高质量发展行动方案（2018—2020年）》等一系列产业促进政策与规划，为上海医疗器械行业的发展提供了机遇。二是不断创新行业监管政策，促进产业创新升级，上海成为新政策的策源地和试验田，并取得了实施经验。比如，上海联合江苏省、浙江省和安徽省药监部门发布了《长江三角洲区域医疗器械注册人制度试点工作实施方案（试行）》。截至2019年底，已有13家企业的30个产品获批，另有37家企业的60个产品被纳入试点范围。根据《上海市试点开展医疗器械拓展性临床试验的实施意见》，2019年11月12日，全国首例医疗器械拓展性临床试验试点在上海交通大学医学院附属仁济医院成功开展。《上海市推进医疗器械唯一标识系统试点工作方案》确定本市45家医疗器械企业和使用单位入选第一批试点单位，包括部分高值医用耗材生产企业、进口代理和使用单位。三是不断优化营商环境，提高行政效率。比如《上海市食品药品监督管理局关于进一步提升医疗器械审评审批质量和效率若干措施的通知》等政策加快推进了政府职能转变。2019年进一步精简优化医疗器械生产经营管理许可，包括减少申报材料、减少审批时限、减少跑动次数、合并审批事项，实施医疗器械经营企业三类许可与二类备案合并发证。

上海作为全国最大的经济中心城市，正加快建设具有全球影响力的科技创新中心。为了进一步促进医疗器械产业的发展，上海必须转换增长动能，向创新要动力，同时保证及时的制度供给。围绕科技创新这一中心，上海正紧密联系整个长三角区域，释放医疗器械创新发展的活力，未来将逐渐形成优势互补的格局。

（一）协同创新，推动长三角高质量一体化发展

长三角高质量一体化发展，是上海扩大对内开放的重大利好，也将成为上海医疗器械产业发展的新机遇。基于《长三角地区一体化发展三年行动计划（2018~2020年）》已开始实施、G60科技走廊建设机制等已形成，上海应在深化产业集群布局等方面持续发力，建成具有独特品牌优势的协同融合发展平台。长期以来，受成本和政策因素制约，研发成果在上海本地转移转化率较低。长三角一体化发展，进一步推进了注册人制度和委托生产模式的落地，促进了区域利润分配，有利于形成资源互补格局，有望化解上海的人力成本高、土地资源紧缺等长期性问题，最大化上海的科技、金融、医疗、信息等优势。2020年2月，《已获进口医疗器械注册证的产品转移中国境内企业生产有关事项公告（征求意见稿）》已经发布。基于上海有众多医疗器械国际头部企业总部和进口代理人，在不久的将来，该政策的最终实施，也将进一步促进上海以及长三角地区医疗器械行业的发展。

（二）开拓融资，助推高科技企业研发创新

2019年6月13日，上海证券交易所科创板正式开板。科创板设立的初衷，即聚焦高新技术产业和新兴产业，补齐资本市场服务科技创新的短板，增强对创新企业的包容性和适应性，并且允许尚未盈利或存在累计未弥补亏损的企业上市。这十分契合创新医疗器械企业的科技属性和融资需求。在2019年3月3

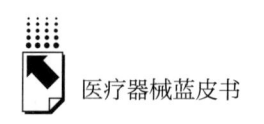

日发布的《上海证券交易所科创板企业上市推荐指引》中,生物医药成为重点推荐的七大领域之一,其中就提到高端医疗设备与器械及相关技术服务领域。截至2019年12月31日,已有56家企业顺利在科创板上市,其中11家医疗器械企业,包括3家上海企业、3家江苏企业。可以预见,在通过科创板融资方面,上海乃至长三角的医疗器械企业将保持区域优势。

(三)先行先试,不断优化监管措施和营商环境

"继续当好全国改革开放排头兵、创新发展先行者",是习近平总书记对上海发展做出的指示。上海有着改革创新的精神,历来都是监管制度创新的"试验田"。比如,首个实施医疗器械注册人制度,积极争取国家医疗器械创新服务站落地,积极参与医疗器械唯一标识制度试点,首次试点开展医疗器械拓展性临床试验等一系列创新监管措施正不断集聚创新的能量,疏通科学监管的通道,推动我国医疗器械行业与国际接轨。

(四)提前布局,加快推动产业结构优化

未来上海医疗器械行业在体外诊断、高值耗材、医疗机器人、家用医疗设备、3D打印器械和医疗影像中心等核心领域发展潜力巨大,宜重点发展人工智能读片技术以弥补人工诊断在数量和准确度方面的不足;发展3D打印技术,在骨科器材类、齿科等器械领域发展新型生产制造模式;研制并推广手术机器人、康复机器人等;发展可穿戴设备如腕带、智能诊断等健康监测产品,推进医疗器械产品的便携化、智能化,抢抓新兴高端医疗器械行业发展战略机遇。随着我国人工智能技术与传统产业的不断融合发展,医疗器械行业将逐步成为广泛应用人工智能技术的领域,人工智能技术有可能会成为医疗器械产业发展的新动力。

(五)专业分工,集聚外包服务企业和平台

随着医疗器械注册人制度的落地推广,行业的研发、生产格局均将逐渐被改变,专业的研发型企业和机构以及专业的代工生产企业将会涌现,外包将成为不可逆转的行业发展趋势。已有的医疗器械生产企业将逐渐分化,行业分工将更为合理,企业专业化能力将更强。目前上海已有数家第三方服务提供商为医疗器械企业提供全产业服务,这将加快形成上海市医疗器械产业生态圈。

B.25
2019年广东省医疗器械行业发展状况与展望

张锋 张扬 刘舜莉*

摘 要： 广东省医疗器械产业具有区域性、聚集性、集中性分布的特点，医疗器械生产企业、生产产品数量稳定快速增长，产品类别日趋完善，龙头企业集聚效应得以发挥。产业政策方面，广东省扎实推进医疗器械注册人制度试点工作，大力鼓励医疗器械创新产品研发，加快推进粤港澳大湾区创新机制，多部门协作推出医疗器械创新政策；监管方面，广东省药监局扎实推进审评审批制度改革，不断强化事中事后监管力度，建立了涵盖医疗器械研制、生产、经营、使用、不良事件监测和再评价的全生命周期监管体系，为保障公众用械安全和促进产业健康发展发挥了重要作用。但广东省医疗器械行业也存在一些问题，如企业运营成本居高不下，产业链配套存在短板；基础研究相对薄弱，缺少尖端核心技术，高端医疗器械研发创新不足；等等。

关键词： 广东省 医疗器械 注册人制度 行业监管

广东省是医疗器械产业大省，对广东省医疗器械产业发展状况进行研究分析，对制定我国医疗器械产业发展战略、提升国产医疗器械竞争力、保持医疗器械产业长期快速稳定发展具有重要意义。

---

* 张锋，广东省药品监督管理局医疗器械监督管理处处长、讲师；张扬，广东省药品监督管理局医疗器械监督管理处主任科员；刘舜莉，广东省医疗器械管理学会秘书长。

一 2019年广东省医疗器械产业情况

据相关统计数据，2019年广东省医疗器械总产值超过1500亿元，占全国医疗器械总产值的比重约为1/4，是我国医疗器械产业基础和发展速度都名列前茅的重点省份。

（一）医疗器械产业呈区域性分布

广东省医疗器械产业具有区域性、聚集性、集中性分布的特点，生产企业主要集中在经济基础较好、制造业较发达、上下游配套企业完善、交通物流较发达的广州、深圳、珠海、佛山、东莞、中山等珠江三角洲的核心地区。根据《广东省工业和信息化厅关于印发广东省生物医药产业园区培育建设实施方案的通知》（粤工信消费函〔2019〕1691号）有关工作部署，广东省各级政府部门积极培育生物医药产业集群，加快生物医药产业集聚化、智能化、生态化、高端化发展，促进生物医药产业园区建设。近年来，广东省通过建立打造各级医疗器械产业园区，进一步推动医疗器械产业集中化和规模化发展，具有代表性的医疗器械产业园区有深圳市南山区和坪山区、广州市科学城、中山市国家健康科技产业基地、东莞市松山湖等。

（二）医疗器械生产企业数量稳定快速增长

截至2019年12月31日，广东省实有医疗器械生产企业3401家，同比增长17.88%，全省共有二、三类医疗器械经营企业84215家，企业平均产值高于全国平均水平。广东省医疗器械生产企业数量居前15位的城市如图1所示。

（三）医疗器械产品数量不断增加

2019年广东省药监局共批准医疗器械产品注册4239项。其中，医疗器械（有源和无源类）2492项，同比增长18.67%，注册核发563项，延续注册566项，许可事项变更注册346项，登记事项变更注册1017项；体外诊断试剂1747项，同比增长40.89%，注册核发312项，延续注册309项，许可事项变更注册148项，登记事项变更注册978项。从表1、表2和图2的数据看出，

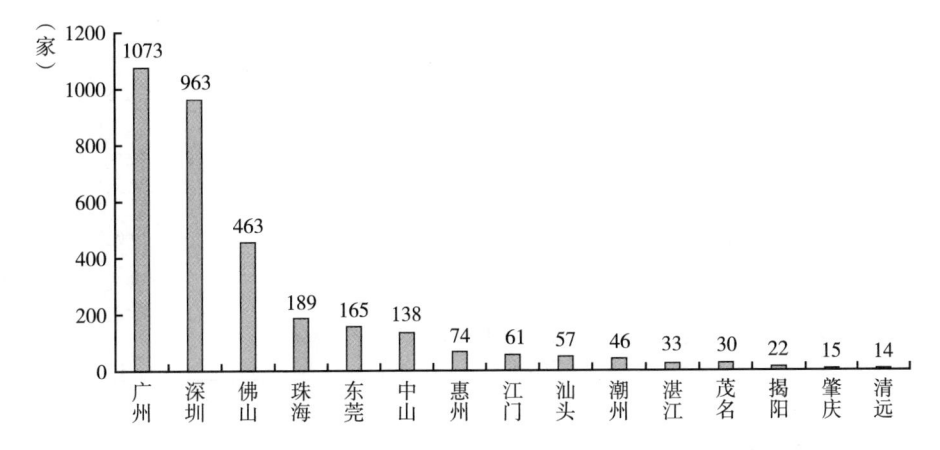

图1 2019年广东省医疗器械生产企业数量居前15位的城市

广州 1073；深圳 963；佛山 463；珠海 189；东莞 165；中山 138；惠州 74；江门 61；汕头 57；潮州 46；湛江 33；茂名 30；揭阳 22；肇庆 15；清远 14。

资料来源：根据公开信息整理。

2019年广东省医疗器械产品注册审批数量同比增长幅度为26.92%，注册核发、延续注册、许可事项变更注册、登记事项变更注册审批量相比2018年均有不同幅度的增长。

表1 2016~2019年广东省医疗器械（有源和无源类）产品注册审批情况

单位：项

年份	批准总量	注册核发	延续注册	许可事项变更注册	登记事项变更注册
2016	1648	571	452	143	482
2017	2555	704	624	329	898
2018	2100	550	267	287	996
2019	2492	563	566	346	1017

资料来源：根据公开信息整理。

表2 2016~2019年广东省体外诊断试剂产品注册审批情况

单位：项

年份	批准总量	注册核发	延续注册	许可事项变更注册	登记事项变更注册
2016	1138	299	282	163	394
2017	1503	441	290	390	382
2018	1240	283	94	147	716
2019	1747	312	309	148	978

资料来源：根据公开信息整理。

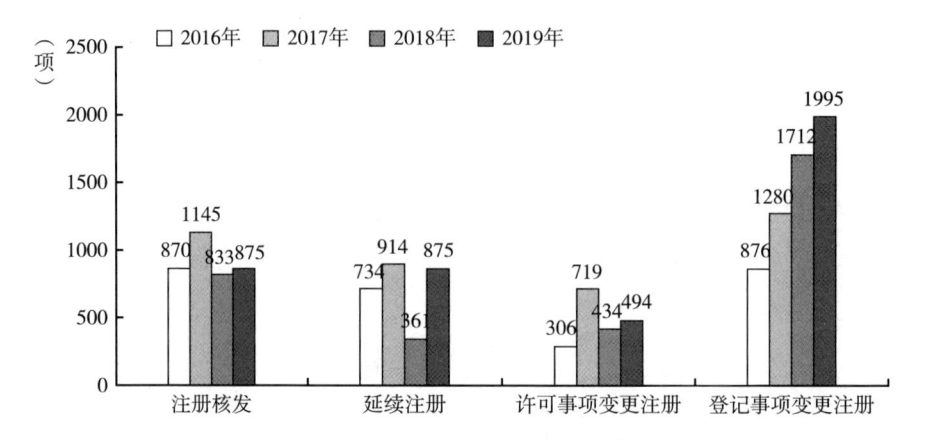

图2 2016～2019年广东省医疗器械产品注册审批情况

资料来源：根据公开信息整理。

（四）医疗器械产品类别日趋完善

广东省立足于自身医疗器械产业优势，近年来重点发展需求量大、应用面广的生命信息与支持类设备、医学影像设备、体外诊断仪器及试剂、急救及外科手术设备、专科医疗设备和核磁共振设备、高值医用耗材等高性能医学诊疗设备，积极发展基层医疗卫生机构及家庭用普及型医疗器械。着力突破核心部件及关键技术，包括医学影像设备所需的数字化探测器、高频X线发生器、超声探头、超导磁体、X线球管等核心部件，医用影像的数据采集、后处理和分析技术，微系统和医用传感器、体外诊断仪器所需的光谱分析、流式细胞分析等技术。加快发展植入、介入、人工器官和组织工程产品制备技术、表面改性技术以及相应的生物医学材料，推动生物三维打印技术、数据芯片等新技术在植（介）入产品中的应用，以及积极开展基于中医学理论的医疗器械研发。

（五）龙头企业发挥带动集聚效应

广东省培育出了一大批行业内知名、具有较高国际影响力的医疗器械生产企业。截至2019年12月31日，广东省共计18家医疗器械企业在我国A股上市，占全国A股市场上市医疗器械公司总数的比例约为33.33%，为A

股上市医疗器械公司最多的省份。广东省医疗器械 A 股上市企业具体情况如表 3 所示。

表 3 广东省医疗器械 A 股上市企业

序号	公司名	业务范围	股票号	上市板块	上市时间	2019 年销售额（亿元）
1	迈瑞医疗	医用医疗设备	300760	创业板	2018 年 10 月 16 日	165.56
2	金域医学	体外诊断及其他	603882	主板	2017 年 9 月 8 日	52.69
3	华大基因	体外诊断	300676	创业板	2017 年 7 月 14 日	28.21
4	万孚生物	体外诊断	300482	创业板	2015 年 6 月 30 日	20.72
5	新产业医学	体外诊断	300832	创业板	2020 年 5 月 13 日	16.82
6	尚荣医疗	医用医疗设备	002551	中小板	2011 年 2 月 25 日	15.31
7	健帆生物	医用医疗设备	300529	创业板	2016 年 8 月 2 日	14.32
8	开立医疗	医用医疗设备	300633	创业板	2017 年 4 月 6 日	12.54
9	和佳股份	医用医疗设备	300273	创业板	2011 年 10 月 26 日	12.12
10	理邦仪器	医用医疗设备	300206	创业板	2011 年 4 月 21 日	11.36
11	达安基因	体外诊断	002030	中小板	2004 年 8 月 9 日	10.98
12	维力医疗	低值医用耗材	603309	主板	2015 年 3 月 2 日	9.94
13	乐心医疗	家用医疗设备	300562	创业板	2016 年 11 月 16 日	8.84
14	宝莱特	医用医疗设备	300246	创业板	2011 年 7 月 19 日	8.26
15	凯普生物	体外诊断	300639	创业板	2017 年 4 月 12 日	7.29
16	阳普医疗	低值医用耗材	300030	创业板	2009 年 12 月 25 日	5.75
17	冠昊生物	高值医用耗材	300238	创业板	2011 年 7 月 6 日	4.38
18	普门科技	医用医疗设备	688389	科创板	2019 年 11 月 5 日	4.23

资料来源：根据公开信息整理。

2020 年初，全球医疗器械著名第三方机构 QMED 发布 2019 年度全球医疗器械供应商排行榜，迈瑞医疗位列第 42，是入榜企业前 50 位中唯一一家中国企业。迈瑞医疗 2019 年年报显示，报告期内实现营业收入 165.56 亿元，同比增长 20.38%，实现净利润 46.81 亿元，同比增长 25.85%。2019 年迈瑞医疗研发投入达 16.5 亿元，占总收入的 10%，整体竞争力持续加强，进一步夯实了企业中长期发展基础。根据迈瑞业绩快报，迈瑞医疗预计 2020～2022 年营业收入将分别达 198.72 亿元、238.73 亿元和 286.60 亿元，将继续保持中国医疗器械生产企业领头羊角色。

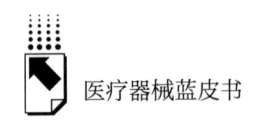

二 2019年广东省医疗器械产业政策情况

近年来,广东省充分释放广东省自贸区建设、粤港澳大湾区建设、深圳建设中国特色社会主义先行示范区、广州市推动"四个出新出彩"等政策红利,深化审评审批制度改革,促进医疗器械技术创新,加快产业结构调整和转型升级,提高产业竞争力,推动医疗器械高质量发展。

(一)扎实推进医疗器械注册人制度试点工作

广东省是全国第二个医疗器械注册人制度试点省份。2018~2019年,广东省药监局先后组织制定了《广东省医疗器械注册人生产质量管理体系实施指南(试行)》《广东省医疗器械注册人委托生产质量协议编写指南(试行)》等配套文件,不断加强试点工作指导。2019年9月,广东省医疗器械注册人制度试点工作取得进一步突破,深圳迈普再生医学科技有限公司委托广州迈普再生医学科技股份有限公司生产的颅颌面修补系统,获得全国首张由国家药监局批准的第三类医疗器械注册人制度试点注册证,具有较强的示范意义。此外,广东省积极探索鼓励集团公司内部优化资源配置,激发企业创新创造活力,在全国率先试点对集团公司内部医疗器械注册人变更、跨省委托生产明确具体办理标准和要求。截至2019年12月底,已有1个企业的1个第三类医疗器械、4个企业的47个第二类医疗器械试点申请获得批准,另有51家企业119个品种提出试点意愿。

(二)大力鼓励医疗器械创新产品研发

广东省药监局深入贯彻"放、管、服"改革要求,高度重视并支持鼓励企业创新研发,积极引导帮助企业申请创新医疗器械特别审批。2015年以来,广东省进入国家药监局创新特别审批的项目数量始终排在全国前三,通过率保持在35%左右,高出全国平均水平15个百分点。2015年11月,广东省药监局率先制定出台了省级第二类创新医疗器械特别审批程序,有效地激发了省内企业的创新热情。2016年12月,广东省药监局发布了第二类医疗器械优先审批程序，创造性地将质量信用 A 类企业第二类医疗器械首次注册申请纳入优先审批。2018 年 8 月 3 日，广东省药监局正式对外公布《广东省食品药品监督管理局第二类医疗器械优先审批程序》，标志着广东省在鼓励医疗器械的研究与创新上又迈出新的一步。通过持续实施广东省创新、优先医疗器械特别审批程序，推动企业研发创新，广东省医疗器械生产企业境内创新申报数量位居全国前列，2019 年进入国家药监局创新通道的产品 10 个，占全国总数的 1/3；进入广东省第二类创新通道的产品 5 个。进入国家药监局优先审批程序的产品 3 个，占全国总数的 30%；进入广东省第二类医疗器械优先审批的项目 22 个。

（三）加快推进形成粤港澳大湾区创新机制

2019 年 2 月，广东省卫生健康委、香港特别行政区政府食物及卫生局、澳门特别行政区政府卫生局三方签署了《粤港澳大湾区卫生健康合作共识》，共识包括六个部分，分别是以人民健康为中心、推动优质医疗资源紧密合作、加强公共卫生应急领域合作、深化中医药领域创新合作、拓展科研和服务领域合作、强化人才培养和诊疗合作。2019 年，经过广东省政府、深圳市政府的积极努力争取，并得到中编办的批准同意，粤港澳大湾区国家药监局药品医疗器械技术审评分中心落户深圳。

（四）多部门协作推出医疗器械创新政策

2020 年 4 月 8 日，广东省科技厅、广东省发改委以及广东省药监局等九部门正式印发《关于促进生物医药创新发展的若干政策措施》，从统筹生物医药创新发展布局、促进生物医药创新要素高效跨境流动、优化药品器械注册上市和推广应用制度、培育发展生物医药产业特色园区和骨干企业等方面对广东省医疗器械产业发展提出了明确的规划要求。

三 2019 年广东省医疗器械监管工作情况

近年来，广东省药监局扎实推进审评审批制度改革，不断加大事中事后监管力度，建立了涵盖医疗器械研制、生产、经营、使用、不良事件监测和再评

价的全生命周期监管体系，为保障公众用械安全和促进产业健康发展发挥了重要作用。

（一）深化"放管服"改革和"证照分离"改革

公开审批清单，推行简政放权。推行"审、批、查"分离，明晰各环节职责分工，实现互相监督、密切配合。构建五位一体"阳光许可"体系，公开透明审批。主动公开标准化行政许可目录和办事指南，对外实时公布行政许可结果，建设全省统一权威的许可信息管理系统，开放数据库，定期公告行政许可信息。实施创新、优先审批，驱动产业发展。

（二）深化"五个网上"全程无纸化审批

深化"五个网上"的政务服务，提高无纸化申报比例，深化电子证书应用。通过推行"五个网上"无纸化审批，打造省内"24小时远程在线申报"模式，突破时间和空间限制，实现申请人办事"零跑动"。借助全流程进度管理，实现对外审评审批进度倒计时查询，对内通过系统短信预警，杜绝超时现象。开通辅助报告填写，在线获取核验营业执照、注册检验报告等服务，提高审查效率。2019年广东省内第二类医疗器械注册业务全部实行网上电子提交和电子审评审批，无纸化比例达到100%。截至2019年底已成功受理医疗器械注册无纸化业务超过5000笔，发出电子证书超过3800个。通过实施"五个网上"，将审批时限压缩了40%，制证送达时间由10个工作日压缩至1个工作日完成。

（三）不断提升医疗器械风险管理水平

为进一步加强医疗器械安全形势分析，全面掌握医疗器械监管现状，2019年，广东省药监局充分借助第三方力量，组织开展医疗器械风险监测和研判工作。2019年不断开展省内有源、无源医疗器械生产企业及医疗机构风险监测工作，共检查评估有源医疗器械生产企业100家、无源医疗器械生产企业60家、医疗机构99家，并对检查评估记录进行汇总分析，总结提炼风险点，形成风险分析报告。

（四）不断加大医疗器械相关培训力度

为进一步增强企业守法意识，提升企业自我管理水平，2019年，广东省药监局组织开展大规模的培训工作，包括针对生产企业法定代表人、企业负责人、生产负责人的法规培训，举办内审员培训班、管代资格班、管代提高班，以及针对医疗机构医疗器械使用、管理人员等的培训。做到月月有培训，培训有重点，培训有效果，进一步增强企业自律意识。

（五）不断加大监督检查和专项整治力度

组织开展无菌和植入性医疗器械监督检查，避孕套、装饰性彩色平光隐形眼镜专项检查，医疗器械"清网"行动及医疗器械生产企业飞行检查。通过各类监督检查，有效惩处违法违规行为，净化了市场秩序，保障了人民群众用械安全。

（六）加强医疗器械审评审批能力和队伍建设

深入推进国家药监局医疗器械技术审评中心医疗器械创新广东服务站建设，在深圳设立广东省药监局审评中心深圳医疗器械审评认证中心，紧贴产业发展需求增强审评人员配备，提升审评质量和效率。广东省医疗器械质量监督检验所深圳坪山检验室正式挂牌运行，将最大限度地满足深圳高端医疗器械产业的技术服务要求。

四 政策建议

近年来，广东省医疗器械产业快速发展，但在发展过程中也暴露出诸多问题。首先，企业运营成本居高不下，产业链配套存在短板。随着城市现代化建设加速，广州、深圳等特大城市的医疗器械产业面临的升级压力日益增大。一是，场地租金、人力成本等企业变动成本持续快速增长，压缩企业利润空间；二是，生活成本的增加使得超级城市中人力资源结构发生变化，学历层次较低的产线工人数量减少，传统制造环节在大城市里难以持续。产业升级压力由此产生。其次，基础研究相对薄弱，缺少尖端核心技术，高端医疗器械研发创新

不足，未来要在核心工艺、核心技术方面下功夫，实现高端医疗器械研发、生产自主可控。广东省医疗器械生产企业众多，在国内外市场细分领域中，广东制造也已经占有一席之地，但总体来看，广东省医疗器械产业仍然具有基础研究相对薄弱、核心创新技术不足的问题。研发与临床的结合、学术和产业的融合不足是广东省医疗器械产业的一个短板。

针对广东省医疗器械产业发展过程中存在的问题，本文提出以下建议。

（1）充分释放广东省自贸区建设、粤港澳大湾区建设、深圳建设中国特色社会主义先行示范区、广州市推动"四个出新出彩"等政策红利。加大对医疗器械的研创扶持力度，推进广东省内各城市、粤港澳在医疗器械监管领域的深度合作，促进粤港澳大湾区成为全国生物医药产业创新发展示范区。

（2）充分统筹谋划产业布局，加大对核心技术研发、重点企业发展、重点品种投产的支持力度。在现有生物医药产业园区的基础上，进一步合理统筹规划产业和园区布局，完善园区上下游企业供应链，强化协同发展。突出园区特色建设，细分园区生产产品种类，实现产业布局上的优势互补和因地制宜。加大对重点企业、短板品种的支持力度，推动广东从医疗器械大省向医疗器械强省跨越。

（3）加大资金支持力度，鼓励创新企业发展，推动企业集约化、专业化发展。强化创新对产业发展的支撑，鼓励企业参与医疗器械注册人制度试点工作，鼓励研发、创新型企业发展，细化社会分工，强化专业化制造。加大财政对创新型企业的支持和补贴力度，鼓励和引导具备条件的企业充分利用上市制度的改革融资上市。

（4）加大医疗器械专业人才培养力度，加大研发和创新投入，推动产、学、研有机结合。以高等院校为依托，加强医疗器械相关专业学科的建设，加大医疗器械专业人才培养和高端人才引进力度。充分发挥高等院校在医疗器械创新中的作用和优势，充分借助国家重点实验室等高层次平台，支持产学研合作，着力推动科研成果向现实生产力转化。

B.26
2019年江苏省医疗器械行业发展状况及展望

王越 沈晓洁 顾海明 杨奇*

摘 要： 江苏省医疗器械产业规模稳步增长，产业集聚度越来越高，产品门类比较齐全，不断利用外资借势提质，骨干企业实力不断增强，区域特色布局逐渐形成，综合创新能力在全国具有一定的优势。新组建的江苏省药监局，不断加强部门协作和区域合作，拓展国际交流合作空间，促进政企良性互动，加大创新探索力度，完善监管制度机制和方式方法，不断增强监管的专业性、权威性，大力促进医疗器械产业高质量发展。但江苏省医疗器械产业仍存在较多亟待解决的问题，如产业结构瓶颈亟待突破、企业创新成本相对较高、专业人才仍然存在缺口、监管支撑力量需要加强等。未来需要进一步拓宽延伸产业发展空间、加强区域协同创新发展、促进高端医疗器械研制、深化审评审批制度改革、增强监管技术支撑。

关键词： 江苏省 医疗器械行业 行业监管

医疗器械产业是江苏重点培育发展的先进制造业之一，其发展综合性强、涉及产业领域范围广的特点，对实现制造业产业集群高质量发展具有重要的示范

---

* 王越，江苏省药品监督管理局局长，主任药师；沈晓洁，江苏省药品监督管理局常州检查分局局长，主管药师；顾海明，苏州科技城科技创新服务中心主任，高级工程师；杨奇，江苏省药品监督管理局主任科员。

意义。经过长期的积淀和发展，江苏医疗器械产业已处在转型升级的关键阶段，政府部门和业内各方需要持续共同发力，增动能、提效能、补短板、强弱项，促进产业发展环境优化，推动产业集聚区实现错位发展、特色发展、创新发展、协同发展。药品监管部门作为与医疗器械企业联系最为密切的政府职能部门之一，在坚决保障医疗器械安全的基础上，需要进一步发挥部门职能作用和一线监管优势。

一 江苏省医疗器械产业概况

（一）企业分布情况

江苏省是医疗器械产业发展大省，生产、经营企业数量均位居全国前列。截至2019年底，全省共有医疗器械生产企业2517家，经营企业3.69万家；生产企业主要分布在苏州、常州、泰州、南京等苏南、苏中地区（见图1），集中了全省87.76%的企业。一类、二类、三类医疗器械产品生产企业（企业类别按最高级别产品统计）分别为848家、1279家、390家，占比分别为34%、51%、15%。具体包括无菌类产品生产企业616家，植入类产品生产企业83家，有源类产品生产企业641家，义齿类产品生产企业64家，体外诊断试剂生产企业180家，等等。

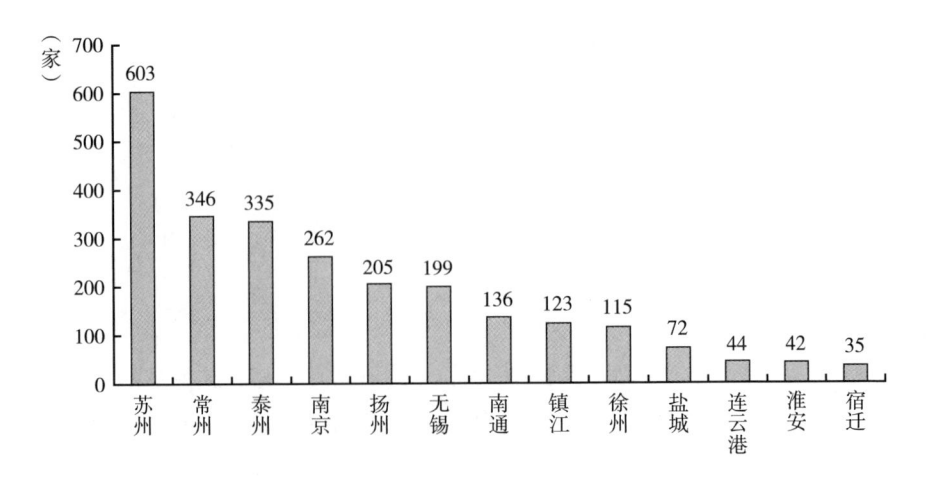

图1 2019年江苏省医疗器械生产企业地域分布

资料来源：根据公开信息整理。

（二）产品注册备案情况

近年来，江苏省二类、三类医疗器械注册数量均连续多年居全国首位。2019 年，境内三类、二类医疗器械首次注册数量分别为 224 件、1202 件，分别占全国总数的 12.98% 和 19.35%。截至 2019 年底，全省已取得三类医疗器械注册证近 2000 个，二类医疗器械注册证 9000 多个，一类医疗器械备案凭证 15000 多个；共有 11 个产品通过创新医疗器械特别审批程序获得注册证。

（三）产业发展特点

经过多年的培育和发展，江苏省医疗器械产业规模位居全国前列，骨干企业实力增强，区域特色布局逐渐形成，综合创新能力具有一定的优势。

1. 产业规模稳步增长

江苏省医疗器械生产企业数量排名全国第二，产业产值、销售收入等指标连续多年保持两位数增长，年销售额达亿元以上的企业有 100 多家。

2. 产业集聚度越来越高

目前江苏已建成苏州工业园区生物纳米科技园、苏州高新区江苏医疗器械科技产业园、常州国际医疗器械城、常州西太湖科技产业园、泰州中国医药城、无锡新区生命科技园等十多个医疗器械产业园区。

3. 产品门类比较齐全

江苏医疗器械产品品种繁多、规格齐全、综合性强，基本能满足医疗服务需求。近年来，在传统优势产品如眼科手术器械、一次性医疗用品、骨科内植物、B 超设备等市场份额得到巩固和提升的同时，研发并投产了一批高技术和高附加值产品，如正电子断层扫描仪、准分子激光治疗仪、伽马刀、肿瘤治疗仪、人工晶体等。

4. 利用外资借势提质

全省共有外资、合资企业 100 多家，全球知名的强生、通用、碧迪、西门子、飞利浦、史赛克、美敦力等企业在江苏均有投资，它们凭借雄厚的资本和技术实力发展迅猛，以数量占比 5% 左右的企业创造了近 45% 的生产销售总值。

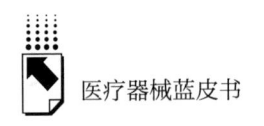

二 江苏省医疗器械产业发展环境

江苏省委、省政府高度重视医疗器械产业发展,在《中国制造2025江苏行动纲要》中,明确提出要在医疗器械产业上取得重大突破。

(一)政策环境良好

江苏先后出台了《关于深化审评审批制度改革鼓励药品医疗器械创新的实施意见》《省政府关于推动生物医药产业高质量发展的意见》等政策举措,推动江苏发展成为全国医疗器械领域创新平台体系最全、企业研发能力最强、产业发展质态最优的产业创新高地。建立由省相关职能部门组成的会商机制,及时协商解决医疗器械产业发展中的重大事项,共同推进产业高质量发展。聚焦医疗器械产业发展的现实需要,从人才扶持、财政支持、审评审批制度改革、创新产品应用、国际合作等方面制定了一系列务实举措,持续优化营商环境,服务企业创新发展。

(二)科教资源丰富

江苏科教资源非常丰富,拥有百位"两院"院士、15所"双一流"高校、11座国家创新型城市、18个国家级高新技术产业开发区、5个国家"2011协同创新中心"、25家国家重点实验室,有三级医院近200家,有70家临床试验机构取得医疗器械临床试验备案,区域创新能力在全国名列前茅。政府部门明确把自身定位为产学研融合的参与者、服务者、引导者,积极扶持产业联盟发展,主动搭建各类协作平台,促使企业与高校、医院等科研单位合作不断加强,加快完善以企业为主体、市场为导向、产学研深度融合的医疗器械技术创新体系。近年来,江苏建设和引进了国家药监局医疗器械技术审评中心医疗器械创新江苏服务站、中科院苏州医工所、全国首家医疗器械可用性测试平台等科技创新和公共服务载体,也培育出江苏省医疗器械产业技术创新中心等中介服务机构。此外,许多园区还设立了医药公共服务平台,为企业提供一站式服务。

(三)产业配套基础较好

江苏省工业基础扎实、门类齐全,既有具备雄厚基础的纺织、钢铁、机械加工等传统工业，又有发展迅猛的信息、微电子、新材料、精密仪器、光学等高新技术产业，产业配套、上下游垂直整合能力强，在发展综合性强、涉及产业领域范围广的医疗器械产业方面具有优势。苏州工业园区生物纳米科技园集聚了植入类、介入类产品及医疗机器人生产企业，通过打造产业联盟，实现信息和资源的共享；常州的骨科植入物及吻合器产业集聚度高，产业链较为完整；泰州中国医药城的体外诊断企业数量多、门类广，已形成一定的规模。随着健康中国的深入推进，有些地区以医药产业为载体，进一步强化资源整合，积极推进错位发展、融合发展。常州西太湖科技产业园依托现有以医疗器械为特色的健康科技产业发展基础优势，利用西太湖优越的自然生态条件，构建"医疗科技、医疗旅游、医疗展贸"三位一体融合发展体系，推动产业功能和城市功能有机融合，实现"以产促城、以城兴产"。江苏丰富的产业、资源优势，为医疗器械产业发展提供了较为广阔的发展空间。

（四）诚信体系健全

江苏是全国最早开展医疗器械行业诚信体系建设的省份。早在2005年江苏就全面启动了医疗器械行业诚信体系建设，发出了"从我做起、共铸诚信、造福人民——全力打造江苏医疗器械行业诚信体系"的倡议。十多年来，江苏以诚信建设为抓手和载体，加大宣传培训力度，实施分级分类监管，建立激励惩戒机制，把医疗器械监管逐步纳入科学化、制度化、规范化轨道，实现了企业诚信意识、监管执法效能、产品质量水平和行业整体形象四个"显著提升"。不断完善激励和惩戒机制，对被评定为诚信企业的单位，在法律法规允许的范围内，优先办理相关行政许可事项，减少日常监督检查频次；严格执行不良行为登记管理制度，依法加大对制假售假、虚假宣传等违法失信行为的打击和曝光力度，强化"守信者得益、失信者受罚"的正面导向。

三 江苏省医疗器械行业监管现状

新组建的江苏省药监局认真贯彻习近平总书记关于药品安全"四个最严"要求，坚持以人民为中心的发展思想，贯彻新发展理念，围绕"保障药品安全、助推产业发展、促进公众健康"中心任务，加强部门协作和区域合作，拓展国

际交流合作空间，促进政企良性互动，加大创新探索力度，完善监管制度机制和方式方法，不断增强监管的专业性、权威性，大力促进医疗器械高质量发展。

（一）严格市场准入管理

整合医疗器械行政审批职能，设置"行政审批处"，实行"一个处室审批、一个窗口对外"。加强二类医疗器械审评审批制度建设，优化"分类、分级、分路、分段"审评模式，提高审评审批效能，将技术审评时限压减15%、行政审批时限压减40%。积极推进医疗器械注册人制度试点，与上海市、浙江省、安徽省药品监管部门共同制定发布了《长江三角洲区域医疗器械注册人制度试点工作实施方案》；联合上海市药监局对上海联影医疗科技有限公司委托联影（常州）医疗科技有限公司生产的数字化医用X射线摄影系统进行注册质量体系考核检查，该产品成为全国首个医疗器械注册人制度跨省试点产品。在受理、审评、审批三分离的基础上，充分发挥省药监局认证审评中心和省医疗器械检验所的技术支撑作用，建立健全审批、审评、检测三方联席会议制度，统一审评审批尺度，及时解决共性问题和疑难问题，严把市场准入关。2019年办理二类医疗器械产品注册审批事项3956件，其中批准数量为3665件，不予注册291件；办理医疗器械生产许可事项1363件，其中批准数量1341件，不予许可22件。

（二）加强过程风险管控

建立重点监管与"双随机、一公开"监管相结合的监管制度，实施风险分类分级管理，提高监管工作的针对性有效性。统一制定年度监督检查计划，严格开展日常检查，监督企业执行质量管理规范；针对监督抽检、不良事件监测、投诉举报等工作中排查的隐患、线索，对相关企业开展有因检查；对检查中发现的问题，实施跟踪检查，督促企业整改到位，确保监管闭环；加强行刑衔接，严厉打击违法违规行为。出台《药品质量安全风险防控工作暂行程序》，明确风险信息判定标准，细化工作流程，健全风险会商评估机制。加大风险信息交流力度，2019年约谈医疗器械生产企业94家，发布预警信息4期、警告信34封，指导企业对103个产品采取风险控制措施，改进生产工艺40项、修改说明书48份。

（三）助力企业健康发展

开发江苏省医疗器械信息化系统，建立医疗器械"大数据"中心，实现审评审批全上网。加大对创新医疗器械产品的帮扶力度，采取主动对接、提前介入、专人指导等措施，为具有自主知识产权、国际国内领先的创新成果转化提供专业服务，提升企业申报质量，全年共完成审查上报国家药监局创新医疗器械产品37个，有4个产品进入了特别审批通道并获准上市。配合国家药监局医疗器械技术审评中心推进三类医疗器械注册电子申报，共申报407个产品，数量位居全国第一。积极服务园区发展，2019年省药监局与南京市高淳区、常州市武进区等地就推进医疗器械产业发展达成协议和共识；深入产业集聚区，通过现场办公及时解决企业在发展过程中遇到的困难和问题。

四　江苏省医疗器械产业发展存在的问题及趋势

（一）存在的问题

对照江苏医疗器械产业高质量发展的要求和人民群众日益增长的医疗器械使用需求，江苏医疗器械产业发展任重道远，还存在一些亟待解决的问题和困难。

1. 产业结构瓶颈亟待突破

目前江苏医疗器械产品结构中，一次性耗材等传统产品占比较大，中低端医疗设备同质化竞争激烈，虽然近些年来也有创新产品和成果不断推出，但高端市场核心竞争力仍然不强。体外诊断试剂上游主要有原材料酶、抗原、抗体、精细化学品、有源设备核心电子元器件等，目前绝大多数依赖进口，一定程度上制约了医疗器械产业的转型升级。

2. 企业创新成本相对较高

独创性技术产品研发难度高、投入成本大、研发周期长，客观上具有较高的风险。从研发端看，本土企业为降低研发投入成本、缩短产品上市时间，更愿意走仿制性创新的途径。从市场端看，创新产品市场推广难度较大，相比国

外知名企业产品，国产创新型产品的认知度、认可度还不高，在一定程度上难以占据市场优势。

3. 专业人才仍然存在缺口

虽然东南大学等省内高校先后开展了生物医学工程学专业的本科层次人才培养，但仍不能满足省内医疗器械企业的发展需要，掌握多学科知识的高端研发人才匮乏，医疗器械注册专员、管理者代表等也存在缺口。特色产业园区人才聚集能力还不够强，存在人才流失问题，考评和激励机制需要进一步完善。监管部门面对体量庞大、门类繁多的监管，存在"本领"恐慌。

4. 监管支撑力量需要加强

近年来，全省二类医疗器械注册事项申请量逐年增加，从2017年的2500件增加到2019年的4548件，年均增幅达34.88%，但其涉及的检查、检测、审评等技术支撑力量，却没有跟上产业快速发展的步伐。以技术审评为例，江苏现有专职审评员30余名，人均年度实际审评工作量超过了100件，长期处于超负荷工作状态，一定程度上影响了审评工作质量和效率。

（二）发展趋势

1. 常规医疗器械发展进入平台期

作为医疗器械制造大省，经过20年高速发展及充分的市场化竞争，江苏常规医用耗材、中低端医疗设备供需基本平衡。如果无特别的市场需求或资金、技术、人才、销售等方面的优势，新进企业竞争空间较小。

2. 创新医疗器械发展进入成长期

得益于资金、技术、人才、交通、环境、区位、配套等综合优势，江苏自2005年以来，已吸引了不少海内外医疗器械创新项目，一批高端人才在全省各类生命科技产业园区兴业创业。经过十多年的发展，无论是改进式创新还是原创式创新，这些项目开始开花结果，未来创新医疗器械在全省医疗器械产业中的比重会越来越大。

3. 医疗器械产业生态进入成熟期

江苏医疗器械产业发展所需的上、下游配套产业、资金、技术、人才、信息、政策等要素配置更加充分、合理，市场化资源配置机制日益成熟。医疗器械注册人制度试点等审评审批制度改革为江苏产业资源市场化配置提供了便利。江苏CRO、CMO、CDMO等医疗器械外包服务业发展迅速，产业生态圈集聚效应明显，整合全国乃至全球创新资源的能力不断提升。

4. 家用医疗器械市场进入爆发期

医保投入、招采政策、产品转型升级不易等多种因素影响医疗器械产业发展，若以医疗机构为主要目标用户，企业之间的竞争会十分激烈。受人口老龄化及健康消费习惯的影响，得益于网络销售的便利性，创可贴、血压计、血糖仪、供氧机、轮椅等个人消费用医疗器械异军突起，成为发展最迅速的医疗器械细分领域之一。

5. 政策密集出台促使行业进入洗牌期

"两票制""低端耗材打包收费""高值耗材省级集中采购""冠脉支架等全国医保谈判"以及新的监管法规制度，多种政策效应叠加，促使企业通过提高单品种生产集中度、并购重组、重新调整产业布局等措施，不断降低单位产品成本，以应对"优质低价"的市场需求。市场竞争必将大大促进医疗器械细分领域的集中度提高。

五 促进江苏医疗器械产业发展的政策建议

（一）拓宽延伸产业发展空间

聚力产品研发、服务以及品牌建设等高附加值环节，加快将链条向两端延伸，通过外延并购等方式，扩充产品线，补齐研发创新能力与产品服务等方面的"短板"。围绕增强产业链的完整性，各地要结合自身优势，吸收各种为产业发展提供基础服务以及相关配套服务的企业，发展战略联盟，实现布局上的优势互补，将优势产业做大做强。

（二）加强区域协同创新发展

扎实推进医疗器械注册人制度试点，充分利用好长三角地区协调机制，放大江苏产业优势，提高优质资源的利用率，积极承接研发创新优势明显的企业，加快实现产业化、规模化。加强对医疗器械领域知识产权的保护，维护专利权人合法权益，形成崇尚技术创新的良好氛围。

（三）促进高端医疗器械研制

加强政策资金帮扶，引导企业研发创新，鼓励开展前沿技术研究、创新产品开发，并积极引进国外技术。聚焦行业发展瓶颈，从产品原创性、产品技术细节、产品核心材料和关键部件等方面进行持续改进，加快缩小国产和进口医疗器械产品的差距。

（四）深化审评审批制度改革

完善产品技术审评指南，优化流程再造，改进审评方式，加快产品上市。建立合并检查模式，同步开展医疗器械产品注册技术审评与体系核查；对申请生产许可证和体系核查的，同步安排现场检查。总结深化疫情防控期间对医用防护服、医用口罩的应急备案、审批经验做法，在法律框架内和风险可控的条件下，探索重构注册检验、现场核查、技术审评各环节在审评审批工作中的流程和规范，通过改革完善制度机制提升工作效能。

（五）增强监管技术支撑

加强检查、审评、检测、不良事件监测四大技术支撑体系建设；加快推进省级职业化专业化检查员队伍建设，设立省本级检查机构；与设区市合作设立检查、检测、审评等分支机构，借助园区人才引进政策优势，吸引、培育、留住高素质专业人才。根据省域医疗器械产业特点，与高校和科研院所联合建设监管科学研究院，在强化理论研究的同时，加速培养专业强、素质高、理念新的新时代监管人才，不断夯实监管基础。

B.27
2019年湖北省医疗器械行业发展状况与展望

崔辉 肖珏*

摘 要： 本文基于湖北省医疗器械行业的基本情况、产业集群情况以及高端医疗器械行业发展相关数据等，对湖北省医疗器械行业发展优势和存在的问题进行了研究。湖北省医疗器械行业虽然具有政策扶持、产业集群规模较大和高校、医疗及科研资源丰富等优势，但存在产业集中度不足、高端人才匮乏和国内知名品牌的打造力度较弱等问题。针对优势和问题，本文对湖北省医疗器械行业的发展提出了加快医疗器械注册人制度的落地和推广，鼓励打造知名医疗器械品牌和推动区域资源整合，建立产学研供销产业集群等相关的建议。

关键词： 阳光采购 注册人制度 医疗器械 湖北省

湖北省位于我国中部地区，作为工业历史悠久的省份，其良好的工业基础为医疗器械行业的发展提供了肥沃的土壤。在近年来的政策支持下，湖北省的医疗器械行业得到了飞速的发展。本报告对2019年湖北省医疗器械行业的发展状况进行了论述。

---

* 崔辉，奥美医疗用品股份有限公司国内医用产品经营体总经理；肖珏，奥美医疗用品股份有限公司国内医用产品经营体市场部经理。

一 湖北省医疗器械产业基本情况

（一）企业数量

截止到 2019 年 11 月 29 日，全省拥有各类医疗器械生产企业 600 余家。其中取得二、三类医疗器械注册证的生产企业 365 家；取得一类医疗器械备案的企业 200 余家。全省拥有医疗器械经营企业 1 万多家。其中三类医疗器械经营批发企业 3562 家，零售企业 7446 家；取得二类经营备案的企业有 2530 家。

湖北省虽然生产企业和经营企业数量较多，但分布不均匀。如表 1 所示，截至 2019 年 11 月 29 日全省取得二、三类医疗器械注册证的生产企业主要集中在省会武汉市，占比 66.3%，达到 242 家，地级市分布也不均衡，主要集中在宜昌市、咸宁市和仙桃市。三类医疗器械经营批发企业同生产企业相同，65.7% 集中在省会武汉市，但地级市分布较为均衡，除鄂州市、天门市、潜江市和神农架林区外其他各地市数量相差不大。

表 1 截至 2019 年 11 月 29 日湖北省各地市医疗器械生产企业及经营批发企业统计

单位：家，%

地区	取得二、三类医疗器械注册证的生产企业数	占比	三类医疗器械经营批发企业	占比
武汉市	242	66.3	2340	65.7
黄石市	7	1.9	80	2.2
十堰市	3	0.8	86	2.4
荆州市	9	2.5	93	2.6
宜昌市	15	4.1	118	3.3
襄阳市	7	1.9	170	4.8
鄂州市	5	1.4	30	0.8
荆门市	11	3.0	93	2.6
孝感市	9	2.5	94	2.6
黄冈市	7	1.9	97	2.7
咸宁市	18	4.9	90	2.5
随州市	4	1.1	68	1.9

续表

地区	取得二、三类医疗器械注册证的生产企业数	占比	三类医疗器械经营批发企业	占比
恩施州	1	0.3	125	3.5
仙桃市	22	6.0	45	1.3
天门市	1	0.3	8	0.2
潜江市	4	1.1	23	0.6
神农架林区	0	0.0	2	0.1
合计	365	100	3562	100

资料来源：根据公开信息整理。

（二）医疗器械注册情况

2019年湖北省完成862个一类医疗器械产品备案；509个二类医疗器械产品注册事项。截至2019年底湖北省拥有有效期内的一类医疗器械产品备案2428条，其中体外诊断试剂1129条，占比46.5%，其他医疗器械1299条，占比53.5%；有效期内的二类医疗器械注册证1376条。

（三）产业规模

湖北省医疗器械生产企业的产业规模约为200亿元，在我国中部居领先地位，但在全国处于中游，落后于北京、上海、广东、山东及河南地区。

（四）高端医疗器械发展状况

近年来，湖北省高端医疗器械发展迅速，出现了一大批优质成果。安翰光电、喜康生物、康圣达、明德生物等一批本省的高端医疗器械企业成为各自领域的领先企业。安翰光电的NU-I型磁控胶囊胃镜系统入选科技部《创新医疗器械产品目录（2018）》，安翰光电入选科技部"独角兽"企业；明德生物于2018年7月成功上市。盛齐安"载药囊泡靶向治疗胆道恶性梗阻技术"等创新医疗技术进行了临床应用。还有可控式胶囊内窥镜、循环肿瘤细胞捕获仪、十八导心电图机、组织工程自体皮肤、蛋白质三维比对技术、高通量临床基因测序仪等一批先进技术进入了市场。武汉唐济科技硬性电凝切割内窥镜通过国

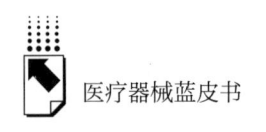

家医疗器械优先审批通道注册上市。致众科技医疗器械创新技术转化服务平台建成，可为医疗器械产品提供研发、检测、注册申报、生产一体化服务。[①]

二 湖北省医疗器械产业集群发展情况

2019年湖北省重点成长型产业集群共112个，其中与医疗相关的有九个，而与医疗器械相关的有两个，分别是：枝江市奥美医用纺织产业集群、仙桃市无纺布产业集群。

（一）枝江市奥美医用纺织产业集群

枝江市奥美医用纺织产业集群以奥美医疗为龙头，打造医用敷料出口基地，主要产品为纱布、以非织造布为核心的医用敷料和以水刺无纺布棉柔巾为主的医疗级民用护理用品。整个产业集群拥有医疗相关企业26家，其中出口企业十多家。2018年相关企业实现总产值68亿元。其中奥美医疗自2008年始，已连续十一年保持中国医用敷料行业出口第一的位置，是世界医用敷料领域的隐形冠军企业。

（二）仙桃市非织造布产业集群

20世纪90年代，仙桃的非织造布产业开始起步，今天仙桃市已拥有规模以上非织造布原料加工企业百余家，形成了从产品开发到货物通关的完整产业集群，产品涉及32个大类，拥有135个品种，几乎覆盖了人们生活需求的各行各业。[②] 2019年11月15日，中国纺织工业联合会发文确认仙桃市为"中国非织造布产业名城"、彭场镇为"中国非织造布制品名镇"。非织造布是医用卫材的主要原材料，以非织造布为原材料生产的医疗制品在整个行业中的占比超过了八成，而且其中大多数的产品为中高端医疗制品。仙桃市拥有生产二类医用卫生材料及敷料的医疗器械企业40余家。整体行业产值超过200亿元。

---

① 湖北省经信委：《2016~2018年湖北医药产业发展情况》。
② 梁瑞丽：《仙桃，千亿级非织造产业集群的诞生》，《中国纺织》2015年第8期。

三 湖北省医疗器械行业发展优势

（一）政策扶持推动高端创新型医疗器械行业发展

为响应国家政策号召，湖北省出台了《中国制造2025湖北行动纲要》《"健康湖北2030"行动纲要》《湖北省医药产业"十三五"发展规划》等一系列重要文件，为湖北省医疗器械行业向高端化发展转型创造了有利的条件。《中国制造2025湖北行动纲要》明确地将生物医药和高端医疗器械列入十大重点领域。《"健康湖北2030"行动纲要》和《湖北省医药产业"十三五"发展规划》也对生物制药和高端医疗器械领域的研发和产业化提出了明确要求。

为了推动湖北省医疗器械行业向高质量高水平的方向发展，2019年省药监局更是印发了《关于促进我省生物医药产业高质量发展若干措施》，进一步推动了医疗器械行政服务的质量和效能提升，促进了医疗器械产业高质量发展。该文件从完善审评审批机制、简化审评审批流程、鼓励产品研发创新、支持企业做大做强、维护良好市场秩序五个大的方面提出二十项具体措施。通过具体的细化的政策支持极大地提高了医疗器械行业的发展速度和发展质量。在政策支持下大量的创新医疗器械得以快速上市，众多医疗器械企业快速发展不断地做大做强。

（二）产业集群规模较大

湖北省从2008年开始打造重点产业集群，公布了《湖北省重点成长型产业集群管理试行办法》。经过十多年的打造，湖北省已形成了112个产业集群。其中医疗器械相关的枝江市奥美医用纺织产业集群、仙桃市非织造布产业集群都达到了百亿元的产值规模，带动了区域医疗器械行业快速发展和转型。

（三）高校和医疗资源众多，科研资源丰富

湖北省是教育强省，全省拥有高等院校129所，其中专科高校61所，本科高校68所，数量位居全国第二；有7所"211"大学和2所"985"高校。

武汉大学、华中科技大学综合排名常年位居全国高校前10。具有丰富的高素质人才和科研人才，有充分的医疗器械创新人才储备。

湖北省拥有公立大型综合三甲医院68家，民营三级医院18家，为湖北省医疗器械行业创新发展提供了广阔的消费市场和实验、调研平台。

近年来，湖北省更是建立了诸多研发创新基地，如省级产业技术研究院3个，国家创新型（试点）企业2个，国家级重点实验室及培训基地4个，工程技术研究中心14家。湖北省医疗器械检测中心与国家光电实验室和武汉光电技术研究院建立产业联盟，成为湖北省医疗器械技术成果创新中心。

四 湖北省医疗器械行业发展存在的问题

（一）产业集中度不足，缺少高端医疗器械企业

在湖北省600多家医疗器械生产企业中，仅有华大基因、奥美医疗、明德生物、高德红外、中旗生物5家上市公司。相关数据表明，虽然湖北省医疗器械企业众多，但多为中小型低端企业。产业集中度严重不足。医疗诊断、监护及治疗设备制造等技术含量高、附加值高的企业偏少，缺乏领军企业，产值（7.45亿元）仅占全部产业的1.1%。目前全省尚没有假肢、人工器官及植（介）入器械制造企业。[①]

（二）高端人才匮乏，研发能力相对落后

湖北省虽然科教资源丰富，但每年高校毕业生留鄂的比例不超过65%，大量优秀人才流向了北上广深等发达地区。研发投入比例远低于发达省份，不利于吸引高端人才。同时，湖北省医疗器械行业知名企业较少，未能形成群聚效应，人才流失率显著高于其他行业。另外，湖北省医疗器械人才多为营销管理类人才，技术性人才储备严重不足。高端人才的匮乏严重制约了湖北省医疗器械行业向高端化转型的速度。

---

① 湖北省统计局：《湖北大健康产业发展现状分析》，2018。

（三）国内知名品牌的打造力度较弱

湖北省医疗器械行业缺少国内自主知名品牌，上市公司仅五家。以仙桃非织造布产业集群为例，虽然拥有众多的非织造布生产制造企业，但大多数沿用品牌代工模式，缺少自主品牌及产品开发能力，不能很好地将产业能力转化为品牌竞争力获取市场话语权，造成行业利润率较低、同质化竞争严重、缺乏创新能力等一系列问题。

五 湖北省医疗器械行业发展趋势和建议

（一）发展趋势

1. 医疗器械注册人制度不断推进和落实

2019年12月4日，湖北省药品监督管理局发布了《关于实施医疗器械注册人制度试点工作的通告》，对湖北省医疗器械注册人制度的实施方案的总体目标、基本原则、主要内容、适用范围、注册人的条件和义务责任、受托生产企业条件和义务责任、办理程序、监督管理等方面做了详细的解读，标志着湖北省正式成为医疗器械注册人制度试点省份。湖北省注册人制度的实施为湖北省医疗器械企业提供了明显的制度优势，极大地减轻了创新型企业初期的投入成本，提高了企业新产品研发的速度，降低了医疗器械新产品上市的门槛，将极大地推动湖北省医疗器械的创新发展。

2. 阳光挂网及省级集中采购不断推进

湖北省药械平台自2016年1月25日开始推进湖北省高值医用耗材阳光挂网采购工作。2017年10月27日该平台要求高值医用耗材生产（配送）企业对其相关产品，按照"最小销售单元（CODE）"进行价格申报工作，价格申报来源为2012年以来全国其他省级、区域联合体或地市级集中采购的中标价/挂网价中最低的五个价格（不含湖北省）和湖北省各地市最新一次产生的中标价/挂网价的所有价格。2018年1月26日对高值医用耗材采购参考价格进行了公示，公示期为2018年1月26日至2月14日。阳光采购的不断推行对于湖北省医疗器械经营和流通方式提出了新的要求，不断减少中间环节，让质

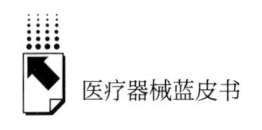

优价廉的医疗器械产品能够在市场上取得更多的份额，有利于促进医疗器械行业良性、健康、持久发展。

3. 器械监管全面化、常态化、严格化

根据国家医疗改革的要求，近年来湖北省对医疗器械行业的生产进行了严格的把关。2019年，湖北省药品监督管理局组织了全省医疗器械生产企业的飞行检查工作，共派出17个检查组，检查医疗器械生产企业65家。现场处于停产状态的医疗器械生产企业10家，其余55家医疗器械生产企业共发现缺陷项289项，其中严重缺陷项17项，一般缺陷项272项，极大地规范了医疗器械行业的生产经营秩序，为优秀的医疗器械企业提供了公平竞争的市场环境。

（二）建议

1. 加快医疗器械注册人制度落地和推广，缩短产品上市流程

医疗器械注册人制度是"推动医疗器械产业加速成长的颠覆性变革"。产品上市周期的长短直接决定了产品开发成本的多少和公司投入风险的大小。注册人制度能够大大缩短注册周期和降低投入风险，能够极大地激发医疗器械企业加大投入的积极性。虽然湖北省于2019年底印发了《关于实施医疗器械注册人制度试点工作的通告》，但相对注册人制度已落地的京、沪、津、冀、粤5省市已经落后。建议进一步加快注册人制度在湖北省的落地速度，大力鼓励相关企业参与进来，追赶上相关先行省市的进度。

2. 鼓励打造知名医疗器械品牌，建立综合型大型医疗企业

在竞争日趋激烈、产品同质化严重的情况下，品牌能够最大限度地提高企业竞争力。同时伴随品牌的发展，行业集中度也会提升，形成产业的集约化发展。如前文提出湖北省医疗器械行业集中度虽然有所提高，但大多与外贸代加工出口相关，本土大规模知名品牌较少。建议帮助企业塑造国内知名品牌，鼓励企业上市、兼并、收购，扩大企业规模。借用和引进境内外现有品牌或创建自有品牌。提高企业品牌意识，保障医疗器械企业的长久发展。

3. 推动区域资源整合，建立产学研供销产业集群

湖北省科教优势明显，工业配套齐全，医疗资源丰富，医疗市场广阔，具有发展创新性医疗器械产业的良好条件。针对上述优势资源，建议在如下方面采取措施。一是依托医疗器械产业集群，建立产学研一体化平台。打通创新链

条，集合多方资源打造协同创新平台。二是联合各大高校建立多专业的材料科学、智能制造等基础科学研究机构。高端医疗器械属于高精尖行业，基础材料和制造技术的发展能够从根本上推动行业发展。三是建立企业与研发机构沟通交流通道，如专项对接会，对于一些主要领域的关键技术和难题进行联合攻关，实现技术上的突破和跨越，促进科研成果向实际产品的转换。四是鼓励资本进入医疗器械创新领域，建立创新企业孵化器。真正使得资本和技术按照贡献参与分配，通过各种方式来体现技术及人才价值。

B.28 2019年云南省医疗器械行业发展状况与展望

巩振立[*]

摘　要： 现阶段，云南省医疗器械生产企业规模普遍较小，产品研发和市场开拓能力不足，产品主要在省内销售，缺乏拳头产品和支柱企业，医疗器械产业没有形成规模效应。但云南省作为我国面向东南亚地区开放的重要省份，有着天然的地理区位优势，因此云南省医疗器械行业发展存在巨大的市场潜力。云南省正积极出台医疗器械配套产业发展政策，加快紧密型医疗卫生共同体建设，加快医疗器械产业创新升级以及产业园区建设，促进云南省医疗器械行业快速发展。

关键词： 云南省　医疗器械产业　生物医药大健康产业

一　云南省医疗器械行业发展状况

（一）云南省医疗器械产品状况

云南省地处祖国西南边陲，总面积约39.4万平方公里，设有8个民族自治州，8个省辖市，129个县（市、区），常住总人口为4829.5万人。受基础地域条件等限制，云南省工业制造基础薄弱，医疗器械生产企业规模普遍较小，产品研发和市场开拓能力不足，产品主要在省内销售，缺乏拳头产品和支

---

[*] 巩振立，国药集团云南医疗器械有限公司副董事长。

柱企业，医疗器械产业没有形成规模效应。

1. 注册产品数量

按照我国对医疗器械风险程度实行分类管理的规定：第一类是风险程度低的医疗器械，如听诊器、家庭常备的降温贴；第二类是具有中度风险的医疗器械，如义齿、物理治疗仪等；第三类是具有较高风险，需要采取特别措施严格管控以保证其安全、有效的医疗器械，如心脏起搏器、人工晶体等。截至2019年12月，云南省医疗器械生产企业持有有效医疗器械注册证376个，其中：二类医疗器械363个、三类医疗器械13个。一类医疗器械产品备案178个。云南省现有企业自主创新能力薄弱，大部分为OEM代工及贴牌产品，市场竞争力差。

2. 注册产品品种

据国家药监局《2019年度医疗器械注册工作报告》，2019年，云南省药品监管部门共批准二类医疗器械注册80项，其中首次注册65项，延续注册11项，许可事项变更注册4项。

（二）云南省医疗器械企业现状

1. 生产企业

据云南省药监局统计，截至2019年12月，云南省医疗器械生产企业共有102家，其中：一类医疗器械生产企业20家、二类医疗器械生产企业78家、三类医疗器械生产企业4家，二类医疗器械生产企业为云南省医疗器械生产企业的主力军。云南省医疗器械生产企业按性质可分为民营企业、国有企业、混合所有制企业、中外合资企业，以民营企业为主。共有从业人员3500余人。

2019年全省医药工业总产值536.9亿元，其中医疗器械工业产值占比不足5%，省内排名前20的医疗器械生产企业产值不足10亿元，规模以上工业企业仅三家，分别是：云南白药集团股份有限公司、昆明贝泰妮生物科技有限公司、云南好迪医疗器械有限公司。近十年来云南医疗器械产业发展速度缓慢。

2. 经营企业

云南省经监管部门批准的医疗器械经营企业有1万多家。其中仅从事二类医疗器械经营的企业5000余家，仅从事三类医疗器械经营的企业2000余家，二、三类医疗器械均经营的企业11000余家。医疗器械经营企业主要集中在昆

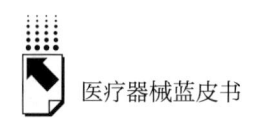

明地区，该地区数量占比超过75%。云南省医疗器械专营公司从业人员约8万人，其中专营技术人员占比接近22%。云南省医疗器械经营企业营业额超过1000万元的有100余家，500万~1000万元的企业300余家，其余营业额均小于500万元，经营企业小而散，专业程度低。

（三）云南省医疗器械行业发展特征

1. 行业集中度提升，企业兼并重组加快

伴随着国家各项医改政策出台和监管力度加大，医疗器械企业进入的标准和门槛大幅提高，这使得云南省规模小、只能生产中低端医疗器械的企业难以生存，没有竞争优势的企业被淘汰，医疗器械企业兼并重组速度加快，医疗器械行业集中度逐渐提高。

2. 基层医疗机构逐步发展，器械销售规模有所增长

随着国民经济持续稳定地增长和居民生活水平不断提高，云南省各级政府、社会和居民个人在医疗健康方面的费用支出都有较大增加，基层医疗机构也逐渐增加对医疗器械产品和服务的需求，医疗器械市场空间较为广阔。

3. 企业信息化、标准化水平逐步提高

当前，云南省的医疗环境在技术创新与政策支持的双轮驱动下，也在发生一定的改变。以互联网、人工智能为代表的信息化技术以及医疗管理的标准化精益化正逐步成为未来智慧医院的标配。区域医共体信息化标准化总体框架包括互联网就医服务、互联网诊断服务、医联体协作服务、全景数据与诊断中心以及综合运营与监管等环节。企业信息化、标准化水平的提升将促进医疗器械的快速发展。

（四）云南省医疗器械行业发展优势

1. 云南省作为我国面向南亚、东南亚重要地区的区位优势

云南省作为我国"一带一路"南方丝绸之路面向东南亚地区开放的重要地区，其周边国家基本为落后的发展中国家，医疗基础很差。在医疗器械方面，东南亚医疗器械产业基础较为薄弱，产品基本依赖进口[①]。东南亚地区人

---

① 缅中投资：《缅甸医疗行业市场调研报告》。

口超过6.3亿人,这种区位优势使医疗器械企业在云南的对外经济发展和合作中存在巨大发展潜力。

2. 云南省生物医药大健康产业发展政策支持

云南省出台的《关于助推生物医药与大健康产业发展的意见》指出:加快推进医疗服务体系建设和服务能力提升。建立"互联网+医疗"的多种服务模式,为医疗器械在云南的发展注入强大动力。

云南省于2019年12月24日发布《关于做好紧密型县域医疗卫生共同体建设试点工作的通知》(云卫基层发〔2019〕7号),其中第十二条指出,统筹县域医疗卫生信息化建设。整合优化医院管理、医疗服务、医疗保障、药品供应、公共卫生、计划生育、疾病预防控制、妇幼保健等信息系统建设。第十三条指出,要提升县级医疗机构服务能力。

3. 云南省正努力打造滇中新区医疗器械产业园

云南滇中新区医疗器械产业园是云南大健康产业发展重点项目。云南正努力将该产业园打造成为西南地区国家级医疗器械产业基地。

4. 云南省气候条件优势

云南省大部分地区年温差小、日温差大、干湿季节分明、冬暖夏凉,四季如春的气候特征,适于长年的医疗器械产品的生产、储存、运输、销售及售后维保。

5. 云南省与周边国家经贸往来日益频繁,客运货运航班丰富

云南省与南亚国家的交流合作日趋紧密。云南与南亚国家之间的国际航空货物运输需求不断加大。同时,昆明至周边各国的国际客运货运航线的开通,对发挥国际货运专线优势、降低国际物流成本、迅速扩大国际货物运输流量、丰富航空口岸功能、提升国际竞争力、打造国际门户枢纽机场口岸、主动融入"一带一路"建设等,都具有重要意义。

二 云南省医疗器械行业发展存在的问题

(一)生产企业规模小,缺乏龙头及支柱企业

云南省医疗器械行业虽已发展十多年,但小企业林立的格局尚未根本改变,"低、小、散"仍是企业重要特征。目前在销售和资产规模上,中小型企

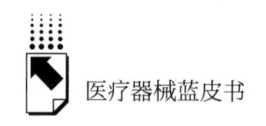

业仍是行业的主要支撑，没有形成能够带动产业发展的规模较大的医疗器械龙头及支柱企业。

（二）配套产业较少，产品单一且同质化竞争严重

目前，云南省医疗器械配套产业较少，产品原料依赖从沿海地区采购，产品成本无法得到有效控制，销量及市场会受到原料供应方影响，无法稳定生产。低端医疗器械产品比重较大，且类型性能相似，不同企业之间的产品质量和性能没有明显的差别，缺乏市场区分度，同质化严重。企业主要依靠降低价格进行竞争。产品质量缺乏优势。

（三）研发能力不强，缺乏核心竞争力产品

就云南省医疗器械产业现状而言，其在产品研发、服务以及品牌建设等高附加值环节还存在很大的发展空间。根据调查数据，云南省以二类医疗器械的生产为主，仅有少量生产企业生产高值医用耗材、医疗软件等高技术产品。核心技术则是以引进为主，难以拓宽产品品种和提高产品功能。医疗器械产业亟须升级转型。

（四）专业技术人才不足，未形成"产学研"合作平台

云南省内的大部分医疗器械企业属于中小企业，难以吸引、留住优秀人才。目前云南省医疗器械高端产品的设计和研发基本是依靠引进国外的技术，主要原因除云南省研发能力不强外，还与云南省专业技术人才稀缺、企业与高校衔接不紧密导致未形成"产学研"合作平台等有很大的相关性。

（五）生产水平低，不能满足医疗市场需求

近年来，云南省外甚至国外的医疗器械企业都争相抢夺云南市场，省内医疗机构特别是三级甲等医院的高端医疗器械市场几乎被跨国公司垄断，且进口医疗器械逐步从高端医疗器械市场向中低端医疗器械市场渗透，竞争非常激烈，使得云南省本土医疗器械企业发展非常困难。

（六）经营配送企业专业化程度低，市场存在整合空间

近年来，国家医改持续深化，云南省2019年10月出台了《关于印发云南

省取消公立医疗机构耗材加成改革实施方案的通知》，于2019年12月24日开始实施。同时，云南省医保局等职能部门已开始布局高值耗材集中带量采购，并以云南省曲靖市为试点城市率先开始实施。随着政策逐步明朗，部分资质证照不齐、专业化程度较低、服务能力较弱、规模较小的流通企业将逐步被市场整合。政府将进一步鼓励大型企业、国有企业、平台化企业开展专业化的配送服务，产业格局面临巨大变革，挑战与机遇并存。

三 推动云南省医疗器械行业发展建议

（一）打造龙头企业，带动行业差异化发展

在云南注册的医疗器械生产企业已有100余家，产品400余个，批发企业2000余家，零售企业14000余家，对它们需要予以关注和引导。

（1）打造远程医疗设备及软件类龙头企业，带动相关或上下游的企业发展，与国家医改所推进的"互联网+医疗健康"行动相契合，打造行业发展的亮点和特色。

（2）云南省作为"面向南亚东南亚的辐射中心和开放前沿"，具有得天独厚的地域优势，有关职能部门要主动关注有海外业务的贸易企业，为其提供服务，搭建平台，形成国内医疗器械销往南亚东南亚市场的集散基地。

（二）搭建交流平台，促进地方产业发展

（1）在产业发展中，信息交流是企业经营活动中的重要一环。为促进云南省医疗器械行业整体的发展，需要搭建医疗器械生产流通企业与当地医疗机构的信息交流平台，包括网站建设和贸易促进会等。

（2）促进产业链发展。一个产业的发展离不开产业链上中下游企业的整体进步，只有产业链中的上中下游企业均衡地发展，才能带动整个产业链成规模、迅速发展。要对优秀企业给予奖励，以优惠政策吸引优秀的医疗器械企业。

（三）加强产学研融合，培养医疗器械专业人才

（1）引才。有关决策部门应制定医疗器械专项人才引进计划，针对高层次

人才、急需人才、优秀人才、储备人才分列不同的引进方式，以确保精准引进。

（2）育才。实施医疗卫生人才培养工程，选派医疗器械相关人才赴省（国）外参加研发、生产等培训，并提供一定资金支持；对现有医疗器械行业人才开展职业化培训。

（3）优才。推动人才评价制度、薪酬制度改革，设立医疗器械科研专项资金，在住房、子女教育、创业等方面给予人才相关支持，推动医疗器械行业人才结构不断优化。

（四）改善投资环境，扶持医疗器械企业发展

整体来看，云南省医疗器械行业缺乏大型领军企业，行业整体市场竞争力较弱。为促进云南省医疗器械行业有序健康发展，建议建立专项基金，扶持有市场潜力、信用状况良好的本土医疗器械生产经营企业，培育本土医疗器械生产经营领头羊企业。规范和引导民间资本，多渠道解决中小企业融资难的问题。扶持上下游产业链配套发展，完善产业链、降低企业的物流成本、融资成本和经营成本。

（五）发挥区位优势，辐射南亚、东南亚

云南省应积极制定政策，通过出口退税、出口补贴等，鼓励本土医疗器械企业"走出去"，参与东南亚国际市场的竞争。为本土医疗器械企业提供技术帮助，对其进行出口政策的宣传和讲解，为出口贸易提供政策咨询和技术咨询窗口。搭建沟通平台，在南博会上设立医疗器械贸易洽谈区，举办南亚、东南亚医疗器械行业协会（医药行业协会）交流会，促进各方了解，创造合作契机。

B.29
2019年内蒙古自治区医疗器械行业发展状况与展望

谷林生 李鹏英*

摘 要： 近年来，内蒙古医疗器械行业在市场需求的持续推动下，形成了规模持续增长、经营逐步规范的发展态势。通过梳理总结发现，内蒙古医疗器械产业基础配套较为薄弱、地理状况限制医疗器械行业发展、产学研发展和融合水平有待提高、行业各个环节人才存在一定的缺口。预测在将来一段时间内，由于医疗器械产业的基础特性，内蒙古医疗器械流通企业较生产企业的发展会更为快速。最后本文针对内蒙古医疗器械发展环境的建设与优化提出了系统性的建议，如增强产业基础能力、提升产业链水平、鼓励要素协同发展等。

关键词： 内蒙古自治区 医疗器械 集中采购

近年来，内蒙古医疗器械行业在自治区政府颁发的《"健康内蒙古2030"实施方案》《内蒙古自治区"十三五"卫生与健康发展规划》《内蒙古自治区"十三五"深化医药卫生体制改革规划》《内蒙古自治区卫生资源配置标准》及卫生计生相关重点工作规划下，在市场需求的持续推动下，形成了规模持续增长、经营逐步规范的发展态势。

---

* 谷林生，内蒙古医疗器械商会会长；李鹏英，内蒙古医疗器械商会秘书长。

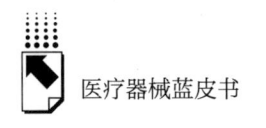

一 内蒙古自治区医疗器械行业现状

（一）医疗器械企业状况

1. 生产企业情况

截至 2019 年第三季度，内蒙古的医疗器械生产企业数量为 49 家，分别为：一类医疗器械生产企业 12 家，二类医疗器械生产企业 34 家，三类医疗器械生产企业 5 家。本土已注册医疗器械产品 256 件，以普通耗材类为主，占 90%，医疗设备和体外诊断试剂盒分别占 7% 和 3%。

2. 经营企业情况

截至 2019 年第三季度，全区医疗器械经营企业数量为 12368 家，仅从事二类医疗器械经营的企业有 3893 家，仅从事三类医疗器械经营的企业有 2291 家；提供储存和配送服务的医疗器械经营企业数量为 26 家；其中呼和浩特市、赤峰市、呼伦贝尔市和通辽市拥有的医疗器械经营企业较多。

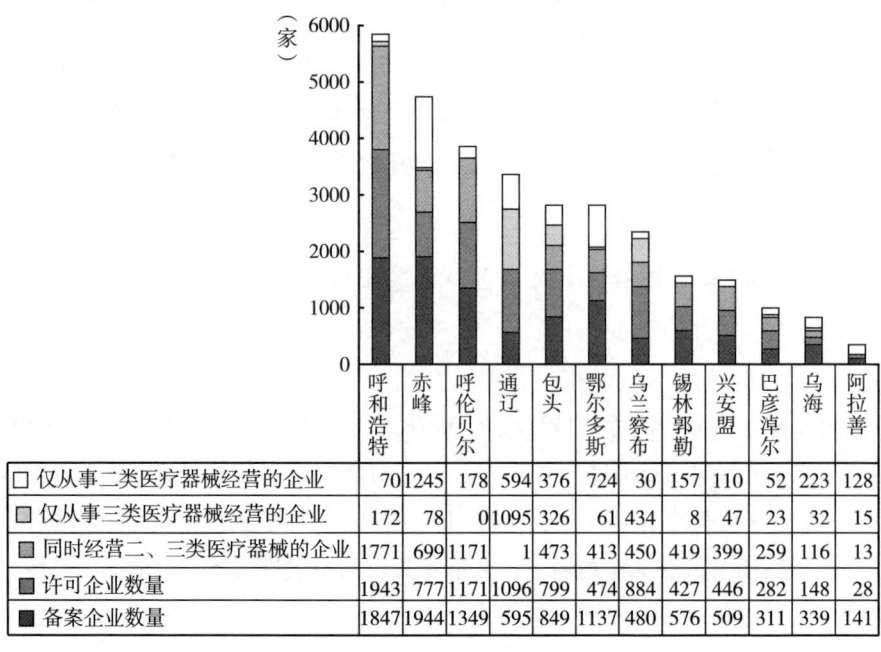

	呼和浩特	赤峰	呼伦贝尔	通辽	包头	鄂尔多斯	乌兰察布	锡林郭勒	兴安盟	巴彦淖尔	乌海	阿拉善
仅从事二类医疗器械经营的企业	70	1245	178	594	376	724	30	157	110	52	223	128
仅从事三类医疗器械经营的企业	172	78	0	1095	326	61	434	8	47	23	32	15
同时经营二、三类医疗器械的企业	1771	699	1171	1	473	413	450	419	399	259	116	13
许可企业数量	1943	777	1171	1096	799	474	884	427	446	282	148	28
备案企业数量	1847	1944	1349	595	849	1137	480	576	509	311	339	141

图 1 内蒙古各盟市医疗器械经营企业数量

资料来源：根据公开信息整理。

（二）行业规模

1. 总体规模

2019年内蒙古医疗器械市场总规模达到62.03亿元[①]，相比上年增加了9.22亿元，增幅达17.46%，年复合增长率为20.26%。预计到2020年，本地区市场总规模或将达到74.61亿元。

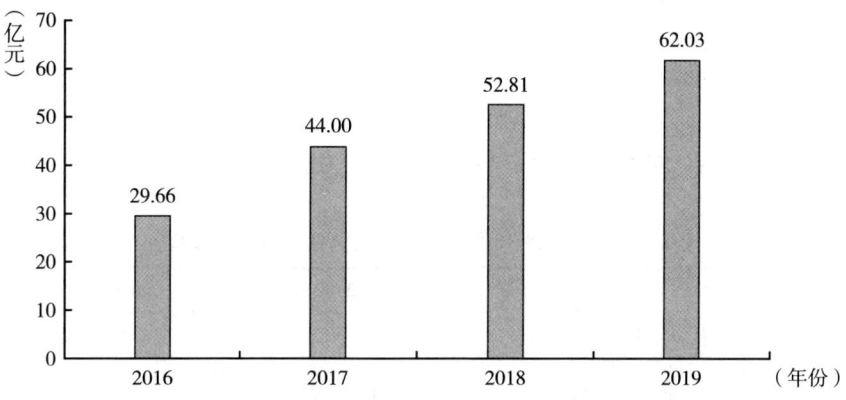

图2　2016~2019年内蒙古医疗器械市场规模与变化

资料来源：根据公开信息整理。

2. 医疗设备市场规模

2019年，内蒙古自治区医疗设备销售总额达到29.72亿元，较上年回落2.49%，较2016年增长38.94%（见图3）。2015~2019年，全区医疗机构共申请采购大型医用设备218台，平均每年采购43.6台。

3. 医用耗材集中采购情况

2016~2019年，内蒙古地区医用耗材集中采购额呈现逐年大幅增长趋势。2019年，医用耗材集中采购金额增长39.72%，占药品和医用耗材集中采购总额的17.09%（见表1）。赤峰市、呼和浩特市、包头市和呼伦贝尔市医用耗材集中采购量明显高于其他盟市，其中赤峰市的年采购总额增长最快，乌海市和阿拉善盟的医用耗材集中采购为全区最低（见图4）。截至2019年，区内已注册三级医疗机构每年完成全区采购量的66%以上，二级医疗机构完成采购量占30%左右。

---

① 本文所列金额均不含增值税。

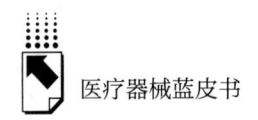

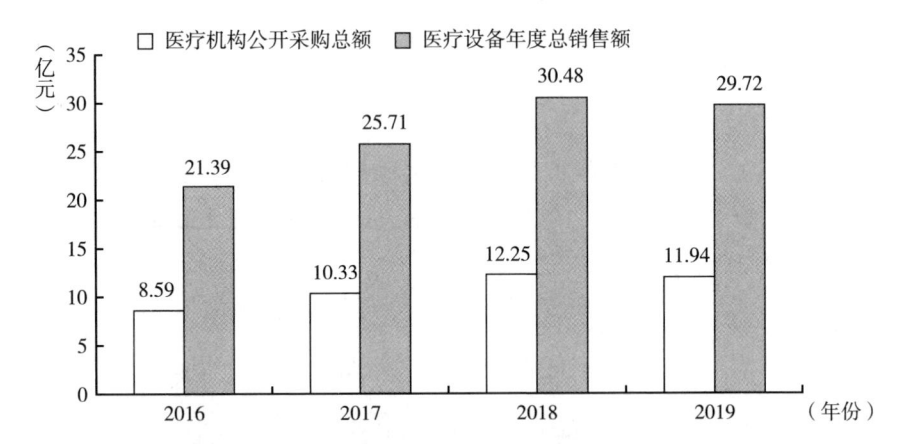

图3 2016~2019年内蒙古医疗机构公开采购总额与医疗设备销售规模变化

表1 2016~2019年内蒙古医用耗材集中采购总体规模

项目	2016年	2017年	2018年	2019年
全区网上注册医疗卫生机构数（家）	1083	2042	2031	2089
网上注册三级医疗机构数（家）	50	61	70	待公布
网上注册二级医疗机构数（家）	242	209	231	待公布
当年累计网上集中采购药品和医用耗材金额（亿元）	76.34	94.24	110.49	116.92
医用耗材集中采购金额（亿元）	5.97	12.48	14.30	19.98
医用耗材集中采购金额增长情况（%）	首次公开	109.05	14.58	39.72

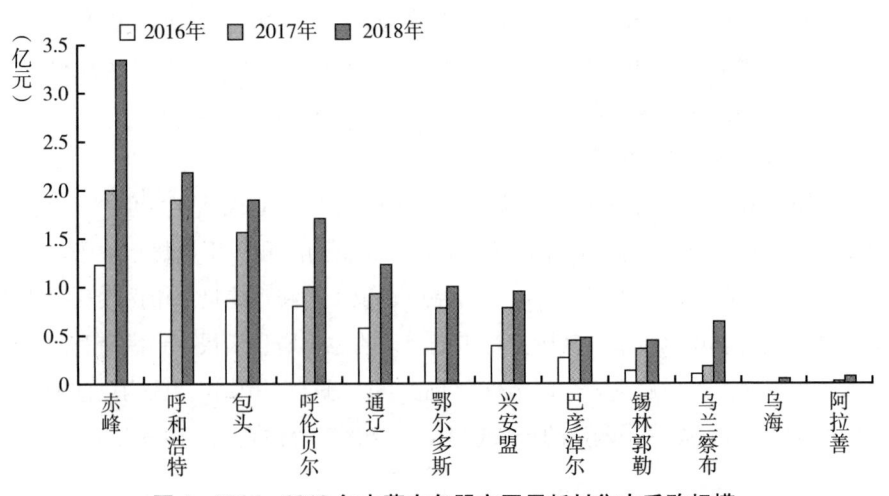

图4 2016~2018年内蒙古各盟市医用耗材集中采购规模

表2 2016~2018年内蒙古医用耗材集中采购总额前三位产品情况

类别	年份	序号	通用名	规格型号	生产企业	产品大类	采购金额（亿元）
普通医用耗材	2016	1	空心纤维血液透析滤过器	FX60	Fresenius Medical Care	血液净化类	0.09
		2	空心纤维血液透析滤过器	FX80	Fresenius Medical Care	血液净化类	0.08
		3	空心纤维透析器	F15	威海威高血液净化制品有限公司	血液净化类	0.07
	2017	1	一次性使用便携式输注泵 非电驱动（商品名：一次性使用输注泵）	CBI+PCA 275ml	河南驼人医疗器械集团有限公司	通用高分子医用耗材	0.14
		2	空心纤维血液透析滤过器	FX60	Fresenius Medical Care	血液净化类	0.13
		3	空心纤维透析器	F15	威海威高血液净化制品有限公司	血液净化类	0.12
	2018	1	空心纤维血液透析滤过器	FX60，FX80，FX100/FX60	Fresenius Medical Care	体外循环及血液净化	0.17
		2	预充式导管冲洗器	5ml/预充式导管冲洗器	Becton, Dickinson and Company	其他	0.14
		3	一次性使用血液灌流器	HA130/HA130	珠海健帆生物科技股份有限公司	体外循环及血液净化	0.10

续表

类别	年份	序号	通用名	规格型号	生产企业	产品大类	采购金额（亿元）
高值医用耗材	2016	1	血管内无载体含药（雷帕霉素）洗脱支架系统（商品名:Nano）	LPRPS2512	乐普（北京）医疗器械股份有限公司	心脏（冠状动脉）介入类	0.07
		2	药物洗脱冠脉支架系统（商品名：Endeavor Resolute）	ERES22508X	Medtronic, Inc	心脏（冠状动脉）介入类	0.07
		3	预装式着色非球面后房人工晶状体	SZ-1	NIDEK CO.,LTD	眼科材料类	0.04
	2017	1	解剖型金属锁定接骨板钉系统（腓骨锁定钢板）-纯钛	8孔|JSW17	江苏爱迪尔医疗科技股份有限公司	创伤用骨科耗材	0.64
		2	药物洗脱冠脉支架系统（商品名：Endeavor Resolute）	ERES22508X	Medtronic, Inc	心脏（冠状动脉）介入类	0.16
		3	生物降解药物涂层冠脉支架系统（商品名：BuMA）	DES-2.5010	赛诺医疗科学技术有限公司	心脏（冠状动脉）介入类	0.09
	2018	1	药物洗脱冠脉支架系统（商品名：Endeavor Resolute）	ERES22508X/ERES22508X	Medtronic, Inc	血管介入类	0.08
		2	人工神经鞘管	GI/Φ4×30	天新福（北京医疗器材股份有限公司）	骨科植入	0.07
		3	钛质捆绑系统	锥刃 Φ1.2×120mm/钛针型	江苏双羊医疗器械有限公司	骨科植入	0.06

资料来源：根据公开信息整理。

（三）政策与监管情况

在全国推进带量采购背景下，内蒙古自2017年起实行"两票制"，通过公立医院药品备案采购和医疗联合体药品耗材带量带预算采购工作，高值医用耗材限价下降约20%。协同建立了西部10省区医用耗材联采机制，有4个盟市加入三明招采联盟。

为响应自治区人民政府2018年出台的《关于促进民营经济高质量发展若干措施》和《内蒙古自治区优化营商环境工作实施方案》等有关规定，自治区发展和改革委员会与财政厅将依照法定职责受理的药品补充申请注册、再注册和医疗器械产品首次注册、变更注册、延续注册申请收费标准降为零，以鼓励本地区的医疗器械研发与注册。

内蒙古药品监督管理局在2019年制定并实施"两品一械"安全监管三年行动计划，逐步完善对医疗器械的监管体制机制，并对自治区直接监管企业进行了全覆盖检查，加强对各盟市"两品一械"零售和使用环节的监督指导。

二　存在的问题与发展趋势

（一）存在的问题

1. 产业基础配套较为薄弱

内蒙古自治区能源、化工、冶金建材对工业经济的贡献程度较高，而医疗器械产业相关的装备制造、高新技术工业的发展较为薄弱。从产业结构角度看，内蒙古的医疗器械生产制造工艺比较单一，尚处于产业链低端环节，区内医疗器械的经销和使用主要依赖外省和国际产品，形成了医疗器械经营流通企业不断发展、生产企业基本停滞不前的局面。

2. 地理状况限制医疗器械行业发展

内蒙古地域辽阔，面积占全国总面积比重为12.3%，东西直线距离2400公里，南北跨度1700公里，协同较为困难，医疗器械行业发展集中在个别城市，资源整合度不高，而医疗器械物流长期以来未能受到政府和社会的高度重视。一些类型的医疗器械如体外诊断检验试剂的验收、仓储和运输过程需要对温度进行严格的控制，对相应的人才、物流监控设施和材料有较高的要求，加之内蒙古的医疗资源和地理交通分布状况影响，各项成本随之增加，对内蒙古医疗器械行业发展带来不利影响。

3.产学研发展和融合水平有待提高

在医疗器械行业中实现创新和发展,其中一个关键的途径是进行产学研合作。内蒙古地区的医疗器械生产企业有着数量少、规模小和产品集中于低端器械的特点,对于技术的创新及其伴随的高风险承受度不高,对于高新技术成果所需的产能供应能力薄弱。内蒙古目前尚未设立专门的医疗器械科研机构,而对医疗器械专注度较高的相关教育领域,正处于起步阶段,虽然在近年取得一定成果,但科研成果转化困难的问题亟待解决。

4.行业各个环节存在一定的人才缺口

随着内蒙古地区医疗器械行业的不断发展,现有存量人才的整体素质参差不齐,对专业水平和职业素养的学习需求不断增加;在研发端和企业端,高端研发人才与流通环节专业人才的需求日益扩增。在医疗器械人才的培养、配置与应用工作中,内蒙古缺乏配套的应用型人才培养体系,用于引进外来人才的政策和办法也尚未得到完善以及大力推行,人才吸引力不足。

(二)发展趋势

从短期来看,内蒙古医疗器械行业主要经营产品为外来产品,自有产品的研发和成果转化仍将处于推动阶段,经营企业将持续在存量市场竞争中争取业务份额并开拓新的业态模式,拥有医疗器械集中配送相关配套设施和纵深度高的经营企业将会逐步凸显其优势,整个行业将向规模化和集约化的方向持续发展。

从长期来看,对传统产业改造提升、推动内蒙古资源型工业转型和挖掘培育新增长点,将会促进形成具有内蒙古本地优势的现代产业体系,孕育内蒙古医疗器械研发和制造的新突破。随着地方政府对医疗器械行业的重视程度逐步提高、监管工作不断专业化和常态化,行业内企业经营的规范度将有所上升,对合规与风险控制的能力将逐步提高。

三 发展建议

(一)营造良好的医疗器械产业发展环境

现阶段,我国的经济发展阶段已由快速增长转为高质量发展,科技革命和产业变革正在持续深化，医疗器械产业面临着内部和外部发展环境的深刻变化。内蒙古在国家实施一系列重大战略的背景下，需要加强对新形势、新任务和新要求的认识，把握推动医疗器械生产力布局优化和新动能增长的契机。

1. 增强产业基础能力

加强对基础设施的建设，一方面是加大对教育与科研基础设施的投入，支持相关专业的建设与学术交流；另一方面是加强新型基础设施建设，如人工智能、工业互联网、物联网，促进医疗器械研究与商业实体深度融合。

增强产业基础能力需要全自治区、全国乃至国际形成资源协同，对于一些安全的替代来源和短期内投入资源可以攻克的问题，可以由企业和教学单位进行合作，基于自身的需要进行攻关。要积极重视和引导原始的重大创新，加强对创新能力的建设，完善协同创新体系。加强医疗器械核心技术和关键部件研发，引导企业培育中高端产品，提升产业技术水平。

2. 提升产业链水平

鉴于内蒙古医疗器械行业的特有情况，对医疗器械经营流通企业进行有效的支持和管理，是维护本地区医疗器械行业健康有序发展的重点。发展和完善医疗器械供应链体系，支持医疗器械经营企业仓储和物流设施配备，协同建立信息化追溯系统，既有利于开展监管工作，又有利于保护人民的生命健康安全。应通过政府的产业扶持与医疗器械经营企业的渠道能力，打通医疗器械中间产品、关键零部件和研发环节之间的壁垒，支持横向和纵向兼并收购，进行行业资源整合，打造医疗器械科技创新与成果转化平台和医疗器械流通平台，逐步提高产业集中度、孵化特色产业集群。

3. 鼓励要素协同发展

积极建立产业创新中心、重大科技基础设施，并对入驻企业及科研团队实行优惠政策，提供完善的综合公共服务平台，并着重培养领军企业、领军人才，先发展呼包鄂城市群和赤峰、通辽等医药和医疗器械行业规模较大的城市，再逐步带动全区医疗器械行业协调发展。帮助孵化具有一定潜力的创业企业，给予其各项资源支持，并鼓励跨地区合作引进技术。

（二）鼓励创新人才与创新技术落地

对"高精尖缺"人才，系统设计并实施"引育留用"协同促进的"四位

一体"人才制度体系，留住人才；引进京津冀人才和发达城市双休日人才，集中对关键技术实行联合攻关；在重点城市先进行人才小高地建设、学术技术带头人储备、高端经营管理人才等人才培养工程，并通过职业教育、"互联网＋教育"和远程教育等形式培养基层和中层专业人才。

实践篇

Topics in Practice

B.30
对深圳市医疗器械产业韧性的思考

蔡翘梧　钟蔚　张晓华*

摘　要： 突然暴发的新冠肺炎疫情对我国经济社会发展带来较大影响，深圳医疗器械产业凭借自身的技术支撑、产业基础和创新能力做出了快速响应。本文分别分析了支撑深圳医疗器械产业韧性的积极因素，如优质营商环境促进产业良性发展、创新能力提升增强了危机应变能力、高比例规上企业提高了整体抗风险能力、智能制造及产业链协作打通产业跨界应援通道、国际竞争力优势促进了对下游市场的拓展；制约深圳医疗器械产业韧性的因素如关键技术及核心零部件限制、先进技术储备水平尚需提升及生产链运转受制于人力。基于上述分析，随着后疫情时代产业重塑期的到来，为进一步增强医疗器械产业韧性，本文提出深圳应积极应对后疫情时代的产业重塑

---

* 蔡翘梧，深圳市医疗器械行业协会执行会长兼秘书长，高级工程师；钟蔚，深圳市医疗器械行业协会高级顾问，工程师；张晓华，深圳市医疗器械行业协会分管秘书长，工程师。

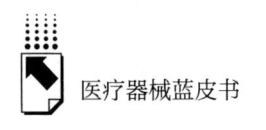

问题、推动医疗器械产业集聚、以金融服务及医疗资源集聚助力创新、推动制造智能化和管理柔性化等建议。

关键词： 深圳　医疗器械　产业韧性

一　深圳医疗器械产业概况

（一）产业规模

据深圳市市场监管委和深圳市医疗器械行业协会数据，截至2019年底，深圳取得一类医疗器械产品生产备案及二、三类医疗器械生产许可证的企业890家，2019年总产值为478.89亿元，同比增长15.00%，2010～2019年复合年均增长率为12.72%（见图1）。

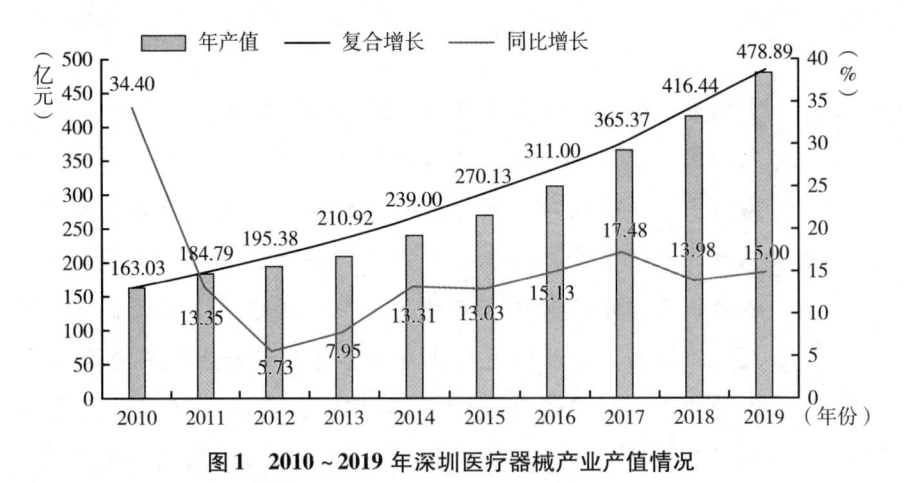

图1　2010～2019年深圳医疗器械产业产值情况

资料来源：深圳市市场监管委、深圳市医疗器械行业协会。

（二）产业结构

深圳有着雄厚的电子和信息产业基础，尤其在有源医疗器械产品方面在全国占有重要地位。据国家药监局统计，截至2019年12月31日，共计有效注册二、三类医疗器械产品 4586 件，2019 年二、三类医疗器械产品注册 671 件，其中医用成像器械领域注册占比大幅提升（见表 1）。

表 1　截至 2019 年 12 月 31 日深圳医疗器械二、三类产品注册统计

单位：件，%

注册产品分类	总数	占比	2019 年注册数	2019 年注册数占比
有源、无源手术器械	127	2.77	15	2.24
放射和物理治疗设备	309	6.74	36	5.37
医用成像器械	269	5.87	83	12.37
医用诊察和监护器械	597	13.02	87	12.97
呼吸、麻醉和急救器械	206	4.49	43	6.41
无源植入器械	35	0.76	0	0.00
注输、防护、体外循环、患者承载等器械	259	5.65	31	4.62
眼科器械	15	0.33	4	0.60
口腔科器械	292	6.37	34	5.07
妇产科、辅助生殖和避孕器械	100	2.18	17	2.53
医用康复器械	24	0.52	5	0.75
中医器械	5	0.11	1	0.15
医用软件	77	1.68	9	1.34
临床检验器械	613	13.37	48	7.15
体外诊断试剂	1618	35.28	231	34.43
其他	40	0.87	27	4.02
总计	4586		671	

资料来源：国家药监局。

二　影响深圳医疗器械产业韧性的因素

产业韧性，指产业的恢复力、适应力。疫情的冲击，凸显了产业韧性对于医疗器械产业发展的重要性。

（一）积极因素

深圳医疗器械产业在营商环境、创新能力、企业规模、智能制造及产业链协作能力、国际竞争力等方面的优势，为产业韧性提供了优良基础。

1. 优质营商环境促进产业良性发展

深圳是全国营商环境最好的城市之一，2019 年 7 月，深圳出台《深圳市科

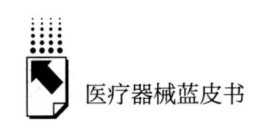

技计划管理改革方案》，同时发布《深圳市生物医药产业集聚发展实施方案（2019~2025年）》《深圳市进一步推动集成电路发展行动计划（2019~2023年）》《深圳市关于率先实现5G基础设施全覆盖及促进5G产业高质量发展的若干措施》等，大力推动生物医药、高端医疗器械、智能制造等领域自主可控发展。

2. 创新能力提升增强了危机应变能力

深圳科技领域创新能力全国领先，国家高新技术企业总量超过1.7万家，拥有重点实验室、研究中心等创新载体数量2068家，与医疗健康相关的创新载体有178家，其中省级以上58家[1]。据世界知识产权组织（WIPO）统计，2019年深圳PCT国际专利申请1.75万件，连续16年居全国首位，深圳7家企业进入申请数全球前50，其中华为以4411件的申请数位居全球第一。

2019年，深圳医疗器械相关发明授权730件，相关实用新型授权4668件[2]。至2019年底，全国总计244个产品进入国家药监局三类创新医疗器械审查程序，深圳30个，占总数的12.30%，其中2019年10个，占当年全国总量的25.64%。产业创新能力的提升，增强了深圳的危机应变能力。

3. 高比例规上企业提高整体抗风险能力

深圳医疗器械企业平均产业规模高于全国平均水平，规模优势企业资本密集度高，有能力进行行业领导与整合，抗风险能力高。2019年，深圳医疗器械产业产值5000万元以上企业97家，其中亿元以上56家，迈瑞产值多年位居国内行业企业第一。截至2019年底，全国共有91家医疗器械上市企业，其中深圳10家，上市企业营收占2019年全国医疗器械上市企业营收总量的15.47%，居各大城市首位[3]。

4. 智能制造及产业链协作打通产业跨界应援通道

2019年，深圳智能制造指数在全国城市中排名第一[4]。深圳依托智能制造基础提升效率和产能，完成了急需用品的研发、生产的快速转型。此外，由于疫情期间人员移动受限、供应链环节缺失，深圳组成产业链应急协作联盟，在全产业链上下游进行人才、资源及技术协作，保证了产业链良性运转。

---

[1] 数据来源：深圳市人民政府。
[2] 数据来源：国家知识产权局。
[3] 数据来源：深圳市医疗器械行业协会。
[4] 数据来源：21世纪产业研究院《2019中国智能制造指数（CIMI）报告》。

5. 依托国际竞争力优势拓展下游市场

深圳医疗器械产业的国际竞争力也为其在疫情期间顺利打通国内外市场提供了保证。据深圳市医疗器械行业协会不完全统计，至 2019 年末，深圳参与制定医疗器械国际标准 18 个，参与制定国家标准 75 个。2019 年，深圳医疗器械年出口 40.44 亿美元，占全国的 14.09%，监护仪、超声、核磁、心电图仪、假牙等产品出口全国领先[①]。迈瑞医用呼吸机、华大基因新型冠状病毒核酸检测试剂盒 2020 年 3 月获美国食品药品监督管理局（FDA）紧急使用授权（EUA）。至 2020 年 3 月，深圳共计支援全球 23 个国家的 38 座城市抗疫，海关单日最多验放 134 批次超过 4100 万件医疗用品[②]。

（二）制约因素

1. 关键技术及核心零部件限制

医疗器械产业全球化令产业链分工运转精密高效，但一旦出现变数，产业链脆弱环节便会显现出来。疫情期间，深圳医疗器械产业链上游多项关键技术和核心零部件受限，包括：迈瑞、科曼、安保呼吸机存储芯片、SoC 芯片、MLCC 芯片和传感器等核心部件；用于治疗设备的医疗连接器；新产业、迈瑞的化学发光免疫分析仪的光电倍增管和采样针；华大基因高通量自动化核酸提取设备中 10% 的精密器部件；体外诊断试剂部分关键原材料等。实现上述关键部件及原材料的自主生产，建立自主可控的医疗器械产业链生态，是深圳持续努力的目标。

2. 先进技术储备水平尚需提升

医疗器械制造涉及数字技术、生物技术和新材料技术等领域，品种多、批量小、跨度广。深圳只有少数大型企业如迈瑞、华大基因可集成资本和技术体系优势承担复杂产品研发，缺乏足够数量的具有原创性技术和研发体系的高校、科研院所、中小企业来输出先进医疗器械产业技术和承担分散领域产品研发。

3. 生产链运转受制于人力

除部分龙头企业外，深圳医疗器械企业总体生产自动化水平并不高。在人

---

① 数据来源：中国医药保健品进出口商会。
② 数据来源：深圳海关。

流被阻断的特殊时期，中小企业劳动力缺失成为制约产能的主因之一，在疫情期间尤为凸显。

三 关于提升深圳医疗器械产业韧性的建议

深圳医疗器械产业要提升韧性，需要从顶层开始做前瞻性全局设计。

（一）后疫情时代产业重塑

新冠肺炎疫情暴发后，热点领域医疗器械产品出现短期供不应求，大批企业开始转产或创业生产热点产品。但从后疫情时代长期发展来看，企业还需为疫后复苏领域产品做好产能和资源储备。

1. 淡化疫情热点领域

全球疫情令包括监护仪、呼吸机、麻醉急救设备、红外热像仪、防护用品等产品需求猛涨，除部分产品被列入国家战略储备保持一定需求外，其他上述产品疫后将进入市场饱和状态，需及时规划调整战略。

2. 强化疫后复苏领域

疫后复苏领域分为两类，一类是在疫情期间显现潜能的领域，如智慧医疗，其应用场景在疫情期间被迅速普及接受，疫后将有更快速广泛的发展；另一类是疫情期间由于医疗资源紧缺而被延后的非急性医疗需求，包括慢病管理需求、高端植（介）入产品需求、康复理疗及可穿戴设备需求等（见表2）。

表2 疫后深圳医疗器械复苏领域

类别		产品
智慧医疗	AI智能医疗产品	AI影像、AI心电图机、在线问诊远程医疗平台、健康管理平台、区域卫生信息共享平台等
	智能检测和干预设备	健康风险评估系统、微循环修复系统、红细胞影像系统、红细胞聚集干预康复系统等
	医疗机器人	注输机器人、防控机器人、消杀机器人等服务性医疗机器人
慢病管理		智能慢病管理平台、慢病管理互联网医院等
高端植（介）入产品		心血管植（介）入产品等
康复理疗及可穿戴设备		各类智能健康可穿戴设备

3. 弱化出口导向，加快国产替代

疫情打破了医疗器械产业全球化供应链的分工，暴露了国际供应链的脆弱性。作为出口占比近半的深圳医疗器械产业，未来发展要更着眼于加速国产替代，供应链也要逐步转回国内，逐步分散国家安全和民生健康风险。

（二）推动高端医疗器械产业集聚

高端制造需要在研发端集聚才能高效实现。深圳应依托自身深厚的电子信息产业基础，着重推动高端医疗器械产业集群建设，最终达到医疗器械领域的自主可控。

1. 建立高端医疗器械产业集群促进机构体系

通过建立产业集群促进机构体系，鼓励龙头骨干企业带动行业进行整合，同时引进培育关键领域有自主研发体系的创新型中小企业，以深圳为核心引擎、深汕合作区为延伸，带动粤港澳大湾区的集群化空间布局，形成高端医疗器械产业集聚。

2. 提升产业先进性，突破制造瓶颈

加快综合性国家中心和重大科技基础设施建设，补齐深圳医疗器械产业源头创新的短板。鼓励高校、研究机构、创新载体开展应用研究和技术输出，加大力度提高关键领域的研发储备水平，如高端影像设备、体外诊断、临床治疗设备、医疗机器人、植（介）入高值医用耗材、可穿戴设备、远程诊疗、智慧医疗等。

3. 保障关键零部件上游供应

引进和培育关键零部件制造核心企业，继续提升精密制造产业能力，加强自主基础技术、基础软件、基础装备、基础材料、基础零部件和元器件研发，保障关键零部件的制造基础能力，提升产业链上游供应能力。

4. 以金融服务及医疗集聚助力创新

利用先行示范区的金融优势，创新医疗金融方式，推动国际医疗试验服务区建设，加快研究型医院和临床转化中心配置建设，通过创新金融服务和医疗集聚拉动国际水平的高端医疗器械产业创新。

5. 推动制造智能化、管理柔性化

面对多变的产业环境，医疗器械设备制造需在已有基础上持续提升智能化

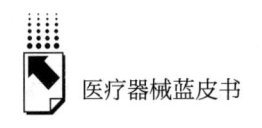

水平，促使企业管理更加柔性化，做到张弛应对有度，持续健康发展。

（1）制造智能化

深圳要在已有的优良基础上继续大力提高智能制造技术储备水平，加快深圳医疗器械产业制造的数字化转型进度，持续优化深圳医疗器械智能制造产业生态。

（2）管理柔性化

居安思危，深圳医疗器械企业要研究和建立多种能力储备和物资储备预案，在日常管理中增加危机应对培训内容和管理规范，保障各类状况下企业的健康运行。同时坚持以人为本的方针，人才就是高端生产力，深圳应以企业为主体，高校、研究机构、职业培训机构为辅助，建立跨界复合人才培养体系，加大医疗器械人才储备的力度，提升产业韧性，保障产业健康发展。

B.31
邯郸市医保耗材带量采购模式探讨

孟 岩 魏少帅 王双军*

摘 要： 邯郸市医疗保障局自成立以来，聚焦耗材价格虚高痼疾，大胆创新，积极探索地市级"集中采购＋带量采购"的医用耗材采购新模式。根据国家"4＋7"药品带量采购的办法和经验，邯郸市从实际出发，认真总结自2019年7月1日开始执行的药品带量采购和耗材集中采购工作取得的成效；着力推进线上采购，改进结算方式；快速打通医疗机构与企业交易的信息化通道，加强了耗材采购精细化管理，解除了政府监管的屏障；针对耗材带量采购的方案设计，调研平台方与医疗机构在实际操作中遇到的难点、重点问题；研究探讨合理有效的解决方案。

关键词： 邯郸 医用耗材 带量采购

邯郸市医疗保障局结合新时代的新形势、新需求，坚持贯彻中共中央、国务院关于深化医疗保障制度改革的意见，坚持招采合一、以量换价，通过促进供给侧运行模式的改变、运营成本的降低，形成新的市场均衡，进而全面实行医用耗材集中带量采购。按照"突出重点、分步实施、务求实效"的总体思路，通过开展以市为单位的医用耗材集中采购工作，理顺医用耗材价格体系、完善全流程监督管理，做到向前可以溯源、向后可以追踪；实现质量可靠、价

---

* 孟岩，北京先锋寰宇电子商务有限责任公司创始人、董事长兼CEO，医药梦网、药城平台创始人，《医药先锋》创刊人；魏少帅，北京先锋寰宇电子商务有限责任公司总经理助理；王双军，北京先锋寰宇电子商务有限责任公司副总经理。

格合理、规范化使用的新格局；在净化医用耗材市场的同时规范采购行为，加速区域卫生事业的整体发展，进而打赢新医改攻坚战。

一 邯郸耗材带量采购的创新实践

随着全国药品集中带量采购尘埃落定，高值耗材治理成为医保局的下一个工作重点。2019年，江苏省、山东省、山西省省级带量采购快速发展的同时，辖区内各地市或单独或组成联盟的带量采购模式也如雨后春笋般涌现。我们进行了前期的大量调研和数据统计，对产品分类、使用难度、使用科室、适用患者、市场环境、销售方式、采购方式等进行了归纳分析。①产品分类：分类复杂，缺乏统一的行业标准和编码体系；②使用科室：多与外科相关；③使用难度：耗材的使用对于术者依赖程度高，使用过程复杂，特异性强；④适用患者：耗材多适用于急症、重症手术；⑤市场环境：多数产品竞争不充分，同时某些耗材用量相对较小，更新换代快；⑥销售方式：耗材多为经销，尤其是高值耗材型号众多，专业要求更高，需要渠道商对于部分高值耗材提供培训、调试、维修等服务；⑦采购方式：规格型号繁多，不同厂家间产品差异性明显；价格形成复杂，同厂家同产品不同地区价格不同（也有同厂家同产品同地区价格不同的现象）；"同名异物、同物异名"现象也常有发生。耗材带量采购难点：①缺乏统一的质量层次划分标准。②缺乏关于质量和疗效的评价体系。③定价不同，编码不同。④分类标准到目前为止都不完善。

在总结和分析基础上，我们坚持问题导向，迎难而进探索解决方案，为行业破解耗材带量采购的难题提供实践和理论依据。

（一）充分调研

围绕"突出重点、分步实施、务求实效"的工作思路，邯郸市医保局先后到唐山、上海、安徽、江苏等地考察医用耗材集中采购及带量采购工作，通过充分的市场调研和科学严谨的大数据分析，借鉴先行地区项目结果及实施效果，积极探索采购新模式，结合本地区医疗机构临床使用与采购供应实际需求情况，力争充分满足医改要求、达成医改目标，保障采供双方权益，实现老百姓利益最大化。

邯郸市收集了本市二级及以上公立医疗机构实际采购品种及价格和配送信息；多次讨论和研定集中采购实施方案及有关工作细则；组织各类专家（临床、临检、护理、管理、采购）合理制定集中采购目录、采购文件等。在广泛征求医疗机构、卫健委、财政局、人社局、物价局等相关部门意见的基础上，最终形成《邯郸市医疗机构药品和医用耗材集中采购工作实施方案》（邯药采〔2019〕1号）并经市政府审议通过。

（二）第三方代理遴选

邯郸市医保局坚持"公平、公正、公开"的原则，采用以政府主导与市场化运作相结合的方式，在全国范围内遴选具备顶级行业资质和丰富代理经验的第三方机构。在遴选中，邯郸市医保局从是否具备互联网药品交易服务资质、团队专业化水平、集采代理成功案例、社会信誉度、行业口碑、综合服务能力等多维度对第三方平台进行考量，最终选择了代理经验丰富、综合得分高的北京先锋寰宇电子商务有限责任公司（以下简称"先锋寰宇"）作为邯郸市医用耗材及试剂采购综合服务商。

（三）全品类采购先行

1. 采购范围

采购范围包含医疗机构临床需求的高值、低值医用耗材和检验试剂全品类品种，共涉及：骨科材料、五官科材料、外科材料、介入类材料、内科类材料、手术麻醉类材料、基础护理类材料、检验试剂及材料、医用影像类材料共9个大类35个小类。

2. 采购数据

采购品种由医院上报，给医疗机构充分的使用选择权；企业完善数据填报，最大限度地保证与医院上报数据的统一，最大限度地保证企业竞争的公平性。先锋寰宇通过平台数据采集、数据筛查、数据规范、数据比对、资质审核等系统功能对数据进行全面标准化处理，保证进入竞价和议价的产品信息精准有效，为后期带量采购提供数据基础。

3. 议价谈判

先锋寰宇对全市耗材供给侧、需求侧和全国供需现状三个层面进行大数

据采集，将邯郸市医疗机构现行实际采购价格、全国各地近期集中采购成交价格结合起来进行分析，运用平台大数据分析系统对产品注册证号、名称、规格、型号、包装、价格等进行千万数级数据匹配、甄别、筛查、分析、比对、核算一系列的数据处理，将所有相同或相似或相近的数据信息作为议价谈判的参考依据，全面呈现给评审专家，使专家做到对企业及产品心中有数有量有价；也从源头上遏制了企业"抬高报价，换取降幅，骗取成交"的行为。议价谈判做到了科学合理，效率和成果显著，为后期带量采购提供了数据参考。

4. 网上结算

医疗机构必须全部从网上采购，网上结算，设立统一的集中监管结算账户，医疗机构将医用耗材货款支付给结算账户，由结算账户将医用耗材货款支付给生产企业，最大限度地保障回款的及时性。购销合同明确"采购人须严格按照系统公示的成交价格进行采购"，即不允许二次议价，为后期带量采购营造了公平的环境、树立了政府公信力。由网上结算产生的采购数据真实、精准，为后期带量采购提供数据依据。

5. 评价机制

为更好地给医疗机构提供优质化服务，开发产品及配送服务评价管控系统，由医疗机构对使用过的产品和配送服务进行"产品评价机制"项的打分评价；同时建立考核机制及退出机制，实行医疗机构"评价管理"，由采购人对订单响应时间（好、中、差）、配送服务（好、中、差）、产品质量（好、中、差）进行评价，即对配送企业服务及产品质量形成有效的监督，确保质量，为后期带量采购提供审评依据。

6. 互联互通

邯郸市级耗材集中采购综合服务平台与医院HIS系统、企业ERP系统、医保支付系统、医保控费系统等多个平台逐步实现对接，从而打通了医疗机构与配送企业、监管部门、医保支付相关部门等多环节间的信息互联互通，实现了医用耗材采购、供应、结算、医保支付等多个环节的数据一体化；帮助医、企、政各方实现实时动态监控，形成全流程覆盖的监管体系；满足对医用耗材采购的溯源和追踪需求；通过先进的算法、大数据分析，对采购、配送、结算等全流程进行监测，有效实现全流程异常风险预警，从而提高医用耗材使用的安全性、监管的实效性，为后期带量采购提供全流程全方位精准监管。

（四）带量采购探索

1. 耗材带量采购"品种"的精选

针对耗材产品以上特点，采取两种方式综合衡量选定带量采购的品种。一是通过临床专家、护理专家、采购专家、医院管理专家对产品使用以及产品资质材料进行疗效和质量的区分，选取适合带量采购的耗材产品进行带量采购。二是利用集中采购网上实时结算的真实交易数据，选取适合带量采购的耗材产品。这样既借鉴了药品带量采购中以一致性评价为评判标准的经验，又考虑了耗材产品与药品的差异性特点，有利于合理选择带量品种。

2. 耗材带量采购"量"的确定

遵循国家药品"4+7"带量采购的原则；借鉴先行/试点地区的经验；依据邯郸耗材集中采购综合服务平台上各级医疗机构采购数据统计出各产品市场份额，再结合本地区医保支付标准等各项指数来确定。

3. 医疗服务价格管理及体系的建设

邯郸医保局将定价、采购、支付和监管作为一揽子工程对医疗服务价格进行系统化管理，进一步施行药品、耗材及试剂流通"两票制"改革，在医保、个人支付总额基本稳定的前提下建立更加科学、合理的医疗服务物价标准。充分汲取三明市医改工作的有益经验，按照原国家卫计委2017年1月9日发布的《在公立医疗机构药品采购中推行"两票制"的实施意见（试行）》的要求，逐步推进带量采购工作，大力削减流通环节的不合理利润空间，在不增加就医费用总额的前提下，为医疗服务物价调整留足空间，建立有效的机制流程。

4. 耗材带量采购风险的防控

选择带量采购产品时要对患者病情是否适应产品、医生能否立刻改变耗材使用习惯等风险进行全面考虑，建立政府、医院、患者、企业、产品多层面多维度衡量与评估规则；建立短缺产品应急解决方案；建立合理的付款方式；建立完备的奖惩机制，最大限度地规避带量采购问题的发生，拟订相应的解决方案。

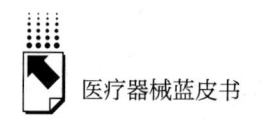

5. 平台智能化为带量采购提供保障

所有带量采购产品都要严格按规定进行网上结算，监管系统可实时监测采购动态；交易系统对采购数据异常情况及时预警，降低了采购风险，提高采购效率，保证临床使用需求，最大限度地保证患者医疗安全；精细化进销存管理，为采供双方降低了采购成本；平台大数据支撑为医保支付方式改革赋能。

二 集中采购与带量采购成果

（一）惠民——为减轻人民群众就医负担交出令人满意的成绩单

2019年邯郸市通过第一轮集中采购，大幅度降低了医用耗材价格，减轻了人民群众的就医负担。经统计，医用耗材总体价格比原邯郸市场最低价平均下降了32.5%，单品最大降幅达86.4%，降幅排名前十的品种降幅均达60%及以上（见表1）。与2018年医疗机构医用耗材采购费用相比，2019年节省资金预计达3.3亿元。预计带量采购实施后节省的耗材费用在此基础上将再次增加，这有利于切实为人民群众提供质优价廉的医疗产品和服务，践行惠民初心。

表1 2019年邯郸市第一轮耗材集中采购中选结果降幅排名前十的品种统计

单位：元，%

类别	产品名称	医院采购价	成交价	降幅
检验试剂及材料	便隐血（FOB）检测试剂（胶体金法）	8.82	1.2	86.40
检验试剂及材料	光激化学发光分析系统通用液	3.17	1	68.45
基础护理类材料	藻酸盐无菌伤口敷料	116.67	37	68.28
医用影像类材料	心电图打印纸	50	16	67.60
五官科材料	氢氧化钙根管消毒糊剂	178	58	67.41
检验试剂及材料	全血铅镉元素校准溶液	60	20	66.66
基础护理类材料	医用棉球	0.8	0.28	64.95
检验和病理材料	一次性微量采血管	0.1	0.03	63.90
医用敷料	肌钙蛋白（cTnI）检测试剂（胶体金法）	40	15	62.50
基础护理类材料	一次性使用换药包	7.5	3	60

（二）活企——为企业提供优质的市场竞争环境

集中采购确保全程遵循公开公平公正原则，充分利用平台强大的信息处理功能，实现企业产品报价加密、开标解密、网上竞价、网上议价、网上合议等数据追溯；医保局纪检监察全程参与，最大限度地杜绝各种人为因素的干扰，强调公平合理性。在此基础上实施带量采购，执行网上结算管理办法，实现回款及时，力求达到以降费换价格、以增量换价格和确保中选企业降价不降利的双重功效。这将大大增强企业参与的积极性和市场活力，使采供双方在优良的医药供应链市场竞争环境下，和谐共处，协同作战，凸显耗材带量采购成效。

（三）利医——为医疗机构持续健康发展赋能

医用耗材采购的可追溯依赖于完善的信息管理系统，实施带量采购无疑会快速推进医疗耗材信息化管理建设。邯郸医保局旨在通过先进的信息化手段，实现对医疗机构库存情况的实时监管，对采购异常情况进行及时预警；并根据医院对企业供货情况的评价提前做好采购风险防控，随时启动应急预案，及时解决不能及时供货或不供货问题，着力降低采购和临床使用风险；不断升级和完善全流程监督管理，着力于质量溯源、价格合理、规范使用的医药供应链管理新体系建设，助力医疗机构持续健康发展。

B.32 对医疗器械注册人制度下责任风险及认知误区的思考

陈静陶[*]

摘　要： 加快行业的技术创新是医疗器械行业特别是高端智能医疗器械行业提速发展的关键，但在此过程中的潜在风险也是企业需要深入研究并尽量避免的。本文提出医疗器械生产企业面临的传统责任风险，包括：早期研发阶段责任风险，临床试验阶段试验方案、知情同意、器械设计制造等缺陷导致人身损害进而引发的在研器械上市延迟或研发失败等风险，上市后设计、制造和警示/说明缺陷等导致的使用者/患者等第三方人身损害风险等。本文还总结了部分医疗器械注册人对法律责任和索赔/诉讼抗辩的十大误区，即已经被市场广泛接受并使用多年的医疗器械不存在法律风险；器械没有物理缺陷，就没有法律风险；医生误用器械导致人身损害，不属于注册人的责任，注册人不会被提起诉讼；等等。

关键词： 医疗器械　产品责任风险　网络风险　海外法律环境

2019年8月1日，国家药监局发布《关于扩大医疗器械注册人制度试点工作的通知》，扩大了试点范围，促进了行业的多样化发展，也对行业企业提

---

[*] 陈静陶，安达保险有限公司特殊行业风险总监，美国项目管理协会注册经理人。

出了更高的要求，特别是在风险控制等可持续发展方面[①]。

医疗器械产品责任赔偿的法律基础是侵权责任，但其往往和医疗损害赔偿等交织在一起，风险变化错综复杂。

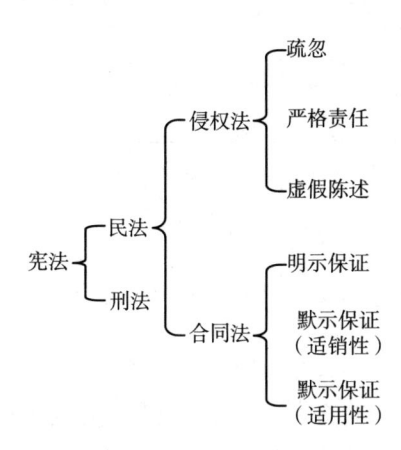

```
                         ┌─ 疏忽
                 ┌─ 侵权法 ─┼─ 严格责任
                 │        └─ 虚假陈述
          ┌─ 民法 ─┤
   宪法 ─┤        │        ┌─ 明示保证
          └─ 刑法  └─ 合同法 ─┼─ 默示保证（适销性）
                            └─ 默示保证（适用性）
```

图1　医疗器械产品责任的法律基础

一　医疗器械面临的传统责任风险

从生命周期来看，医疗器械早期研发阶段责任风险以委托合同方疏失导致研发/上市延迟引发注册人财务损失为主；临床试验阶段，试验方案、知情同意、器械设计制造等缺陷导致的人身损害会引发在研器械上市延迟或研发失败等风险；上市后，设计、制造和警示/说明缺陷等会导致使用者/患者等第三方人身损害。

进一步以临床阶段为例，越来越多的注册人被要求就即将申请上市的器械开展临床试验以验证安全性和有效性。临床试验中，大多数申办方着眼于方案设计和试验器械本身的风险，却忽略了法律责任判定的重要文件——知情同意书方面的风险。以国内开展的医疗器械临床试验为例，知情同意书容易被忽略的责任风险主要包括：①过于乐观的疗效描述；②缺乏替代疗法告知或告知不充分；③未对试验中与器械非直接相关的试验步骤进行风险提示；④对受试者

---

① 《医疗器械注册人制度改革解读》，http://www.zhengbiaoke.com/question_show.aspx?id=967。

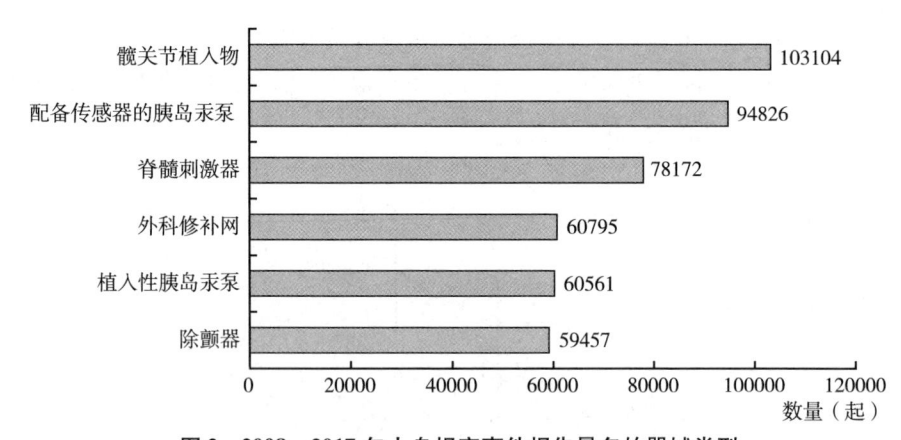

图2 2008~2017年人身损害事件报告最多的器械类型

器械类型	数量（起）
髋关节植入物	103104
配备传感器的胰岛汞泵	94826
脊髓刺激器	78172
外科修补网	60795
植入性胰岛汞泵	60561
除颤器	59457

资料来源：https：//www.fda.gov/industry/regulated-products/medical-device-overview。

补偿描述模糊不清或进行过分承诺；⑤不良反应描述不充分，仅限于试验器械相关内容，对与试验器械不直接相关但是与临床相关的不良反应描述不充分；⑥对不良反应的描述过于专业导致阅读等级过高等。

上市后的医疗器械面临的风险更加多样化。从全球整个市场的理赔/诉讼数据来看，制造缺陷是最容易被发现和规避的风险类型（见图3），但引发人身损害的原因并不一定都是制造缺陷，最容易被忽略的是警示不足或说明书存在缺陷。

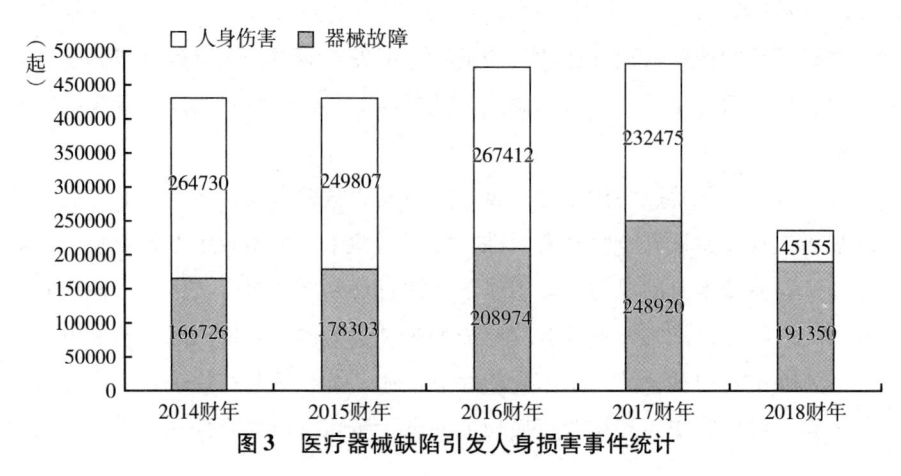

图3 医疗器械缺陷引发人身损害事件统计

财年	人身伤害	器械故障
2014财年	264730	166726
2015财年	249807	178303
2016财年	267412	208974
2017财年	232475	248920
2018财年	45155	191350

资料来源：Food and Drug Administration, https://bbacro.com/new-fda-guidance-medical-device-reporting-manufacturers/。

二 医疗器械产品责任风险中常见认知误区

结合安达保险（Chubb，曾用名"丘博保险"）在全球医疗器械产品责任/临床试验相关诉讼领域多年的服务经验，笔者将部分器械注册人对法律责任和索赔/诉讼抗辩的认知误区总结如下。

（一）已经被市场广泛接受并使用多年的医疗器械不存在法律风险

将用以聚丙烯为主的编织材料制成的不可降解网状物作为骨盆底修补片，并利用其来治疗骨盆底障碍性疾病是外科常见的治疗方式。然而随着植入时间延长，植入该类补片的患者逐渐出现严重不良反应，如侵蚀、皱缩、持续出血及疼痛等问题。该类器械本不需要开展临床试验，但因大规模的不良事件报告，FDA马上将其纳入三类医疗器械进行监管，要求其在上市前进行临床试验，并在上市后进行市场跟踪报告。

此产品相关的人身伤害索赔和诉讼一直在持续中（见表1），2011年某制造商同意为其所面临的由该类器械引发的超过50万人的集体诉讼支付高达1.84亿美元的赔款。2018年4月，又有一家制造商被要求向一名自2009年以来一直被网状并发症困扰的女性支付6800万美元赔款。此类器械产品的诉讼都有一个普遍的特点，产品简单，生产商多，任何制造商都有可能面临索赔并且需要进行调查和抗辩。

表1 尚在诉讼中的同类产品及制造商/注册人

制造商/注册人	涉及产品
Ethicon（Johnson & Johnson）	Physiomesh 柔性复合网 Proceed 手术补片 Prolene 疝气补片
Atrium（Maquet, Getinge Group）	C-QUR 补片系列产品，包括： C-QUR V-Patch； C-QUR Edge Mesh V-Patch； C-QUR Lite Mesh V-Patch

续表

制造商/注册人	涉及产品
Atrium（Maquet, Getinge Group）	C-QUR OVT 补片 C-QUR RPM 补片 C-QUR Tacshield C-QUR Mosaic
Covidien（Medtronic）	Parietex 手术补片 Parietex 复合补片 Parietex ProGrip 补片
C. R. Bard（Davol）	PerFix 补片 Kugel Hernia 疝气补片 3DMax 补片 Ventralex ST 疝气补片 Ventralex 补片 Sepramesh IP 复合补片 Composix E/X 补片

资料来源：《尚在诉讼中的外科修补网产品一览》，https://www.consumersafety.org/medical-device-lawsuits/hernia-mesh/。

（二）器械没有物理缺陷，就没有法律风险

案例一：某幼童扁桃体切除术后出现了脑部严重损伤。家长向法院提出诉讼，声称由于呼吸机未正常工作，幼童在恢复期没有得到足够的给氧导致了脑损伤。该诉讼被告人除了注册人、经销商，还有医院，包括麻醉师和外科医生，相关主体都被列为共同被告被要求承担连带责任，索赔金额超过 200 万美元。案例二：某 31 岁患肌肉萎缩症的男士因为呼吸机没有正常工作而出现脑死亡，其父母经过 3 年诉讼最终获得 250 万美元的赔偿。

医疗器械索赔或诉讼与其他日用品或消费品不同，即使没有明显的物理缺陷，也可能由于没有正常工作而导致人身损害。不管是体外心脏除颤器无法传输足够的电流，影像诊疗设备没有准确显示病态部位，还是日常使用的输液泵不能按照预先设置的时间或剂量滴注，注册人都可能因为器械故障导致患者人身损害而成为被告。

（三）医生误用器械导致人身损害，不属于注册人的责任，注册人不会被提起诉讼

如手术器械箱被医生在多次手术中超适应证使用致多个病人遭受人身损害。多个病人发起集体诉讼，声称损害是器械的缺陷导致的，同时指出器械注册人通过给付额外奖励和培训等奖赏机制鼓励医生使用其器械。经过几年的诉讼历程，法院最终判决医院、医生和器械注册人共同承担责任，共计赔付原告超过9000万美元。由于涉及的手术器械箱在产品辨识上有一定的难度，另一款同类器械的制造商也被卷入诉讼，为证明其产品与此诉讼无关，其进行了一系列的质证，共计花费了抗辩费用近4000万美元。

在某些国家和地区，医疗器械可以用于核准外用途。但若病人因核准外用途的应用受到伤害，而器械使用说明又未对该核准外用途进行充分警示，那么无论医生如何应用该器械，注册人都可能需要承担或多或少的连带责任。

（四）医疗器械上附着的化学物质/药品引发不良反应，只需要其供应商承担责任，器械的注册人不需要承担责任

某骨钉注册人被患者起诉，因为用于膝关节重建术的骨钉中含有某种化学物质（由上游供应商提供），随着时间推移，该化学物质会刺激膝关节内骨表面触发新骨发育并逐渐取代植入物，且会导致患者膝盖周围肿胀积水，引发骨折并发症等不良反应。不良反应被报告后，该骨钉立即被生产商召回。但仍有200名原告提起诉讼，要求器械注册人赔偿骨钉并发症造成的人身伤害。经过2年诉讼，共和解48起，和解总金额为320万美元，此外，注册人还需额外支付1000万美元抗辩费用。加上尚未结案的索赔，注册人预计最终赔付金额在2500万~4000万美元。由此可见，注册人或许可以向其供应商进行追偿或者要求其一同进行抗辩，但是前期的抗辩风险依然存在。

（五）仅生产医疗器械零部件（或仅提供部分生产服务），对成品器械不承担责任，成品制造商会承担相应赔偿

某髋关节植入物的注册人被患者提起集体诉讼，声称器械存在缺陷且不具备应有功能。注册人接到诉讼函进行综合考量后，要求下游负责器械打磨的合

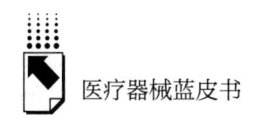

同制造商（CMO）一起应诉并承担对患者的赔偿。经过和解谈判，CMO 最终承担了超过 850 万美元的赔偿。自 2002 年以来，髋关节制造商（包括但不限于 DePuy、Stryker、Zimmer、Biomet、Wright、Smith & Nephew）为解决数千起髋关节诉讼已经支付超过 75 亿美元。截至 2019 年 7 月，全球仍有超过 25000 起髋关节相关的人身损害赔偿尚未完全结案，仅美国就达 14000 起之多。当中不乏需要 CMO 承担赔付的案例。

在使用/植入器械的过程中，人身损害的产生原因是非常难确定甚至不能完全确定的，所以责任及对应比例的确定也相当困难。因此，供应链上的公司，从原材料供应商、零部件制造商，到器械制造商/经销商/注册人，都有可能被要求一起应诉，并对最终的法律赔偿承担各自的责任。即便在国内，根据 2017 年最高法《关于审理医疗损害责任纠纷案件适用法律若干问题的解释》第三条规定，患者因缺陷医疗器械受到损害，起诉部分或者全部医疗器械的生产者、销售者和医疗机构的，应予受理。海外业务中，甚至有强势买家利用其在贸易关系上的优势，要求相关供应商在其被卷入的诉讼中承担更多的赔偿责任。

（六）基于现有科学技术水平尚不能发现的抗辩理由可以让注册人完全免责

用于成人、幼儿普外科和其他外科以及心脏手术的达芬奇外科手术系统是目前应用较广的以微创方法实施复杂的外科手术的一种机器人平台。

根据直观外科公司（ISI）[1] 提交给美国证券交易委员会（SEC）的文件，截至 2018 年 3 月 31 日，至少有 100 人就达芬奇手术机器人引发的人身损害对 ISI 提起诉讼，声称达芬奇系统缺陷造成了永久人身损害和残疾甚至死亡，还有一些常见的诉讼理由是手术中器械故障引起电流泄漏和电弧放电而造成人身损害。ISI 为了处理达芬奇相关的产品责任诉讼预留了超过 1740 万美元的准备金[2]。虽然医疗机器人为医疗的发展做出了巨大的贡献，但是在发生人身损害时，基于现有科学技术水平尚不能发现也不能直接作为免责/减责理由。

---

[1] 全称：Intuitive Surgical Inc.（NASDAQ：ISRG）。
[2] da Vinci Robotic Surgery Lawsuits，https：//www.drugwatch.com/davinci‐surgery/lawsuits/.

(七)注册人不会因为不应该承担的责任被提起诉讼

在某肝素注射器诉讼中,有 225 名原告声称因为肝素注射器受到污染而导致其人身损害。在此案中,涉案器械是仅用于清洗灌注肝素的注射器,没有任何治疗目的。虽然如此,但是因为清洗器也可能导致注射器污染,所以即使是不负责治疗的医疗器械的制造商同样也会被列为被告。最终,该制造商虽然没有就人身损害的赔偿金额进行分摊,但是其花费的诉讼费用超过了 300 万美元。

在无差别的集体诉讼或涉及整个行业面的诉讼中,即便是非典型的行业供应商在初始阶段也有可能被卷入诉讼中。就像上述案例中的制造商,在责任明朗之前,他们都需要进行相关调查和抗辩,并承担相应的费用。

(八)小额订单供应商承担的风险就小

任何负责原料供应、生产、使用说明设计/出口翻译和使用该器械的主体都有可能成为被提出诉讼的目标。这并非由于医疗器械行业的特性,而是侵权法对于适用严格责任行业的归责原理对企业的风险管理提出了更高的要求。如误区二案例中的 CMO、注册人、经销商、医院、麻醉师和外科医生,不管他们是否需要承担最终的人身损害赔偿,他们都需要在前期进行抗辩并支付抗辩费用。

(九)侵权责任的风险可以快速解决

侵权责任"长尾"风险特点,决定了注册人面临的责任不会因为其退出该市场就终止。尚在市场流通的器械只要导致人身损害,该器械注册人就需要及时响应并处理。若法律责任成立,该注册人还需要支付相应的赔偿。

(十)只要不能证明肯定与器械直接相关的人身伤害,就不需要赔偿

一个患者因冠状动脉狭窄病变植入可吸收药物洗脱冠脉支架,2 年后因血管再狭窄病变经抢救无效死亡。另一患者出现同样的不良反应,但经过治疗痊愈。患者家属向注册人提出索赔,涉及抗辩及赔偿金额达 150 万美元。

血管再狭窄病变是支架植入后常见不良反应之一,但该反应可能与患者原

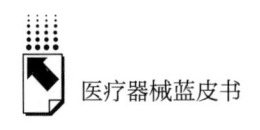

发疾病有关。上述案例中，死亡患者家属不同意尸检，所以无法确认病变是否肯定和器械相关，而另一案例中医生对人身损害的判定报告也仅是认为与器械可能相关。注册人虽然尚未就理赔做出最终赔偿，但抗辩费用和调查费用已无法避免。

三 医疗器械领域新兴网络风险

新兴的网络责任风险，特别是带有智能功能的器械〔Software as a Medical Device（SaMD）〕的网络责任风险较传统风险更为复杂。2019 年 FDA 共发布了 49 次医疗设备的召回①，其中医疗器械对软件的依赖问题是召回的主要原因之一。Medtronic、Zimmer Biomet、Brainlab、Hamilton Medical、Fresenius Kabi 和 Smiths Medical 等公司都因为软件问题发布了召回。以 Medtronic 的召回为例，MiniMed 508 和 MiniMed Paradigm 型号的胰岛素泵都存在网络风险，有可能被黑客远程控制并更改设置，从而对患者造成严重损害②。

使用网络连接并采集用户信息进而管理用户健康的医疗器械越来越受到市场的青睐，而个人的健康信息也是目前信息黑市中价值最高的信息类型，远超过手机号、信用卡等信息。因此，智能医疗器械的注册用户也成为黑客的主要目标。网络上有专门针对医疗器械的黑客组织（medical device hijack），也有人称其为 Medjack，他们主要攻击医院医疗器械存储的信息。

智能医疗器械是国家实施工业 4.0 战略及推动智能制造升级的重要一环。近年来我国微型机电技术的发展使智能医疗器械得到了长足发展。我国医疗机器人已能够独立完成组织取样、疏通血管、辅助肿瘤消融和支架植入等工作。我们在看到市场空间的同时，也需要对其潜在的风险做出预判并制定相应的风险管理预案。

与传统风险不同，网络风险是全球化风险，不管器械在哪里销售和使用，只要器械与网络发生连接，就有被攻击的风险。发达国家已经开始建立 SaMD 的监管系

---

① 2019 Medical Device Recalls, https://www.fda.gov/medical-devices/medical-device-recalls/2019-medical-device-recalls.
② Medtronic Recalls Synergy Cranial Software and Stealth Station S7 Cranial Software Due to Inaccuracies Displayed During Surgical Procedures, https://www.fda.gov/medical-devices/medical-device-recalls/medtronic-recalls-synergy-cranial-software-and-stealth-station-s7-cranial-software-due-inaccuracies.

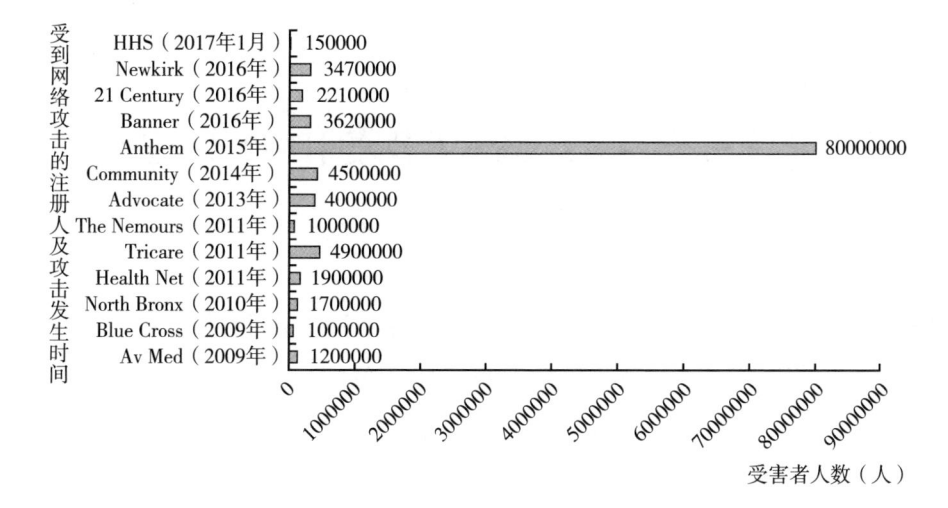

对医疗器械注册人制度下责任风险及认知误区的思考

受到网络攻击的注册人	受害者人数（人）
HHS（2017年1月）	150000
Newkirk（2016年）	3470000
21 Century（2016年）	2210000
Banner（2016年）	3620000
Anthem（2015年）	80000000
Community（2014年）	4500000
Advocate（2013年）	4000000
The Nemours（2011年）	1000000
Tricare（2011年）	4900000
Health Net（2011年）	1900000
North Bronx（2010年）	1700000
Blue Cross（2009年）	1000000
Av Med（2009年）	1200000

图4　2009～2017近十年针对医疗行业的网络攻击主要案例

资料来源：https：//www.eccouncil.org。

统，FDA 有专门针对医疗器械 Cybersecurity 的监管细节①，EMA 和 TGA 也有其相应的监管措施，我国在这方面的监管政策也在紧锣密鼓地制定中。

我们观察到很多企业开始采用越来越复杂的方式来保护器械免于受到未授权访问。这虽然在理论上提升了器械的安全性，但是过于复杂的安全措施可能导致用户在使用过程中寻找变通或便捷方法，重新将器械陷入风险之中。所以，企业在研发和生产医疗器械时，应考量在不影响器械便利性的同时提升防火墙的性能及迭代能力，降低网络风险。

新兴网络风险的不确定性已经远远超过传统的责任风险，除了设计和生产上的风险规避，企业还应该确保软件及时升级，增强迭代能力，平衡安全认证过程，合理管控用户权限设置，实时监控网络风险，制定与销售能力及网络匹配的网络应急风险预案来减少不确定风险。

---

① Guidance for the Content of Premarket Submissions for Software Contained in Medical Devices，https：//www.fda.gov/regulatory-information/search-fda-guidance-documents/guidance-content-premarket-submissions-software-contained-medical-devices; Guidance to Industry Cybersecurity for Networked Medical Devices Containing Off-the-Shelf (OTS) Software，https：//www.fda.gov/regulatory-information/search-fda-guidance-documents/cybersecurity-networked-medical-devices-containing-shelf-ots-software.

B.33 我国碳离子治疗系统的研发和上市应用

李 强[*]

摘　要： 重离子束因其倒转的深度剂量分布和高的相对生物学效应等优势，成为最先进的放射治疗用射线。本文分析了重离子治疗的特点和优势，如重离子束具有独特的深度剂量分布、重离子束的相对生物学效应（RBE）高、重离子束的氧增比（OER）小、可进行PET在线位置及剂量验证。我国现已研制了具有完全自主知识产权的医用重离子加速器装置——碳离子治疗系统，实现了碳离子治疗设备"零"的突破。

关键词： 重离子治疗　碳离子治疗系统　临床试验

重离子治疗作为当今最先进有效的放射治疗技术，成为拥有高能重离子加速器技术国家竞相开展研究的领域，中国科学院近代物理研究所是我国最早开展重离子治疗研究的科研机构，其在重离子治疗基础研究的基础之上研发了我国首台碳离子治疗系统示范装置，本文介绍了我国碳离子治疗系统的研发和上市应用情况。

一　重离子治疗的特点和优势

放射治疗作为癌症治疗的三大方法之一，近年来得到了长足的发展。重离子束射线相对其他常规放疗用射线，在放射物理学、放射生物学及临床治疗中表

---

[*] 李强，博士，中国科学院近代物理研究所生物医学中心主任，研究员。

现出一定的特性，对肿瘤治疗具有独特优势。重离子是指原子序数大于2的原子失去原子核外部分或全部电子后形成的带电粒子。重离子治疗是指运用重离子束射线进行肿瘤放射治疗的一种手段。重离子治疗主要有以下特点和优势。

一是重离子束具有独特的深度剂量分布。重离子束在穿越生物组织的过程中沉积的剂量较小，剂量主要沉积在其射程的末端，形成剂量沉积峰，这个峰被称为Bragg峰。可通过调节重离子束的能量，使Bragg峰精确落在肿瘤靶区，从而精准消除肿瘤。在重离子束贯穿正常组织期间，由于损失能量的密度低，因而对正常组织损害较小。

二是重离子束的相对生物学效应（RBE）高。重离子在Bragg峰区沉积的能量密度高，使得位于峰区肿瘤细胞的DNA产生双链断裂的比例高，重离子相对生物学效应比常规光子射线要高约3倍，因而，重离子对肿瘤细胞的"杀伤力"更大，治疗周期更短。

三是重离子束的氧增比（OER）小。跟常规光子放疗不同，重离子主要是通过高密度的电离作用使DNA双键断裂来消除肿瘤，这种杀伤不依赖于氧的存在，因而可用于乏氧肿瘤的治疗。

四是可进行正电子发射体层技术（PET）在线位置及剂量验证。重离子束与组织中的原子核相互作用会产生正电子发射体碎片，利用PET进行体外成像，可对重离子束照射到体内的位置及剂量分布进行在线的测量和验证，确保治疗的准确与安全。

重离子束以其倒转的深度剂量分布和高的相对生物学效应等优势，特别适用于不宜手术、对常规射线不敏感等难治肿瘤的治疗。在国际上被誉为21世纪最理想的放疗用射线。

二　重离子治疗的国际发展现状

重离子治癌研究起源于美国，早在1946年，美国威尔逊就首次提出用Bragg峰进行肿瘤放疗。1975年，美国伯克利国家实验室利用其科研加速器装置率先开展重离子治癌研究，截至1992年该科研加速器因老化关闭时，共收治各种难治癌症患者2487名，其中用^{4}He离子治疗的患者有2054例；用^{12}C、^{20}Ne等离子治疗的患者有433例。重离子治疗的肿瘤局部控制率较常规X、γ和

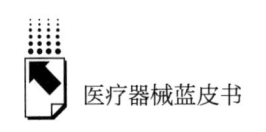

电子束等射线放疗提高了 2~3 倍，取得了很高的治愈率，较常规射线放疗的疗效等有明显的提高，初步验证了重离子治疗的有效性。

1993 年，日本国立放射医学综合研究所建成国际上首台医用重离子加速器（HIMAC），专门进行重离子治癌及放射医学研究。1994 年 6 月，第一批患者在 HIMAC 装置上接受了碳离子束治疗，效果良好。2001 年，兵库离子束医学中心（HIBMC）建成医用重离子加速器（PATRO）开始治疗患者。之后群马大学医学院、九州及横滨也已相继建成医用重离子加速器并投入运行。由于取得了显著疗效，日本政府规划在全日本建造 50~60 台重离子治疗装置。

1996 年，德国重离子研究中心（GSI）建成重离子治疗装置。德国借鉴了美国和日本重离子治疗的经验，开发了点扫描系统和正电子发射断层术两大技术手段，实现了重离子适形调强放射治疗和束流实时在线监控，使重离子治疗技术更趋完善。1997 年 12 月，GSI 开始利用高能碳离子束治疗患者，临床疗效显著。此后，意大利和奥地利等欧洲国家也相继建成医用重离子加速器，启动了重离子治疗项目。

1995 年，中国科学院近代物理研究所（以下简称近代物理所）承担国家攀登计划（B）"核医学与放射治疗中先进技术的基础研究"项目"重离子治癌技术的研究"科研任务，在国内率先开展相关研究。2006 年起，近代物理所联合相关单位在兰州重离子加速器（HIRFL）开始碳离子治疗前期临床试验研究，效果显著，随之开始医用重离子加速器的研发。2019 年 9 月，近代物理所在武威建成国内首台医用重离子加速器——碳离子治疗系统。此外，引进德国医用质子重离子加速器设备的上海市质子重离子医院于 2015 年正式投入运营。

大量的重离子放射物理及放射生物学基础研究表明，碳离子束是目前最佳的肿瘤治疗重离子束。截至 2020 年 2 月底，国际上共有 11 台医用重离子加速器在运营，主要位于欧洲和亚洲；另有 5 台在建设当中。到目前，全球已累计利用重离子治疗肿瘤患者约 3 万例。

三　我国重离子治疗系统的研究

近代物理所自 20 世纪 50 年代起先后建成多代大型重离子加速器装置，目前拥有亚洲能量最高的重离子加速器，正在依托重离子加速器装置开展重离子物理及相关应用研究。近代物理所先后在 HIRFL 装置上建成两个重离子治疗终端，研发了利用碳离子束对人体内不同深度肿瘤进行治疗的技术。在不断开展先进医用加速器和核探测技术研发、重离子治疗相关放射生物学基础研究以及碳离子治疗前期临床试验研究的基础上，近代物理所成功研制了具有完全自主知识产权的医用重离子加速器装置——碳离子治疗系统，实现了中国碳离子治疗设备"零"的突破。

（一）基础研究

近代物理所利用 HIRFL 提供的中高能重离子束，先后承担国家"973"计划及攀登计划、科技部"863"项目、国家基金委重点项目、中科院知识创新重要方向项目及甘肃省重点项目等重离子治癌相关课题的研究。

在重离子生物学效应及机理基础研究方面，近代物理所科研人员开展了分子、体外培养细胞和动物等不同层次的辐照实验研究。利用体外培养的不同肿瘤和正常组织细胞系，通过实验证实了细胞对不同线性能量转移（LET）碳离子的辐射敏感性并不依赖辐照后初始的 DNA 双链断裂（DSB）产额，而与经 DNA 损伤修复后剩余 DSB 的产额具有相关性，而且在检测高 LET 碳离子辐射导致的 DSB 片段分布时，发现 DSB 片段具有与 DNA 序列相关的非随机分布，DNA 序列上存在对高 LET 重离子敏感的位点，由此导致 DNA 链的非随机断裂。与低 LET 射线如 X 射线和 γ 射线相比，高 LET 重离子诱导细胞呈现更加明显的辐射超敏感性，且增强 survivin 基因在转录和翻译水平的表达，导致肿瘤细胞凋亡增加。研究人员通过大量细胞实验获得了重离子临床治疗当中非常重要的基础数据——相对生物学效应（RBE），得到了碳离子辐照下不同肿瘤细胞在不同存活水平下 RBE 与 LET 之间的关系。在动物实验方面，通过移植瘤小鼠模型，研究了荷瘤鼠经碳离子辐照后肿瘤生长延迟和生命期延长等与剂量之间的关系，同时观察了不同分次照射与单次照射条件下荷瘤鼠辐照效应的差别。为在动物水平上获得重离子辐射对正常组织损伤的量效关系，研究人员研究了碳离子辐照时的约克夏猪皮肤损伤效应，得到了辐照后不同时间皮肤损伤等级与辐照剂量之间的关系以及皮肤耐受剂量等重要基础数据。动物实验基础研究为以后的重离子治疗临床试验提供了非常重要的基础数据和经验。在这

些研究的基础之上,不论是在细胞水平还是动物水平上,随后都又继续开展了更为深入的研究,从不同方面阐述和证明了重离子治癌的安全性和有效性。

在重离子治疗技术基础研究方面,近代物理所科研人员开展了包括二维(2D)、二维分层(2D-LS)和三维(3D)适形照射方法、均匀射野成形、Bragg峰展宽、治疗计划系统以及点扫描适形照射方法等研究工作。为提高点扫描束流配送的执行效率,研究人员还开发了点扫描中束流监测探测器的交叉标定方法。在针对随呼吸而运动的肿瘤靶区治疗方法研究当中,首创了一种生物视听反馈患者呼吸引导技术,该技术与目前常用的呼吸门控技术相结合,可大大提高同步加速器提供脉冲束流的利用率,从而提高治疗效率,同时减少门控窗内的靶区残余运动,从而提高治疗精度。

近年来,近代物理所的碳离子治疗技术基础研究水平呈现出不断提高的发展趋势。近代物理所成为国际上重离子治疗技术研究的重要基地之一,为肿瘤患者碳离子治疗前期临床试验研究的开展奠定了坚实的基础。

(二)前期临床试验研究

在开展碳离子治癌基础研究的同时,近代物理所基于HIRFL装置中的分离扇回旋加速器SSC(K=450)建成了一个垂直束的碳离子治疗终端。由于HIRFL-SSC提供碳离子束的最高能量为100MeV/u,该能量碳离子束在水中射程约为2.5cm,仅能开展浅层肿瘤患者的碳离子治疗前期临床试验研究,该终端被称为浅层肿瘤重离子治疗终端。终端配备了被动式束流配送系统,由一对相互垂直的二级磁铁、电离室、射程调节器、射程调制器和多叶光栅等设备构成。通过对两个二级磁铁提供不同频率的三角波励磁电流,引导加速器提供的笔形束做连续扫描,从而在治疗终端的等中心形成约为5cm×5cm范围、均匀性达到90%以上的均匀照射野。由于提供的碳离子能量较低且均匀照射野较小,该终端只能进行靶区位于浅层且肿瘤较小患者的碳离子束治疗。

2008年近代物理所在新投入使用的九五大科学工程——兰州重离子加速器冷却储存环(CSR)建成了一个新的重离子治疗终端。HIRFL作为注入器,CSR同步加速器作为主加速器,可以提供最高能量为1000MeV/u的碳离子束。由于400MeV/u碳离子束在水中射程可以达到27cm,HIRFL-CSR为重离子治疗终端提供最高能量为400MeV/u的碳离子束,可满足体内不同部位肿瘤治疗的需要，该碳离子治疗终端被称为深层肿瘤碳离子治疗终端。终端在初期阶段配备了被动式的束流配送系统，后期升级为主动式点扫描束流配送系统，由 CSR 同步加速器按每个束流脉冲主动改变束流能量。通过被动式和主动式束流配送进行射野成形，都可以在该终端的等中心形成 10cm×10cm 的均匀照射野，照射野均匀性达到 95% 以上。在水箱中吸收剂量的测试结果反映出点扫描性能满足临床治疗的要求。

自 2006 年 11 月至 2008 年底，近代物理所与甘肃省当地的肿瘤医院和原兰州军区兰州总医院等医疗机构合作，由医院选送适合碳离子治疗的患者，在 HIRFL 浅层肿瘤碳离子治疗终端开展了总计 103 例浅表肿瘤患者的重离子治疗前期临床试验研究。试验研究中涉及的肿瘤种类有鳞状细胞癌、基底细胞癌、黑色素瘤、软组织肉瘤、淋巴瘤、腺癌、转移淋巴结癌和其他皮肤肿瘤。在临床疗效方面，除黑色素瘤外，其他肿瘤的五年局部控制率都在 50% 以上；除转移淋巴结癌外，其他肿瘤患者的五年生存率也都在 50% 以上。在毒副作用方面，按照通用毒性评价标准，未观察到严重的皮肤损伤反应。浅表肿瘤前期临床试验研究取得的成功，为接下来的深部肿瘤患者重离子治疗前期临床试验研究奠定了基础。

受浅层肿瘤碳离子治疗前期临床试验研究成功的鼓舞，近代物理所继续与甘肃省肿瘤医院和原兰州军区兰州总医院等单位合作，自 2009 年 3 月至 2013 年 9 月在 HIRFL-CSR 深层肿瘤碳离子治疗终端开展了 110 例深层肿瘤患者的碳离子治疗前期临床试验研究。试验研究当中涉及的肿瘤种类有肝癌、肺癌、脑胶质细胞瘤、恶性脑膜瘤、骨和软组织肉瘤、唾液腺癌、甲状腺癌、直肠癌、前列腺癌、脊索瘤和卵巢癌等。在临床疗效方面，五年的肿瘤局部控制率为 54.8%，五年的肿瘤患者总生存率为 56.0%；在毒副作用方面，未出现 3 级以上的毒副作用。同样，深层肿瘤碳离子治疗前期临床试验研究也取得了成功，为医用重离子加速器示范装置的建设提供了临床治疗技术和经验方面的支持。

四　首台碳离子治疗系统示范装置成功上市

近代物理所科研人员结合 HIRFL-CSR 的设计经验，通过不断在 HIRFL-

CSR装置上进行相关的束流实验验证，最终采用"回旋注入器+同步加速器"的方案，设计出了世界上周长最短的医用碳离子同步加速器。其同步加速器采用剥离注入方式，使得单次注入增益超过200倍，在注入束流强不到$10\mu A$的情况下，终端每脉冲的最大粒子数可超过1×10^9。装置采用三阶共振慢引出方法，束流引出效率超过90%，引出束流占空比达到95%，束流关断时间小于$500\mu s$，各项关键性能指标均达到国际先进水平。

技术人员始终坚持自主创新的原则，在碳离子治疗系统研制工作中采用了先进的技术和工艺路线，如紧凑型的满足注入引出设计的磁聚焦结构、高强度高均匀度电磁铁、高精度高稳定度大功率电源、高电压宽频带高频加速腔、薄壁加筋真空室、高精度定时控制技术等，在技术、性能、价格、运行维护、保障等方面均具备优势。

碳离子治疗系统配置有水平治疗头、垂直治疗头、水平+垂直治疗头、45度治疗头，可提供多角度笔形扫描束流，具备点扫描和均匀扫描两种扫描模式，适用于多个解剖部位的肿瘤治疗。装置由近代物理所培养的专业团队负责日常运行和维护，可全天24小时不间断运行，有效束时间超过95%。

2019年9月29日，由近代物理所及其控股公司兰州科近泰基新技术有限责任公司研制的碳离子治疗系统获得国家第三类医疗器械注册证。该产品安装于甘肃武威重离子治疗中心，是我国首台获批的国产碳离子治疗系统。中国从世界上第四个开展重离子肿瘤治疗临床试验研究的国家转变为拥有重离子肿瘤治疗加速器技术及开展临床治疗的国家。

目前甘肃省武威肿瘤医院已取得碳离子治疗系统临床开展的各项资质，并公布接诊治疗范围；医院已聘请了20余名国内外知名重离子专家，并与中国医学科学院肿瘤医院、四川省肿瘤医院等全国知名肿瘤医院组建了医疗联盟；成立患者遴选委员会，确保收治患者治疗安全。医院重离子中心已于2020年3月26日正式接诊肿瘤患者。

中国每年新增癌症病例430万，因癌症死亡人数达280万，两项指标均位居世界第一。碳离子治疗系统的上市，符合人民的健康需求，按每年新增430万例肿瘤患者计算，若10%采用重离子束进行治疗，按照每台装置每年治疗1000~2000例患者计算，我国将会有数百台医用重离子加速器的市场需求量。

目前，甘肃武威碳离子治疗系统示范装置进入运行阶段；兰州碳离子治疗系统示范装置基本完成安装，准备调试、检测；福建、浙江、湖北等地已相继启动碳离子治疗系统项目。近代物理所在积极新建碳离子治疗系统的同时，不断在进行超导旋转机架、加速器小型化、治疗新技术、图像引导自动摆位验证系统、重离子治疗大数据和人工智能等新技术研发。碳离子治疗系统产业在中国的发展必将带动高端医疗产业、高端装备制造业、运行维护服务业和精准数字治疗等产业的提升和发展，带来良好的经济和社会效益。

B.34
我国医疗器械产业园现状与综合实力评估

王国梁 刘辉 骆毅*

摘 要： 产业园是为适应中国市场经济发展而兴起的新兴市场竞争主体，是地方经济发展的主要承载平台。本文按照产业集聚的发生逻辑，对比分析了制造基地型集聚中心、围绕龙头企业形成的产业链集聚中心、产业高地型企业集聚中心、产业承接集聚模式、政策推动型的产业聚集模式，指出需要从经济发展、公共服务、社会发展、产业合作和创新发展五个大的维度来评估产业园综合实力。"经济发展"权重突出标志着产业园尚处于"初始培育阶段"，"公共服务"权重突出标志着产业园处于"快速成长阶段"，"社会发展"和"产业合作"权重突出标志着产业园处于"稳定发展阶段"，"创新发展"权重突出标志着产业园已经处于"创新升级阶段"，最后再通过地方政府产业园政策对产业链的覆盖度来研判产业园综合实力。

关键词： 产业园 医疗器械 产业集聚

近年来，医疗器械产业园发展方兴未艾，从国家到各省市，甚至部分县区都在兴建医疗器械产业园。医疗器械产业园对推动我国医疗器械行业的发展起到了巨大的作用，但是质量参差不齐、重复建设的现状也令人担忧。本文试图

---

* 王国梁，国药集团融资租赁有限公司总裁；刘辉，博士，国药集团医疗器械研究院副院长；骆毅，博士，国健（北京）资本管理有限公司副总裁。

从分析不同类型产业园的发生、成长逻辑入手，探究"产业园生态"的发展规律，从而为相关人士把握产业园模式乃至医疗器械行业的长期发展趋势提供有益的参考。

一 医疗器械产业园现状

（一）医疗器械行业的发展与产业园模式

伴随着医疗器械领域产业规模的扩大、产业发展水平和运营质量的提升，大量医疗器械产业园如雨后春笋般出现在全国各地。到2019年底，据不完全统计，全国各级以"医疗器械产业"为核心或主要内容的产业园已超过100家。这种产业集聚的发展态势，引起了产业界、政府部门和投资界的极大关注。

（二）医疗器械产业园类型对比

根据产业集聚的发生逻辑，可以将医疗器械产业园大致划分为以下几种类型。

1. 制造基地型集聚中心

我国医疗器械产业最早是依托劳动力和资源的比较优势，从劳动密集型的加工产业环节率先发展起来的。经过近30年的发展，一大批民营企业在竞争中崛起，自然形成细分领域的产业集聚，进而发展成全国乃至世界级的制造基地，出现了以浙江桐庐县的内窥镜产业、河南长垣县的医疗耗材产业、江西进贤输注器械类产业等为代表的特色医疗产业集群。比如，浙江省桐庐县目前已是全国最大的硬管内窥镜生产基地，发展势头迅猛；河南省长垣县辖区内共有医疗器械经营企业1218家，敷料类产品占全国市场份额在70%左右。

2. 围绕龙头企业形成的产业链集聚中心

医疗器械行业门类众多，通过长期竞争，细分领域的龙头企业纷纷脱颖而出。它们掌握了品牌、技术、渠道等产业链关键环节，对本行业形成了强大的影响力，围绕这些龙头企业，上中下游企业自然集聚，形成了一种产业园生态系统。比如，江苏鱼跃集团是中国最大的医疗设备和解决方案提供企业之一，从水银血压计到电子血压计，从传统渠道到智能物联，其业务领域涉及大型医学影像装备、家用医疗器械、医用手术器械及高分子高值耗材四大领域。2020年其投资50亿元、占地1000亩的"鱼跃生命科学产业园"将投入使用。其中新建厂房、仓库等建筑面积约40万平方米，建设有医用家电、康复护理、数字影像、植入耗材等医疗设备、高值耗材产品生产线。该产业园不仅是鱼跃自身的生产基地，同时也为众多上下游企业提供了集研发、生产、销售、物流服务于一体的公用平台。近距离的地理集聚，使得合作伙伴能够完成紧密、高效的协作，使得产业链运作更为顺畅、成本更低，也给了鱼跃随着产品线扩张不断整合合作伙伴的机会。

通过对2015~2020年上市公司公告信息的检索统计，我们发现已有迈瑞医疗、华大基因、东软集团、广药集团等至少15家企业主导实施了医疗器械产业园投资计划。

3. 产业高地型企业集聚中心

北京、上海、广州、武汉、成都等一、二线城市，是中国顶尖医学科研机构荟萃之地，一流医疗服务机构分布较为密集。雄厚的技术实力、海量的人才资源、标杆市场的示范作用，使这些城市成为国际先进的医学科技产品与中国市场接轨的交会点、国际医疗器械巨头落子中国的首选之地。经过二三十年的交流与竞争，中国与世界领先水平的差距不断缩小，集中体现在这些城市中成长起一批以自主创新为核心实力的研发驱动型企业，形成了中国医疗器械的"产业发展高地"。

上海张江现代医疗器械产业园就是这类核心企业集聚的典型。该园区成立于2006年，是国内最早的医疗器械产业专业园区之一。园区2007年开始入驻企业，到2011年底，已有近百家从事医疗设备、生物芯片、生物材料、生物试剂等生物医疗器械生产的企业，工业总产值近45亿元。与上海张江产业园类似，北京中关村医疗高端医疗器械产业园、武汉光谷生物医药产业园都是基于区域经济核心、区域医疗中心的资源优势发展起来的"产业高地型企业集聚中心"。

4. 产业承接集聚模式

随着经济增长和产业逐步成熟，率先发展的"产业高地"将面临土地、人力资源成本、环境约束等多方面的限制，失去比较优势，加工制造、物流、销售等产业链环节不可避免地需要向外转移。

上海张江现代医疗器械产业园从运营第5年开始，随着园区企业规模扩张和产能升级，不少企业面临着研发以及产业用房不足的情况。这不仅推动了张江医疗器械产业基地（东区）面积约4平方公里的扩容开发，同时产业链的外溢还为同在浦东的上海国际医学园区创造了发展契机。到2019年上海国际医学园区已入驻200多家医疗器械企业，工业产值已经占到上海市医疗器械行业总产值的20%，产品线覆盖综合性医院所需医疗设备的85%以上。

从更大的视野观察，江苏医疗器械科技产业园、宁波医疗器械产业园、湖南湘潭经开区医疗器械产业园，都是基于交通、土地成本、人力资源和制造业基础等优势，成为沪宁产业高地外溢承接的受益者。

5. 政策推动型的产业聚集模式

近几年国务院医改办、国家药监局等政府主管部门发布多项文件，规范医疗器械生产、流通环节秩序。自2016年开始，四川省成都市，重庆市，山西省太原市，陕西省西安市，甘肃省兰州市等地方政府为适应本区域医疗器械行业发展的地域性规律和特点，加强集中监管，纷纷推动建设以医疗器械经营、仓储和物流配送为主要业态的医疗器械产业园，并逐步吸纳研发、生产性医疗器械企业，在大力发展医药现代物流的同时，建设国内外医疗新技术的科技成果转化平台和产业转移承接平台，打造高标准的综合性产业园。典型案例，如重庆市政府引导支持的两江新区水土医疗器械产业基地，规划用地3平方公里，重点围绕医用生物材料及植（介）入产品、智能医疗器械、精准医学、数字医疗及健康医疗服务等领域构建医疗器械产业集群，引进医疗器械企业1000家，年总产值1000亿元，税收50亿元。

二 医疗器械产业园综合实力评估

（一）医疗器械产业链分析

医疗器械属于生物医药产业细分领域之一，其产业链分为上游：技术研究、产品研发和产品注册；中游：合同委托制造、产品中试和大规模生产；中下游：学术推广和供应链服务；下游：医疗服务、医疗培训和医工服务。依据产业链的不同产业园形态大致分为：科技产业园、工业制造园、总部结算中心、医疗商城和医养园等。研判产业园形态是产业园综合实力评估的第一步工作（见图1）。

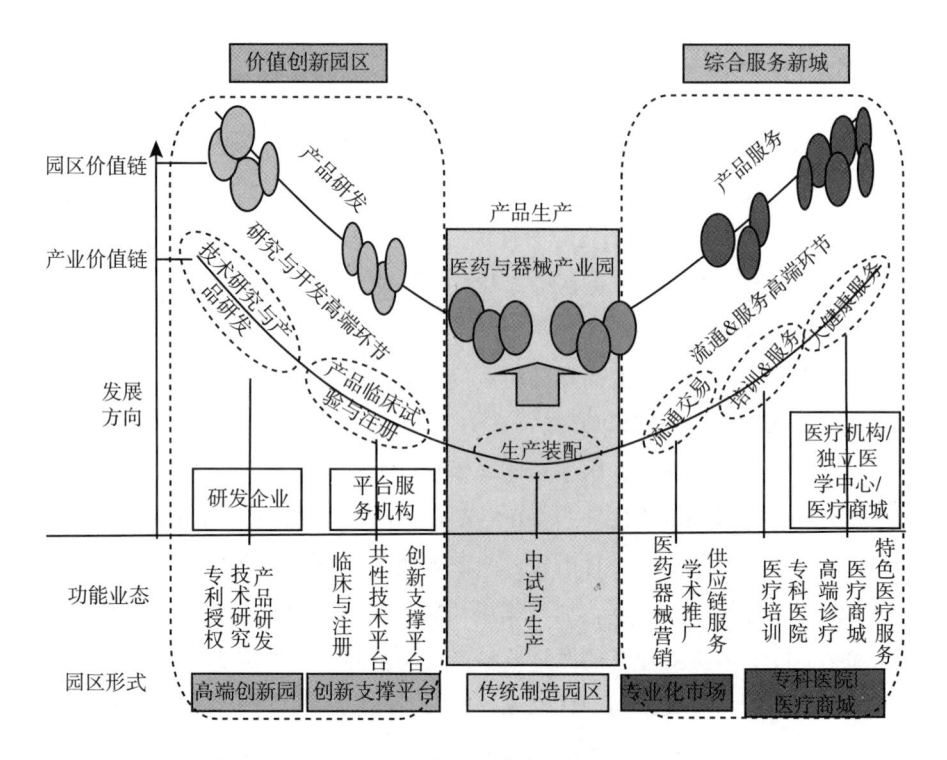

图1 生物医药产业链

（二）衡量产业园发展关键指标

判断产业园在产业链中所处位置和产业园形态是评估医疗器械产业园综合实力的首要工作，国药集团医疗器械研究院在历经全国多个产业园医疗器械板块规划与设计的项目实施后，从欧美日医疗器械发达国家和地区的历史数据中总结发现，应从政治、经济、社会和科技多个维度衡量与评估医疗器械产业发展水平，并结合中国产业园发展的实际情况建立了五维度二级指标的综合评估体系。

作为地方政府的新型经济体，产业园承载着经济发展和社会发展等多重职责，对产业园综合实力评估需要从经济发展、公共服务、社会发展、产业合作和创新发展五个大的维度进行考量。

每个一级指标都包含着五个二级评估指标，通过对一、二级评估指标得分进行加权统计形成雷达图，可以直观地体现产业园综合实力。

我国医疗器械产业园现状与综合实力评估

表1 衡量产业园发展关键指标体系

NO.	一级指标	二级指标
1	经济发展	基础建设、土地利用、实际利用外资、进出口与国际化、上缴税收
2	公共服务	现代化服务、金融支持、高端研发机构、物流与供应链服务、知识产权服务
3	社会发展	管理机制、人才队伍建设、园区生态、创新创业氛围、社会保障与就业政策
4	产业合作	产业集聚、结构优化、区域合作与协调、园内融合、公共平台建设
5	创新发展	基础研究、高新技术产业化、核心技术、创新投入、创新合作相关政策

利用产业园关键性衡量指标制作出雷达图是研判医疗器械产业园综合实力的第二步工作。

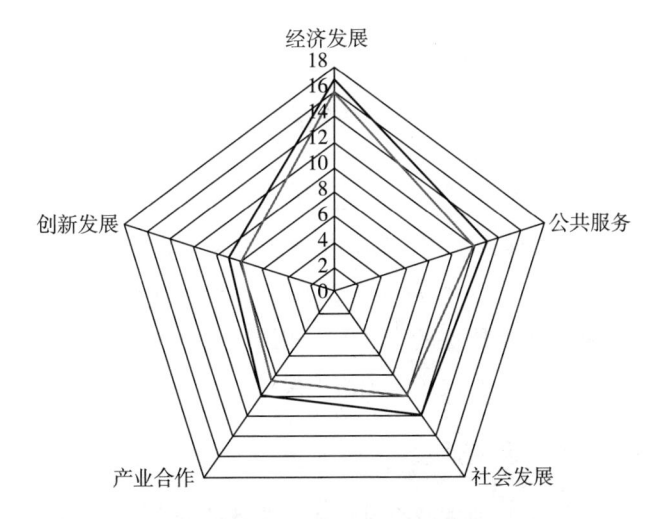

图2 衡量产业园发展关键指标雷达图

（三）产业园所处发展阶段评估

根据产业园雷达图基本可以判断产业园所处发展阶段，"经济发展"权重突出标志着产业园尚处于"初始培育阶段"；"公共服务"权重突出标志着产业园处于"快速成长阶段"；"社会发展"和"产业合作"权重突出标志着产业园处于"稳定发展阶段"；"创新发展"权重突出标志着产业园已经处于"创新升级阶段"（见图3）。

产业园所处的发展阶段不同所需要的核心要素也不同，在"初始培育阶

医疗器械蓝皮书

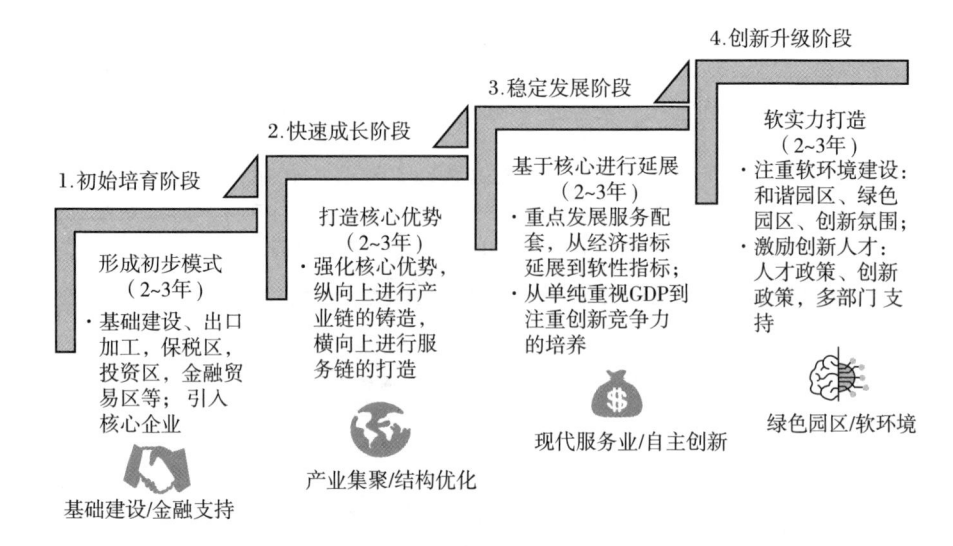

图3 产业园发展阶段划分

段"产业园继续投入大量资金,因此基础建设和对外融资是关键要素;在"快速发展阶段"产业园需要依托核心企业进行集聚,快速发展后再进行结构优化;在"稳定发展阶段"产业园需要重点打造产业服务链,提供人才链、资金链和专业化服务等高层次配套;在"创新升级阶段"产业园侧重于绿色环境和软环境打造,激励高层次人才落地发展。

(四)产业园政策覆盖度

在我国产业园政策是地方政府科技体制改革的缩影,从产业链的纵向上可以将产业园政策进行分解,从而得出地方政府产业园政策对产业链的覆盖度。一般而言政策落在产业链首尾端(研发与服务)说明地方政府重视长期软实力发展,集中在产业链中段说明地方政府重视工业和经济短期硬实力发展(见图4)。

就医疗器械板块而言,涉及委办局政策频次高的有:经信委、卫健委、市场监管局和科技局等,涉及委办局政策频次比较高的有:医保局、发改委、商务委和知识产权局等;从某种程度上讲,地方政府科技体制改革力度就是医疗器械产业园综合实力的重要体现。这是研判医疗器械产业园综合实力的第三步工作。

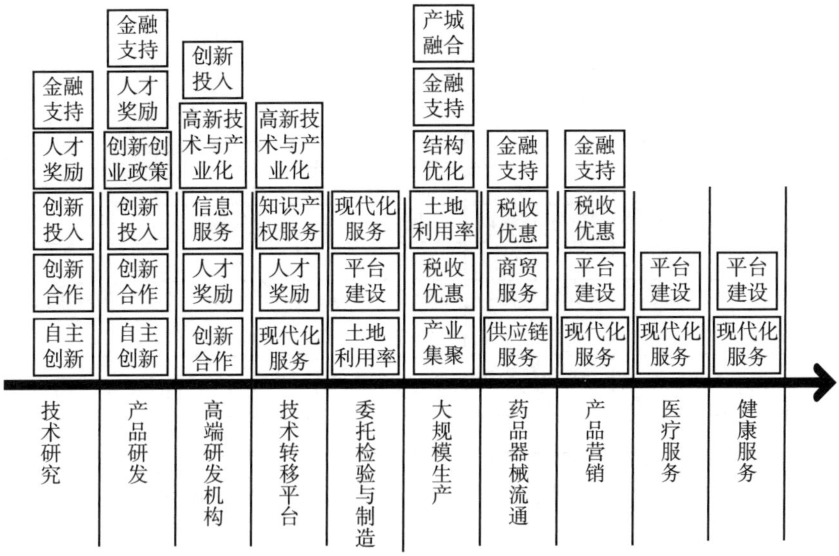

我国医疗器械产业园现状与综合实力评估

图4 产业园政策覆盖度评估

三 医疗器械产业园评估分析案例

案例1：浙江省2018年科技创新50条中的生物医药产业政策重心主要在五项关键指标中的后三项，浙江省对于生物医药产业发展的策略已经从只关注经济发展指标的早期阶段，演进到了侧重产业园社会发展指标和研发创新指标的稳定发展阶段，其发展重心应该是打造产业服务链，提供人才链、资金链和专业化服务等高层次配套，如图5所示。

案例2：重庆市环重医创新生态圈项目地处重庆市核心区域，在全市生物医药产业发展的规划布局中发挥拥有医科大学、高等级医疗机构和生物医药产业基金等优势，其政策重心主要匹配五项关键指标中的两项，可以看出环重医创新生态圈产业园处于侧重公共服务和社会发展的快速成长阶段，其发展重心应该是依托核心企业进行集聚，快速发展后再进行产业结构的优化（见图6）。

案例3：波士顿剑桥生物城有全球排名前20的制药公司扎根；超过100家创新型制药公司集中在此；拥有世界顶级大学和研究中心：麻省理工学院、哈

313

NO.	一级指标	二级指标					
1	经济发展	基础建设	土地利用	实际利用外资	进出口与国际化	上缴税收	1
2	公共服务	现代化服务	金融支持	高端研发机构	物流与供应链服务	知识产权服务	9
		1	1	4		3	
3	社会发展	管理机制	人才队伍建设	园区生态	创新创业氛围	社会保障与就业	12
		10			1		
4	产业合作	产业集聚	结构优化	区域合作与协调	园内融合	公共平台建设	9
				7		2	
5	创新发展	基础研究	高新技术与产业化	核心技术掌握	创新投入	创新合作	19
		1	4	2	7	5	

图 5　产业园发展维度评估：浙江省科技创新 50 条

注：每项设置 0~10 分值，通过打分得到相应数值。

NO.	一级指标	二级指标					
1	经济发展	基础建设	土地/楼宇利用	实际利用外资	进出口与国际化	上缴税收	7
			4			3	
2	公共服务	现代化服务	金融支持	高端研发机构	物流与供应链服务	知识产权服务	14
		6	6	1		1	
3	社会发展	管理机制	人才队伍建设	园区生态	创新创业氛围	社会保障与就业	18
		5				6	
4	产业合作	产业集聚	结构优化	区域合作与协调	园内融合	公共平台建设	0
5	创新发展	基础研究	高新技术与产业化	核心技术掌握	创新投入	创新合作	9
		1	1	2	5		

图 6　产业园发展维度评估：重庆市环重医创新生态圈

注：每项设置 0~10 分值，通过打分得到相应数值。

佛大学、怀特黑德研究所、塔夫茨大学、波士顿大学等；拥有世界顶级医疗资源：麻省总医院、哈佛医学院、波士顿儿童医院等；全球最活跃的生物技术领域风险投资公司 14 家中的 4 家位于此。

01 打造完整开放的产业价值链	02 给予优惠政策，并稳定透明
协调资源与医学院开展深入合作，充分发挥本地医学院和大学作用，打造支撑生物医药（医疗器械）公司研发所需临床试验与评价中心、医学转化中心、技术转移中心、动物试验中心、共性技术平台、药物超算中心等公共服务平台	深入学习和借鉴全球生物医药产业各方面产业政策、人才政策、奖励政策等，多维度进行扶持；同时确保政策发布后的长期稳定，重招商更重落地，重承诺更重兑现。打造好政府招牌，筑巢引凤

03 吸引多样性人才且相互关联	04 多种融资渠道，确保充足资金	05 板块结构更加丰富互补
对人才政策进行科学化和系统化的设计，从知识产权保护、技术转移机制、知识产权融资、高水准临床试验条件等多维度进行政策设计和落实，吸引全球多样性的生物医药人才聚集	通过多种途径进行融资，确保生物医药产业各个环节都能够有充裕的资金，引入多种形态基金和投资机构进行合作，确保有长期稳定的现金流支撑发展	生物制药板块需要引入抗体药物、重组蛋白质药物、疫苗、核酸药物和细胞治疗产品；化药板块引入化学新药、高端制剂、化学仿制药、临床短缺药物等方面产品；医疗器械板块着重发展高端数字化等；信息化板块着重发展人工智能、大数据、远程医疗等

图7　产业园发展维度评估：波士顿剑桥生物城

剑桥生物城具备金融资本、产业集聚、公共服务、丰富人才和优良政策等关键要素，已经发展到侧重产业合作和研发创新的创新升级阶段，其发展重心是绿色环境和软环境打造，激励高层次人才落地发展。剑桥生物城正是依托此发展策略，具备长期发展的软实力，成为世界顶级的生物医药产业园。

B.35 多模式一体化放疗设备的发展现状与展望

张福泉 赵丽娜 李俊耀 昝鹏[*]

摘 要： 肿瘤是威胁人类健康的主要公共卫生问题之一，防控形势严峻。放疗作为肿瘤治疗三大主要手段之一，其地位近年来不断提升。以精确放疗为主的多手段联合治疗已成为肿瘤治疗的热门研究方向。大量临床研究表明多模式联合放疗效果优于单治疗模式，这对放疗设备提出了新的要求。多模式一体化放疗设备有望缩短治疗周期，提高治疗效率，提高肿瘤治愈率，缓解肿瘤治疗形势，具有极大的临床意义。西安大医集团已经研发完成全球首台多模式一体化放疗设备，实现了γ源－X源同机一体化结构，可同机实现多模式治疗。这一类产品适用用户群体大，产业市场前景广阔，预计未来将有更多的放疗设备厂商进入这一新兴领域。

关键词： 肿瘤治疗 放疗设备 多模式一体化

近年来，肿瘤治疗的手段日益多样化，治疗设备不断推陈出新。多模式一体化放疗设备就是一种新出现的肿瘤放疗设备。本文结合现有公开数据及文献资料，对多模式一体化放疗设备的由来、发展现状和前景等进行了探讨。

---

[*] 张福泉，教授，博士生导师，中国医学科学院北京协和医院放疗科主任，主任医师；赵丽娜，博士，副教授，空军军医大学第一附属医院放疗科主任，副主任医师；李俊耀，西安大医集团股份有限公司基础研究专员；昝鹏，西安大医集团股份有限公司产品临床总监。

一 肿瘤及其治疗现状

（一）肿瘤是威胁人类健康的主要公共卫生问题之一

全世界每年新增肿瘤病例约1820万，肿瘤死亡病例约960万[1]。我国每年新增肿瘤病例约393万，平均每天超过1万人被确诊；每年肿瘤死亡病例约234万，占居民全部死因的近24%。十多年来，我国肿瘤发病率每年保持约3.9%的增幅，死亡率每年保持约2.5%的增幅，相关医疗花费每年超过2200亿元，肿瘤防控形势非常严峻[2]。

（二）放疗在肿瘤治疗中的地位越来越重要

放疗是目前肿瘤治疗三大主要手段之一，约有70%的肿瘤患者在治疗的不同阶段需要用到放疗。近年来随着肿瘤早期筛查的逐步普及，早中期患者占比不断增加，适用放疗（尤其是立体定向放疗）的患者也随之增加。与此同时，因为肿瘤个性化差异的存在，以及患者对治疗后生存质量预期的提高，肿瘤多学科会诊模式受到欢迎，以精确放疗为主的多手段联合治疗方案越来越多地见于临床。随着精确放疗技术的进步，放疗对肿瘤治愈率的贡献不断提升（见图1）。

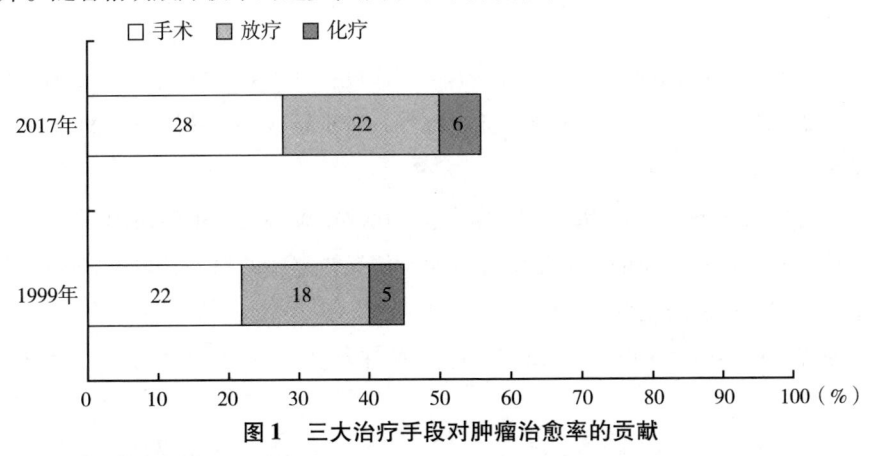

图1 三大治疗手段对肿瘤治愈率的贡献

资料来源：世界卫生组织：*World Cancer Report*。

---

[1] 数据来源：Global Cancer Statistics 2018。
[2] 数据来源：国家癌症中心2019年全国癌症统计报告。

（三）多模式联合放疗临床效果优于单治疗模式

为了进一步提升放疗效果，国内外许多医疗机构和人员都在进行不同放疗手段相结合的临床研究，如外照射和术中放疗联合、内外照射联合、加速器和伽玛刀联合等，结果普遍表明，联合放疗可取得优于单治疗模式的临床效果。特别是随着立体定向放疗技术的广泛应用，加速器和伽玛刀联合治疗的临床研究越来越多，包括对脑转移瘤、鼻咽癌、食管癌等肿瘤病症的治疗，结果显示联合治疗可提高肿瘤局部控制率，延长平均生存时间，并且可以缩短治疗时间，降低放射副反应[1][2]。

二 多模式一体化放疗设备的研究意义

长期以来，联合放疗的临床应用研究都是使用不同设备分机治疗，存在误差大、效率低的缺点，临床需要更适用的放疗设备来支持多模式联合放疗，因此有研究人员提出了多模式一体化放疗设备的概念。

多模式一体化放疗设备，顾名思义，是将多种治疗模式的设备或部件进行一体化集成的放疗设备，其整体设计架构和治疗方案架构均与当前主流放疗设备有明显区别。

一是同机一体化结构。多模式一体化放疗设备最主要的特点是，在有限的空间内集成支持不同放疗模式的设备或部件，有机结合多种不同类型的放射治疗系统。

二是同机实现多模式治疗。多模式一体化放疗设备可以单独使用任一种其所支持的模式进行相应的适应证治疗，而对情况较复杂的患者，也可以同时使用不同模式进行联合治疗。

研究多模式一体化放疗设备具有极大的临床意义，具体体现在以下三方面。

---

[1] Valenciaga Y., Chang J., Schulder M., "Evaluating the Use of Combined Gamma Knife/Linac Stereotactic Radiosurgery Treatments in Patients with 10 or More Brain Metastases", *International Journal of Radiation Oncology·Biology·Physics*, 2018；102（3）：e520.

[2] 李宏斌、彭海波、李迎春：《食管癌伽玛刀后程治疗127例的近期疗效观察》，《现代临床医学》2007年第6期。

一是提高肿瘤治愈率。多模式一体化放疗设备作为一种高度创新产品，其同机实现多模式治疗的独特创新优势，将为肿瘤治愈率的提高提供有力的支撑。

二是缩短治疗周期，提高治疗效率。多模式一体化设备可同机实现对肿瘤原发灶和转移灶的不同模式治疗，或者对肿瘤整体和中心区的不同模式治疗。从前需要接受30~40次常规分次放疗的患者，现在可能只需要5次左右多模式联合治疗即可完成，治疗效率将显著提高，治疗周期将大大缩短。

三是提高放疗普及率，缓解肿瘤治疗形势。高质量、高稳定性、临床效果与现有顶级放疗设备相媲美的多模式一体化放疗设备，将有力冲击现有放疗市场格局，放疗设备价格以及相关联的治疗费用有望整体下降，放疗设备的配置覆盖率会大幅增加。更多的肿瘤患者可以及时得到有效的治疗，肿瘤治疗的形势有望得到有效缓解。

三 首台多模式一体化放疗设备研发和上市情况

（一）研发情况

西安大医集团是全球范围内第一家真正投入研发多模式一体化放疗设备的放疗设备厂商，并于2016年获得国家"十三五"重点研发计划"数字诊疗装备研发"重点专项（2016~2020）项目——"多模式引导立体定向与旋转调强一体化放射治疗系统"（简称TaiChi项目），2017年完成原理样机制作，2019年项目核心交付物——首台多模式一体化放疗设备TaiChi产品样机通过NMPA和FDA的型检，目前正在进入北京协和医院、北京大学第三附属医院、空军军医大学西京医院、美国FoxChase癌症中心等国内外医疗机构开展临床研究与临床试验。

（二）技术特点

1. γ源-X源同机一体化结构

TaiChi产品在空间布局、机械、控制系统以及安全性和可靠性等方面进行

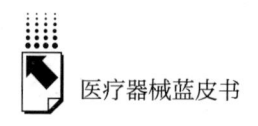

了创新设计，在有限空间内集成了γ-射线治疗头和X-射线治疗头，有机结合了可实现立体定向放疗的旋转伽马刀系统和可实现旋转调强放疗的加速器系统。

2. 影像引导和剂量引导双重保障

TaiChi产品同时配套了基于kV级影像平板的影像引导系统和基于EPID的剂量引导系统，以保证精准的治疗定位和精确的治疗剂量投放。

3. 高精度连续旋转滑环机架承载

两套治疗系统和两套引导系统均搭载在一个等中心精度达0.15mm的滑环机架上，运动精度高，长期稳定性好。

4. 导轨式非共面照射

TaiChi产品治疗头采用独创的导轨式摆动结构实现非共面照射，相比已有的CT式和C型臂加速器，治疗空间不会受到挤压，也不需要移动患者（见图2）。

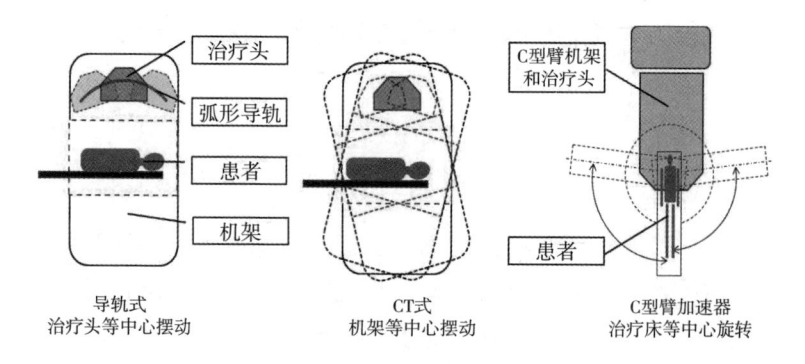

图2 非共面照射对比示意

5. 多模式融合TPS

TaiChi产品配套了目前全球首个支持多模式融合治疗的全自动自适应TPS，以高速GPU和蒙卡算法为内核，可最大限度地挖掘多模式引导立体定向与旋转调强一体化放射治疗系统的潜能，充分发挥γ-X双源同机一体化的优势。

6. 同机实现多模式治疗

TaiChi产品可以单独用加速器治疗头完成对大肿瘤的常规分次治疗，也可以单独用伽马刀治疗头完成对小肿瘤的立体定向治疗。情况较复杂的患者，在对原发灶进行旋转调强常规治疗的同时，可对转移瘤或远端病灶进行立体定向治疗；或对大肿瘤进行旋转调强常规治疗的同时，对肿瘤细胞密集区和乏氧区进行立体定向治疗以增强剂量。

四 前景展望

对高端研究型医疗机构而言，多模式一体化放疗设备的创新特性意味着更高的研究价值；对以中端治疗为主的医疗机构而言，多模式一体化放疗设备可以有效提升治疗效率，提高病人周转率；对基层医院而言，一台二合一的设备可以节省一个机房，配套的检测设备、人员配备和培训投入等都可以节省一半，可以明显降低成本。

多模式一体化放疗设备属于新兴设备，发展潜力巨大。根据西安大医集团的初步调查测算，3~5年内TaiChi产品预计市场增量约每年20台，国内外市场全面打开后，预计可达到平均每年70台的市场增量，产业市场前景广阔。可以预见，未来将有更多的放疗设备厂商进入这一新兴领域。

B.36
医疗器械CDMO新业态下第三方机构的参与机制分析

董斌哲*

摘　要： 在现行医疗器械监管制度下，医疗器械生产企业在申请产品上市时需要事先具备完善的质量管理体系。医疗器械注册人制度允许技术持有与生产资源分离，有望改变当前这种状况以及医疗器械产业的发展模式。本文分析了医疗器械初创企业面临的政策机遇和挑战。医疗器械注册人制度下，CDMO平台可以提前对企业进行辅导。无论是初创型企业还是成熟型企业的新项目，在产品的立项初期，平台都可先对其进行综合会诊，预判各个环节可能出现的问题，以规避风险和建立预案。企业将不再需要重资产投入，而是可以直接使用平台的成熟体系，从而节约资金成本。平台也可以在各个环节为企业提供不同的服务内容，实现对产品的全生命周期合规管控。

关键词： 注册人制度　CDMO　第三方服务　质量管理体系

长期以来，我国医疗器械研发和生产的创新一直受到制度的制约。为了促进产业由大到强、实现自主创新和高端医疗器械产品的国产化，国务院发布了《中国制造2025》，将医疗器械创新发展上升为国家战略。中共中央办公厅、国务院办公厅2017年10月发布的《关于深化审评审批制度改革鼓励药品医疗

---

* 董斌哲，迈迪思创（北京）科技发展有限公司董事长。

器械创新的意见》提出"允许医疗器械研发机构和科研人员申请医疗器械上市许可",在这一思想指导下,医疗器械注册人制度至今已经推广到21个省市。医疗器械注册人制度推动形成了新的监管思路,使得自有质量管理体系不再是医疗器械企业获得产品注册证的必要条件。在医疗器械注册人制度下,企业只要拥有技术,就可以将技术进行验证、转化、商业化,研发、生产都将可以实现委托外包。

一 初创型企业面临的挑战及政策机遇

首先,在医疗器械注册人制度实施之前,从事第二类、第三类医疗器械生产活动的企业应当向其所在地的省、自治区、直辖市人民政府药品监督管理部门申请生产许可并提交其符合规定条件的证明资料以及所生产医疗器械的注册证[1]。这一规定意味着建立医疗器械质量管理体系是企业发展的必要条件。医疗器械质量管理体系的建立,并非朝夕之功。建设成熟的质量管理体系的费用少则几十万元,多则几百万元,再加上三年五载的时间投入,稍有不慎,就可能前功尽弃。因此,这一高回报的领域也因其高风险让许多创业者望而却步。

对初创型企业而言创业之路艰辛漫长,而取证多年的成熟生产企业也不能掉以轻心,因为它们如要申请新的项目,相应的工作也需要重复执行一遍。在有限的条件下,新旧项目要并行不悖地运行质量管理体系,无疑对企业经营者和质量管理者都形成了挑战,稍有不慎,就可能会出现资源分配不均、项目执行混乱的情况。

其次,在诸多项目因为缺乏资金和条件难以启动的同时,大量医疗器械产业园区却存在着厂房、硬件设施等资源闲置的现象。这说明地方政府或园区谋划医疗器械产业发展的良好初衷并未实现。各地大量兴建的医疗器械生产园区,部分没有考虑具体项目实施计划而匆忙建立的场所和设施,很多不能与企业现实需求相匹配,即使是企业"削足适履"地调整需求入驻,也会因二次改造形成装修成本高企,工艺流程更改甚至再次搬迁的局面,造成了各种资源的浪费。

---

[1] 《医疗器械监督管理条例》(国务院令第650号)。

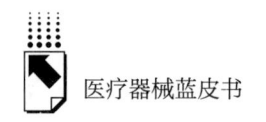

目前，我国已成为全球第二大医疗市场，医药产业由仿制向创新转变，药品上市许可人制度促进了国内医药CDMO行业的快速发展。根据康龙化成招股书统计数据，2014~2018年，我国CDMO的全球市场占有率分别为6.2%、6.7%、7.5%、8.4%、9.0%，呈现稳步上升状态。按照国家药监局南方医药经济研究所统计及预测，2017~2021年我国CMO/CDMO的市场规模从314亿元增加至约626亿元，2017~2021年的年均复合增长率约为18.32%。[①]

在药品领域，在上市许可持有人制度下诞生了以药明康德、康龙化成等为代表的一批具有国际竞争力的第三方服务机构。它们在为股东、客户、社会创造价值的同时，也为我国医药产业的发展做出了卓越的贡献。目前，医疗器械领域面临同样的机遇。CDMO可以为医疗器械行业提供创新产品生产时所需的研发辅导、工艺流程研发优化、检测/验证方法研究、小试中试、技术转移、临床验证、注册申报等服务，并可通过临床试生产、商业化生产的供应模式深度对接企业的研发、采购、生产等整个供应链体系，以附加值较高的技术输出取代单纯的产能输出。

影响医药器械行业CDMO发展的因素包括：①以园区管理者为主要代表的地方政府；②已有的医疗器械生产企业；③以科研院所专家或临床医生为代表的技术型创业者；④资本市场的投资者；⑤境外医疗器械生产商；⑥第三方出现的研发服务和生产制造（CDMO）机构。在医疗器械注册人制度的影响下，CDMO业务模式发展蔚然成风。

二　医疗器械CDMO的发展优势

在既往的业务模式下，自建生产场所和体系的企业在研发前期，极少有意识会引入研发辅导，引入合规辅导的更是寥寥可数。企业在重资产投入而又近乎闭门造车的情况下研发定型产品，具有极大的风险。在产品检测、临床试验、注册申报等环节，因为产品的研发设计不能达到注册审批的要求，而出现整改甚至调整研发思路、更换供应商的现象也屡见不鲜。常见的问题主要有：

---

① 陈竹、田加强：《走近CDMO｜MAH制度推动国内CDMO行业进入收获期》，《中国医药报》2020年4月7日。

①产品检测达不到设计要求;②漏引技术标准,导致产品性能缺项;③产品的安全性、有效性不能达到临床预期;④已确定的产品研发、生产工艺在商业化制造阶段成本过高;⑤质量管理体系核查中出现各种时间矛盾、逻辑混乱等情形。在质量管理体系运行过程中,研发文档、制作工艺流程、元器件、原材料、供应商等任何一个环节的修改和调整,都将牵一发而动全身,轻则伤筋动骨,重则前功尽弃。

医疗器械注册人制度下,CDMO 平台几乎可以完美地解决以上各种问题,平台可以提前对企业进行辅导,无论是初创型企业还是成熟型企业的新项目,在产品的立项初期,平台都可先对其进行综合会诊,预判各个环节可能出现的问题,以规避风险和建立预案。企业也将不再需要重资产投入,而是可以直接使用平台的成熟体系,从而节约资金成本。平台也可以在各个环节为企业提供不同的服务内容,实现对产品的全生命周期合规管控。

CDMO 服务平台在新的生态下主要从以下几个方面发挥作用和创造价值。

一是与园区深度融合,对于已经具备的物理空间、硬件设施进行精细化集约化管理,因地因时制宜,合理分析可以承载的项目,制定科学的项目吸引和扶持计划。共建研发、生产转化平台,实现价值最大化。

二是对于初创型企业,可以将研发选型、原材料/元器件筛选、样品生产、工艺改进、供应商管理、生产管理、质量检验、生产放行等环节均置于平台上进行,企业在该过程中与平台紧密配合,做到各司其职、各尽所能、权利明晰、责任明确。已有成熟质量管理体系的企业,可以将新的项目完全放置于平台,从而做到与原有项目互不影响,降低干扰,待新项目的路径完全打通后,再通过增加生产地址或项目回收等方式将其纳入已有体系。

三是投资者可以将拟投医疗器械企业或项目介绍至平台,平台也可以提供相对独立的有偿服务,对项目从立项初期到产生财务回报需要的资金、时间进行科学分析,帮助投资者做出更为客观的判断。同时,平台也可以将自身服务的优质项目推荐给投资者。

四是科研人员的创业也将蔚然成风,在不需要自建生产体系的条件下,科研人员将告别传统的回报率较低的创业方式,而可以直接选择与平台深度合作,待实现成熟的产品后或选择继续融资,或扩大生产规模,或将注册证书与技术一起打包转让等。

五是已经获批的境外医疗器械可以按照医疗器械注册人制度申请国产化，这无疑是大量饱受医疗器械采购进口替代、两票制困扰的境外生产企业的福音。他们可以在轻资产投入方式下，快速取得产品注册证书，待获得市场回报后再论证是否启动中国地区的研发和生产制造。

三 第三方机构对CDMO业务的参与

以诊断试剂产品线作为实践载体，我们对医疗器械CDMO新业态下第三方机构的参与机制进行以下实践探讨。

（一）产品研制阶段

注册人将无须再为重资产的硬件投入花费精力与资源，CDMO平台建有专业的符合GMP要求的标准研发与生产车间，配备有专业的质量体系管理人员，可以为注册人规划和解决研发周期中的设备采购、校准，耗材准备等问题，同时为诊断试剂的研发和生产配备高标准的通用与专用实验室，可以满足常规理化试验、稳定性试验、有效期加速试验等所有常见试验需求。平台可结合具体技术对生产工艺、供应链、注册申报、产品质量管理体系等诸多环节进行分析评估，还可直接对诊断试剂的标准品溯源、供应商选择、检验方法确认等提供先期法规调研和辅导，避免研发过程、技术选择与法规的冲突，提高产品检测与临床阶段的成功率。

（二）产品样品生产阶段

诊断试剂在研发定型后，将会导入生产场所，对产品进行逐级生产放大。在生产放大的过程中，也需要依据法规生产出用于诊断试剂型检验和临床验证的样品。

在这一过程中，产品会导入CDMO平台的生产场地，依次经历产品技术确认、生产技术转化、工艺布置、工艺确认、小样试制、中试、型式检验与临床评价，最终完成产品的定型。在此过程中，平台将提供完善的检验人员、生产人员、质量管理人员团队，以及检验设备、生产设备、生产场地、仓库、检验室等，全程负责产品的生产技术转化、逐级放大、样品生产、样品检验、质量管理、产品放行，确保产品研发、生产的成功与合规，在达到医疗器械注册人研发设计要求的同时，符合国家法规的监管要求。

（三）产品的批量生产、多点委托

当产品完成研发、生产、检验、临床、注册申报后，即进入上市阶段。根据医疗器械注册人制度的要求，产品注册证的持有人，可以在上市阶段委托一家、多家企业或自行进行生产。

在CDMO平台上完成产品审批的注册人，可以选择继续由平台进行后续生产。这样，注册人无须另行建立生产线与质量管理体系，在不消耗额外时间与资源的情况下，直接进入批量生产阶段，为市场提供产品。同时，也可以选择自行生产或者多点委托，让产品有多个可供选择的生产线。对于脱胎于CDMO平台的产品，生产企业在选择自建产线时，可以直接参考平台原有的质量管理体系，降低试错成本，提高新产线的运行效率。选择多点委托生产时，企业也可以借助平台的辅导服务，对拟投产的产线进行管理改造，做到快速扩产、快速规模化。另外，在注册人制度的护航下，无论何种方式，处于哪个阶段，产品的核心技术要素和知识产权都将受到科学、严格的保护，从而确保注册人的合法权利。

ns in Hot Spot

热 点 篇

Topics in Hot Spot

B.37
对突发事件下我国医疗器械供给
保障制度和机制的探讨

蒋海洪*

摘　要： 在突发公共卫生事件或其他严重威胁公众健康的紧急事件出现时，药品、医疗器械等医疗产品的供给是有效应对紧急事态的重要保障。尽管我国建有医疗器械应急审批程序、优先审批程序及创新医疗器械特别审查程序、临床试验拓展性应用以及附条件审批等多种医疗器械应急管理制度，但由于各种程序都具有定位偏差和局限性，这些程序尚不能完全满足紧急情形下的用械需求。为此，要在紧急情形下保障医疗器械的供给，未来既要完善现行的医疗器械应急审批制度，又要构建新的医疗器械紧急授权使用制度。

---

* 蒋海洪，上海健康医学院医疗产品管理专业（系）主任，上海格联律师事务所名誉高级合伙人，副教授。

对突发事件下我国医疗器械供给保障制度和机制的探讨

关键词： 医疗器械　应急审批　附条件审批　紧急授权使用

2020年在全球暴发蔓延的新冠肺炎疫情，给整个人类命运共同体和国际公共卫生管理提出了严峻的挑战。抗疫所需的医用口罩、医用防护服、病毒检测试剂以及呼吸机等医疗器械供不应求，严重影响了人类战胜疫情的速度和信心。医疗器械的紧缺，也一度成为疫情初期武汉乃至整个湖北省抗击新冠肺炎疫情的痛点。"可及性"是描述公共卫生服务发达程度以及应急供给效率时常用到的概念，如在关于药品医疗器械产品、残疾人福利、养老保险、社会护理等卫生服务机制的研究中，人们常用"可及性"来形容获取这些产品或服务的难易程度。本文拟从我国医疗器械相关法律制度的分析入手，探讨在应对突发公共卫生事件或其他严重威胁公众健康的紧急事件等特殊情形时，如何保障医疗器械供给，并提出完善制度的建议。

一　突发事件下的医疗器械供给保障

"可及"已成为国家制定的健全基本公共服务体系的核心目标。[1] 2019年新实施的《药品管理法》已经将"可及"作为与"安全有效"同等重要的目标写入了第三条。药品可及性入法，实质上反映了药品监管目标从仅强调"安全有效"到"可及与安全有效并重"的转变。日常药物的可及性与知识产权保护、药价机制、消费者支付能力以及供应链等因素均有关系。[2] 但是，关于专利制度对药物可及性的实现到底起了阻碍作用还是推动作用，学界还有比较大的争议。[3] 有学者认为"除专利制度之外，刑事司法审判制度、药品注册

---

① 代佳欣：《可及性的概念、测度及影响因素研究：文献综述》，《学习与实践》2017年第4期。
② 徐兴祥：《论影响药物可及性的因素》，《法治研究》2009年第6期。
③ Guennif Samira, "Is Compulsory Licensing Bad for Public Health? Some Critical Comments on Drug Accessibility in Developing Countries", *Applied Health Economics and Health Policy*, 2017, 15(5): 557–565.

审批制度、医疗保险制度等配套制度均将在解决药物可及性问题上发挥积极作用"①。

在医疗器械的管理中,"安全有效"一直是传统的管理目标。为了实现这一目标,国家构建了以《医疗器械监督管理条例》为核心的医疗器械法规体系。随着人们对健康需求的关注度越来越高,"安全有效"已经不足以反映医疗器械的管理目标。"可用可及"是对"安全有效"的延续和超越。设置管理目标时,除了要考虑日常如何促进人们方便快捷地获取医疗器械,还要考虑在应对突发公共卫生事件以及严重威胁公众健康的紧急事件等紧急情形时,如何促进新产品快速审批上市以及未上市产品的直接授权使用等问题。比如在新冠肺炎疫情这样的突发公共卫生事件中,医用口罩、防护服以及用于病毒检测和疾病确诊的体外诊断试剂盒是应对紧急情形的必备物资,时效性要求非常高,这对医疗器械应急供给形成了巨大的挑战。

二 医疗器械供给保障相关制度

(一)医疗器械应急审批程序

2009年我国发布的《医疗器械应急审批程序》是在吸收2003年"非典"防控经验基础上制定的,主要适用于当前没有同类产品上市的新产品以及尽管已上市但不能满足大规模需求的产品。根据该程序,应对突发公共卫生事件时,国家药监局可按照早期介入、快速审批的原则,对相关医疗器械快速上市实施应急审批。原则上,第二类医疗器械在8日内完成审批,第三类医疗器械在13日内完成审批。应急审批程序的启动及终止由国家药监局根据突发公共卫生事件的情形和发展情况决定。该程序是我国唯一明确适用于突发公共卫生事件应对的审批程序,但审评审批的步骤并没有减少,标准也没有降低,它主要通过压缩各项步骤所花的时间来应对突发公共卫生事件。

---

① 耿文军、吴斌、邓声菊等:《解决药物可及性的组合策略初探》,《中国新药杂志》2017年第21期。

（二）医疗器械优先审批程序

根据 2016 年 10 月发布的《医疗器械优先审批程序》，监管部门可以对符合条件的境内第三类、进口第二类和第三类医疗器械产品实行优先审批。该程序主要适用于罕见病、肿瘤、老年人或儿童特有或多发疾病使用的医疗器械，国内无同品种产品上市的临床急需医疗器械以及列入国家科技重大专项或者国家重点研发计划的医疗器械。对符合规定的，根据申请时间单独排序，优先安排技术审评、注册质量管理体系核查和行政审批。这里的优先审批是相对那些按先后次序排队进行的常规审批而言的，从内容上看，它是通过"插队"单列的方式来加快审评步伐，进而满足罕见病以及特殊人群的用械需求。通过优先审批程序，一些特定种类疾病、老年人或儿童特有或多发疾病所用的医疗器械或列入相关国家科技计划的医疗器械能在一定程度上实现加快审批，但它对紧急情形下实现医疗器械的可及性助益不大。

（三）创新医疗器械特别审查程序

2014 年 3 月发布的《创新医疗器械特别审批程序》主要适用于创新医疗器械的特别审批。该程序经过 2018 年修订后，更新为《创新医疗器械特别审查程序》，对技术国际领先、产品工作原理或作用机理国内首创、完成前期研究且样品定型的创新医疗器械产品开辟"绿色通道"，在要求不降低、程序不减少的前提下，由药监部门早期介入和实地指导，从而加快技术具有创新性、产品具有首创性并有较大临床应用价值的创新医疗器械的上市步伐。该程序对创新医疗器械的条件设置了较高的要求，主要是为了鼓励医疗器械研发创新和促进新技术新产品的发展，有利于加快新技术在医疗器械领域的应用，但对紧急情形下医疗器械可及性的实现并没有直接作用。

表 1　2014~2019 年创新医疗器械特别审批数据

单位：件，%

年份	受理量	通过量	上市量	通过率	上市率
2014	138	15	5	10.86	3.62
2015	157	29	9	18.5	5.73
2016	197	45	10	22.8	5.08

续表

年份	受理量	通过量	上市量	通过率	上市率
2017	273	63	12	23.07	4.39
2018	316	45	21	14.24	6.64
2019	179	36	19	20.11	10.61
合计	1260	233	76	18.49	6.03

注：数据由作者根据国家历年注册工作报告整理得到。

（四）医疗器械临床拓展性应用

医疗器械拓展性临床试验，是对患有危及生命但无有效治疗手段疾病的特定患者，允许其在医疗器械临床试验机构内使用还没上市的医疗器械的活动和过程。医疗器械临床拓展性应用在目前还没有形成全国性的制度[1]，2019年10月，上海率先发布了《上海市试点开展医疗器械拓展性临床试验的实施意见》，规定经知情同意后，患有危及生命但无有效治疗手段疾病的受试者可以在符合条件的试点临床试验机构内，使用经初步观察可能获益、临床试验结果显示有效的试验用医疗器械。[2] 该意见适用于未入组的受试者，即该患者因为临床试验机构根据相关临床试验方案已经完成临床病例的选取，不能以受试者身份参加正在开展的临床试验。2020年3月20日，国家药品监督管理局、国家卫生健康委联合发布《关于发布医疗器械拓展性临床试验管理规定（试行）的公告》（2020年第41号），在国家层面正式宣布构建医疗器械拓展性临床试验管理制度。临床拓展性应用对医疗器械可及性的贡献在于，它拓宽了一些身患严重疾病但无有效治疗手段的患者使用相关医疗器械的途径，尽管使用的医疗器械还不是已经获得批准的产品，但对这种临床急需的紧急情形仍然具有重要意义。它实质上是一种在医疗器械临床试验机构内针对未上市器械的紧急授权使用制度。

---

[1] 《国家药监局综合司公开征求〈医疗器械拓展性临床试验管理规定（征求意见稿）〉意见》，http://www.nmpa.gov.cn/WS04/CL2102/357765.html。
[2] 上海市药品监督管理局、上海市卫生健康委员会：《关于印发〈上海市试点开展医疗器械拓展性临床试验的实施意见〉的通知》（沪药监械注〔2019〕107号），http://yjj.sh.gov.cn/zx-ylqx/20191212/0003-21476.html。

（五）医疗器械附条件审批制度

医疗器械附条件审批，是指对那些适用于治疗严重危及生命但无有效治疗手段疾病的医疗器械产品，在充分考虑产品上市前后研究数据平衡性和综合评价产品上市的风险收益之后，认为该医疗器械确有疗效且能发挥临床价值时予以附条件审批上市的制度。审批时的附带条件：一是继续完成上市前还没有完成的临床试验；二是在上市后开展新的临床研究项目；三是在上市后补充产品在使用过程中产生的临床数据信息。附条件批准上市的目的，是增加那些患有严重危及生命但无有效治疗手段疾病的特定患者获取新器械对症治疗的机会。因此，即使该医疗器械没有完成全部的临床评价活动，亦可被附条件批准上市，但申请人、注册人在产品注册申请过程中及附条件批准上市后，应当按照既定临床试验方案继续开展临床试验和完成其他研究工作。当前，我国还没有建立完善的医疗器械附条件审批制度，但国家药监局医疗器械技术审评中心已经发布一个指导性的文件。[①] 可见，医疗器械附条件审批的优势在于产品审批时能先豁免上市前的部分临床试验活动，将常规审批之前应该完成的临床试验活动转移到持证后进行。附条件审批仍然是耗时长的加速审批，在紧急情形下并非实现医疗器械可及性的最优选择。

三 关于完善医疗器械供给保障制度的建议

以上各种制度除医疗器械临床拓展性应用制度外，其他几种制度都属于行政审批程序，有着严格的程序和条件要求。这些制度的调整对象、适用条件、管理部门、运行程序都有不同，应该基于不同的制度定位实现彼此的相互区分以及联通。在发生大规模医疗器械紧急需求时，它们都不利于医疗器械的紧急上市使用。为此，紧急情形下医疗器械的供给，既不能完全寄希望于医疗器械附条件审批制度，也不能倚重于临床拓展性应用制度，更不能指望优先审批和创新医疗器械的审批。我们可以借鉴美国医疗产品紧急授权使用制度，构建适

---

① 国家药监局医疗器械技术审评中心：《医疗器械附条件批准上市指导原则》（2019年第93号），ttps：//www.cmde.org.cn/CL0112/20209.html。

合我国国情的医疗器械紧急授权使用制度。

医疗产品紧急授权使用制度（Emergency Use Authorizations，EUAs）是《美国食品、药品和化妆品法案》（*Federal Food, Drug, and Cosmetic Act, FD&C Act*）第564条和2004年的《生物防御计划法》（*Project BioShield Act*）规定的一项应急管理制度。它适用于因遭受生物、化学、辐射和核制品的攻击而引发的严重威胁生命的疾病和安全的紧急情况。其目的，一是在紧急情况下使用未获批准的药品（含疫苗）、医疗器械（含体外诊断试剂）以及其他生物制品，二是将已获批的医疗产品用于新的适应证。美国在2020年新冠肺炎疫情中，便通过EUAs对多个医疗产品进行了紧急授权使用。在抗击新冠肺炎疫情中，国家药监局曾发布《关于紧急进口未在中国注册医疗器械的意见》，规定对符合美国、欧盟和日本等国家和地区相关医疗器械标准的产品可以紧急进口使用，但是相关企业需要提供产品的境外上市证明文件和检验报告并做出质量安全承诺。这是官方对未在国内上市的进口医疗器械进行紧急授权使用，实际上已经非常接近于美国EUAs的做法了。未来，我国宜在理顺医疗器械应急审批、优先审批、创新医疗器械审批、附条件审批等多种上市审批制度相互联系的基础上，从启动条件、适用对象、授权条件、撤销终止等几个方面做出针对性规定，构建适合于我国国情的医疗器械紧急授权使用制度。

B.38 对我国应急医用物资保障体系建设的思考与建议

于清明 马艳红 黄超[*]

摘 要： 新冠肺炎疫情阻击战是对国家治理能力的大考，也是对医疗器械及相关领域应对突发公共卫生事件能力的全面检验。本文针对疫情防控中应急医用物资采购保障需求、主要措施、问题短板等进行了回顾分析，并分别从突发事件立体防控体系建设、应急医用物资储备保障、医疗器械产业应急协同、统一的指挥调度平台搭建、应急物流专业化队伍培养、医疗器械核心技术突破六个维度，对应急物资保障体系、国家储备体系、应急物资采购供应体系建设提出建议。

关键词： 应急物资 医疗器械 疫情防控

突发公共卫生事件（以下简称"突发事件"）是指突然发生、造成或者可能造成社会公众健康严重损害的重大传染病疫情、群体性不明原因疾病、重大食物和职业中毒，以及其他严重影响公众健康的事件[①]。新冠肺炎疫情是新中国成立以来，传播速度最快、感染范围最广、防控难度最大的重大突发事件。经此一疫，医疗器械战略地位更加凸显，同时也让我们清醒地看到，应急管理

---

[*] 于清明，全国人大代表，国药控股股份有限公司党委书记，中国医疗器械有限公司董事长，高级工程师；马艳红，中国医疗器械有限公司总经理办公室副主任；黄超，中国医疗器械有限公司纪检监察室副主任。

[①] 《突发公共卫生事件应急条例》第二条，2003。

中应急医用物资保障体系、医疗器械产业布局、产业链协同等方面仍存在弱项和堵点。2020年2月14日，习近平总书记在中央深改委第十二次会议上做出"要把应急物资保障作为国家应急管理体系建设的重要内容"等指示，为医疗器械行业发展指明了方向。

一 需求：面对疫情随"需"应变

在各国应对新冠肺炎疫情的过程中，应急医用物资保障工作都是"先行军""急行军"。相关企业要在紧急情况甚至恶劣条件下，高效、持续开展物资生产调配工作。随着疫情变化，应急医用物资需求也呈现了一些规律和特点。

（一）爆发性需求

2020年1月23日武汉实施"封城"后，在传播途径、影响范围、检测手段尚不确定的情况下，口罩、防护服、检测试剂盒等物资需求已呈现突发性、爆发式增长。物资保障供应不仅事关防控工作的有序展开，更关系到社会秩序和公众情绪的稳定。但是，由于正值春节放假，很多企业停工停产，生产调配难度巨大。疫情初期，按照统一部署，全国各地集中力量通过央储调拨、市场保供、海外采购、社会捐赠等多种途径，对口支援武汉及湖北其他城市，以精准保障遏制疫情蔓延，为防疫战线换取时间（见表1）。3月初，武汉物资供应终于实现"紧平衡"，但除疫区之外的其他地区，口罩等应急医用物资仍存在较大缺口。

表1 疫情防控重点保障物资（医疗应急）清单

序号	一级分类	二级分类	物资清单
1	药品	一般治疗及重型、危重型病例治疗药品	α-干扰素、洛匹那韦利托那韦片（盒）、抗菌药物、甲波尼龙、糖皮质激素等经卫生健康、药监部门依程序确认治疗有效的药品和疫苗（以国家卫健委新型冠状病毒感染的肺炎诊疗方案为准）

续表

序号	一级分类	二级分类	物资清单
2	药品	中医治疗药品	藿香正气胶囊(丸、水、口服液)、金花清感颗粒、连花清瘟胶囊(颗粒)、疏风解毒胶囊(颗粒)、防风通圣丸(颗粒)、喜炎平注射剂、血必净注射剂、参附注射液、生脉注射液、苏合香丸、安宫牛黄丸等中成药(以国家卫健委新型冠状病毒感染的肺炎诊疗方案为准);苍术、陈皮、厚朴、藿香、草果、生麻黄、羌活、生姜、槟榔、杏仁、生石膏、瓜蒌、生大黄、葶苈子、桃仁、人参、黑顺片、山茱萸、法半夏、党参、炙黄芪、茯苓、砂仁等中药饮片(以国家卫健委新型冠状病毒感染的肺炎诊疗方案为准)
3	试剂	检验检测用品	新型冠状病毒检测试剂盒等
4	消杀用品及其主要原料、包装材料	消杀用品	医用酒精、84消毒液、过氧乙酸消毒液、过氧化氢(3%)消毒液、含氯泡腾片、免洗手消毒液、速干手消毒剂等
5		消杀用品主要原料	次氯酸钠、过氧化氢、95%食品级酒精等
6		消杀用品包装材料	挤压泵、塑料瓶(桶)、玻璃瓶(桶)、纸箱、标签等
7	防护用品及其主要原料、生产设备	防护用品	医用防护口罩、医用外科口罩、医用防护服、负压防护头罩、医用靴套、医用全面型呼吸防护机(器)、医用隔离眼罩/医用隔离面罩、一次性乳胶手套、手术服(衣)、隔离衣、一次性工作帽、一次性医用帽(病人用)等
8		防护用品主要原料	覆膜纺粘布、透气膜、熔喷无纺布、隔离眼罩及面罩用PET/PC防雾卷材以及片材、密封条、拉链、抗静电剂以及其他生产医用防护服、医用口罩等的重要原材料
9		防护用品生产设备	防护服压条机、口罩机等
10	专用车辆、装备、仪器及关键元器件	车辆装备	负压救护车及其他类型救护车、专用作业车辆;负压隔离舱、可快速展开的负压隔离病房、负压隔离帐篷系统;车载负压系统、正压智能防护系统;CT、便携式DR、心电图机、彩超超声仪等、电子喉镜、纤支镜等;呼吸机、监护仪、除颤仪、高流量呼吸湿化治疗仪、医用电动病床、血色分析仪、PCR仪、ACT检测仪等;注射泵、输液泵、人工心肺(ECMO)、CRRT等

337

续表

序号	一级分类	二级分类	物资清单
11	专用车辆、装备、仪器及关键元器件	消杀装备	背负式充电超低容量喷雾机、背负式充电超低容量喷雾器、过氧化氢消毒机、等离子空气消毒机、终末空气消毒机等
12		电子仪器仪表	全自动红外体温监测仪、门式体温监测仪、手持式红外测温仪等红外体温检测设备及其他智能监测检测系统
13		关键元器件	黑体、温度传感器、传感器芯片、显示面板、阻容元件、探测器、电接插元件、锂电池、印制电路板等
14	生产上述医用物资的重要设备		

资料来源：工信部，http://www.miit.gov.cn/n973401/n7674704/n7674714/c7678134/content.html。

（二）长线刚性需求

2020年3月末，我国基本阻断疫情本土传播，在武汉及湖北其他疫区物资供应企稳后，物资供应工作重心转向全国各地。在政府指导下，医疗器械及相关领域全力增产扩能，一些企业积极转产口罩、防护服及其核心原材料，使得应急物资短缺状况在4月初全面改善。但不容松懈的是，复工复产、学校复课及商场、餐饮等服务业恢复营业，都对基本防护物资提出长线刚性需求。

（三）海外输出需求

全球疫情蔓延后，美国、意大利、西班牙等国家和地区防控压力巨大，一些国家甚至出现应急医用物资"空负荷"。中国企业在保障国内供应的同时，继续克服人员、物流等压力，从"全球采"转向"供全球"，源源不断输出呼吸机、防护服、口罩等物资，并严控质量安全，维护国产器械品牌声誉。

二 能力：综合保障做好"斜杠"平台

在疫情防控各节点，医疗器械企业必须保持目标一致、协同作战，在短时间内协同推进研发、生产、储运、装配和维修等工作。其中，具备完善市场网络、多元业务板块、广泛合作资源的大型企业，可以更加快速地响应和推进物资统筹调配和综合服务工作。

（一）技术研发能力

疫情防控战也是一场医药科技与时间的竞跑。截至2020年3月31日，国药集团等企业研发的25项新冠病毒检测试剂通过国家药监局应急审批，为防控提供了诊断工具。疫情期间，中国石油、航空工业等快速研制出熔喷布生产线、全自动口罩生产机等生产设备，国控创服研制出可复用隔离衣，在一定程度上缓解了口罩、防护服及相关核心原材料短缺问题。针对疫区需要，中国电信、上海联影推出"5G+云+AI"新冠肺炎智能辅助分析系统，航天科工推出"无接触热成像快速测温系统+人脸识别测温终端"，提供了无接触防控和云诊断工具，助力防控一线提高救治效率、减少交叉感染、节约医用物资。

（二）增产转产能力

截至2020年3月26日，国家药监局共计应急审批191家医用防护服生产企业和59家医用防护口罩生产企业，加快药械生产供应[1]。除了基础防护物资，注输器具、影像设备、生命支持设备等各类医疗器械需求均大大增加。春节期间，联影、东软、迈瑞、振德、蓝帆、奥美、鱼跃等各细分领域龙头企业及时召回员工、增产扩能。新兴际华、中国石化、依文服饰等积极响应号召，转产防护物资。随着增产转产，2月底全国口罩日产能达到5400万只，是春节期间的3倍多；2月中旬，疫区防护服供应量已经超出需求；3月初，全国

---

[1] 李利、焦红：《全力保障疫情防控药品医疗器械上市供应和质量安全》，《求是》2020年第7期。

防护服日产量从疫情初期的1.8万件增至50万件；4月初，一次性医用防护服日产能达到150万件以上。①

（三）资源整合能力

面对紧急采购工作的时效性、灵活性要求，企业还需要具备四种优势或能力。一是业务整合优势，企业内部可高效调动技术创新、生产经营、物流配送、海外采购、医工维修、中医药等各业务板块。二是商业渠道优势，与国内外主流企业有长期稳固的合作关系，能够灵活调配企业资源，协调上下游企业动态排产。三是网络覆盖优势，有覆盖全国的市场网络或大中小型物流中心，能够长期承担药械专业物流，具备实时调度管理的智慧供应链系统。四是线上线下协同能力，可提供医药供应链线上线下协同服务。疫情期间，国药集团国药控股、九州通等大型医药商业企业利用各自经营网络和云平台系统，实现了批零结合、药械联动、线上线下等业务的高效协同。

（四）全球采购能力

疫情初期，一些企业同步开展全球采购调运工作，通过线上视频会、电话会紧急联系国外供应商，并落实进口事项，以最快速度将进口防疫物资运抵目的地。

（五）"海陆空"联运能力

本次疫情中，一些大型医药物流企业采用海陆空联运、跨区域接力运输方式，将防疫物资极速运达武汉疫区；在武汉市内，大型物流中心为医疗机构、方舱医院、危特行业提供点对点直接配送；针对省内其他地区，物流企业采用专车直送、接力运输，为各级医疗机构提供物资保障。

（六）供应链智慧管理能力

在疫情防控中，物资吞吐量巨大，一套横跨产业上下游、纵连多业态、实时可追溯的可视化智慧供应链管理系统不可或缺。并且，针对居家慢病患者的

---

① 数据来源：国家发展改革委、国务院新闻办公室公开信息。

医疗需求，这类系统还可通过"云药库"的云供应链管理，串起处方数据处理、审方、云仓库、自动发药终端、打包设备、物流配送、客服等环节；与互联网医院平台合作建立互联网诊疗模式，实现医生开处方后直接通过系统将顾客及处方信息推送至零售药房，由药店进行开票、结算、拣货、扫码、出库，通过快递将药品及时送达顾客手中的无接触式购药。系统中的追溯功能则可实现对产品流向、储运、质量、使用等的实时可追溯，是保障质量安全的基础。

（七）其他综合保障能力

很多企业不仅要解决前端供应，还要积极承担后端服务和技术支持。例如在定点救治医院，要配合院方进行药品库、耗材房、物资库搭建以及院内物资转运等工作。对海外提供援助设备的企业，还需要具备海外安装、培训、临床支持和售后服务等长期服务能力，以维护好品牌声誉。

三 谋篇布局应急产业与保障体系

本次疫情防控工作是颇具挑战性的举国之战，也对医疗器械行业应急管理能力进行了全面检验。为深入贯彻习近平总书记指示精神，健全统一的应急物资保障体系和国家储备体系，建立国家统一的应急物资采购供应体系，需要重点关注六个维度。

（一）政府主导，建立突发事件立体防控体系

建立公共卫生常规治理与突发事件应急管理的"平战衔接"机制。建立包括重大疫情指挥、应急物资保障、应急物流调度等在内的国家突发事件立体防控体系。建立覆盖行政审批、法律法规、龙头企业、临床医学等领域的全产业链专家智库，在政府统一组织下，对防控体系常态化工作和突发性工作进行管理。

（二）加大投入，完善应急医用物资储备体系

增加医药储备投入。选择交通便利、辐射范围广的地区，投资建设或与重点企业合资建设疫情防控医用物资、专用医疗设备储备基地，形成网状储备格局，应对多方面保障任务，全面提升抗风险能力。建立央储与地储，集中与分散储备，

产能与实物、资金和技术储备相结合的综合储备机制,增加储备效能。建立政府储备成本最小化、企业利润最大化的利益协调机制,提高企业承储积极性[①]。

(三)优化布局,提升医疗器械产业应急协同性

全面摸排重要应急医用物资生产企业、核心原材料和生产设备制造企业、区域大型医药流通企业等的分布、产能和技术情况,有针对性地解决区域产业链不完整问题。通过财政、税收、金融、土地等政策,扶持一批企业做优做强,带动其他企业提升应急能力。布局短缺物资定点生产企业,实施平战结合、动态排产机制,提升应急医用物资生产供应协同性。

(四)信息支撑,建立统一的指挥调度平台

基于大数据、云平台、人工智能等信息技术,建立统一的应急医用物资指挥调度平台,实时更新产业资源基础数据,实现原材料企业、生产企业、流通企业等的信息共享和精准对接。创新F2B、B2B、DTP、B2C等子平台,实现从线上到线下、从厂家至终端、从医院到药店的云端统筹调配和溯源分析,确保应急物资保障有序、有力。

(五)加强培训,建立应急物流专业化队伍

在应急物资保障体系、物资指挥调度信息平台中,分别建立权责集中的应急物流指挥中心和全国应急物流调度子平台。依托具备全国性网络的医药龙头企业建立专业化应急物流队伍。强化人员培训,增加应急演练。

(六)创新驱动,破解核心技术瓶颈

从政策支持、资金投入、基础研究、审评审批、临床应用、知识产权保护、关税减免等各方面对医疗器械关键技术攻关、核心零部件创新项目给予系统性支持,加速国产替代进程。同时,大力发展基于5G技术的智能医疗产品和诊断软件,增加零接触、远程化、移动式医疗应用,满足应急条件下各类场景的医疗服务需求。

---

① 田林怀、杨坤、高磊:《抗击埃博拉医疗耗材保障的实践》,《中国医疗设备》2016年第12期。

B.39
即时检测在应对突发传染病疫情中的实践和思考

应乐 何书宇 康可人*

摘　要： 即时检测（POCT）可突破检测环境和人员的限制，为患者的治疗和管理提供便捷、经济的解决方案，在传染病检测和预防方面优势明显，是传染病防控的有力工具。得益于国家政策扶持以及企业技术积累，截至2020年4月11日，总计有6款新型冠状病毒抗体检测试剂（胶体金法）和4款分子POCT检测试剂上市。本文对POCT在传染病防控中的技术平台及市场情况进行了介绍，重点阐述了POCT产品在全球突发新冠肺炎疫情中的应用方向，并对POCT在突发传染病疫情防控中的价值以及未来的发展进行了思考，包括应急产品质量管理体系优化、产学研协同合作、分子POCT和多项目联检技术的发展、应用场景的多元化拓展、POCT数字化创新等。

关键词： 即时检测　分子POCT　新冠肺炎

新冠肺炎在短短几个月时间内便发展成为全球性大流行病。作为重大突发公共卫生事件，新冠肺炎疫情给世界各国的医疗卫生体系带来了严峻挑战，并对全球经济社会造成了巨大冲击，遏制疫情蔓延刻不容缓。通过灵敏和特异的

---

* 应乐，广州万孚生物技术股份有限公司医学主管；何书宇，广州万孚生物技术股份有限公司医学经理；康可人，广州万孚生物技术股份有限公司高级副总裁，高级工程师。

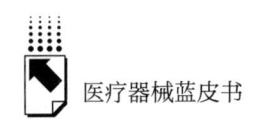

检测方法实现新冠病毒的诊断和鉴别诊断,有助于患者治疗,对于疫情防控具有重大意义。过去应对 SARS、H1N1、H7N9 等重大突发传染病疫情的经验表明,快速、便携、经济的即时检测(Point – Of – Care Testing,POCT)技术在传染病检测和预防方面优势明显,是传染病防控的有力工具。

一 POCT 在传染病防控中的应用

(一)传染病相关 POCT 的主要技术平台

技术平台多元化是 POCT 的一大特点。胶体金、荧光免疫层析、干式生化、化学发光免疫分析、生物传感器和分子诊断 POCT 等技术平台在传染病防控中均有所应用(见表1)。

表1 传染病相关 POCT 的主要技术平台

技术平台	技术特点	主要代表项目及主要应用方向
胶体金	以胶体金为标记物的抗原抗体结合反应,具有操作便捷、不需要设备、试剂稳定、成本低等特点	病原体抗原/抗体检测:应用于传染病患者辅助诊断、人群流行病学调查等
荧光免疫层析	以荧光物质为标记物的抗原抗体结合反应,灵敏度高,可实现定量检测	炎症因子检测(如 CRP、PCT、SAA、IL – 6):应用于传染病患者鉴别诊断及治疗指导
干式生化	待测物直接与固化于载体上的干粉试剂反应,具有不需要试剂准备和定标、试剂稳定时间长等特点	常规生化项目(如肝功、肾功):应用于传染病患者的治疗监测及指导
化学发光免疫分析	高灵敏光反应与高特异性免疫学反应相结合,具有灵敏度高、特异性强、精密度好、线性范围宽等特点	各种蛋白、酶、激素检测:应用于传染病患者治疗监测及指导
生物传感器	是由生物识别元件、信号转换器和信号放大装置构成的分析工具,可实现体液中物质超微量分析	血气、电解质、代谢物:应用于传染病患者的治疗监测及指导
分子诊断 POCT	主要采用聚合酶链式反应(PCR)或等温扩增技术,将复杂的核酸检测步骤整合到一个系统中,极大地简化了流程,实现了核酸检测的简单化、集成化和快捷化	病原体核酸检测及耐药位点检测:应用于传染病患者的诊断及用药指导

（二）传染病 POCT 市场概况

传染病具有传染性、流行性、季节性、地域性等特征。比如冬春季易暴发流感，雨季易暴发疟疾；部分地区 HIV 等传染病高发，部分地区登革热等虫媒传染病流行，部分地区病毒性肝炎负担较重。随着社会、经济、环境、医学等方面的进步，传染病谱也在发生变化，有些地区的某些传染病逐渐消亡。但不同时期不同地点也会出现新发传染病[1][2]，如 SARS、MERS、埃博拉、寨卡、新冠肺炎等，这些又增加了新的市场需求。因此，传染病检测市场随着传染病的新发与消亡而变得复杂。

POCT 市场可分为专业市场和自测市场两部分，传染病检测以专业市场为主，自测市场为辅。传染病检测专业市场约占全球 POCT 专业市场的 14%，产品主要应用于医院、疾控中心及血站。家用市场主要有艾滋病、梅毒、乙肝、丙肝、甲流、乙流等传染病的快速检测产品，市场前景广阔。

根据 Kalorama 的市场调研，2018 年全球传染病 POCT 的市场规模约为 10.9 亿美元，复合年均增长率约为 5%，预计 2023 年可达 13.6 亿美元。主要检测项目包括流感病毒、肝炎病毒、HIV、A 群链球菌、疟疾等。在区域分布上，美国传染病 POCT 市场规模约占全球的 48%，欧洲占 22%，日本占 10%，其他国家和地区占 20%。发展中国家通过 WHO、盖茨基金会及政府集中采购往往能够获得较低价格。

传染病暴发事件几乎每年都在发生，2015 年以来，输入性传染病也有所增加。近 30 年来，我国已发现和鉴定超过 100 种新发传染病或已知传染病的新基因型、新血清型[3]。根据国家卫生健康委员会疾病预防控制局发布的数据，2019 年全国报告法定传染病 1086 万例，同比增长近 40%，

---

[1] Gao George F., "From 'A' IV to 'Z' IKV: Attacks from Emerging and Re-emerging Pathogens", *Cell*, 2018, 172 (6): 1157–1159.

[2] 中国疾病预防控制中心新型冠状病毒肺炎应急响应机制流行病学组：《新型冠状病毒肺炎流行病学特征分析》，《中华流行病学杂志》2020 年第 2 期。

[3] Liu Q, Xu W, Lu S, et al., "Landscape of Emerging and Re-emerging Infectious Diseases in China: Impact of Ecology, Climate, and Behavior", *Frontiers of Medicine*, 2018, 12 (1): 3–22.

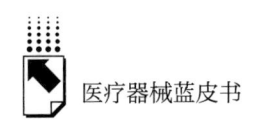

其中12月是传染病疫情最严重的月份。至2020年3月，新型冠状病毒引发的肺炎已成为全国报告发病数居首位的乙类传染病。传染病发病率上升、国家防治传染病力度加大对传染病POCT市场的扩容起到了巨大推动作用。

二 POCT产品在全球突发新冠肺炎疫情防控中的应用

（一）快速响应：新型冠状病毒抗体检测和核酸POCT检测

在疫情初期实现快速且准确的病毒诊断，对于控制疫情发展极为关键。常规核酸检测对于检测条件和人员要求较高、检测时间较长，而POCT可以突破场所和人员的限制，展现明显的优势。在抗体检测方面，以胶体金法新型冠状病毒抗体检测试剂为代表的POCT产品15分钟即可出结果，可与常规核酸检测形成互补。《新型冠状病毒肺炎诊疗方案（第七版）》正式将新型冠状病毒抗体检测纳入诊断及排除标准，标志着抗体检测产品正式进入抗疫一线。在核酸检测方面，分子POCT产品具有"样本进-结果出"的特点，可以实现核酸快速检测。

截至2020年4月11日，总计有6款新型冠状病毒抗体检测试剂（胶体金法）和4款分子POCT检测试剂上市（见表2）。国内POCT产品之所以能快速助力一线抗疫，主要得益于国家政策扶持以及企业自身积累。在新冠肺炎疫情暴发初期，国家卫健委第一时间发布《新型冠状病毒肺炎诊疗方案》，为诊断试剂在疾病诊断中的应用提供指导。同时国家科技部快速组织开展应急专项申报，协助具有实力的企业加速相关医疗产品的研究及成果转化。此外，国家药监局启动了应急审批程序，对于各监管环节的时限都进行了最大限度地压缩，以保障产品的时效性。而国内企业经过多年的技术积累和产业链完善，已建立起在突发疫情下的产品应急开发能力，并经受了H1N1、H7N9、寨卡等疫情的考验。

表2 国家药监局批准新型冠状病毒核酸检测和抗体检测的POCT产品
（截至2020年4月11日）

序号	产品名称	注册人	注册证号
新型冠状病毒抗体检测试剂（胶体金法）			
1	新型冠状病毒（2019－nCoV）抗体检测试剂盒（胶体金法）	广州万孚生物技术股份有限公司	国械注准20203400176
2	新型冠状病毒（2019－nCoV）抗体检测试剂盒（胶体金法）	英诺特（唐山）生物技术有限公司	国械注准20203400177
3	新型冠状病毒（2019－nCoV）IgM抗体检测试剂盒（胶体金法）	广东和信健康科技有限公司	国械注准20203400199
4	新型冠状病毒（2019－nCoV）IgM/IgG抗体检测试剂盒（胶体金法）	南京诺唯赞医疗科技有限公司	国械注准20203400239
5	新型冠状病毒（2019－nCoV）IgM/IgG抗体检测试剂盒（胶体金法）	珠海丽珠试剂股份有限公司	国械注准20203400240
6	新型冠状病毒（2019－nCoV）抗体检测试剂盒（胶体金法）	上海芯超生物科技有限公司	国械注准20203400367
分子POCT检测试剂			
1	新型冠状病毒（2019－nCoV）核酸检测试剂盒（恒温扩增－实时荧光法）	杭州优思达生物技术有限公司	国械注准20203400241
2	新型冠状病毒（2019－nCoV）核酸检测试剂盒（杂交捕获免疫荧光法）	安邦（厦门）生物科技有限公司	国械注准20203400298
3	新型冠状病毒（2019－nCoV）核酸检测试剂盒（RNA捕获探针法）	上海仁度生物科技有限公司	国械注准20203400300
4	新型冠状病毒（2019－nCoV）核酸检测试剂盒（RNA恒温扩增－金探针层析法）	武汉中帜生物科技股份有限公司	国械注准20203400301

资料来源：国家药监局。

（二）全面支持：新冠肺炎患者全病程的快检解决方案

新冠肺炎作为一种新出现的突发传染病，导致各地短期内新增大量患者，并对医疗机构造成巨大压力。为了落实"应收尽收、应治尽治"的要求，全国多地建立了方舱医院，仅武汉地区就规划了万余张床位。由于方舱医院概念

来源于野战机动医院,检验实验室布局相对狭小,对于仪器体积和废物排放要求较高,并且人员来自全国各地,培训水平不一,因此正是适合开展POCT的应用场景之一[①]。

作为国内POCT代表企业,万孚生物在疫情期间提出了"方舱快检实验室"概念。主要综合便携式的干式生化、荧光免疫层析、化学发光免疫分析、胶体金等平台的POCT产品,进行炎症、常见呼吸道病原体、肝肾功能、血气、心肌酶谱等常规指标的检测,为患者的诊疗提供快速、全面的解决方案。"方舱快检实验室"具有以下特点:①POCT项目全面,基本覆盖方舱医院患者所需检测指标;②POCT设备体积小,一张桌子可放下多台设备;③仪器安装简单,可快速建立实验室所需项目;④操作简单,经简单培训后,检验科所有人员便可具备操作能力;⑤污染废弃物处理较为方便,绝大部分设备不产生废液,为检测人员提供最大限度的生物安全保障。

(三)全球契机:国内POCT产品参与全球抗疫

国外疫情相较于国内存在滞后性,在国内疫情平稳之际,国际疫情呈现快速暴发之势。随着中国新冠肺炎诊疗经验的输出,新型冠状病毒相关检测试剂成为各国急需的重要抗疫物资,这也为国内企业走向国际市场提供了契机。据不完全统计,在开发新型冠状病毒相关检测产品的国内体外诊断企业中,取得CE认证或准入的超过100家,获得FDA pEUA/EUA的企业超过20家。

2004年,WHO提出了病毒疫情诊断试剂研发的7项原则,即可负担、灵敏、特异、易操作、检测速度快且适应性强(可常温储存)、无设备要求和可及性强[②]。POCT尤为契合上述要求,在国际疫情应对中极具应用价值。在新冠肺炎疫情中,基于胶体金法的新型冠状病毒抗体检测试剂成为主流需求产品。此外,随着中国方舱医院模式在国际上的分享传播,"方舱快检实验室"也在印度尼西亚等地得到了应用。

---

① 于思远、吴文娟:《COVID-19方舱医院医学检验科建设和管理初探》,《检验医学》2020年第3期。

② Drain P. K., Hyle E. P., Noubary F., et al., "Diagnostic Point-of-Care Tests in Resource-Limited Settings", *Lancet Infect Dis*, 2014, 14 (3): 239-249.

三 对POCT未来发展的思考

POCT可突破检测环境和人员的限制，尤其适用于传染病暴发的情况，为患者的治疗和管理提供快速指引，有助于疫情控制。对于POCT的未来发展，笔者认为以下几个方面值得深入思考。

（一）质量控制：应急产品质量管理体系优化

由于POCT质量控制系统与临床实验室模式不同，而且目前尚未有严格的POCT质量保证体系和管理规范，部分POCT产品的质量难以保证。以新冠肺炎疫情为例，应急开发时间仓促，短期内开发的产品难免存在一定缺陷。因此，为快速、准确地为临床提供有效诊疗依据，企业应注重产品质控，使其符合国家对该产品的标准要求，并持续改善，提高准确性；产品使用机构则应建立完善的室内质控程序和标准，通过建立系统的POCT质量管理体系，进一步完善质量控制。未来检测试剂在研发、临床、审评、使用等各环节的监管将趋于规范化，只有真正具备高品质的产品才能脱颖而出。

（二）合作共赢：产学研协同合作

试剂开发核心环节的突破是产品成功上市的关键。目前国内厂家的研发瓶颈在于核心原材料以及样本的获取。而高校、科研院所在研发样本获取和技术积累方面更具优势。在新冠肺炎疫情中，丽珠试剂与武汉病毒所、万泰生物与厦门大学均开展了检测试剂合作项目，推动了产品快速转化上市。因此，加强产学研协同合作将有助于POCT企业获取优势。一方面，企业可以与高校、科研院所等单位建立长效合作机制；另一方面企业也需要政府加强长期扶持与投入，加快基础研究的开展和转化，尤其是在生物原材料领域突破关键技术并掌握自主知识产权，以加速国产替代，为突发疫情的应对夯实基础。

（三）技术发展：分子POCT、多项目联检

POCT的方法学平台众多，不同的方法学存在不同的优缺点，例如抗体检测会由于窗口期或干扰物质而出现假阴性或假阳性结果，核酸检测会由于样本取材等原因出现假阴性结果。企业在研发时应在方法学的设计上有所考量，并

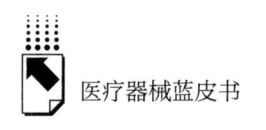

且需加强不同方法学的技术开发及联合应用。

分子POCT是一个较为前沿的领域，目前市场由赛沛、雅培等几大国外巨头占据，已有赛沛GeneXpert等相对成熟的产品。作为一个新的赛道，目前国内相关企业已在加紧布局，新冠肺炎疫情中亦有国产分子POCT产品获批，如何进一步提升产品性能将成为未来发展的重点。

在突发传染病疫情中，常见病原体的鉴别诊断也十分重要。例如由于新冠肺炎疫情与流感疫情相重叠，国家卫健委新型冠状病毒肺炎诊疗方案专门强调了对甲流、乙流等常见呼吸道病原体的联合检测。因此，POCT企业也需要注意项目联检试剂盒的开发或病原体检测产品线的完善。

（四）场景深化：应用场景的多元化拓展

新冠肺炎疫情的传播具有广泛性，POCT产品除了在医疗机构使用外，在其他场景也具有应用潜力。一是居家检测，一些国家为减轻医疗资源压力，不对轻症患者进行新型冠状病毒检测，且特殊时期，患者前往医院就诊而被感染的风险会明显提升。此种情况下，通过POCT产品进行居家自测，将有助于疫情下居民的自我健康管理及评估。国内POCT厂商可加强对于国际市场的关注，在满足当地相关产品监管要求的情况下，为国际市场提供针对性便捷检测产品服务。二是海关防疫场景，"外防输入"是新冠肺炎疫情防控的重点之一，尤其是对无症状感染者，如何快速排查成为关键。目前国内采用常规核酸检测、流行病史、临床症状等相结合的方式，但由于海关场景下检测条件有限，样本需外送检测，花费大量的时间以及人力物力。因此，企业可加快末梢血、唾液等样本类型的研究，这有助于拓展产品应用场景，极大地提高防疫效率。

（五）智能互联：POCT数字化创新

疫情暴发期间，检验实验室承受着巨大压力。将实验室内多种POCT设备进行互联，借助云端数据和完善的网络化管理，可实现不同功能模块的针对性场景配置，增强检测数据的可溯源性，简化报告及数据传输工作，对于患者诊疗以及医院管理效率的提升具有重要意义。对POCT产品进行数字化创新，一方面通过移动互联技术打破壁垒，实现数据共享；另一方面实现POCT的小型化、智能化甚至无创化，可以拓展POCT产品的应用场景，推动诊断下移和前移。

B.40 新冠肺炎疫情下我国医疗器械产品上市审批情况分析

毛志平 彭 玲 刘炳荣[*]

摘 要： 新冠肺炎疫情的发生，为我国医疗器械行业的发展带来了巨大的挑战，同时也带来了发展机遇。在对新冠肺炎疫情的防控过程中，医疗器械发挥了至关重要的作用。在此背景下，本文分析了我国医疗器械应急审批政策在疫情防控中的重要作用，主要阐述了应急审批政策对口罩、医用防护服、呼吸机、检测试剂等紧缺防控物资供应的应急保障作用，并对相关医疗器械和企业的生产与发展现状进行了分析与总结。疫情防控过程中，相关物资紧缺暴露出我国应急审批政策仍存在顶层法规不完善、省际应急审批政策的有效性和范围不相同等问题。疫情过后，我们应该及时总结抗击疫情的得失和完善相关制度。

关键词： 新冠肺炎 医疗器械 应急审批

新冠肺炎疫情发生后，医用口罩、医用防护服、新冠病毒检测试剂、呼吸机等作为抗击新冠肺炎疫情的重要防控物资在短时间内供不应求，这给我国抗击疫情带来了严峻挑战。随之，国家药监局及时采取应急措施，应对疫情中防控医疗物资紧缺的情况，积极加快药品医疗器械应急审批，按照"统一指挥、早期介入、随到随评、科学审评"的原则，与科研院所、专家和企业共同协

---

[*] 毛志平，江西三鑫医疗科技股份有限公司董事、总经理，经济师；彭玲，江西三鑫医疗科技股份有限公司副总经理；刘炳荣，江西三鑫医疗科技股份有限公司法规事务总监，工程师。

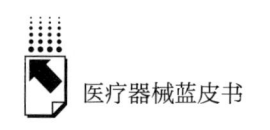

作，整合工作流程、优化审评审批程序、压缩审评审批时间，确保以最快速度批准上市、促产保供，充分发挥应急平台作用。与此同时，各地区也积极应对疫情，对于突发公共卫生事件做出响应，进一步做出战略部署，为全力做好疫情防控工作提供保障。

一 新冠肺炎疫情下医用口罩与防护服上市情况

在发生疫情之初，国家通过各种媒介针对疫情向大家进行科普，民众对出门戴口罩也越来越重视，一时间口罩变得一件难求。国家药监局发出应急审批方案，各省市也积极鼓励相关企业生产口罩，为防控疫情急需的医疗器械上市开辟了绿色通道，加快审批进程，快速办理生产变更许可，尽快增加有效产能。截至2020年3月30日，可查询到的口罩产品注册信息（包括一次性使用医用口罩1323条、医用外科口罩889条、医用防护口罩205条）共2417条。全国口罩日产能从疫情前的0.2亿只增长到1.2亿只，其中医用防护口罩日产能达到200万只以上。①

新冠肺炎疫情发生以来，医用口罩、医用防护服一度十分紧缺，为解决相关医用防疫物资供应不足的问题，国家一方面积极组织指导相关医疗器械企业复工复产，扩大产能；另一方面采取相关措施，将相关医用防疫物资列入国家储备，鼓励企业扩大既有产能并加大生产力度，政府兜底收购扩能生产的医用防疫物资余量。同时，制定了医疗器械应急审批工作方案，减免注册费用，减轻企业负担。在市场需求巨大的情况下，在国家相关政策的鼓励推动下，不少企业开始跨界转产，国内已有约三万家企业转型生产口罩、防护服等防护用品。截至2020年4月25日，获得口罩（包括一次性使用医用口罩、医用外科口罩、医用防护口罩）产品注册证的企业共1428家，获得医用防护服（包括一次性医用防护服、医用一次性防护服、医用一次性防护服套件等）产品注册证的企业共299家。②

---

① 根据工业和信息化部统计数据整理。
② 根据国家药监局统计数据整理。

我国对医用防护服按照第二类医疗器械进行管理，医用防护服是应急审批的重要对象。各省级药监部门严格按照经注册或者备案的产品技术要求组织生产并保证产品符合强制性标准以及相关产品技术要求。对于无菌医疗器械产品，既要符合《医疗器械生产质量管理规范》的要求，又要符合《医疗器械生产质量管理规范附录无菌医疗器械》的相关要求。据统计全国应急审批新增医用防护服注册证175张，占该类注册证总数的81%；到2020年3月11日，全国医用防护服日产能近100万套。目前，可以查询到的医用防护服产品注册信息（包括一次性医用防护服、医用一次性防护服）共357条。[1]

二 新冠肺炎疫情下病毒检测试剂上市情况

新型冠状病毒检测试剂是风险最高的第三类医疗器械。国家药监局通过应急审批程序，全力以赴加快新型冠状病毒检测试剂应急审批，确保及早、充分筛查新冠肺炎患者。批准企业生产新型冠状病毒的新型检测产品，不仅丰富了新型冠状病毒的检测方法，而且扩大了检测试剂的供应能力，有助于全力服务疫情防控需求。2020年4月5日国家药监局器械监管司副司长张琪说明了目前我国的产能情况：核酸检测试剂产能达到306万人份/天，抗体检测试剂产能达到120万人份/天，总体产能达到426万人份/天。截至2020年4月25日，国家药监局共应急审批了30款新型冠状病毒检测试剂盒（包括新冠病毒核酸检测试剂19款，抗体检测试剂11款）。[2] 在保障国内疫情防控需要的同时，还出口到多个国家，为全球疫情防控贡献中国力量。

三 新冠肺炎疫情下呼吸机上市情况

在本次新冠肺炎疫情中，呼吸机成为救治新冠肺炎患者的关键设备。据有

---

[1] 根据国家药监局统计数据整理。
[2] 根据国家药监局统计数据整理。

关部门统计,为了应对新冠肺炎疫情,我国呼吸机主要生产企业在第一时间组织生产和提升产能,短时间内上游853家全国配套商中有794家实现了复工复产。截至2020年4月8日,主要生产企业共向全国相关医疗机构供应各类呼吸机2.9万余台。其中,向湖北地区供应呼吸机近1.8万台(含有创呼吸机3000余台),向境外国家和地区供应呼吸机近1.8万台(含有创呼吸机4000余台)。① 随着疫情在全球快速蔓延,有创呼吸机成为最紧缺的医疗物资之一。我国呼吸机生产企业一直加班加点,在保证国内需求的同时,千方百计为全球抗疫提供产品支持。根据国家药监局官网消息,截至2020年4月25日,共有29家医疗器械生产企业获得呼吸机产品注册证,但有创呼吸机生产企业数量目前仅有21家,其中只有8家医疗器械生产企业的主要产品(周产能约2200台)通过了欧盟强制性CE认证(迈瑞医疗呼吸机同时取得了FDA的紧急授权),产能约占全球产能的1/5,不可能全部满足全球疫情防控的需求。随着疫情在全球的持续蔓延,许多国家正在借鉴我国企业转产医用防疫物资的经验,协调相关制造企业转型生产呼吸机等紧缺设备,以缓解呼吸机供应不足的局面。

四 新冠肺炎疫情下医疗器械产品注册情况

新冠肺炎疫情对医疗器械行业内的中小型企业,尤其是对与疫情需求关联度不大的中小型企业来说是一场重大的考验。收入锐减,现金流紧张,都使得企业短期经营受到一些负面影响。但疫情考验的背后也蕴藏着新的发展机遇,一方面与防疫相关的物资与医疗器械,如口罩、防护服、诊断试剂盒和呼吸机等市场需求量巨大;另一方面政府层面也采取了措施,以保证重点医疗防护物资的供应,这为相关医疗器械企业的发展提供了契机。从2020年2月下旬开始,新冠肺炎疫情在全球暴发,海外市场对新冠病毒检测试剂盒需求极大,中国体外诊断试剂厂商开始出口各类检测试剂产品。3月31日晚,商务部、海关总署、国家药监局针对我国输往海外的抗疫物资质量争议问题联合发文,自

---

① 根据国家药监局统计数据整理。

4月1日起,出口呼吸机、医用口罩、医用防护服、红外体温计以及新型冠状病毒检测试剂的企业只有提供我国医疗器械产品注册证书以及符合进口国或地区质量标准要求的书面或电子声明后,海关才能放行。截至2020年4月25日,共26家企业获得新型冠状病毒检测试剂的上市许可证。[①] 口罩、防护服、呼吸机、检测试剂的产品注册信息和涉及企业数据汇总见表1。

表1 产品注册信息与企业数量

物资\信息	产品注册信息	取得注册证的企业
一次性使用医用口罩、医用外科口罩、医用防护口罩	共2417条产品注册信息(一次性使用医用口罩1323条、医用防护口罩205条、医用外科口罩889条)	涉及企业共2140家(一次性使用医用口罩1188家企业、医用防护口罩162家企业、医用外科口罩790家企业)
防护服	357条产品注册信息	299家企业
呼吸机	72条产品注册信息	39家企业
检测试剂	30条产品注册信息(核酸检测试剂19条,抗体检测试剂11条)	26家企业

资料来源:国家药监局。

五 对医疗器械行业未来发展的思考

(一)相关法规亟须完善

我国依照《医疗器械应急审批程序》的有关规定,面对突发的疫情,积极采取应急审批程序,对急需的医疗器械产品以及产品的具体审批时间、生产要求、应急检验都做出明确规定,这在本次疫情防控中发挥了巨大作用。美中不足的是,我国《医疗器械监督管理条例》中缺少应急相关的法律法规,在《医疗器械应急审批程序》中虽规定了审批流程和要求,但对于审批后的监管没有做明确规定,未来应急监管法规还需要进一步完善。

---

① 根据国家药监局统计数据整理。

（二）要将医疗器械发展提升到国家安全的高度

面对突如其来的新冠肺炎疫情，中国人民万众一心，在党和政府的正确领导下，积极战"疫"，已经取得实质性的成果，同时医疗器械在抗击新冠肺炎疫情中，发挥了重要作用，医疗器械行业也获得了全社会的广泛关注。在与新冠肺炎疫情战斗的过程中，无论是初期对健康个体的保护，还是前中期对疑似病例的排查，抑或是中后期对确诊病例的治疗，医疗器械都发挥了至关重要的作用，医疗器械产业的重要性由此显而易见。疫情下，为保障国内和国际社会需求，医疗器械产业得到了国家层面的支持，各大企业也都跨界生产医疗器械，一系列措施在促进医疗器械产业变革的同时，也为医疗器械产业带来了发展机遇。医疗器械产业作为国家重点支持的战略性新兴产业，进一步得到了政府及全社会的高度重视和认可。

疫情过后，医疗器械产业的生存环境将会发生改变。政府对医疗器械（包括体外诊断类、影像诊断监护类、应急防护医用类、各种AI智能医用类产品等）将更加重视，相关部门对医疗器械的审批及监管方式将会优化与完善。相关医疗器械企业对产品研发的投入将会增加，从而将促进医疗器械的创新，带动国产医疗器械的发展。群众个体和家庭防护意识将会增加，社会总体防护意识将会得到提升。随着国家整体对医疗器械产业的重视程度提升及扶持政策的推动，医疗器械产业未来前景广阔，将日益发展成为国民经济的支柱行业，为人类健康保驾护航。

（三）做好应对突发公共卫生事件的医疗器械储备工作

新冠肺炎疫情暴发是新中国成立以来病毒传播速度最快、影响范围最广、防控难度最大的一次重大突发公共卫生事件。在新冠肺炎疫情防控过程中，我国暴露出在应对突发公共卫生事件时物资储备，尤其是医疗器械储备不到位的问题，这在一定程度上导致了疫情在全国范围内的迅速扩散和蔓延。针对医疗器械储备不到位的问题，笔者提出以下几点建议。

第一，建立健全关于应对突发公共卫生事件的法律法规，加大对哄抬物价、生产销售不合格产品等行为的惩罚力度，保证医疗器械的供应。第二，对突发公共卫生事件进行风险评估，制定完善相关医疗器械储备目录和标准，运用数据库及互联网技术，以省或地级市为单位，对医疗器械储备进行动态管理，保证医疗器械储备随时可查，以便检验质量、补充更新、调配使用。第三，相关部门应做好应对突发公共卫生事件的预案，确保突发公共卫生事件发生时，各级部门能制定及时有效的应对措施，保证相关医疗器械企业的生产和医疗器械物资的调配能够有条不紊地进行，保证应急生产供应能力。第四，政府应制定相关政策，加快布局医疗健康产业，加速医疗器械产业的发展，同时鼓励医疗器械企业、医院等做好相关医疗器械储备与维护保养工作。第五，加强宣传，增强公众对突发公共卫生事件的应急反应能力和日常健康防护意识，做好个人日常防护和个人应急物资的储备工作。

B.41
我国新冠肺炎防治中ECMO的应用进展

韩志富　张　皓　莫亚勤*

摘　要： 自新冠肺炎疫情暴发以来，体外膜肺氧合作为一种高级生命支持技术，在危重症患者的救治过程中发挥了巨大的作用。虽然该技术在我国发展起步较晚，自主品牌及核心技术缺乏，但经过沉淀与积累，目前在临床应用层面，我国与国际已逐渐接轨，在设备研发层面，国内已有团队及企业取得可喜的突破。本文从体外膜肺氧合技术的临床应用场景及现状、核心技术及壁垒、发展趋势等角度，梳理了在此次新冠肺炎疫情背景下，我国体外膜肺氧合技术的发展现状。最后提出我国ECMO应顺应趋势，形成以ECMO应用区域中心为主并辐射周围地区的诊疗模式，通过普及ECMO应用指征，建立良好沟通机制及转诊网络，增加ECMO技术的受益患者。

关键词： 体外膜肺氧合　新冠肺炎　离心式血泵

体外膜肺氧合（Extracorporeal Membrane Oxygenation，ECMO）简称膜肺，俗称叶克膜或人工肺，是以体外循环系统为基础，采用人工心肺支持的高级生命支持技术。ECMO的主要目的是将血液泵入体外膜肺装置进行足够的氧合并排除二氧化碳，从而对危重症患者提供有效的呼吸及循环支持、保障有效血

---

* 韩志富，航天泰心科技有限公司总经理，研究员；张皓，广州九泰药械技术有限公司医学经理；莫亚勤，广州九泰药械技术有限公司医学总监，副研究员。

供，为心肺功能的恢复赢得时间。随着氧合器、驱动泵、材料以及抗凝等技术的不断发展和临床经验积累，ECMO 的使用范围不断扩展[1]。其对于急性呼吸窘迫综合征（Acute Respiratory Distress Syndrome，ARDS）的疗效在经过曲折发展后最终获得肯定，并在多次病毒性肺炎疫情防控中得以应用，如 2013 年国家卫计委发布的《人感染 H7N9 禽流感诊疗方案（2013 年第 1 版）》就将 ECMO 作为提供呼吸支持的治疗手段。

一 ECMO 的临床应用

（一）治疗模式

临床中根据辅助器官的不同，将 ECMO 主要分为静脉－静脉转流（Veno-Venous ECMO，VV-ECMO）和静脉－动脉转流（Venous-Arterial ECMO，VA-ECMO）两种模式。VV-ECMO 适用于单纯呼吸衰竭的患者，VA-ECMO 则可以同时提供循环和呼吸支持。需要注意的是，在进行 VV-ECMO 时要留意患者的循环状态，当患者并发循环衰竭时可改为 VA-ECMO，如当新型冠状病毒肺炎患者存在心源性休克或者出现心脏骤停时[2]。

（二）应用指征

ECMO 通常应用于通过传统手段治疗无效的患者，为患者提供临时性的功能辅助，在保障患者全身脏器功能的同时代替其失功心、肺，以便使其恢复或过渡到移植。因此使用前要明确 ECMO 的使用目的，是等待恢复还是等待供体。在无法达到预计目的时，不宜运行 ECMO。当患者病情发展至不可逆阶段时，强行使用 ECMO 也只能推迟其死亡而无法实现逆转，同时还会造成不必要的经济与医疗资源浪费。

随着适应证的拓展，部分领域已达成相关的专业共识。但在临床实践中，

---

[1] 侯晓彤、杨峰、童朝晖等：《中国开展成人体外膜肺氧合项目建议书》，《中华危重病急救医学》2014 年第 11 期。
[2] 中国医师协会体外生命支持专业委员会：《危重型新型冠状病毒肺炎患者体外生命支持应用时机及模式选择的专家建议》，《中华结核和呼吸杂志》2020 年第 3 期。

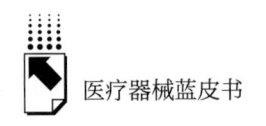

对适应证的把握仍有困难，有时其临床收益并不明确，需要临床医生根据实际情况和经验来具体判断。近年来 ECMO 在器官移植的供体保护中也得到了一定的应用，其能在人逝世后提供稳定的氧合血液进行器官灌注，从而缩短供体器官热缺血时间提高移植物质量[1]。

二 ECMO 应用现况和市场现状

为了推动全球范围内的 ECMO 技术交流与应用，体外生命支持组织（Extracorporeal Life Support Organization，ELSO）于 1989 年成立[2]，根据 ELSO 的注册数据，2019 年全球共有 430 个中心，实施 ECMO 的病例达 12850 例，截至 2020 年 1 月注册的总病例数达 129037 例，55% 的患者存活至出院或转院。中国医师协会体外生命支持专业委员会于 2017 年成立，其统计数据显示 2018 年上报的实施 ECMO 的病例总计 3923 例，实施医院共计 260 家，较 2017 年（2826 例）增加 38.8%，住院生存率与 ELSO 数据基本一致。

在我国 ECMO 的主要供应商是迈柯唯（MAQUET）、美敦力（Medtronic）、索林（SORIN）、米道斯（MEDOS）四家。根据 2020 年 2 月 Grand View Research 发布的数据，2019 年 ECMO 全球市场规模约为 2.97 亿美元，年复合增长率为 4.5%[3]。华西证券在其发布的行业报告中提到，根据我国 ECMO 中心的增长测算数据，2018 年我国 ECMO 总市场规模为 2.4 亿元，而基于国家卫健委《2018 年我国卫生健康事业发展统计公报》中我国三级甲等医院共 1442 家的数据测算，我国 ECMO 市场常态下规模为 18 亿元，实际数据可能更大，文献报道 2015 年我国已有 3569 个 ICU，49453 张 ICU 床位[4]。但是，由于

---

[1] 谢琴芬、彭传会、郑树森：《体外膜肺氧合在器官移植领域中的应用进展》，《中华移植杂志》2019 年第 2 期。

[2] 钟鸣：《ECMO：体外生命支持半世纪的故事》，《临床与病理杂志》2015 年第 1 期。

[3] Grand View Research: Extracorporeal Membrane Oxygenation Machine Market Report, https://www.grandviewresearch.com/industry-analysis/extracorporeal-membrane-oxygenation-ecmo-market.

[4] Phua J, Faruq MO, Kulkarni AP., "Critical Care Bed Capacity in Asian Countries and Regions", *Critical Care Medicine*, 2020.

ECMO 系统的复杂性，目前三甲医院当中有能力开展 ECMO 辅助治疗的仅有 260 家，可以看出 ECMO 在我国医院的发展依然任重道远。综合来看，虽然近几年我国 ECMO 的临床应用扩张迅速，但仍有较大发展空间。

三 新冠肺炎防治中 ECMO 的应用

新冠肺炎疫情暴发后，随着重症及死亡病例不断增加，ECMO 再次走入大众视野。首例报道为 2020 年 1 月 22 日武汉大学中南医院用 ECMO 成功救治了一名重症患者。随后公布的第五版《新型冠状病毒感染的肺炎诊疗方案》提出对于常规治疗无效的危重型患者可采用 ECMO 作为挽救性治疗手段。中国医师协会体外生命支持专业委员会也在随后发布了《危重型新型冠状病毒肺炎患者体外生命支持应用时机及模式选择专家建议》。随着湖北特别是武汉地区危重患者不断增加，政府在对国内已有 ECMO 进行紧急调用的同时，也在邀请各地医疗队援助湖北，明确要求多家单位携带 ECMO 设备，并组织紧急采购 ECMO 设备及耗材。2020 年 3 月 4 日，国务院联防联控机制新闻发布会提到，经过统计一共有 67 台 ECMO 设备发往湖北。

疫情期间的学术报道也不断提到 ECMO，2020 年 1 月 24 日《柳叶刀》杂志发表的一篇有关 41 例新冠肺炎患者临床特征的报道，其中提到有两例患者同时使用了有创通气及 ECMO[1]。2020 年 1 月 29 日《柳叶刀》上再次发表了有关金银潭医院 99 例患者治疗情况的文章，其中 3 例患者进行了 ECMO 治疗[2]。2020 年 2 月 7 日 JAMA 上报道了一篇对 138 例新冠肺炎患者的治疗分析，指出其中 4 例使用了 ECMO 进行抢救[3]。2020 年 2 月 21 日《柳叶刀》子刊发文，文章汇总了金银潭医院 52 例重症患者的临床数据，其中 6 例患者使用了

---

[1] Huang C., Wang Y., Li X., "Clinical Features of Patients Infected with 2019 Novel Coronavirus in Wuhan, China", *Lancet* (London, England), 2020.

[2] Chen N., Zhou M., Dong X., "Epidemiological and Clinical Characteristics of 99 Cases of 2019 Novel Coronavirus Pneumonia in Wuhan, China: A Descriptive Study", *Lancet* (London, England), 2020.

[3] Wang D., Hu B., Hu C., "Clinical Characteristics of 138 Hospitalized Patients With 2019 Novel Coronavirus - Infected Pneumonia in Wuhan, China", *Jama*, 2020.

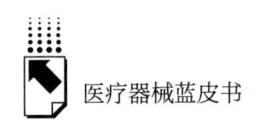

ECMO。随着疫情逐渐扩散[①]，2020年3月13日WHO发布新冠肺炎治疗指南，其中提到对于难治性低氧血症应考虑使用ECMO。2020年3月20日《柳叶刀》子刊再次发文对疫情期间ECMO的使用进行了讨论分析[②]。

四 ECMO核心技术及壁垒

（一）氧合器

氧合器的主要作用是模拟生物肺泡完成气体交换过程。目前使用的主流类型是中空纤维膜式氧合器。经典的中空纤维膜为聚丙烯材质的不对称膜，其横断面分为2层，支持层为海绵状结构，皮层为多孔结构开放式表面，其微孔占据膜表面积的60%左右[③]。在使用一段时间后材料的亲水性会增加，导致血浆渗出到气体腔。因此聚丙烯氧合器的使用时间常被限制在6小时以内，使其更适合用于术中体外循环。硅橡胶作为另一种膜材料，拥有良好的透氧气性和血液相容性，其部分型号的氧合器被FDA批准可以长时间使用，但其排出二氧化碳功能较差，且价格相对高昂[④]。目前公认的最优中空纤维膜材料为聚甲基戊烯（Polymethylpentene，PMP），其膜制造技术由3M公司旗下的Membrana掌握，产品名称为OXYPLUS™，该膜的气体交换性能与同公司生产的聚丙烯中空纤维膜OXYPAN相当，但使用时间却得以显著延长，是目前最适合用于ECMO的中空纤维膜。

（二）驱动泵

驱动泵是ECMO的动力部分，即ECMO循环动力的来源。应用在ECMO

[①] Yang X., Yu Y., Xu J., "Clinical Course and Outcomes of Critically Ill Patients with SARS – Co V – 2 Pneumonia in Wuhan, China: A Single – centered, Retrospective, Observational Study", *The Lancet Respiratory Medicine*, 2020.

[②] Ramanathan K., Antognini D., Combes A., "Planning and Provision of ECMO Services for Severe ARDS During the COVID – 19 Pandemic and Other Outbreaks of Emerging Infectious Diseases", *The Lancet Respiratory Medicine*, 2020.

[③] 段亚峰、潘峰：《膜式氧合器用聚丙烯中空纤维膜超微结构》，《纺织学报》2005年第3期。

[④] Toomasian J. M., Schreiner R. J., Meyer D. E., "A polymethylpentene fiber gas exchanger for long – term extracorporeal life support", *ASAIO journal*, 2005, 51 (4).

的驱动泵包括滚压泵和离心泵两种，滚压泵运行时泵管内压力变化较大，长时间运行易损伤血细胞，因此主流 ECMO 已放弃该设计。当代 ECMO 主要使用离心泵，其由电机、泵头和控制系统组成。目前几款主流 ECMO 品牌的血泵参数相似，最大流量在 8~10L/min，泵头预充量在 16~57ml，流量调节精度在 ±0.01~±0.1L/min，多配有紧急驱动手柄，可在紧急情况下进行手动操作[1]。

驱动泵的技术难点及重点主要集中在血液相容性方面，即对于血栓形成及血细胞破坏的控制。设计方面主要通过流体动力学及有限元分析等手段对泵的结构进行优化。材料方面除了叶轮及泵壳本身的材料选择，还要考虑通过活性涂层等技术手段来增加材料血液接触面的生物相容性[2]。

此外，驱动泵的加工工艺也至关重要，由于泵头中包含多种材料，因此在相关部件连接处容易出现断面，血液流经易形成血栓及凝血。同时过于粗糙的血液接触面、结构本身或加工造成的尖角则是造成溶血的重要因素。在样机设计制作完成后，还需进行体外实验初步检测性能参数。

目前全球循环辅助设备发展迅速，主要的市场仍被外资品牌占据，此次疫情当中，中国医学装备协会先后发布了五批疫情防治急需医学装备清单，其中 ECMO 设备涉及企业 7 家，仅有天津汇康是国内企业。虽然缺乏国内品牌，但也有部分国内团队及企业取得一定突破。设备方面，天津汇康生产的人工心肺机 WEL-1000HA 已在国内上市。航天泰心科技有限公司，于 2009 年成立研发团队启动人工心脏 HeartCon 项目，目前该设备已成功完成动物实验。2019 年 6 月 4 日上海交通大学医学院医院管理处报道上海儿童医学中心成功研发 ECMO 离心泵，目前已经完整组装实验室样机。2020 年 3 月 13 日山东大学官网发布消息：山东省磁悬浮轴承工程技术研究中心历时十余年研发出 ECMO 样机并已成功完成部分体外实验。耗材方面，国产氧合器厂家有四家，其氧合器主要使用聚丙烯滤膜。2020 年 2 月 8 日杭州科百特过滤器材有限公司的官方公众号发布消息称，其于 2013 年启动 PMP 氧合膜丝的研发项目，研发阶段

---

[1] 黄剑平、韩啸：《采购相关的膜肺技术参数及耗材比较》，《江苏卫生事业管理》2020 年第 2 期。

[2] 李丹、吴静娴、刘小莉等：《血液接触材料表面抗血栓改性新策略：构建纤溶活性表面》，《高分子学报》2016 年第 7 期。

的样品于2018年正式下线，其结构及气体交换性能均可比肩国外产品。目前其将继续优化工艺，并开展后续试验。

五 ECMO临床应用面临的挑战与发展趋势

（一）治疗费用

ECMO治疗费用较高且个体差异大。文献报道，国内心脏术后患者进行ECMO辅助的平均费用近25万元，整体在5万至120万元之间[①]。高额的费用在影响患者选择的同时也导致了地区间ECMO发展的差异，同时地区间医保政策的差异又影响患者选择。在经济基础较为薄弱的地区，医院即使配置了相关设备，较少的开展例数也使临床团队难以维持和提升实战经验。

（二）学科建设

ECMO技术本身较复杂且高风险，对医疗资源配置要求高，需要占用大量卫生资源。ECMO的具体实施应由一个多学科团队而非单一科室完成。多学科背景造成其在实际开展中学科归属不明确，部分中心心外科、ICU、呼吸科等都在开展ECMO，不同医院开展ECMO的科室也存在差异，造成学科管理处于分散状态，其在一定程度上限制了院内及院间的统一组织、多学科合作以及相关指南与研究的推进。

（三）ECMO中心设置

2009年甲流H1N1、2013年禽流感H7N9、2019年新冠肺炎疫情都推动了ECMO在国内的开展，但开展过程中也存在一些不合理的现象，部分基层医疗中心也跟风上马ECMO项目，按照诊疗流程即使这些中心可以完成ECMO，最终也还是需要将患者转至上级医疗机构。实际上对于ECMO中心的建立除去人员及设备配置要求外，还应考虑到每年中心可能实施的病例数，虽然对于每

---

① 章晓华、庄建：《中国体外膜肺氧合技术开展的现状及思考》，《中国体外循环杂志》2017年第2期。

年的最少可接受例数存在争议,但有证据表明患者预后与中心年开展例数具有一定相关性[1]。ELSO 建议 ECMO 中心的年开展例数应在 6 例及以上。

(四)发展模式与趋势

目前国际通行的 ECMO 发展模式是建立 ECMO 协作网络,将非 ECMO 中心的患者转运至 ECMO 中心进行治疗。这催生了便携式设备。这些设备同时支持床旁及转运操作。相较传统设备其体积更小、结构更坚固、便于运输并有独立电源。我国 ECMO 也应顺应趋势,形成以 ECMO 应用区域中心为主并辐射周围地区的诊疗模式。通过普及 ECMO 应用指征,建立良好沟通机制及转诊网络,增加 ECMO 技术的受益患者,打造高水平的 ECMO 团队,提高患者的生存率。

---

[1] Peek G. J., Mugford M., "Tiruvoipati R. Efficacy and Economic Assessment of Conventional Ventilatory Support Versus Extracorporeal Membrane Oxygenation for Severe Adult Respiratory failure (CESAR): A Multicentre Randomised Controlled Trial", *Lancet* (London, England), 2009.

B.42 后　记

2020年突如其来的疫情，对社会生活的影响可谓巨大，同样也打乱了《医疗器械蓝皮书》2020年的编撰计划，原定于春节后召开的编委会也不得不改为视频会议，原以为疫情的到来会对编辑和出版工作带来巨大的影响，没想到的是，在全体编委和作者的共同努力下，我们如期完成了编撰的工作。作为主编，真心地感谢《中国医疗器械行业发展报告（2020）》的全体顾问、编委和作者，他们在积极应对疫情、做好医疗器械抗疫保障工作的同时，完成了精彩的、高质量的报告。

鉴于2020年的特殊情况，我们增加了定向邀约的数量，总共发出邀请函57份，最终选取了质量较高的41篇报告，报告的甄选和修改是一个极其艰巨的工作，几乎所有的报告都经过了两到三次的修改，个别报告甚至前后经过了十几次的修改，编委和作者不厌其烦和精益求精的态度着实让人感动。在此还要对经过多次修改仍没有被选取的各位作者说声对不起，正是由于你们的宽宏大量才成就了《医疗器械蓝皮书》的精致。

经过十个月的辛苦筹备和编撰，在即将出版之际，还是想再次对给予蓝皮书鼓励和帮助的朋友们表示感谢。感谢国家药品监督管理局焦红局长、徐景和副局长的大力支持与指导；感谢医疗器械注册管理司、医疗器械监管司、医疗器械技术审评中心等有关司局和单位领导的全力支持；感谢邵明立会长、张兴栋院士、戴尅戎院士作为本书的顾问和所提的宝贵意见；感谢邵明立会长为本书作序；感谢各位编委与作者的积极参与和所倾注的大量心血；还要特别感谢给予此书资金支持的中国药品监督管理研究会。

记得在上一版出版的后记中，作为主编我们曾提示大家"由于作者来自不同单位、不同部门、不同岗位，每篇报告中所收集、使用的资料来源不尽相同，截止时间也不一致，甚至有的数据、分析与观点相左。作为本书主编，我们尊重每位作者的观点，也无法对每篇报告强求一致。我们希望读者自己进行分析、辨别"。2020年我们还要同样给出提示，在您学习参考、引用报告的时候，务必做出说明，因为在信息数据满天飞的时代，我们更应该保有研究者严谨和认真的态度。

欢迎大家对我们的工作提出意见和建议，您可以通过微信、邮件（ylqxlps2017@163.com）与我们联系。我们希望在今后的工作中对所有缺憾予以弥补和改进。

《中国医疗器械行业发展报告（2020）》主编

王宝亭　耿鸿武

2019年8月30日

B.43
《中国医疗器械行业发展报告（2021）》征稿函

尊敬的读者：

您好！"皮书"是中国社会科学院社会科学文献出版社推出的大型系列图书。它由一系列权威研究报告组成，对每一年度有关中国与世界的经济、社会等各个领域的状况和发展态势进行分析和预测。皮书一般是由著名学者和权威研究机构所组成的团队完成，能够凸显出研究者的群体智慧。皮书的作者中不乏政府部门的官员、学术机构的专家，但皮书并不代表官方的观点。作者主要是从专业研究的立场出发，表达个人的研究心得，也正是这一点保证和增强了皮书的权威性，成为各界人士参考和借鉴的重要资料。

为及时回顾、总结医疗器械行业的发展状况、取得的成绩和经验，为行业从业者和研究者提供指导和参考，《医疗器械蓝皮书》已经连续发行四版。新版的发行之时就是下一版的启动之时。《中国医疗器械行业发展报告（2021）》热诚欢迎您加入编撰工作的行列中。

2021版蓝皮书仍将延续前四版的结构，包括：总报告、政策篇、行业篇、市场篇、区域篇、实践篇。您可以参照前四版的报告体例进行准备。我们欢迎热爱医疗器械行业、自愿为行业奉献知识、有较高专业水平的各级政府机构、协会、院校的专家学者，尤其是企业的行业研究者，能够撰写署名专题报告。报告的题目和内容可以自行申报，也可以按照编委会的命题进行。

蓝皮书报告要求：①应是对医疗器械行业年度热点和焦点问题进行较深入的研究后形成的专项学术研究报告。通过借鉴国内外理论研究成果和对比研究，以一定的理论高度和全面的视角，对相关决策、行动提出观点、思考和建议。请注意报告的知识性、资料性、借鉴性。②文章的观点、思考和建议等要有依据（有理论或数据支持）、全面（尚无定论或倾向性结论的问题要尽量顾及各方面观点甚至是相反的观点，或与作者主张不一致的立场，以利于读者全面了解）、有前瞻性或指导性。（3）文章引用的数据资料，要力求可靠和合法，一般宜引用已公开过（如文章、公报、会议、讲义等）或可以公开的内容，对于敏感或可能不宜公布的数据，尽量回避。

编委会联系邮件（ylqxlps2017@163.com）或扫描以下二维码。

此致
  敬礼

《医疗器械蓝皮书》编委会
2020 年 9 月

Abstract

In 2019, China's medical equipment industry continued to maintain a good momentum of development, such as production enterprises, the main revenue, R&D input, import and export trade and so on. The pharmaceutical supervisory and administrative departments throughout the country have carried out in-depth reform of the system of examination and approval of medical devices, continuously increased strict supervision over the whole life cycle of medical devices, constantly strengthened the basic construction of regulatory standards, and made new achievements in various work, which has strongly promoted the healthy and rapid development of the medical devices industry in China.

This book discusses the policy changes which affect the development of medical device industry in 2019 from many angles. In the aspect of examination and approval system reform, it is proposed to improve the standard management system of medical equipment, strengthen the capability of medical device classification management and medical device inspection; in the aspect of post-market supervision of medical devices, it is suggested to accelerate the construction of the legal system, comprehensively promote the consultation of risks, strengthen the supervision of medical device quality, etc.; it is analyzed and explained the monitoring data of bad events in 2019; it is suggested that we should actively promote the collection, analysis, analysis and examination and approval of adverse events, and control measures to reduce the products's risk. The municipal government will take advantage of the provincial centralized procurement platform to carry out extensive volume procurement; the pilot scope of the medical device registrant system will be expanded further in 2019, and industrial innovation will be stimulated.

At the overall level of the industry, it is pointed out that the foreign trade of medical equipment in China will continue to rise in 2019, with the total import and export exceeding 50 billion US dollars, and will continue to maintain double-digit growth by 2020. The problems existing in medical equipment compliance, the

Abstract

construction of testing system and the quality of clinical trials are analyzed, which provide a direction for the healthy development of the industry. With medical robot, accompanying diagnosis and orthopaedic implant industry as representatives, the industry's hot issues are clarified and their future development trend is forecasted. At the market level, this paper summarizes the market application status of medical protective materials, surgical stapler, left auricle occluder, intracranial electroencephalogram (EEG) acquisition instrument, thermal perfusion therapy of tumor body cavity, and anterior technology development of anterior segment surgical implant instrument, and gives some thoughts on its future development path. The regional level is represented by seven areas, such as Beijing, Shanghai, Guangdong, Jiangsu, Hubei, Yunnan and Inner Mongolia. The relevant data and policies on the development of medical equipment industry at the provincial level are analyzed, and the configuration of medical equipment and clinical equipment in different regions is summarized. In practice, it shows the innovative practice of promoting the healthy development of medical device industry in Shenzhen and Handan, the risk of responsibility and cognition in the actual implementation of medical device registrant system, the evaluation method of comprehensive strength of medical device industrial park, the participation mechanism of third-party organizations under the new mode of medical device CDMO, etc. .

Finally, under the background of the outbreak of New Crown pneumonia, this paper discusses the guarantee system and mechanism of medical equipment supply, the guarantee system of emergency medical materials and the construction of international medical equipment supply chain, and gives some thoughts on the development of the technology application of immediate detection (POCT), the examination and approval of medical device products and the application of ECMO.

Keywords: Medical Device; Emergency Examination Approval; Industry Supervision

Contents

Preface   Shao Mingli / 001

Foreword   Wang Baoting, Geng Hongwu / 003

I General Report

B. 1 Development of China's Medical Device Industry in 2019
       and Prospect in 2020   Wang Baoting, Geng Hongwu / 001

   1. Analysis on the Situation of China's Medical Equipment Industry
      in 2019   / 002
   2. Supervision of Medical Devices in China in 2019   / 010
   3. The Reform of China's Medical Device Supervision System
      and the Construction of Laws and Regulations in 2019   / 014
   4. Environment and Prospects for the Development of China's
      Medical Devices in the Future   / 016

Abstract: In 2019, China's medical equipment industry developed healthily under the guidance of a series of national regulations and policies. The number of medical device enterprises and the number of operating enterprises have increased. The medical device import and export trade has maintained its growth momentum for 11 years. The total investment in research and development has accounted for 7.41% of the business income of the same year. It is gradually approaching the level of R & D investment of multinational medical device companies. In 2019, the national pharmaceutical supervision and administration departments have pushed forward the reform of medical device examination and approval system, continuously strengthened the construction of medical device's whole life cycle, and the legal standard, and the foundation, which has strongly promoted the healthy and rapid development of medical device industry.

Keywords: Medical Device; Supervision Reform; Appraisal and Approval System

Ⅱ Topics in Policies and Regulations

B. 2 Progress Report on the Medical Device Approval System Reform of China in 2019　　　　　　　　　　　*Zhang Hua* / 018

Abstract: In 2019, the State Drug Administration implemented the Regulation on the Supervision and Administration of Medical Devices, taking the reform of the system of examination and approval of medical devices as the main line, strengthening the construction of the legal system of medical devices, the foundation of registration management and the technical support system, speeding up the examination and approval of medical devices, which are urgently needed in clinical practice, and making new achievements in the management of medical devices registration. This paper introduces the achievements made in the reform of medical device examination and approval system in China in 2019, such as the system of medical device registration and regulation, medical device standard management, medical device classification and management, the improvement of the research of naming and coding technology, the strengthening of medical device clinical trial supervision, the comprehensive implementation of registration electronic declaration, the substantive development of international exchange and cooperation, etc.

Keywords: Medical Device; Examination and Approval System Reform ; Classified Management

B. 3 Report on the Progress of Post-market Supervision of Medical Devices in 2019　　　　*Huang Qin, Zhao Bin and Xu Xiaocong* / 026

Abstract: In 2019, the State Drug Administration continued to promote the

373

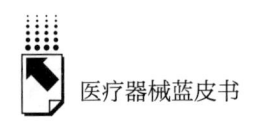

revision of the Regulations on the Supervision and Administration of Medical Devices, promote the construction of the regulation system, regularly carry out the post-listing supervision and consultation of medical devices with the participation of many departments, strengthen the supervision and control of high-risk products, comprehensively apply various means such as the monitoring and sampling inspection of adverse events, effectively prevent and control the safety risks of medical devices, strengthen the supervision and control of the quality of medical devices after market. In 2020, strengthen the construction of the construction of the construction of medical devices will be further enhance the construction of the construction of the construction of special supervision and regulation of medical devices

Keywords: Medical Devices; Post-listing Supervision; Risk Negotiation

B.4 Progress and Trends of China's Medical Device Adverse Event Monitoring in 2019   *Yue Xianghui* / 032

Abstract: In 2019, the new Regulation for the Monitoring and Reevaluation of Medical Deviation Events was formally implemented, and drug regulatory authorities at all levels actively promoted the promotion and training of laws and regulations, promoted the learning and understanding of the method, and continuously improved the understanding of the monitoring of adverse events, and improved the information level of monitoring of adverse events in medical devices, laying the foundation for the improvement of the monitoring of adverse events in China. In 2019, the number of adverse events of suspicious medical devices was 40.27 million by the provincial level, and 91.8 per cent of which were reported by Shandong province. We should recognize that the number of adverse events reporting products is not necessarily high risk, should be through the adverse events reporting collection, analysis, evaluation of a period of time product risk level, draw the development trend of product risk, find and confirm the existence of product risk, targeted risk control measures to achieve risk management effect.

Keywords: Medical Devices; Adverse Events; Risk Management

B. 5　Overview of Emergency Approval of Medical
　　　Devices in 2019　　　　　　　　　　　*Yuan Peng* / 042

Abstract: In recent years, in response to public health emergencies, the State Drug Administration has repeatedly initiated the emergency examination and approval of medical devices, and the emergency approval of pharmaceutical supervisory and administrative departments at various levels has passed various epidemic prevention and control products, such as in vitro diagnostic reagents, protective clothing, medical masks, etc. , which are conducive to supporting the development of epidemic prevention and control work. This paper analyzes in details the relevant provisions of the Emergency Approval Procedures for Medical Devices on Medical Devices, and summarizes the relevant requirements of other laws and regulations on the Emergency Approval of Medical Devices, such as the Regulations on the Supervision and Administration of Medical Devices on Deepening the Reform of the Approval and Approval System for Approval of Medical Devices to Encourage the Innovation of Medical Devices. After the outbreak of COVID - 19 pneumonia, the emergency examination and approval of medical devices in China has greatly promoted the supply of medical protective products, and ensured the urgent need of prevention, control and treatment of the epidemic situation. Finally, this paper summarizes the requirements of medical equipment emergency examination and approval in the United States, Japan and the European Union, and puts forward some suggestions for China to better cope with public health emergencies and further meet emergency needs.

Keywords: Medical Devices; Emergency Approval; Public Health Events

B. 6　Report of the Progress of Reform of the Medical Device
　　　Approval System in 2019　　　*Lan Wengchi, Jia Jing* / 049

Abstract: The year 2019 is the final year of the implementation of the reform of the medical device examination and approval system in China. This paper reviews the progress made in the reform of medical device evaluation and approval system in

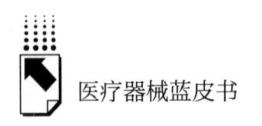

2019, including improving the quality efficiency through re-engineering review process, strengthening quality management, standardizing the management of expert consultation, promoting the evaluation of products with high priority of innovation, promoting the evaluation of major projects, guiding and supporting the declaration of innovative products, encouraging the innovation of medical devices, actively promoting scientific review, promoting the implementation of electronic application for registration, and enhancing the five professional levels of evaluation teams. In order to further promote the reform of the examination and approval system, it is suggested that, firstly, we should continue to push forward the reform, carry out the analysis and evaluation of the examination and evaluation system, actively cooperate with the revision of the regulation and document system, actively promote the intellectual review and evaluation, and, secondly, improve the level of the examination and evaluation and scientific management system. Thirdly, realize the scientific management system of effective operation evaluation. Fourth, promote the construction of the evaluation teams.

Keywords: Medical Devices; Review System; Wisdom Review

B.7 Overview of Concentrated Procurement of Medical Consumables in 2019　　*Geng Hongwu, Ye Xiaofang and Dai Bin* / 060

Abstract: This paper summarizes the main characteristics of centralized procurement of consumables in the typical provinces and cities after the establishment of the National Medical Security Bureau in 2019. In the aspect of provincial procurement, the Beijing military carries out procurement according to the result of resident bidding or hanging the net, the Beijing-Tianjin-Hebei alliance expands "3 + 6" to start joint procurement, Anhui initiates the first purchase of medical consumables, and so on. On this basis, this paper puts forward that national centralized procurement will become normal by 2020, and provincial centralized procurement platform will be used in the exploration of volume procurement.

Keywords: Medical Consumables; Medical Devices; Centralized Procurement

Contents

B. 8 Current Situation of Medical Device Industry Policy in China

Liu Qiang, Wang Zeyi / 073

Abstract: Medical devices are an important part of the pharmaceutical industry. In recent years, along with the deepening of the reform of the national medical and health system, the related policies of medical devices have been issued closely. According to statistics released by the China Pharmaceutical Recruitment Union, there are 1089 policies on medical devices issued by state and local authorities from 2016 to March 2020, including 493 at the national level, accounting for 45.2%, 596 at the local level, accounting for 54.8%, and the number of policies on medical devices is increasing year by year. Compared with 2016 - 2018, more documents were issued in 2019, with 311 published, including 68 official national level and 243 provincial-level and municipal-level ones. It is expected that the policy ecology of medical device industry will show five characteristics in 2020: (1) the policy thinking of medicine industry permeates to medical device industry; (2) the quantity of policy issued shows the rising trend; (3) the center of gravity of policy changes with the advancement of medical reform; (4) the development from macro-control to detailed management; (5) the medical insurance and centralized procurement will become the core of concern.

Keywords: Medical Devices; Industry Policies; Pharmaceutical Industry

B. 9 Report of Piloting Medical Device Registrant System in 2019

Lin Feng / 083

Abstract: As one of the important contents in the reform of medical device evaluation and approval system, the system of medical device registrant has been continuously advanced from 2017 to 2019, and the scope of pilot implementation has been extended to 21 provinces (districts and cities) in China. As of December 19, 2019, all 21 pilot provincial drug inspection bureaus have completed the program release, of which 20 provincial bureau plans to encourage registrants to buy product liability insurance, 10 schemes to be included in the pilot project implementation of priority review and approval, 17 programs to encourage or require registrants, entrusted production enterprises through the corresponding quality management system certification, at the same time, all the pilot scope of the program does not involve the state-mandated production of medical equipment catalogue products. The implementation of the registrant system in the future needs to pay more attention to four problems: (1) the concept of registrant and the key meaning of the registrant system; (2) the matching of the registrant's responsibility and ability; (3) the social credit system and intellectual property protection consciousness need to be improved; (4) the government function and supervision idea need to be changed and adjusted continuously.

Keywords: Medical Devices; Registrant System; Pilot Program

Ⅲ Topics in Industry Development

B.10 Current Situation and Development Trend of China's Foreign Trade in Medical Devices in 2019

Cai Tianzhi, Du Yu / 094

Abstract: In this paper, the import and export data of medical equipment in 2019 was combed, and the import and export situation of medical equipment in China was analyzed in details. From the industrial point of view, innovation-driven development has promoted the industrial cluster effect obviously, the product structure has been further optimized, and the internationalization of leading enterprises has accelerated, especially in ASEAN, "Belt and Road" countries along the increase of trade activities, all of which have minimized the negative impact of Sino-US trade frictions on the industry. It is expected that China's medical equipment foreign trade will continue to maintain double-digit growth by 2020, and the annual medical equipment foreign trade is expected to exceed US $60 billion.

Keywords: Medical Devices; Foreign Trade; Internationalization

B. 11　The Present Situations and Prospect of Medical Device

　　　　Labelling Compliance in 2019　　*Chang Jia , Wang Meiying* / 105

Abstract: Statistics show that the products which are found to be not qualified in the label and instruction in the sample inspection mainly occur in the active medical devices, few of which are used aseptically at once, and no medical devices are implanted. Among the non-compliance products found in the product recall, the problem of non-compliance of active medical devices is especially concentrated. From 2017 to 2019, the total number of recalls of active medical devices due to non-compliance with the product requirements was 100%, 98.59% and 78.26% respectively. On the basis of careful analysis of the reasons leading to the above-mentioned compliance problems, this paper puts forward three pieces of suggestion: (1) UDI system for medical equipment; (2) improving the universality of the standard of medical device marking; and (3) strengthening the design, development and production process control of medical equipment.

Keywords: Medical Devices; Markers; Compatibility

B. 12　2019 Current Status and Prospect of Medical Device

　　　　Verification and Testing Facilities

　　　　　　　　　　Li Jingli , Li Haining and Yuan Fuqiang / 114

Abstract: Medical device inspection includes pre-listing registration inspection, post-listing daily supervision and supervision sampling inspection, etc., which plays an important role in ensuring the safety of the people's equipment. By combing the history of the national medical device inspection institution, combining with the state key laboratory of medical device approved by the State Drug Administration, this paper gives a comprehensive introduction to the examination ability of the national medical device inspection system, including the history of the development of the national medical device inspection institution, the staffing of each inspection institution, the allocation of infrastructure, technical advantages and scientific research. As far as possible, the development status of medical device inspection institutions outside the drug supervision system is included, and the examination ability of medical device in China is described in details. In view of the rapid development of medical device technology and industry, look forward to the future development direction of inspection institutions, so as to provide reference for the national scientific and reasonable construction of medical device inspection system, and to help the existing inspection institutions to develop healthily in order to meet the development and needs of the industry.

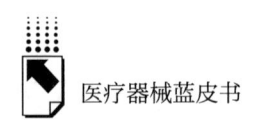

Keywords: Medical Devices; Test and Test Ability; Inspection Organization

B.13 China Medical Device Clinical Trial Quality Analysis in 2019

Zhang Li, Li Jian and Zou Yanqin / 125

Abstract: The year 2019 was a year of rapid development in clinical trials of medical devices. From the regulatory level, the State Drug Administration continues to improve the medical device clinical trials related regulations system, continuous release of a series of medical device clinical trials related technical guidelines, strengthen the supervision of clinical trials of various links, medical device registration applications and approval projects continued to increase; from the institutional level, with the formal implementation of clinical trials, medical device clinical trials, the number of clinical trials, the development of medical device clinical trials continued to increase; from the quality level of the overall development of investment in products and quality, medical device research and quality, medical device research and training. However, there are still some problems, such as the lack of authenticity and standardization, which need to be improved in the future from the aspects of strengthening project supervision, strengthening personnel training and increasing input from all parties.

Keywords: Medical Devices; Clinical trial; Quality Management

Contents

B.14 Report of China's Medical Robot Industry Development in
2019　　　　　Wu Tao, Yang Xiaokang and Zhang Xuedian / 133

Abstract: Under the influence of the shortage of medical resources and the shortage of multi-disciplinary talents, the research and application of medical robots in China is becoming more and more urgent. The global market for medical robots is expected to reach $14.4 billion by 2020, with China accounting for 5% to 7%, according to Boston Consulting. According to the structure of the global medical robot market, the sales volume of surgical robot occupies more than 60% of the total share, and the market scale is the largest. However, compared with the European and American markets, China's medical robot industrial layout is still in the initial stage of development. By studying the current situation of medical robot industry at home and abroad, this writer looks forward to the future development of medical robot in China in terms of technology, market, talents and investment and financing.

Keywords: Medical Robot; Medical Technology; Artificial Intelligence

B.15 Analysis of the Development Status and Trend of China's
Accompanying Diagnostic Industry in 2019
　　　　　Ren Tao, Chen Cheng and Huang Tao / 141

Abstract: The role of the diagnostic industry in the medical system is becoming more and more important. With the support of various favorable policies, China's adjoint diagnostic industry has entered a growing period, with PCR, FISH, IHC, NGS and other technologies maturing, and advanced technical platforms such as liquid biopsy, PDC, PDX and organ-like have been developed gradually to form a diversified pattern of technological platforms and products, complementing each other with various technologies and products. A number of enterprises engaged in the diagnostic industry have developed rapidly and become the leader of a segment of the field, innovation in the product side, the market scale is expanding year by year. But at present, China's accompanying diagnostic industry market concentration degree is not enough, the result conversion rate is not high, is still in the follow-up stage, in order to realize the leading run, but also needs to strengthen the industrial innovation, from the clinical needs of design products, to form "good money evictions bad money" ecology.

Keywords: Adjoint Diagnostic Industry; Adjoint Diagnostic Product; Adjoint Diagnostic Technology

B.16 The Status and Development Trend of Chinese Orthopedic Implant Industry in 2019   *Xu Shufu, Li Renyao* / 152

Abstract: In 2019, the State Council issued a reform plan on the management of high-value medical consumables, which promoted the healthy development of high-value medical consumables, including orthopaedic implants. In this paper, the domestic orthopedic implant market was investigated, and the domestic market was predicted based on the development of the international market, and the hot issues and new technology applications that affected the development of the domestic market were analyzed and summarized. The results show that in 2019, the domestic market income of orthopaedic implants reached 27.1 billion yuan, with the growth rate of 16%, among which the growth rate of the four segment markets of joint, spine, trauma and sports medicine is higher than the average level of the corresponding field in the world. The development and application of new technology is still an important driving force for the rapid development of orthopedics. China's orthopaedic implant market is expected to grow at an average rate of 16% between 2020 and 2024.

Keywords: Orthopaedic Implants; Procurement with Volume; Orthopaedic Robot Technology

Ⅳ Topics in Products and Market

B. 17 Current Situation and Development Trend of Medical

Protective Materials in 2019

Lin Qiang, Yu Yixin and Liu Chenbin / 160

Abstract: Medical protective articles not only have many kinds, but also have their own standards. At present, China's medical protective equipment industry is short of well-known brands, resources are incomplete, emergency capacity needs to be improved; some medical protective equipment industry standards are still to be perfected. Under the impact of major public health emergencies, medical personnel's awareness of protection has been raised, but the use of various protective equipment needs to be further standardized and popularized. Medical protective materials should be included in the state reserve materials, scientific reserve, when needed in a reasonable and timely call. It is expected that the production of medical protective equipment will continue to rise in the future, and the new materials of medical protective equipment and intelligent protection system will gradually occupy the market. At the same time, the protective ability of medical protective materials will be strengthened.

Keywords: Medical Protection Materials; Intelligent Protection; State Reserve Materials

B. 18 Current Situation and Development Trend of

Surgical Stapler Industry in 2019   *Song Chengli / 169*

Abstract: The stapling device is a medical instrument which replaces traditional manual suture in surgery. It is mainly used for dissection, resection, anastomosis and reconstruction of organ function of human body. The global stapler market will grow from $3.38 billion in 2017 to $4.78 billion in 2022, an annual growth rate of

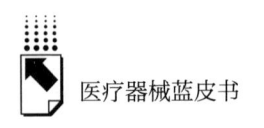

7.2%, according to data from the Food and Drug Administration and the stapling industry association. China's stapling market will grow from 3.6 billion yuan in 2014 to 10.7 billion yuan in 2019, an annual growth rate of 17%. However, the industry concentration degree of stapler industry in China is generally low, which appears small and scattered, and has not yet developed in scale, and the innovation ability of stapler industry is low in China, and the homogenization of products is serious. It is expected that in the future, minimally invasive surgery and intelligent equipment operation will be the trend of the development of stapler industry, grass-roots hospitals, regional medical coverage will promote the rapid development of stapler market, policy support will be increased to better domestic stapler import substitution.

Keywords: Stapler; Minimally Invasive Surgery; Medical Device; Intelligent

B.19 Report of the Application of China's Digital Technology in the Field of Oral Medical Devices in 2019

Wang Chengyong, Liu Zhihua and Wang Yanhui / 176

Abstract: With the improvement of national economy and the rapid development of computer technology, modern stomatology model has changed from traditional diagnosis and treatment to digital diagnosis and treatment. How to use digital technology to achieve accurate, efficient and comfortable personalized oral diagnosis and treatment has become the future direction and objective needs of the development of stomatology. This paper expounds the application situation of digital technology in oral medical devices in 2019, summarizes and contrasts the digital oral medical devices and related technologies, points out the shortcomings and future trends of some fields, and puts forward that the digital technology of CBCT, 3D printing, AI technology/CAD/CAM and medical robot will form a closer combination, which will form a complete digital treatment system of oral cavity, and will have some reference and application in the future development of digital technology in oral medical devices.

Keywords: Oral Medical Devices; Digital Technology; Artificial Intelligence

Contents

B.20 Market Situation and Development Trend of Left
Atrial Appendage Occluder in 2019
Chen Wei, Ruan Chengmin and Chang Xiaoxin / 184

Abstract: At present, anticoagulant therapy as a first-line treatment of symptomatic atrial fibrillation, in each country treatment success rate and coverage rate are not satisfactory, but left auricular occlusion has been confirmed by many clinical trials, and rapidly spread in the world. This paper firstly analyzes the development of left auricle occluder market abroad, and then points out that China is the second largest country in the world. In 2018, there are more than 200 medical centers which can complete left auricle block. Eleven of the more than 100 medical centers have been completed. The treatment of left auricle occlusion is mainly concentrated in Shanghai, Beijing, Zhejiang, Jiangsu and other developed coastal provinces and provincial capitals. Finally, the writers thinks that the left auricular occluder has a wide application prospect and great economic potential in China. The improvement of the capacity of primary practitioners is helpful to promote the improvement of left auricular occluder.

Keywords: Left Auricle Block; Atrial Fibrillation; Medical Device

B.21 Present Status and Trends of Intracranial
Electroencephalography Devices in 2019 *Mo Xiaolong* / 192

Abstract: This paper analyzes the current situation of the industry of intracranial EEG acquisition devices represented by SEEG (stereotactic electroencephalogram), and analyzes the bottleneck of the market growth of EEG acquisition instruments. It was introduced into China after 2014, showing high-speed growth. In 2019, there were about 100 hospitals carrying out SEEG operation in China, including more than 30 epileptic centers. But we should also see that, even if the growth of SEEG surgery is very rapid, compared with the huge demand, SEEG surgical treatment is facing a serious shortage of supply; SEEG epileptic surgery time-consuming, high consumption of medical resources; SEEG epileptic surgery costs are relatively high. In this paper, we propose (1) to reduce the cost of consumables by adequate market competition; (2) to reduce the operating threshold through the application of advanced instruments; (3) to replace heavy repetitive work with AI to improve the clinical diagnosis and treatment efficiency of SEEG.

Keywords: Intracranial EEG Acquisition Apparatus; Epilepsy Diagnosis Treatment; Artificial Intelligence

B.22 The Current Status and Prospects of the Application of Implantable Devices in the Anterior Segment of China in 2019　　　　　*Shi Weiyun, Zhai Jiajie* / 200

Abstract: In this paper, the product status, market profile and developing trend of the implant-in-the-eye device are investigated and analyzed, and the industry development situation of the implant-in-front device is fully demonstrated. The clinical trial of collar-and-button artificial cornea has been carried out all over the country, and the evaluation of curative effect has exceeded the standard of World Health Organization. Bio-conjunctival products are expected to start multi-center clinical research in 2020. At present, there is no tissue engineering cornea product that can be industrialized and obtained the clinical application license of the State Food and Drug Administration, but the research in this field is of great importance. At present, there are three major acellular corneal stroma / graft, and there are two biologic amniotic membrane manufacturers for ocular surface therapy. As a long-term implantable medical equipment manufacturer of Class Ⅲ, these production enterprises can only go on the road of sustained and steady development by combining their own characteristics, effectively building production systems suitable for supervision, improving quality control level and strengthening risk management consciousness.

Keywords: Ocular Surface Trauma; Cornea; Amniotic Membrane; Conjunctiva

V Topics in Regions

B. 23 Development Status and Prospect of Medical Device

Industry in Beijing in 2019 *Zhang Jie / 207*

Abstract: In 2019, the market size of China's medical device industry grew rapidly, and Beijing became an important base for the development of the medical device industry by relying on the advantages of scientific research market scale and industrial services. Beijing medical equipment business pattern reasonable, the category is relatively complete, state-owned large-scale enterprises mainly, both private and internationally well-known enterprises, and formed a benign competition. However, there are still some problems in the medical equipment industry, such as the lack of traceability ability of medical equipment supply chain, the lack of domestic high-end medical equipment brand, and the need to improve the research and development investment of medical equipment enterprises.

Keywords: Medical Devices; Supply Chain; Artificial Intelligence

B. 24 Development Status and Prospect of Medical Device

Industry in Shanghai in 2019 *Yang Yihan, Hu Jun / 215*

Abstract: In 2019, the medical equipment industry in Shanghai accelerated its development, and the annual growth rate reached the fastest in five years. The scale and regionalization continued to accelerate, but there was still room for improvement. The innovation advantage remained stable and the import and export increased steadily. The number of new registered products in the second category was relatively shrinking, showing the trend of industrial restructuring. It is expected that the medical equipment industry in Shanghai will focus on the center of scientific and technological innovation, based on the register system, commissioned production mode, technological innovation board and other financing channels, supervision policy test field, good business environment and other favorable conditions, seize the new opportunities for the development of artificial intelligence and other industries, accelerate the specialization of research and development services division, closely link up with the entire Yangtze River Delta region for collaborative innovation, further release the vitality of the development of medical equipment innovation in Shanghai.

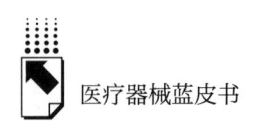

Keywords: Shanghai; Medical Devices; Industrial Concentration

B.25　Current Situation and Prospect of Medical Device Industry in Guangdong Province in 2019

Zhang Feng, Zhang Yang and Liu Shunli / 227

Abstract: The medical device industry of Guangdong Province has the characteristics of regional, agglomeration and centralized distribution, the medical device production enterprises and the production products quantity is stable and rapid growth, the product category is becoming more perfect, the leading enterprise agglomeration effect can be brought into full play; At the same time, Guangdong Province has made solid efforts to promote the trial work of the medical device registrant system, vigorously encourage the innovation mechanism of medical device products, accelerate the development of the medical device innovation policy of the large bay area, and cooperation with various departments, promote the development of medical device production; in the supervision and supervision and supervision; in the reform of the reform of the system; in the system; in the supervision and supervision of the system; in the development of the reform of the system; in the supervision of medical devices; in the reform of medical device inspection system; in the reform of medical device inspection and examination examination and examination and approval. However, there are also some problems in the medical equipment industry in Guangdong Province, such as high operating cost, shortage of industrial chain support, weak basic research, lack of high-end core technology, lack of high-end medical equipment R&D innovation, and so on.

Keywords: Guangdong Province; Medical Device; Registrant System; Industry Supervision

B. 26 Jiangsu Medical Device Industry Status and
Prospect in 2019
Wang Yue, Shen Xiaojie, Gu Haiming and Yang Qi / 237

Abstract: The scale of Jiangsu province medical equipment industry grows steadily, the industry agglomeration degree is higher and higher, the product category is relatively complete, unceasingly uses the foreign capital to borrow the situation to improve the quality, the backbone enterprise strength unceasingly strengthens, the regional characteristic layout is being formed, the comprehensive innovation ability has certain superiority in the whole country. The newly established Jiangsu Provincial Drug Administration has continuously strengthened departmental cooperation and regional cooperation, expanded international exchange and cooperation space, promoted benign interaction between government and enterprises, enhanced exploration and innovation, improved regulatory system mechanism and methods, continuously enhanced the professional and authoritative supervision, and vigorously promoted the high-quality development of the medical equipment industry. However, there are still many problems to be solved in Jiangsu medical equipment industry, such as the bottleneck of industrial structure, the relatively high cost of enterprise innovation, the gap of professional talents, and the need to strengthen regulatory support. In the future, it is necessary to broaden the space for extended industrial development, strengthen regional collaborative innovation and development, promote the development of high-end medical devices, deepen the reform of the examination and approval system, and strengthen the support of drug supervision technology.

Keywords: Jiangsu Province; Medical Equipment Industry; Industry Supervision

B. 27 Development Status and Prospect of Hubei Medical
Device Industry in 2019 *Cui Hui, Xiao Jue* / 247

Abstract: Based on the basic situation of Hubei medical instrument industry, industrial cluster and the rapid development of high-end medical instrument industry, this paper studies the advantages and problems of Hubei medical instrument industry. Although Hubei medical equipment industry has many advantages, such as policy support, large industrial cluster scale and rich university, medical treatment and scientific research resources, it has some problems, such as lack of industrial decentralization and concentration, shortage of high-end talents and weak construction of domestic well-known brands. In view of the advantages and problems, this paper puts forward some suggestions on the development of medical device industry in Hubei province, such as speeding up the establishment and extension of medical device registrant system, encouraging the establishment of famous medical brand and regional resources integration, and establishing the industrial cluster of production, study and research.

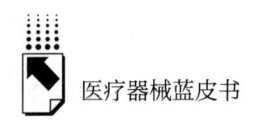

Keywords: Sunshine Procurement; Registrant System; Medical Equipment; Hubei Province

B.28 Report of Yunnan Medical Device Industry Development Status and Prospects in 2019   *Gong Zhenli* / 256

Abstract: At present, the scale of the medical equipment enterprises in Yunnan Province is generally small, the research and development of products and market development capacity is insufficient, products are mainly sold in the province, lack of products and pillar enterprises, medical equipment industry has not formed scale effect. However, as the bridgehead open to Southeast Asia in China, Yunnan Province has a natural geographical advantage, so there is a great market potential for the development of the medical equipment industry in Yunnan Province. Yunnan Province is actively introducing policies for the development of medical equipment supporting industries, speeding up the construction of close medical and health community, speeding up the innovation and upgrading of medical equipment industry and the construction of industrial parks, so as to promote the rapid development of the medical equipment industry in Yunnan Province.

Keywords: Yunnan Province; Medical Device Industry; Biomedical Health Industry

B. 29　Development Status and Prospect of Medical Device
　　　　Industry in Inner Mongolia Autonomous Region in 2019

Gu Linsheng, Li Pengying / 263

Abstract: In recent years, the medical equipment industry in Inner Mongolia has been continuously growing in scale and gradually standardized management under the continuous impetus of market demand. Through combing and summarizing, it is found that the industrial foundation of medical equipment in Inner Mongolia is relatively weak, the geographical situation restricts the development of medical equipment industry, the development and integration level of production, study and research need to be improved, and there is a certain gap in the talents in each link of the industry. It is predicted that in the future, because of the industrial basic characteristics of medical devices, Inner Mongolia medical equipment circulation enterprises will develop more rapidly than production enterprises. Finally, this paper puts forward some systematic suggestions on the construction and optimization of the development environment of medical equipment in Inner Mongolia, such as strengthening the basic capacity of industry, improving the level of industrial chain, encouraging the coordinated development of factors, etc..

Keywords: Inner Mongolia Autonomous Region; Medical Devices; Centralized Purchasing

Ⅵ　Topics in Practice

B. 30　Research on Resilience of Shenzhen Medical Device Industry

Cai Qiaowu, Zhong Wei and Zhang Xiaohua / 273

Abstract: The outbreak of pneumonia in Xinguan, which began at the end of 2019, had a great impact on China's economic and social development, and the Shenzhen medical equipment industry responded quickly with its own technical support, industrial foundation and innovation ability. This paper analyzes the positive factors which affect the resilience of Shenzhen medical equipment industry, such as the good business environment to promote the benign development of the industry, the innovation ability to enhance the ability of crisis response, the high proportion of enterprises to improve the overall ability to resist risk, intelligent manufacturing and industrial chain cooperation to open the industry cross-border channels, the advantages of international competitiveness are conducive to expanding the downstream market, the constraints such as key technologies and core components, advanced technology reserves need to be enhanced and production chain operation controlled by human forces. Based on the above analysis, in order to further strengthen the toughness of medical device industry, Shenzhen should actively deal with the industry reconstruction in post-epidemic era, promote medical device industry agglomeration, promote innovation by financial service and medical treatment agglomeration, and promote manufacturing intelligence and management flexibility.

Keywords: Shenzhen; Medical Equipment ; Industry Resilience

B.31 Discussion on Purchasing Mode of Medical Insurance Consumables with Quantity in Handan

Meng Yan, Wei Shaoshuai and Wang Shuangjun / 281

Abstract: Since its establishment, Handan Medical Security Bureau has focused on the chronic disease of high prices of consumables, made bold innovations, and actively explored a new mode of medical consumables procurement, which is centralized procurement at Prefecture and city level + volume procurement. Based on the methods and experience of the national 4 + 7 drug volume purchase, this paper summarizes the achievements of the drug volume purchase and the centralized purchase of consumables from July 1, 2019, focuses on promoting the online purchase and improving the settlement method, quickly opens the information channel of the transaction between medical institutions and enterprises, strengthens the refined management of the procurement of consumables, and relieves the government supervision The barrier of management; in view of the scheme design of purchasing consumables with volume, organize the platform and medical institutions to investigate the difficulties and key problems in the actual operation; research and explore reasonable and effective solutions. We need to build a solid foundation for achieving results.

Keywords: Handan; Medical Consumables; Purchase with Quantity

B.32 Potential Misunderstanding and Legal Liability Risk of Medical Devices under Updated Medical Device Registrar System　　　　　　　　*Jessie Chen* / 288

Abstract: Development of medical equipment industry, especially high-end intelligent medical equipment, is an important measure of industry 4.0 and "Made in China 2025". Accelerating technological innovation in the industry is the key to speed up our development, but the potential risks in this process are also necessary for enterprises to further study and avoid. This paper puts forward that the traditional liability risks of medical devices include: the risk of liability in the early stage of research and development, the risk of personal injury caused by the defects of clinical trial, test plan, informed consent, instrument design and manufacture, and the risk of delay or failure of research and development. This paper summarizes the ten misunderstandings of legal liability and claim/action defense of some instrument registrants, that is, there is no legal risk for medical devices that have been widely accepted and used for many years; there is no legal risk for instruments without physical defects; doctors misuse instruments cause personal injury, do not belong to the liability of registrants, registrants will not be sued; and so on. Hope to provide some reference for the innovation, development and related risk transfer of medical equipment industry.

Keywords: Medical Devices; Product Liability Risk; Network Risk; Overseas Legal Environment

B.33 Research and Development of Carbon Ion Therapy System and Its Clinical Application in China　　　*Li Qiang* / 298

Abstract: Due to the advantages such as inverted depth-dose distribution and high relative biological effectiveness, heavy ion beam is considered to be the optimal type of ionizing radiations for radiotherapy. The first Carbon Ion Therapy System in China, developed by the Institute of Modern Physics, Chinese Academy of Sciences, was authorized by the National Medical Products Administration (NMPA) and registered as a medical device of class Ⅲ, promoting the progress of Chinese high-end medical equipment and being of great significance to improve tumor therapeutic means and levels in China.

Keywords: Heavy Ion Therapy; Carbon Ion Therapy System; Clinical Trial

B.34 Current Situation and Comprehensive Strength Evaluation of China Medical Device Industrial Park

Wang Guoliang, Liu Hui and Luo Yi / 306

Abstract: Industrial park is the emerging market competition main body that adapts the development of Chinese market economy, and it is the main bearing platform of local economy development. In accordance with the logic of industrial agglomeration, this paper compares and analyzes the industrial development center of the manufacturing base, the industrial chain agglomeration center around the leading enterprises, the industry agglomeration model of industrial undertaking agglomeration and the policy-driven industrial agglomeration model, and points out that the industrial park should be evaluated through the five dimensions of economic development, public service, social cooperation and innovation development, and that the industrial park is in the initial stage, and public service.

Keywords: Industrial Park; Medical Devices; Industrial Agglomeration

B.35 Development Status and Prospect of Multimode Integrated Radiotherapy Equipment

Zhang Fuquan, Zhao Lina, Li Junyao and Zan Peng / 316

Abstract: Cancer is one of the major public health problems threatening human health. Radiotherapy, as one of the three major means of cancer treatment, has been increasingly promoted in recent years, and multimode therapy mainly based on precise radiotherapy has become a popular research direction. Clinical studies show that the effect of multimode radiotherapy is better than that of single mode therapy, and then a demand for multimode integrated radiotherapy equipment is put forward. Multimode integrated radiotherapy equipment has great clinical significance, i. e. , shortening the treatment cycle, improving treatment efficiency, improving the cure rate of cancer, easing the situation of cancer treatment. Our United Corporation has developed the first multimode integrated radiotherapy equipment, which integrates the γ source and X source, and supports multimode therapy. This kind of radiotherapy equipment is suitable for a large user group and has a broad industrial market prospect. It is foreseen that more radiotherapy equipment manufacturers will enter this emerging field in the future.

Keywords: Cancer Treatment; Radiotherapy Equipment; Multimode; Integrated

B. 36　The Third Party Participation Procedure in the New Industry of Medical Device CDMO Regime　　*Dong Binzhe* / 322

Abstract: Under the current medical device supervision system, medical device manufacturers need to have a perfect quality management system in advance when applying for product listing. The system of medical device registrant allows the separation of technology holding and production resources, which is expected to change this situation and the development mode of medical device industry. This paper analyzes the policy opportunities and challenges faced by the start-ups of Medical Devices , analyzes the advantages of CDMO mode, and discusses the specific practice of the third-party institutions under this system.

Keywords: Marketing Authorization Holder (MAH) Regime; CDMO; Third Party Service; Quality Management System

Ⅶ Topics in Hot Spot

B. 37 Discussion on the Guarantee System and Mechanism of
Medical Devices Supply Under Emergency

Jiang Haihong / 328

Abstract: In public health emergencies or other emergencies that seriously threaten public health, the supply of medicine, medical devices and other medical products is an important guarantee to effectively respond to emergencies. Although there are many systems to realize the accessibility of medical devices in China, such as Emergency Approval Procedures, Priority Approval Procedures, Special Review Procedures for Innovative Medical Devices, Expansion Applications in Clinical Trial, and Conditional Approval, etc., but due to the different goals and limitations of various procedures, they can not fully meet the needs of medical devices in emergency. Therefore, in order to achieve the accessibility of medical devices in emergency situations, we should not only improve the current emergency approval system of medical devices, but also build a new system of Emergency Use Authorizations about medical devices in the future.

Keywords: Medical Devices; Emergency Approval; Conditional Approval; Emergency Use Authorizations

B. 38 Thoughts and Suggestions on the Construction of
Emergency Medical Material Support System in China

Yu Qingming, Ma Yanhong and Huang Chao / 335

Abstract: The COVID − 19 epidemic resistance war, which began in the beginning of 2020, is not only a big test of the national governance ability, but also a comprehensive test of the ability of medical devices and related fields regarding to public health emergencies. This paper reviews and analyzes the demand, main measures and problems of emergency medical material procurement and support in epidemic control, and respectively from six dimensions: the construction of emergency three-dimensional control system, emergency medical material reserve support, emergency coordination of medical device industry, building of unified command and dispatching platform , training of emergency logistics professional team and breakthrough of core technology of medical device. Some suggestions are put forward for the construction of emergency material support system, national reserve system and emergency material procurement and supply system.

Keywords: Emergency Material; Medical Device; Epidemic Prevention and Control

B. 39 Practice and Consideration of POCT in Response to the Emergent Infectious Disease

Ying Le, He Shuyu and Kang Keren / 343

Abstract: POCT can break through the limitation of testing environment and personnel, provide convenient and economical solution for patients' treatment and management, have obvious advantage in detecting and preventing infectious diseases, and it is a powerful tool for preventing and controlling infectious diseases. Thanks to the national policy support and enterprise technology accumulation, as of April 11, 2020, a total of 6 new coronavirus antibody detection reagent (colloidal gold method) and 4 molecular POCT detection reagent listed. This paper introduces the technical platform and market situation of POCT in the prevention and control of infectious diseases, focuses on the application direction of POCT products in the global outbreak of COVID-19, and thinks about the value and development trend of POCT in the prevention and control of infectious diseases, such as the optimization of emergency product quality management system, the cooperation of production, education and research, the development of molecular diagnosis POCT and multi-project joint inspection technology, the diversification of application scenario and digital innovation of POCT.

Keywords: Instant Detection; Diagnosis POCT; COVID-19

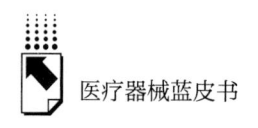

B. 40　The Effects of COVID -19 Epidemic on Medical
　　　　Device Industry　　*Mao Zhiping, Peng Ling and Liu Bingrong* / 351

Abstract: The outbreak of COVID -19 has brought great challenges to the development of medical device industry of China, which also contains development opportunities. In the COVID -19 prevention and control process, medical devices have played a vital role. Against this background, this study analyzes the important role of medical device emergency approval policy of China in epidemic prevention and control, mainly discussing the emergency protection role of emergency approval policy on masks, medical protective clothing, ventilators, testing reagents and other scarce prevention and control materials, and the production and development status of medical devices and enterprises were analyzed and summarized. In the process of epidemic prevention and control, the shortage of relevant materials reveals that there are still some problems in emergency approval policy of China, such as imperfect top-level laws and regulations, different effectiveness and scope of emergency approval policies among provinces. After the epidemic, we should summarize the gains and losses of fighting the epidemic and improve the relevant system in time .

Keywords: COVID -19; Medical Device; Emergency Approval

B. 41　The Develpoment and Application of ECMO in
　　　　China during the COVID -19 Pandemic
　　　　　　　　　　　　Han Zhifu, Zhang Hao and Mo Yaqin / 358

Abstract: Since the outbreak of novel coronavirus pneumonia in December, 2019, the Extracorporeal Membrane Oxygenation (ECMO), as an advanced form of life support mechanism, has played a vital role in the treatment of critical patients and has been attracting sustained attention thereof. Along with the improvement of technological development and the enhancement of capacity for medical payment by patients, the past few years has witnessed the tremendous increase in the number of clinical application cases and that of clinical institutions capable of carrying out ECMO therapy, and the investment in R&D and technology input for ECMO has been

Contents

increasing accordingly. The significant role of ECMO during the outbreak of NCIP has made the government and enterprises realize the importance of domestic development of ECMO industry independently. Despite of the late-start of ECMO industry, weakness in brand image, and lack of core technologies in China, the therapy level of ECMO clinical application in China is being geared to international standards after years of technology accumulation, and domestic R&D teams and enterprises have achieved tremendous breakthrough in ECMO equipment R&D. This paper will analyze the clinical application status of ECMO in China during NCIP from the following perspectives such as clinical application scenarios and application status of ECMO technology, the application of ECMO during NCIP, the core technologies and its barriers, and technology development trends. Moreover, the prospects for future development will be outlined.

Keywords: ECMO; Novel Coronavirus Pneumonic; Centrifugal Blood Pump

B. 42　Postscript　/ 366

B. 43　Letter of Requisition of *Annual Report on the Development of Medical Device Industry in China* (2021)　/ 368

社会科学文献出版社

皮 书

智库报告的主要形式
同一主题智库报告的聚合

❖ 皮书定义 ❖

皮书是对中国与世界发展状况和热点问题进行年度监测,以专业的角度、专家的视野和实证研究方法,针对某一领域或区域现状与发展态势展开分析和预测,具备前沿性、原创性、实证性、连续性、时效性等特点的公开出版物,由一系列权威研究报告组成。

❖ 皮书作者 ❖

皮书系列报告作者以国内外一流研究机构、知名高校等重点智库的研究人员为主,多为相关领域一流专家学者,他们的观点代表了当下学界对中国与世界的现实和未来最高水平的解读与分析。截至2020年,皮书研创机构有近千家,报告作者累计超过7万人。

❖ 皮书荣誉 ❖

皮书系列已成为社会科学文献出版社的著名图书品牌和中国社会科学院的知名学术品牌。2016年皮书系列正式列入"十三五"国家重点出版规划项目;2013~2020年,重点皮书列入中国社会科学院承担的国家哲学社会科学创新工程项目。

中国皮书网

（网址：www.pishu.cn）

发布皮书研创资讯，传播皮书精彩内容
引领皮书出版潮流，打造皮书服务平台

栏目设置

◆ 关于皮书

何谓皮书、皮书分类、皮书大事记、
皮书荣誉、皮书出版第一人、皮书编辑部

◆ 最新资讯

通知公告、新闻动态、媒体聚焦、
网站专题、视频直播、下载专区

◆ 皮书研创

皮书规范、皮书选题、皮书出版、
皮书研究、研创团队

◆ 皮书评奖评价

指标体系、皮书评价、皮书评奖

◆ 互动专区

皮书说、社科数托邦、皮书微博、留言板

所获荣誉

◆ 2008年、2011年、2014年，中国皮书网均在全国新闻出版业网站荣誉评选中获得"最具商业价值网站"称号；

◆ 2012年，获得"出版业网站百强"称号。

网库合一

2014年，中国皮书网与皮书数据库端口合一，实现资源共享。

权威报告·一手数据·特色资源

皮书数据库
ANNUAL REPORT(YEARBOOK) DATABASE

分析解读当下中国发展变迁的高端智库平台

所获荣誉

- 2019年，入围国家新闻出版署数字出版精品遴选推荐计划项目
- 2016年，入选"'十三五'国家重点电子出版物出版规划骨干工程"
- 2015年，荣获"搜索中国正能量 点赞2015""创新中国科技创新奖"
- 2013年，荣获"中国出版政府奖·网络出版物奖"提名奖
- 连续多年荣获中国数字出版博览会"数字出版·优秀品牌"奖

成为会员

通过网址www.pishu.com.cn访问皮书数据库网站或下载皮书数据库APP，进行手机号码验证或邮箱验证即可成为皮书数据库会员。

会员福利

- 已注册用户购书后可免费获赠100元皮书数据库充值卡。刮开充值卡涂层获取充值密码，登录并进入"会员中心"—"在线充值"—"充值卡充值"，充值成功即可购买和查看数据库内容。
- 会员福利最终解释权归社会科学文献出版社所有。

卡号：819389933329
密码：

数据库服务热线：400-008-6695
数据库服务QQ：2475522410
数据库服务邮箱：database@ssap.cn
图书销售热线：010-59367070/7028
图书服务QQ：1265056568
图书服务邮箱：duzhe@ssap.cn

基本子库
SUB DATABASE

中国社会发展数据库（下设12个子库）

整合国内外中国社会发展研究成果，汇聚独家统计数据、深度分析报告，涉及社会、人口、政治、教育、法律等12个领域，为了解中国社会发展动态、跟踪社会核心热点、分析社会发展趋势提供一站式资源搜索和数据服务。

中国经济发展数据库（下设12个子库）

围绕国内外中国经济发展主题研究报告、学术资讯、基础数据等资料构建，内容涵盖宏观经济、农业经济、工业经济、产业经济等12个重点经济领域，为实时掌控经济运行态势、把握经济发展规律、洞察经济形势、进行经济决策提供参考和依据。

中国行业发展数据库（下设17个子库）

以中国国民经济行业分类为依据，覆盖金融业、旅游、医疗卫生、交通运输、能源矿产等100多个行业，跟踪分析国民经济相关行业市场运行状况和政策导向，汇集行业发展前沿资讯，为投资、从业及各种经济决策提供理论基础和实践指导。

中国区域发展数据库（下设6个子库）

对中国特定区域内的经济、社会、文化等领域现状与发展情况进行深度分析和预测，研究层级至县及县以下行政区，涉及地区、区域经济体、城市、农村等不同维度，为地方经济社会宏观态势研究、发展经验研究、案例分析提供数据服务。

中国文化传媒数据库（下设18个子库）

汇聚文化传媒领域专家观点、热点资讯，梳理国内外中国文化发展相关学术研究成果、一手统计数据，涵盖文化产业、新闻传播、电影娱乐、文学艺术、群众文化等18个重点研究领域。为文化传媒研究提供相关数据、研究报告和综合分析服务。

世界经济与国际关系数据库（下设6个子库）

立足"皮书系列"世界经济、国际关系相关学术资源，整合世界经济、国际政治、世界文化与科技、全球性问题、国际组织与国际法、区域研究6大领域研究成果，为世界经济与国际关系研究提供全方位数据分析，为决策和形势研判提供参考。

法律声明

"皮书系列"(含蓝皮书、绿皮书、黄皮书)之品牌由社会科学文献出版社最早使用并持续至今,现已被中国图书市场所熟知。"皮书系列"的相关商标已在中华人民共和国国家工商行政管理总局商标局注册,如LOGO( )、皮书、Pishu、经济蓝皮书、社会蓝皮书等。"皮书系列"图书的注册商标专用权及封面设计、版式设计的著作权均为社会科学文献出版社所有。未经社会科学文献出版社书面授权许可,任何使用与"皮书系列"图书注册商标、封面设计、版式设计相同或者近似的文字、图形或其组合的行为均系侵权行为。

经作者授权,本书的专有出版权及信息网络传播权等为社会科学文献出版社享有。未经社会科学文献出版社书面授权许可,任何就本书内容的复制、发行或以数字形式进行网络传播的行为均系侵权行为。

社会科学文献出版社将通过法律途径追究上述侵权行为的法律责任,维护自身合法权益。

欢迎社会各界人士对侵犯社会科学文献出版社上述权利的侵权行为进行举报。电话:010-59367121,电子邮箱:fawubu@ssap.cn。

社会科学文献出版社